ネット取引被害の消費者相談

〔第2版〕

東京弁護士会消費者問題特別委員会 編

商事法務

第2版刊行にあたって

　本書の初版は、同じく当会から発刊されている『消費者相談マニュアル』の姉妹本として、平成22年2月に発刊されました。

　以前は、悪質事業者による悪質商法や不当な勧誘は、直接的な対面販売によって発生することが多かったのですが、近年、インターネット取引の急速な拡大に伴い、同様の消費者被害がネット販売の形で発生する事態も急速に増大してきたことから、その分野に特化した取り組みが必要と考えられたためです。

　その後、6年近くが経過しましたが、その間、いわゆる消費者三法と呼ばれる消費者契約法・特定商取引法・割賦販売法を初めとして消費者関連法制は、変化の激しい消費者被害の現場の状況に合わせて度重なる多方面の改正を重ねてきました。またこれら電子商取引の関連法制の公権的解釈をまとめたスタンダードである経済産業省による「電子商取引及び情報財取引等に関する準則」も、毎年1～2回程度のペースで改定を重ねていることからも、電子商取引分野の法制の変化が如何に激しいものかが解ります。

　また、被害実態としては、ネットを通じた様々な新たな手口が発生し続け、そのように度重なる消費者関連法の改正も被害実態の後追いになり、更にその法規制の隙間を縫って新たな手口が発生してくる状況が続いており、消費者相談現場における研鑽の蓄積と事件対応の工夫が益々重要となっています。

　そこで、この度、姉妹本である上記『消費者相談マニュアル』が改訂されて第3版が発刊される時期に合わせて、本書も第2版を発刊する運びとなりました。

　本書が、本書と同時に発刊される『消費者相談マニュアル（第3版）』と合わせて、消費者被害救済の現場において十分に活用され、1人でも多くの被害者の権利が救済されるよう祈念します。

2016年2月

東京弁護士会

会長　伊藤　茂昭

●ネット取引被害の消費者相談〔第2版〕・もくじ

第1章　総説——はじめに——
第1　本書の目的と基本的な立場　2
第2　電子商取引における消費者取引の問題点の全体像　3
第3　近時の電子消費者取引の市場環境を巡る変化　6
第4　近時のインターネット関連消費者事件の動向の変化　6
第5　本書の構成と使い方　7

第2章　電子商取引の基本的問題・裁判管轄
Ⅰ　電子商取引の基本的問題 ・・ 12
第1　電子メールトラブル　12
第2　スマートフォン　17
第3　約款（利用規約）　19
第4　インターネット取引における決済方法　24
第5　電子商取引における商品輸送手段　36
Ⅱ　電子商取引と裁判管轄・準拠法 ・・・・・・・・・・・・・・・・・・・・・・・・・・・・・・・ 41
第1　総論　41
第2　準拠法　42
第3　裁判管轄　46
第4　その他　48
第5　一般的な共通問題　49

第3章　関連法令の概説
Ⅰ　消費者契約法 ・・ 56
Ⅱ　特商法 ・・ 62
Ⅲ　割賦販売法 ・・・ 72
Ⅳ　金融・投資関係諸法令 ・・・ 77
Ⅴ　電子契約法 ・・・ 82
Ⅵ　電子署名法 ・・・ 85
Ⅶ　プロバイダ責任制限法 ・・・ 92
Ⅷ　不正アクセス禁止法 ・・・ 97
Ⅸ　特定電子メール法 ・・ 103
Ⅹ　個人情報保護法 ・・ 107
Ⅺ　景表法 ・・ 116
Ⅻ　無限連鎖講防止法 ・・・ 126
ⅩⅢ　古物営業法 ・・ 129

ⅩⅣ	著作権法	133
ⅩⅤ	商標法	141
ⅩⅥ	電気通信事業法	144
ⅩⅦ	出会い系サイト規制法	154
ⅩⅧ	青少年インターネット環境整備法	158
ⅩⅨ	旅行業法	163
ⅩⅩ	資金決済法	168
ⅩⅩⅠ	消費者裁判手続特例法	175

第4章　具体的問題事例

Ⅰ　一般的な共通問題 ････････････････････････････････184

第1　未成年者　184

第2　錯誤　187

第3　契約成立時期（電子承諾通知の到達）　192

　　1　事例①　192

　　2　事例②　192

第4　不当約款等　198

Ⅱ　商品・役務の購入 ･･････････････････････････････201

第1　ネットショッピング　201

　　1　海外ネット通販の注意点　201

　　2　共同購入クーポン　204

　　3　ポイントシステム　210

　　4　インターネット詐欺　216

　　5　アフィリエイト　219

　　6　ドロップシッピング　226

　　7　返品の可否　233

第2　ネット役務購入　238

　　1　外部ストレージサービス　238

　　2　サクラサイト　244

　　3　占いサイト　249

　　4　情報商材　254

第3　インターネットオークション　261

　　1　事例①：商品の不着　261

　　2　事例②：ノークレーム・ノーリターン　271

　　3　事例③：落札価格を巡る争い　274

第4　オンラインゲーム　277

　　1　オンラインゲーム　277

　　2　リアルマネートレード（RMT）　284

Ⅲ ネット上の投資被害‥‥‥‥‥‥‥‥‥‥‥‥‥‥‥‥‥‥‥288

第1 ネットトレーディング 288

1 システム障害 288

2 誤発注 290

3 金商法上の違法行為 292

第2 ねずみ講、ネット・マルチ 293

1 ねずみ講 293

2 ネット・マルチ 294

第3 内職商法 295

Ⅳ 不当請求・架空請求‥‥‥‥‥‥‥‥‥‥‥‥‥‥‥‥‥‥297

第1 フィッシング 297

第2 ワンクリック詐欺 299

第3 なりすまし 304

Ⅴ セキュリティ侵害‥‥‥‥‥‥‥‥‥‥‥‥‥‥‥‥‥‥‥‥312

第1 セキュリティ侵害 312

第2 セキュリティソフト自動更新 314

Ⅵ ＳＮＳ‥‥‥‥‥‥‥‥‥‥‥‥‥‥‥‥‥‥‥‥‥‥‥‥‥‥319

Ⅶ 著作権侵害‥‥‥‥‥‥‥‥‥‥‥‥‥‥‥‥‥‥‥‥‥‥‥324

1 事例①：ネットオークションでの販売 324

2 事例②：違法DL 326

3 事例③：自炊 329

Ⅷ 個人情報の不正な取扱い‥‥‥‥‥‥‥‥‥‥‥‥‥‥‥‥332

Ⅸ 通信・電子機器、プロバイダとのトラブル‥‥‥‥‥‥‥340

1 事例①：携帯電話の解約 340

2 事例②：定額制の誤解 344

あとがき 346

第2版・執筆者紹介 347

初版・執筆者等紹介 348

事項索引 349

凡　例

本書における法令の略称は、次のとおりである。

IT 書面一括法	書面の交付等に関する情報通信の技術の利用のための関係法律の整備に関する法律（平成12年法律第126号）
ADR法	裁判外紛争解決手続の利用の促進に関する法律（平成16年法律第151号）
外為法	外国為替及び外国貿易法（昭和24年法律第228号）
金商法	金融商品取引法（昭和23年法律第25号）
金融商品販売法	金融商品の販売等に関する法律（平成12年法律第101号）
景表法	不当景品類及び不当表示防止法（昭和37年法律第134号）
個人情報保護法	個人情報の保護に関する法律（平成15年法律第57号）
資金決済法	資金決済に関する法律（平成21年法律第59号）
出資法	出資の受入れ、預り金及び金利等の取締りに関する法律（昭和29年法律第195号）
消費者裁判手続特例法	消費者の財産的被害の集団的な回復のための民事の裁判手続の特例に関する法律（平成25年法律第96号）
青少年インターネット環境整備法	青少年が安全に安心してインターネットを利用できる環境の整備等に関する法律（平成20年法律第79号）
通則法	法の適用に関する通則法（平成18年法律第78号）
出会い系サイト規制法	インターネット異性紹介事業を利用して児童を誘引する行為の規制等に関する法律（平成15年法律第83号）
電子契約法	電子消費者契約及び電子承諾通知に関する民法の特例に関する法律（平成13年法律第95号）
電子署名法	電子署名及び認証業務に関する法律（平成12年法

	律第102号）
特商法	特定商取引に関する法律（昭和51年法律第57号）
特定電子メール法	特定電子メールの送信の適正化等に関する法律 （平成14年法律第26号）
独禁法	私的独占の禁止及び公正取引の確保に関する法律 （昭和22年法律第54号）
不正アクセス禁止法	不正アクセス行為の禁止等に関する法律（平成11 年法律第128号）
振込詐欺救済法	犯罪利用預金口座等に係る資金による被害回復分 配金の支払等に関する法律（平成19年法律第 133号）
プロバイダ責任制限法	特定電気通信役務提供者の損害賠償責任の制限及 び発信者情報の開示に関する法律（平成13年法 律第137号）
無限連鎖講防止法	無限連鎖講の防止に関する法律（昭和53年法律第 101号）

第1章

総　説
――はじめに――

第1　本書の目的と基本的な立場

1　本書は、主に弁護士会の消費者相談窓口の担当弁護士及び消費者事件の解決に携わる弁護士、消費生活センターの消費生活相談員の方々等を対象として出版された同会消費者問題特別委員会編『消費者相談マニュアル』の姉妹本として企画され、平成20年2月に初版が発行された。

2　同マニュアルは、できるだけ消費者事件全般を広く対象とし、かつ相談現場において必要と考えられる実践的な知識獲得を目標として、①消費者トラブルに関する関係法令における基本的重要概念と重要事項の解説、②消費者トラブルに関する問題点の解説、③具体的トラブル事例の解説という3部構成で成り立っているが、近年のインターネットの普及に伴い発展の著しい電子商取引にまつわる消費者被害事例については、このような一般的な消費者事件の範疇に収まらない特殊な問題点が多いこと、また電子商取引分野については法令・ガイドラインの改正・改定、時には電子商取引のシステムや技術それ自体の変更が少なくないこと等から、身軽に内容の修正・補充を可能とするためにその特別編である本書を刊行するに至った。しかし、その後、消費者法令の分野では、重要な改正が相次ぎ、また、電子商取引を巡る諸般の制度や被害実態、悪質商法の手口等にも様々な変化が見られることから、今次の改訂を行うこととした。

3　したがって、本書の目的も、全国各地の弁護士会の消費者相談窓口や消費生活センター、あるいは個別の法律事務所において、電子商取引を通じた消費者被害事件に遭遇した場合に、相談担当者に対して某かの参考に供することを目的としている。

4　電子商取引については、平成10年代前半頃から非常に速いスピードで関連法の整備が進み、消費者相談現場の判断に関係する法令としては、消費者取引相談全般において接することが多い、いわゆる消費者三法、消費者契約法、特定商取引法、割賦販売法以外にも、ネット上の表示・広告の関係においては景品表示法、食品表示法、家庭用品品質表示法等、電子商取引固有の領域として、電子（消費者）契約法、特定電子メール法、プロバイダ責任制限法、不正アクセス禁止法、その他、個人情報保護に係るものとして個人情報保護法等、国際間の越境取引の機会が多くなる関係から法の適用に関する通則法等、非常に多岐にわたる。

5　そして、これら法令を所管又は共管する消費者庁、経済産業省、総務省等がそれぞれ政省令を定め、ガイドライン等により公権的解釈を示しているほか、これら電子商取引に関する法令全般の解釈について特化して、分野横断的なものとして取りまとめられたものが、経済産業省策定の「電子商取引及び情報材取引等に関す

る準則（旧電子商取引に関する準則）」である（以下「準則」と言う。準則は、最初の平成14年3月の制定時の後、現時点において最新の平成27年4月版に至るまでの約13年間に合計12回の改訂を経ており、いかにこの分野の取引実態と関連制度に変化が激しいかが窺われる）。

6　本書においては、無論、これら官公庁による公権的解釈の多くを拠り所としているが、視点としては、電子商取引の主体となり、時に被害を受ける可能性のある個人としての一般消費者・ユーザーの側に立脚した解釈を目指しており、扱う分野としては、いわゆる電子商取引の中でも「電子消費者取引」に限定される。そして、相談現場の対応のミスリードは招かないように、官公庁による公権的解釈やガイドライン等のオーソドックスな解釈を踏まえながらも、少しでも相談現場におけるヒントとして役立つように、問題点によっては、必ずしもその限度に止めることなく該当法令の本来の趣旨からすると、なお消費者利益確保の観点からはこのように解釈し、考えるべきではないか、との法の文言と理論的に許される限度における解釈提案も積極的に行っていることをあらかじめお断りしておく。

第2　電子商取引における消費者取引の問題点の全体像

1　電子商取引の特質としては、従来の多くの関連著書において、①非対面性・匿名性、②距離的・時間的制約の解消、③ペーパーレス化、④機械（非対人）取引という4点が指摘されている。内容は明らかであるので、これら特性に関連する重要な点のみ簡単に触れておく。

2　第1に、非対面性・匿名性は、直接対面取引でないために、契約の相手方を直接に確認できないことであり、そのために後記「なりすまし」の問題、ネット通販、ネットオークションにおける匿名性を利用した詐欺的取引、いわゆるフィッシングやワンクリック詐欺のような不当・架空請求の問題等が生ずる。また、かかる匿名性の問題が発生した場合に、違法取引の相手方をどのように探知するか（非常に困難であるが）という問題を生ずる。この関係では、いわゆるプロバイダ責任制限法の解釈、刑事手続の利用等が問題となってくる。

他方において、なりすましや詐欺を防止するため、事業者側において取引環境整備をしている各種情報セキュリティ（IDとパスワード・暗号化・電子署名と認証等）について知る必要があることと、このように一般消費者に対して本人確認をきちんと行う、相手方本人の特定を行うための個人情報を収集するということになると、一般消費者側は、そのネット取引を通じて大量に収集された個人情報の不正な利用や漏洩によって損害を被るリスクを負うことにもなる。この点は、個人情報保護法によってどの程度、かかる個人情報不正利用・流出の防止が図られるのか、ま

た現実に不正利用・漏洩が生じてしまった場合に、どのように対処すべきか、という問題となってくる。

逆に、消費者・ユーザー側の問題としても、成人であるか否かを事業者側が直接に確認できない場合のネット取引の効力の如何を考えなければならない。

また、対面取引でないために、顧客側は事業者側の販売・営業担当者から直接に口頭の説明を受けることがないため、ネット上の表示等による事業者側情報提供のみが判断材料となる。ここにネット取引における表示・広告規制の重要性の根拠がある。それだけ、対面取引に比して、非対面取引であるネット取引においては、表示広告規制の違背の違法性は重大ということになる。ただし、それではどんな不当・不公平な内容でも表示さえしていれば良いのか、何らかの不当・不公平がネット上に表示された約款等に表示されていても、詳細な細かい字で表示された約款などは読むように表示されていたとしても一般消費者側がこれをきちんと読むことはまず稀であることを勘案すると、たとえ表示されていてもその内容が不当・不公平である場合には、不当約款としてその効力を争い得る余地がなければならない。

さらに、非対面取引であるために、その決済手段は現金以外に、カードや電子マネーによる電子決済が重要な手段となり、その決済システムの上で消費者被害が発生することがないかという点のモニターと、仮にかかる被害が発生した場合の対応策の検討が必要となる。

3 第2に、時間的制約の解消の点は、その利便性の反面として、その場合の契約成立時期と有効要件をどのように定めるかという問題を生じ、民法の発信主義の原則から到達主義の原則への転換は、「電子消費者契約及び電子承諾通知に関する民法の特定に関する法律」（以下「電子（消費者）契約法」と言う）の規定するところである。また、ネット利用のために距離的・時間的制約がない反面として、通信障害が発生した場合をどのように取り扱うか、との問題の処理も時に必要となる。

さらに、距離的制約解消の点は、取引関係がボーダレスになり得ること、つまり国内ならば遠隔地、時には海外事業者によって引き起こされた越境取引における消費者被害をどのように処理するか、等の問題を生ずる。これは紛争が発生した場合の現実的解決方法が問題となるほか、訴訟となる場合の裁判管轄や準拠法等の問題を生ずる。

4 第3に、ペーパーレス化は、これもその利便性の反面として、契約当事者の契約意思の確認、後日における契約成立・契約内容の確認と立証をどうするかという点があり、これはいわゆるIT書面一括法の問題、電子署名の問題等である。

5 第4に、機械取引（非対人取引）という点は、ネット取引における申込・承諾の意思表示は、簡単にマウスのクリックやEnterキーの入力によって行えることから、機械操作の誤り（誤操作・誤送信）によって利用者の真意でない取引が行わ

れる可能性があることを意味する。これも、電子（消費者）契約法の定めるところ
で、民法上の錯誤の特別規定が設けられている。

　また、機械取引であるがために、一般利用者・消費者に対して、最終申込み・承
諾前に契約内容をきちんと間違いなく確認させることが必要となってくる。この点
は、特商法等により、事業者サイトにいわゆる「確認画面」（最終的な申込み・承
諾意思と契約内容を間違いなく利用者に確認させる機会を与える画面）を設けるこ
とが要求される等の対策がとられている。

　6　以上の4点の特質に加え、電子商取引全般ではなく、電子消費者取引プロ
パーで捉えた場合、第5の特質ないしポイントとして、「事業者・消費者間取引（い
わゆるBtoC取引）から消費者間取引（いわゆるCtoC取引）への拡大」という
ことも顕著な特性となっている。

　従来の消費者取引被害の問題は、悪質事業者による不特定多数の一般消費者に対
する被害という構図によって常に発生してきた。しかし、ネットを通じたオーク
ションという取引形態の発生によって消費者相互間においても頻繁に消費財の取引
が行われることとなり、時に刑事問題となって報道される等、消費者相互間のトラ
ブルも増加している。

　このようなネットオークションは、基本的構図としては当事者間の問題は対等の
当事者間に発生した問題として、BtoC取引を対象としている特商法等の適用はな
く、一般法理（電子契約法等により修正された部分は別として）によって決着が図
られるべき問題と理解するほかはない。

　ただし、それ以外に検討すべき問題として、①問題が発生した場合に、ネットオー
クション・サイトを運用している主催者たる事業者の責任が発生する場合はないの
か、②CtoC取引の形をとっているけれども、ネットオークションの主催者が実
態としては事業者であるが、販売促進のために一般消費者を装ってネットオーク
ションに出品している場合（隠れ事業者）をどのように取り扱うのか、という2点
について特に検討する必要がある。

　もう1つのCtoCの関係として、いわゆる「アフィリエイト」の問題がある。
これは口コミの力を利用し（一般消費者は事業者の広告は簡単に信用しなくとも、
他の一般消費者からの報告や推薦は信用しやすい）、事業者又はその依頼を受けた
広告事業者が、一般消費者の設営するホームページ上や掲示板等に有料の対価を支
払って自社商品の推薦をさせるという間接的な広告形態である。このようなアフィ
リエイト・ビジネスに対する直接の規制を定める法規制は今のところ無く、また、
現在のところ目立った被害報告は寄せられていないようである。しかし、例えばア
フィリエイトを通じて販売された商品に瑕疵が存在した場合、その責任を誰に問う
のか等の問題を生ずる可能性はあるため、警戒が必要と考えられる。

第3　近時の電子消費者取引の市場環境を巡る変化

　1　近時の電子消費者取引の市場環境の変化について概観しておく。平成27年5月の経済産業省の「平成26年度我が国経済社会の情報化・サービス化に係る基盤整備（電子商取引に関する市場調査）報告書」によれば、平成26年の日本国内の電子消費者取引（に限定したもの）の市場規模は、「12.8兆円」にのぼり、これは前年比「14.6％」、それ以前の数年間の市場規模の伸びも同程度で推移しており、電子消費者取引の市場規模が如何に急激な拡大を継続しているかが顕著に見て取れる。

　その他、同報告書において紹介されている事象として、「日本・米国・中国の3か国間における越境電子商取引の市場規模」の急激な伸びが報告されており、「1.2兆円」とされている。さらに今後の数年間で、米国は約1.6倍、中国は2.3倍の伸びを示して「4.4兆円」程度まで成長すると見込まれており、このように越境取引が増大の一途を辿っていることは、当然に越境取引による消費者被害が今後も増大していく可能性を示唆している。

　2　他方、電子消費者取引における利用者側の状況変化については、平成27年7月の総務省による「平成26年通信利用動向調査（ポイント）」に示されている。その特徴としては、①高齢者層のインターネット利用の拡大傾向、②スマートフォン保有率の状況等である。

　高齢者層の利用者層の増大は、1つにはわが国の高齢化とネット利用がそれだけ普及したということによるものであろうが、このように高齢者の利用者が増えるということは、電子商取引により消費者被害を受ける高齢者が増えるということをも示唆すると考えられる。

　また、スマートフォン、タブレット等のパソコン以外の電子端末は、最近はその保有率の伸びは鈍化しているとのことであるが、30代以下では継続して増えているとのことであり、以前はパソコンを通じたインターネット取引のみを視野に置いていたが、より各種セキュリティ・システムが脆弱と考えられるスマートフォン等の小型電子端末を通じた被害増大が懸念される。

第4　近時のインターネット関連消費者事件の動向の変化

　1　上記のとおりの電子消費者取引を巡る市場環境の変化は、同分野の消費者被害の実態や傾向に対して、以下のような影響を及ぼしている。

　2　消費者庁の「平成27年版　消費者白書」によれば、①インターネット通販の越境取引における商品が届かない等の相談件数の増大、②インターネット利用の申

込みによる海外旅行トラブルの増加、③海外事業者との金融商品取引によるトラブル増加、④消費者相談全体の中で情報通信関連の相談件数が突出、⑤インターネット通販に関する相談件数が消費者相談全体の件数増大の要因であること、⑥スマートフォン関連のサービスの相談が大きく増加していること、⑦電気通信サービスに関する相談がさらに増大したこと、⑧操作によるインターネットプロバイダ変更トラブルが急増、⑨アダルト情報サイトに関するトラブルが増加、アダルト情報サイトに関するトラブルでは支払額が高額化している、⑩プリペイドカードを中心としたキャッシュレスの支払手段を悪用する新たな手口が発生、⑪SNSに関連する相談が中高年層でも増加等が報告されている。

3　平成26年12月の国民生活センターによる「消費者問題に関する2014年の10大項目」によれば、10個の項目中、電子商取引関連のものとして、①事業者からの個人情報の大量流出事件発生、②インターネット通販などのネット関連トラブルは引き続き増加、③遠隔操作によるプロバイダ変更勧誘トラブルが急増等、④若者に投資関連トラブルが拡大、バイナリーオプション取引などが顕著等、いずれも電子商取引に関連する項目が半分近くを占めており、傾向としても、上記の消費者庁の白書の傾向と軌を一にしている。

4　その他、国民生活センターの様々な消費者事件関連の公表資料や、同センターが毎月発行している電子書籍（PDF）である「国民生活」等の内容を見ると、上記のような傾向のほか、①決済手段の複雑化・多様化と法規制の変化、②詐欺的なサクラサイトの跳梁、③アフィリエイトやドロップシッピング内職の相談増大、④プリペイドカード購入指示を行う詐欺業者の存在、⑤通信販売における宅急便トラブル問題、⑥アダルトサイト相談の急激な増大、⑦スマートフォンサイトを通じた架空・不当請求、⑧ネットゲームによる相談増加等が紹介されているので、本書においては、必ずしも十分ではないかもしれないが、できるだけこれらについて網羅的に対応することを目指した。

第5　本書の構成と使い方

1　以上のとおりの電子商取引（あるいは電子消費者取引）における問題点の全体像を踏まえた上で、現実に電子商取引被害の相談や事件処理を行うに当たり、いかなる点を知り、あるいは踏まえておく必要があるかについては、一般論としては次のように考える。

2　第1に、インターネットあるいはネット取引における基本的な用語・概念、あるいはその背後にあるシステムの仕組みについてある程度知っておくことである。このような基本用語や基本的システムを知っておかないと、そもそも事案の把握に

手間取ったり、十分な把握ができないことが考えられるからである。この点は、「第
2章　電子商取引問題の基本的な問題・裁判管轄」において解説している。

　3　第2に、電子商取引全般に関係してくる法規制の概要について知ることが必
要である。電子商取引自体を対象として制定された法令としては、電子契約法をは
じめとして幾つかのものがあるが、それ以外にも特商法をはじめとして、その規制
内容が電子商取引を対象として拡張・補充をしたものも幾つかある。さらに、従来
から存在し、特段の改正もない法令中にも、電子商取引との関係において適用が考
えられ、その意味内容と解釈を確認しておくべきものもある。これら電子商取引に
係る相談現場において吟味・検討が必要となる可能性がある関係法令の概略につい
ては、「第3章　関係法令の概説」において、相談対応に必要と考えられる部分に
なるべく絞って解説した。

　その他、これらの関連法規の政省令、前記の各種ガイドラインの存在と内容につ
いてもある程度知っておき、相談や処理に当たり適用が考えられる部分と照合する
ことが必要である。判例ももちろん法源となるが、電子商取引の事件は1つ1つの
事案としては比較的少額の被害のものが大多数であるので、他分野と比較すると提
訴されて判決に至るケースが少ない。

　事件処理に際して、考え方のアプローチとしては、従来から存在する消費者事件
関連法規（電子商取引に対応して一部改正されたものも含む）と電子商取引事件と
を全く切り離して別なものと考える必要はない。むしろ、従来型の消費者事件に適
用されてきた特商法・割販法・消費者契約法等の各種法令について、その基本的考
え方、趣旨、枠組みを踏まえた上で、上記の電子商取引の特質から具体的事件に対
する適用がどのように変わってくるのか、と考えた方が効率は良いはずであるし、
またそれが必要であると考える。なぜなら、現実のネット上の消費者被害の発生経
過としては、現実の世界で繰り広げられてきた不当勧誘や悪質商法が、徐々にネッ
ト取引の上にも進出して拡大してくるという経過を辿ると考えられるからである。

　さらに、電子商取引被害と言っても、事業者ホームページの閲覧やメール等は単
なるきっかけであって、その後は事業者側による直接の不当勧誘・不正営業によっ
て被害が発生した場合には、従来型の消費者被害解決のノウハウが妥当すると考え
られる。

　4　第3に、近時、実際に発生している電子商取引に係る消費者被害としてどの
ようなものがあるか、その実態と原因がどのようなところにあるか、についてある
程度知っておく必要がある。そのような被害事案のパターンを知った上で、各ケー
スについて、どの法令・ガイドライン等の適用が考えられるのか、基本的にどのよ
うな筋道で事案を検討すれば良いのか、について知っておく必要がある。

　5　第4に、問題毎に必要な情報の入手先や、相談機関も存在するので、その窓

8　　第1章　総説——はじめに——

口を知って案内できる必要がある。

　本書の構成は、このような必要性に沿って組み立てられており、①電子商取引の基本概念・仕組み（第2章）、②関連法令の概説（第3章）、③具体的問題事例（第4章）という構成になっている。なお、情報入手先や相談先については、関連部分毎に本文中で紹介している。

　本書の効率的な使い方としては、本書の内容の概略を把握していただいた上で、相談を受け、あるいは担当した電子商取引被害事例について、第4章において類似の案件の有無を確認して、該当事件が存在する場合には、その考え方をチェックし、第3章において適用となる法令・ガイドライン等を当たることが良いと考えられる。

《参考資料》
・消費者庁「ハンドブック消費者2014〔平成26年2月〕」58～290頁
・消費者庁「平成27年版　消費者白書（平成26年度消費者政策の実施の状況・平成26年度消費者事故等に関する情報の集約及び分析の取りまとめ結果の報告）」14～20頁、36～46頁、101～106頁、115～120頁、142～152頁、287～293頁
・経産省商務情報政策局情報経済課「平成26年度我が国経済社会の情報化・サービス化に係る基盤整備（電子商取引に関する市場調査）報告書」の要旨（平成27年5月）
・国民生活センター「消費者問題に関する2014年の10大項目」（平成26年12月18日報道発表資料）
・同上「2014年度のPIO-NETにみる消費生活相談の概要」（平成27年8月20日報道発表資料）
・栗田洋一郎＝壇俊光＝国民生活センター相談情報部「特集　最近の通信販売の動向と消費者トラブル」国民生活№37（2015）1～11頁
・山田茂樹「相談現場に役立つ情報　プロバイダ責任制限法とインターネット取引」国民生活№21（2014）
・総務省「平成26年通信利用動向調査（ポイント）」（平成27年7月17日報道資料）
・同上「インターネットトラブル事例集〔平成26年度版〕」

9

第 2 章

電子商取引の
基本的問題・裁判管轄

I 電子商取引の基本的問題

　電子商取引、すなわち、主としてインターネットを介した商取引においては、様々なトラブルが存在するが、ここでは、取引におけるコミュニケーション手段として用いられる電子メール、電子メールの送受信やインターネットの利用ツールとして近年急速に普及しているスマートフォン、電子商取引を行う上で避けて通れない約款、決済、商品輸送の問題を取り上げる。ここで取り上げていない問題については、各項を参照されたい。

第1　電子メールトラブル

1　電子メールの仕組み

　電子メールとは、特定人間において、コンピューターネットワークを通じてメッセージを交換するシステムをいう。現実世界の郵便に似たシステムであることからこの名称が付いた。

　電子メールを送信すると、契約しているプロバイダ（＊注1）のメールサーバー（以下「サーバー」という。＊注2）にデータが送られ、電子メールを受け取ったサーバーは、宛先として指定されているサーバーにそのデータを転送する。

　データを受け取ったサーバーは受取人がその電子メールを受け取りに来るまで、サーバー内にそのデータを保管するようになっている。

　電子メールの受取人は、契約しているプロバイダのメールサーバーにアクセスして自分宛の電子メールを取りに行き、届けられた電子メールを受け取る。

　この一連の流れが差出人→郵便ポスト→送付元地域郵便局→送付先地域郵便局→郵便受け→受取人、という郵便の流れと似ているために電子メールという名称が付けられたのである。

　なお、携帯電話で短い文字数のメッセージを送受信するサービスがあるが、これは、一般のインターネットを通じた電子メールとは異なり、SMS（ショートメッセージサービス）と呼ばれている。

2　電子メールアドレスの構造

電子メールアドレスの構造を、「denshi @ shou.torihiki.ne.jp」という例で説明する。

「denshi」：「アカウント名」（＊注3）といい、いわば、電子メールを使用している人の名前に当たる。

「shou」：メールサーバー名である。これがない場合もある（yahoo など）。

「torihiki」：ドメイン名である。所属組織や契約しているプロバイダを表す。

「ne」：組織種別を表す。これがない場合もある。「ne」はネットワークサービスのことであるが、その他には以下のようなものがある。

　　「or」：団体（organizations）

　　「co」：企業（commercial）

　　「go」：日本政府の機関（government）

　　「ac」：大学（academy）

「jp」：国名を表す。「jp」は日本のことであるが、その他には以下のようなものがある。

　　「kr」：韓国

　　「uk」：イギリス

　　「fr」：フランス

3　電子メールを巡るトラブル

電子メールは、手紙等他の手段と比較して安価にかつ迅速に文字等によるメッセージを伝達することが可能であるため、その利用が急速に拡大している。

SMS については、携帯電話各社がそれぞれ柔軟に迷惑メール対策を講じることができ、相応の成果も上がっている。しかしインターネットを通じた電子メールは、その利用の拡大に比例して、トラブルも増大している。

以下では、代表的な例について概説する。

（1）　迷惑メール（スパムメール）

受信者の同意を得ずに一方的に送信されてくる電子メールをいう。スパムメールとも呼ばれる。

宣伝を目的としたものが多く、アダルトサイト、出会い系サイトへの誘導を行い消費者に対して不当な請求を行うもの、その他、違法ないし違法性の高い取引（薬物、ポルノ、闇金融等）を勧誘するものなどが主である。金融機関等からの正規の電子メールであることを装い、誘導したウェブサイトにおいて暗証番号を入力させるなどして詐取するフィッシングを行うことを目的としたものもある。

このような迷惑メールは、事業者等から無差別かつ大量に送信されているのが現

Ⅰ　電子商取引の基本的問題　　13

状であり、その結果、電子メールの利用者側としては、上記のような受信した電子メールの中から、迷惑メールと、そうではないメールの振り分けに多大な労力を割くことを余儀なくされているほか、上記のような不当な請求や、違法な取引に引き込まれる危険がある。

これに対しては、特商法が、消費者保護と取引の公正の観点から行う広告規制の目的において、特定電子メール法が、電子メールの送受信上の支障の防止の観点から行う送信規制の目的において、いずれも受信を拒否した者に対する送信の禁止（オプトアウト規制・平成20年改正前特商法12条の3、平成20年改正前特定電子メール法4条）を行うなど一定の法規制がなされ、受信者が送信元を指定して受信を拒否するなどの対応策が用意されている。

しかし、受信者によっては対応策を利用できなかったり、また、送信者としても、送信元を偽装したり、悪質なものは、送信を拒否する方法に見せかけて電子メールアドレスを収集するなどの方法をとるものもあり、抜本的な解決は難しい状況にあった。

そのような状況の中、平成20年の通常国会において行われた特商法の改正において、消費者があらかじめ承諾・請求しない限り、電子メール広告の送信を規制する方式である、オプトイン規制が導入された（平成20年改正特商法12条の3など）。

また、同様に、平成20年の通常国会で行われた特定電子メール法の改正においても、同様の規制が導入され（平成20年改正特定電子メール法3条）、法人について、迷惑メールの送信者に対する総務大臣の措置命令（同法7条）に違反した場合の罰金額を現行の「100万円以下」から「3,000万円以下」に引き上げるなど、罰則を強化した（同法37条）。

これらの規制等は平成20年12月に施行された。その施行内容については、経済産業省、総務省それぞれにより、省令の制定（規制対象となるメールの種類、消費者からの承諾の保存方法など）、ガイドラインの策定（どのような場合に、消費者から広告メールの送信について承諾等を受けたと見ることができるかなど）を通じて具体化されている。

どのような場合に利用者から広告メール送信についての承諾等が得られたと見ることができるかについては、消費者からの承諾の取得方法と関連する。その方式としては、いわゆるデフォルト・オン（ウェブサイト上において、初めから承諾があるものとして、チェックボックスにチェックマークが付されており、承諾をしない場合には、利用者の側でそのチェックマークを外す必要があるという承諾取得方式）、デフォルト・オフ（承諾をする場合に、利用者がチェックボックスにチェックマークを付する方式）の2方式が考えられるが、承諾取得の際において、利用者自身が、広告メールの送信がなされることを自ら認識していることを担保するためには、デ

フォルト・オフの方式が望ましいといえよう。

　仮に、デフォルト・オンの方式が採用される場合においても、利用者自身が、広告メールの送信に対して承諾していることを認識することが可能な表示方法（例えば、画面全体が黒色系の配色の場合、承諾の取得箇所については赤字で明記する、など）をとるといった配慮が不可欠である。

　また、これらの迷惑メールの規制に関しては、行政上の監督権限や罰則の強化など、その実効性確保のための諸施策がとられているが、今後も実効性確保の状況については留意する必要がある。

(2)　架空請求メール

　根拠のない請求を電子メールで送信し、受信者にその支払いを要求するものである。架空請求は、はがき、封書、電報などの手段によるものも横行しているが、架空請求メールは、その電子メール版である。

　出会い系サイトやアダルトサイトの登録料などの名目で金銭を請求するものが多い。事業者自体を名乗るのではなく、事業者から債権を買い取った回収業者を名乗ったり、文面も法的措置を示唆するなど、その手法もより消費者の不安を煽る悪質なものへと変化している。

　最近では、広告メールや架空請求メールを開き、内容を確認しようとクリックしただけで「登録」されたなどと主張して料金を請求し、その際、受信者の「プロバイダ」、「メールアドレス」、「IPアドレス」（＊注4）、「リモートホスト」（＊注5）などを表示し、受信者に個人を特定されたと思い込ませ、架空請求をするものがある。しかし、上記のような情報のみでは、プロバイダの一部の管理者等を除いては、利用者の地域や学校、会社（学校や会社のパソコンを使ってアクセスした場合）などまでは特定できても、利用者個人まで特定することはできないため、消費者としては、このような身に覚えがない架空請求メールに安易に応じないよう注意する必要がある。

(3)　チェーンメール

　チェーンメールとは、送信者が受信者に対して、送信内容を一定数の人に転送することを依頼する電子メールをいう。不幸の手紙のように、転送依頼をする際に「このメールを5人以上に転送しなければあなたは不幸になる」などとして受信者が電子メールの転送をするようプレッシャーを与える記述がされるため、インターネット上で増殖する。

　また、特定の血液型の血液について緊急の輸血が必要であるとして輸血を呼びかけたり、ウイルスメールの流行について注意を呼びかけたりするなど、人の善意につけ込んで電子メールの転送を呼びかける内容のものや、人を感動させる内容の架空の話や、珍しい出来事を偶然撮影したことを装った人為的に作成された写真の転

Ⅰ　電子商取引の基本的問題　　15

送を呼びかけるといった内容のチェーンメールも存在する。

　チェーンメールは、基本的には、ネットワークやメールサーバーに負荷をかけたり、誤情報による混乱を招いたりするところに問題があるが、インターネット上で次々と増殖していくという特質を利用し、受け取った電子メールに振込先のリストを載せ、その口座への振込を促すというネズミ講まがいのチェーンメールも存在する。勧誘の電子メールに4人の氏名と口座番号を記載し、参加する者は、4口座に1,000円ずつを送金してリストの最上位を削除し、自分の氏名と口座番号を最下位に加え、勧誘メールを多数送信するという方法で自分宛に送金させ、無限連鎖講防止法5条違反（開設の禁止）で実際に摘発された事例もある。

(4)　ウイルスメール

　ウイルスメールとは、コンピューターウイルス（第三者のプログラムやデータベースに対して意図的に何らかの被害を及ぼすように作られたプログラム）が添付され、コンピューターにトラブルを発生させる電子メールをいう。

　ウイルスによるトラブルの例としては、メッセージや画像などを表示させる、パソコンの操作をできないようにする、保存されているデータの変更や削除をする、他のパソコンをウイルスに感染させる、設定されたサーバーに攻撃をかける、外部から操作できるようにする、などがある。

　送信者や件名が、半角カタカナであったり、日本語表示だが読むことができない漢字であったり、英語であったりする場合には、ウイルスメールである可能性が高いといえる。

　従来は、添付ファイルを受信者が開かなければ感染しないものがほとんどであったが、最近では、電子メールを開封したりプレビューしたりするだけで感染するものも増加している。

《用語説明》
＊注1　プロバイダ：インターネット接続業者（インターネットサービスプロバイダ〔ISP〕）のことをこのように略すことが多い。電話回線などを通じて企業や家庭のコンピューターをインターネットに接続する業者のことをいう。ヤフーやニフティが代表的である。
＊注2　メールサーバー：インターネットに常時接続され、電子メールのデータの送受信を行うコンピューター。送信はSMTPサーバーというメールサーバーが、受信はPOP3サーバーというメールサーバーが行う。
＊注3　アカウント：コンピューターやネットワークの利用者を識別するための符号。
＊注4　IPアドレス：インターネットに接続されているコンピューターを識別するため各コンピューターに割り振られる123.456.7.89等の数字列。インターネットに接続したコンピューターには全てこのIPアドレスが割り当てられる。
＊注5　リモートホスト：インターネットサービスプロバイダ（ISP）が設置してい

るコンピュータを指す。インターネットに接続している各ユーザのコンピューターが接続しているインターネットサービスプロバイダ（ISP）のコンピューターであり、ユーザーはリモートホストを通じてインターネットにアクセスしていることになる。架空請求の際に「リモートホスト」として表示されるのは、この ISP のコンピューターの名称であって、例えば、denshiBB1234567891.toben.or.jp などのように表記されるため、toben（東京弁護士会）という組織のネットワークから発信されていると推測できるが、それ以上の発信者の情報がここから直接分かるわけではない。

《参考文献》
・齋藤雅弘＝池本誠司＝石戸谷豊『特定商取引法ハンドブック〔第5版〕』（日本評論社、2014）347頁

第2　スマートフォン

1　スマートフォンの特性

スマートフォンには、①利用者の識別に係る情報（氏名・住所等の契約者情報、ログインに必要な識別情報、クッキー技術を用いて生成された識別情報、クレジットカード情報、契約者・端末固有 ID）、②第三者の情報（電話帳で管理されるデータ）、③通信サービス上の行動履歴や利用者の状態に関する情報（通信履歴、ウェブページ上の行動履歴、アプリケーションの利用履歴等、位置情報、写真・動画等）などが蓄積されている。その上、スマートフォンは常時携帯するものであるため、そうした情報がリアルタイムで蓄積されている。なお、上記情報には、契約者・端末固有 ID のように当初からスマートフォンに蓄積されている情報、スマートフォンの利用過程において蓄積される情報及びクレジットカード情報や電話帳で管理されているデータのように利用者がスマートフォン上で入力しなければ蓄積されない情報がある。

アプリを通じてスマートフォン内に蓄積された情報を取得するためには通常、利用者の同意が必要であるが、利用者の多くは表示される注意事項を読まず、また、常に同意してしまう傾向にあるため、知らぬ間に情報を取得され、悪用されやすい。

取得された情報は、アプリ提供者が用いるだけでなく、情報収集事業者や広告配信事業者等へ送信される場合もある。

I　電子商取引の基本的問題　　17

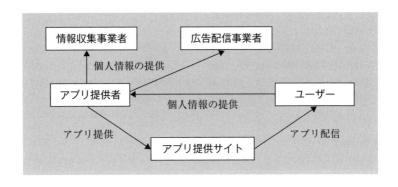

　OS提供事業者や携帯電話事業者が運営する公式マーケット（アプリ提供サイト）では提供アプリに対して一定の審査が行われているため、マルウェア（不正かつ有害な動作を行う意図で作成された悪意のあるソフトウェアや悪質なコード）が含まれていることは少ない。ただし、GooglePlayは掲載前の審査がないため、事前にマルウェアのチェックがされることはない。iPhoneやWindowsPhoneは原則として公式マーケット以外からのアプリのダウンロードができない（ただし、「脱獄」、すなわち、OSを改変し、認可を受けていないソフトウェアを動作可能にした場合は、非公式マーケットからもアプリを入手できる）が、Androidは公式マーケット以外からもアプリを入手することが可能である。マルウェアを含むアプリはAndroidアプリに集中している（2013年6月に発表されたJuniper Networksの年次

[各公式マーケットの審査概要]

アプリ提供サイト	掲載時審査	掲載後審査
GooglePlay （Android）	掲載時は審査せず、掲載後すぐに確認	随時の自動チェック及び開発者・利用者からの報告をもとにした調査
AppWorld （Blackberry）	掲載前に審査	利用者等からの報告をもとに調査
AppStore （iPhone、iPad）	掲載前に審査	人手によるアプリケーションの巡回チェック及び利用者からの報告をもとに調査
Marketplace （WindowsPhone）	掲載前に公開されている要件をチェックリストとして人手による確認	開発者等からの報告をもとに調査

報告書によると、モバイルマルウェアの92％がAndroidアプリに含まれていた）。

2　問題事例

スマートフォンにインストールされたアプリ並びに起動されたアプリの情報、契約者及び端末固有ID等を利用者の同意を得ない段階で外部へ送信していたコンテンツ視聴用アプリ（「アップティービー」2011年10月5日付朝日新聞夕刊39面）や、動画を再生するアプリに見せかけ、端末のメールアドレス、電話番号等を取得し料金請求画面を出すワンクリック詐欺的アプリ（「ANDROIDS_FAKETIMER」）等が問題となったことがある。また、スマートフォンのアプリの機能とは全く無関係に情報を漏洩するプログラムを提供して、不正指令電磁的記録供用罪（刑法168条の2第2項）で有罪となった（京都地判平成25年4月12日刊行物未登載）事例も見られる。

問題のあるアプリについては、アプリ提供サイトを運営するOS提供事業者や携帯事業者の通報窓口に通報することができる。

《参考文献等》
- 総務省「スマートフォン　プライバシー　イニシアティブ──利用者情報の適正な取扱いとリテラシー向上による新時代イノベーション」（http://www.soumu.go.jp/main_content/000171225.pdf）
- 同上「スマートフォン　プライバシー　イニシアティブⅡ──アプリケーションの第三者検証の在り方」（http://www.soumu.go.jp/main_content/000236366.pdf）
- 同上「スマートフォン・クラウドセキュリティ研究会　最終報告～スマートフォンを安心して利用するために実施されるべき方策～」（http://www.soumu.go.jp/main_content/000166095.pdf）
- 同上「スマートフォンをめぐる現状と課題」（http://www.soumu.go.jp/main_content/000143085.pdf）
- 同上「スマートフォン安心安全強化戦略」（http://www.soumu.go.jp/menu_news/s-news/01kiban08_02000122.html）
- Juniper Networks Third Annual Mobile Threats Report（http://www.juniper.net/us/en/local/pdf/additional-resources/jnpr-2012-mobile-threats-report.pdf）

第3　約款（利用規約）

1　約款（利用規約）の存在
⑴　はじめに
ネット取引の場合、サイト内に約款（利用規約）が掲載されている。ここでは、

その利用規則の意義や問題点について述べる。

(2) 約款の発生と社会的意義

　現行民法では、約款に関する規定は存在していない。しかし、実際には、約款は経済社会の中で広く利用されている。そもそも、民法は、自由・平等等を中心とした近代市民法の基本原理に立つ法律であり、両当事者対等を前提とした契約関係を念頭に置いているはずである。しかし、その一方で、例外として、両当事者が必ずしも対等でない契約関係も発展してきたのであり、現在においても、「自由化」「規制緩和」などという建前から、その傾向はますます進んできているともいえる。その契約関係の1つが「約款」である。

　契約に関しては、民法は典型契約を定めているが、それ以外にも、社会の発展に従って、契約自由の原則の下、契約の内容を自由に定めるようになってきているわけであるが、その中には、民法が定める内容よりも詳細かつあらかじめ定型的にその内容を定めておくという慣行が行われており、これが一般に「約款」というものである。

　具体的には、保険約款、運送約款、電気・ガス・水道の供給約款、倉庫寄託約款、電気通信役務約款、預金約款、旅行業約款、宿泊約款などが代表例となっている。利用規約も、ネット取引の相手方に応じて個別に変更することが予定されておらず、定型的に利用され、利用者はその利用規約を確認してそれに同意した場合にネット取引が成立する、という体裁をとるため、約款に含まれるものといえる。

　この約款を内容とする契約には、両当事者は拘束されるのが原則である。

(3) 約款（利用規約）の問題点

　上記のように、約款は広く利用されているが、反面、下記のような問題点もある。

① 独占的な事業者が約款を用い、そのなかに不当な内容が盛り込まれている場合に、約款の内容に不満があっても、その内容による契約を締結せざるを得ない。しかし、これは、契約自由（締結そのもの、内容決定など）が侵害されているのではないか。

② 必ずしも相手方に約款の内容や意味が周知・理解されていないまま契約が締結されてしまうことが多い（これを、「約款の隠蔽効果」という）。特に、詳細な内容の約款の場合、約款の分量が膨大となったり、印刷された文字のポイントが小さくなったりして、相手方にとっては非常に読みづらいものとなり、また、約款使用者も特に約款の内容についてまで説明しないことも多く、相手方はますます理解しづらいものとなっている。

　以上のような問題点のある中で、約款による契約の拘束力を相手方に及ぼすことが妥当か、ということが議論されてきたのである。

　利用規約に関しても、通常は業者側が作成し、利用者にそれを確認させ、規約の

下に取引をするということからすると、業者側が一方的に内容を決定している以上、その内容に不当なものが含まれている可能性がある。また、不当ではなくても、その内容自体が難解で、利用者からすると内容を理解できない場合も少なくない。

そこで、利用規約の問題点をどのように考えればよいか。

(4) 約款（利用規約）の問題点への対策

上記のような問題点があったため、従来、これを克服するための制度が制定・運用され、又は法解釈が行われてきた。利用規約に限定して考えると、以下のようなものがありうる。

① 当該条項を認識していれば契約を締結しなかったであろうと考えられる条項、あるいはそのような条項が存在するとは通常は全く予想されないような条項（不意打ち条項）は、契約の内容には取り入れられないとして、その条項の拘束力を否定する解釈がある。

つまり、約款使用の相手方の意思を重視して、一定の合理性が認められる条項のみが契約の内容に取り入れられるというものである。

② 事後的に紛争となった場合には、裁判所により公序良俗違反、信義則違反等で事後的に条項の拘束力が否定される場合がある。

2 今後の約款に関する規制

(1) 民法改正

平成27年3月、債権法を中心に、これに関連する民法総則規定等に関する改正法案が国会に提出されたが、この通常国会では審議されず、平成28年通常国会で審議される予定である。この中では、いわゆる約款の中でもさらに限定的に「定型約款」というものについて明文規定を置くこととしている。ただ、定型約款には含まれないいわゆる約款について、一切の法的規制が働かないのではなく、定型約款での議論をもとに、解釈により規制をかけていこうというのが有力となっている。詳しくは、法務省のホームページを参照（法制審議会の部会資料84：http://www.moj.go.jp/shingi1/shingi04900237.html、部会資料86：http://www.moj.go.jp/shingi1/shingi04900241.html、部会資料88：http://www.moj.go.jp/shingi1/shingi04900243.html、新旧対照表：http://www.moj.go.jp/content/001142671.pdf）。

(2) 定型約款規定の内容

(i) 定型約款の定義

定型約款とは、定型取引において、契約の内容とすることを目的としてその特定の者により準備された条項の総体をいうこととされた（改正法案548条の2第1項柱書）。このうち、定型取引とは、ある特定の者が不特定かつ多数の者を相手方として行う取引であって、その内容の全部又は一部が画一的であることがその双方に

とって合理的なものをいうとされており、この要件を満たすものが定型約款として、民法の規制を受けることとなる。

特にネットショッピング等で用いられる利用規約については、不特定かつ多数の消費者を含む顧客を相手方とするものであって、上記要件を満たすから、定型約款となるといってよい。

(ii) 定型約款の内容の表示（いわゆる組入要件）

通常の契約での拘束力の根拠は意思の合致があることにあるから、原則として当事者は契約の内容を認識した上で契約を締結する必要がある。しかし、定型約款の場合、これを貫くことは、定型約款の効力そのものを否定する方向に働き、社会経済上マイナスである。そこで、上記原則を大幅に緩和して、合意をしたものとみなすこととした。具体的には、定型取引を行うことの合意をした者は、次に掲げる場合には、定型約款の個別の条項についても合意をしたものとみなすこととした（改正法案548条の2第1柱書、1号・2号）。

一　定型約款を契約の内容とする旨の合意をしたとき。
二　定型約款を準備した者（以下「定型約款準備者」という。）があらかじめその定型約款を契約の内容とする旨を相手方に表示していたとき。

このように、大幅に緩和して合意をしたものとみなすこととした反面、定型約款準備者の濫用の恐れがあることから、個別の条項のうち、相手方の権利を制限し、又は相手方の義務を加重する条項であって、その定型取引の態様及びその実情並びに取引上の社会通念に照らして1条2項に規定する基本原則に反して相手方の利益を一方的に害すると認められるものについては、合意をしなかったものとみなすこととした（改正法案548条の2第2項）。

通常は、ネット上、契約成立前に利用規約を確認する画面が出る等して、これを契約の内容とする旨を相手方に表示していることが多いと思われるが、契約成立前に利用規約が見られないようになっていないか、注意する必要はある。詳しくは、具体的問題事例（第4章Ⅰ第4）を参照。

(iii) 内容の表示

定型取引を行い、又は行おうとする定型約款準備者は、定型取引合意の前又は定型取引合意の後相当の期間内に相手方から請求があった場合には、遅滞なく、相当な方法でその定型約款の内容を示さなければならないこととした。ただし、定型約款準備者が既に相手方に対して定型約款を記載した書面を交付し、又はこれを記録した電磁的記録を提供していたときは、この限りでない（改正法案548条の3第1項）。

22　　第2章　電子商取引の基本的問題・裁判管轄

もし、定型約款準備者が、前述の相手方からの請求に対して応じなかった場合には、債務不履行に基づく損害賠償責任を負うと解されているが、定型約款準備者が定型取引合意の前において前項の請求を拒んだとき（不当拒絶）は、合意をしたとみなさないこととした。ただし、一時的な通信障害が発生した場合その他正当な事由がある場合は、この限りでないとしている（同条第2項）。

(iv)　定型約款の変更

　いったん定型約款が契約の内容となったとしても、その内容を変更する必要が出てくる場合がある。しかし、契約の内容になったものを後日変更する際に、必ずサイト利用者の承諾を得るべきとすることは煩雑である。そのため、サイト業者は、何らかの方策をとって、サイト利用者個別の承諾を取らなくても約款を変更することができるように規定していることが多い。しかし、必ず事前に変更の規定が必要とすると、後で変更することができなくなり不都合である、という考えのもとに、必ずしも事前に変更規定を設けておかなくても、下記の各号の要件を満たせば変更ができることとして、規制を緩和した（改正法案548条の4第1項）。

一　定型約款の変更が、相手方の一般の利益に適合するとき。
二　定型約款が、契約をした目的に反せず、かつ、変更の必要性、変更後の内容の相当性、この条の規定により定型約款の変更をすることがある旨の定めの有無及びその内容その他の変更に係る事情に照らして合理的なものであるとき。

　また、定型約款準備者は、定型約款の変更をするときは、その効力発生時期を定め、かつ、定型約款を変更する旨及び変更後の定型約款の内容並びにその効力発生時期をインターネットの利用その他の適切な方法により周知しなければならないこととし（同条2項）、これによる定型約款の変更は、効力発生時期が到来するまでに第2項の規定による周知をしなければ、その効力を生じないとしている（同条3項）。

　利用規約の場合も、最初から約款変更の規定がないからといって必ずしもその後の変更ができなくなるわけではないが、ネット上で、知らないうちに変更されてしまっていることもありうるため、契約前に変更規定があるか、そして、もし変更規定がなかった場合、変更の内容について上記のような要件を満たしているか、注意する必要がある。

　　　　　　　　　　　　　　　　　　　　　Ⅰ　電子商取引の基本的問題　　23

第4　インターネット取引における決済方法

1　はじめに
　インターネットを通じて買い物等の取引を行った消費者は、最終的には、その代金や利用料等を相手方に支払う必要がある。もっとも、インターネットを通じた取引においては、対面の売買等と異なり、当事者同士が離れた場所にいるのが通常である。
　そこで、消費者としては、離れた場所にいる相手方に対し、どのような方法で代金や利用料等の支払いを行うかを考える必要があるが、現在では、インターネット取引が開始される以前から利用されてきた銀行振込や現金書留郵便による送金だけでなく、多様な決済方法が登場し、これらが利用されている。
　ここでは、このような決済方法のいくつかについて、その仕組みについて簡単に解説するとともに、利用するに当たってどのような点に注意する必要があるかをみていくことにする。

2　銀行決済
(1)　銀行振込
　銀行振込は、振込依頼人が仕向銀行（依頼人から依頼された送金や振込を他の銀行に対して行う銀行）を通じて、被仕向銀行（依頼人から依頼された送金や振込を他の銀行から受け取る銀行）の預金口座を有する受取人預金口座に直接入金する方法によって送金の目的を達する送金手段であり（根田正樹＝大久保拓也編『支払決済の法としくみ』（学陽書房、2012）229頁）、被仕向銀行が受取人の預金口座に入金記帳をした時点で受取人は被仕向銀行に対する預金債権を取得することになり、決済が完了するという仕組みである。

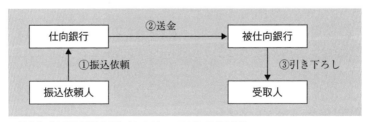

　＊福井修『金融取引法入門』（きんざい、2009）230頁参照

　銀行振込においては、振込依頼人が誤って別人の預金口座を送金先に指定してし

まったり、被仕向銀行が誤って受取人でない者の預金口座に入金記帳してしまったりすることによって、振込依頼人が意図しない相手の預金口座に入金記帳がなされてしまうという事態が生じうる（誤振込）。

このような場合でも、受取人は、被仕向銀行が入金記帳を行った時点で預金債権を取得することになる。ただ、振込依頼人と受取人との間では金銭の支払いを正当化する原因関係が存在しないため、振込依頼人が受取人に対する不当利得返還請求権を取得するという法律関係になる。

誤って別人の預金口座を指定してしまった場合、振込依頼人は、仕向銀行を通じて１度行った振込依頼を取り止める旨の申出を行う「組み戻し」と呼ばれる手続をとることができる。この場合、受取人の預金口座に入金記帳がなされる前であれば振込手続を撤回できるが、既に入金記帳がなされてしまった場合は、受取人の承諾を得る必要がある。銀行側の過失によって誤った振込がなされた場合は、銀行側において取消の処理を行うが、既に口座から出金されてしまっている場合は取り消すことができない。

また、詐欺的な取引を行う業者は、しばしば自らの身元を隠す目的で、不正に取得した他人名義の預金口座を振込先に指定することがある。このような他人名義の口座に振込送金をしてしまうと、相手方を特定することすら困難であるため、送金額分の被害を回復することは期待しにくい。もっとも、犯罪利用預金口座等に係る資金による被害回復分配金の支払等に関する法律（いわゆる振込詐欺救済法）に基づく口座凍結の申請を金融機関に行って口座の凍結がなされると、凍結された口座に残されていた金額から分配金の支払いを受けることができることがあり、これによって、ごく一部に止まることも少なくないが、被害回復を図ることができる。

⑵　ネットバンキング

近時の銀行は、インターネット上で様々な銀行業務を提供しており、①都市銀行や普通の銀行がサービスの一環として、インターネット上で振込や残高照会等の手続を受け付ける場合、②他に実際の店舗も有する銀行がインターネット上の銀行業務のみを提供する独自の支店を用意する場合、③店舗や支店などを持たずにほぼインターネット上で銀行業務を提供する場合という態様に分けることができる。このような銀行がインターネット上で提供する銀行業務は「ネットバンキング」などと呼ばれる。

このようなネットバンキングを利用した振込も広く行われるようになっており、利用者は、インターネットに接続できる環境さえあれば、利用者はいつでもどこでもサービスを利用することができる。

ネットバンキングでは、本人確認のため、銀行から付与されたIDとパスワードを入力して取引を行うのが通常である。しかし、逆にいえば、IDとパスワードさ

え分かれば、無権限者が本来の権限者に代わって各種取引を行うことが可能となってしまうというのが実情であり、そのようにして無権限者が権限者本人に成り代わって各種取引を行うことを「なりすまし」と呼んだりする（なりすましの詳細については、第3章Ⅵを参照）。

(3) システム障害によるトラブル

今日の決済システムは、金融機関などのコンピューターが通信回線で接続されたネットワークによって構成されている（前掲根田＝大久保10頁）。このため、システムダウンや誤作動等のシステム障害がネットワークのいずれかに生じると、その影響は決済システムの利用者にも及ぶことが考えられる。例えば、システム障害によって振込ができなくなったり、入金の記帳がなされなかったりすることで、取引が成立しなくなるという事態が生じうる。

銀行振込は、通説的見解によれば、委任ないし準委任契約と解されており、このようなシステム障害により振込ができなくなったような場合、金融機関に対して債務不履行責任を問うことが考えられる。もっとも、一般的な取引約款には、金融機関側の免責事由が広く定められているため、システム障害が生じたからといって、直ちに金融機関の責任が認められるということにはならない。

3 クレジットカード取引
(1) クレジットカードの仕組み

クレジットカード取引は、カード保有者（会員）が、カード加盟店から購入した商品や提供を受けたサービスの代金の決済を、カード会社が介在して、取引後の一定の期日に行う仕組みの取引である。

クレジットカード取引の最も単純な構造及び各当事者の関係について説明すると以下のとおりである。

---

① カード会社は加盟店との間で加盟店契約を締結する。
② カード会社は、入会審査を通過した入会申込者に対してクレジットカードを発行する。
③ カード発行を受けたカード保有者は、加盟店と商品販売契約・役務提供契約を締結する際にクレジットカードを加盟店に提示する。
④ 加盟店は、商品代金等をカード会社に請求し、カード会社は加盟店に一括して立替金を支払う。
⑤ カード会社は、カード保有者に対し立替払いを行った分の代金の支払いを請求する。

26　第2章　電子商取引の基本的問題・裁判管轄

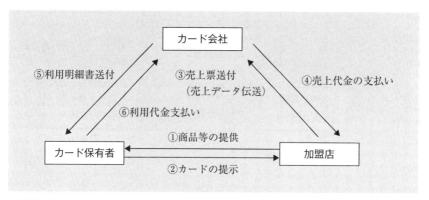

＊松本恒雄＝齋藤雅弘＝町村泰貴『電子商取引法』（勁草書房、2013）118頁参照

　カード会社は、その業務内容から、カードをカード保有者に発行し弁済受領や求償を行うことを業務とするカード発行会社（イシュアー）、加盟店と加盟店契約を締結し加盟店への立替払いを行う加盟店管理会社（アクワイアラー）との2つの役割がある。そして、アクワイアラーとイシュアーが同一会社である取引をオンアス取引といい、アクワイアラーとイシュアーが別会社である取引をオフアス取引（ノンオンアス取引）というが、国内のクレジットカード会社の多くは加盟店開放をしており、オフアス取引（ノンオンアス取引）によって、カード保有者が保有する当該カードの加盟店でなくても、そのイシュアーが提携している他のクレジットカード会社の加盟店の取引にも利用できるようになっている。この場合、当該カードの表面には、提携先カードのマークが印刷されている。

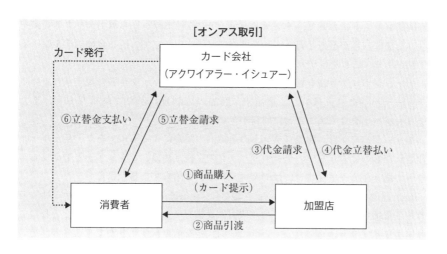

Ⅰ　電子商取引の基本的問題　　27

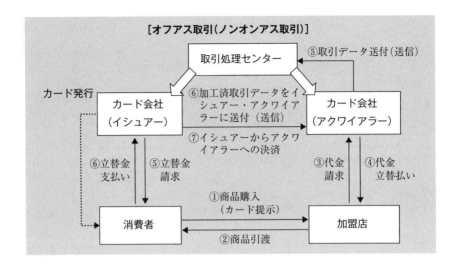

　また、イシュアーとアクワイアラーとの間を取り次ぐ国際的機関である国際ブランドが介在することで、国境を越えたカード決済が可能となっている。国際ブランドには、イシュアーであり、代金回収や加盟店開拓等の全てのカード業務を行うアメリカン・エキスプレス、ダイナース、JCBと、銀行やカード会社を構成員として、統一ブランドのカードを発行して、世界規模でフランチャイズ組織を展開し、自らはネットワークにより信用照会やセキュリティの運営・管理等を行うVISA、Master Cardがある。これらの他、近年ではDiscover Cardが国際ブランドとしての活動を開始し、規模を拡大してきている。

(2) **チャージバック**

　国際ブランドにおいて、イシュアーが、アクワイアラーから取引データの提供を受けた後に内容が不当と判断される場合に異議を申し立て、既払金の返還を受ける手続があり、これを「チャージバック」という。

　チャージバック手続を利用するためには、チャージバック手続に規定されているチャージバックリーズン（二重請求、商品の未到達）がなければならず、またチャージバックリーズンごとに期間が定められている。

　チャージバックは、国際ブランドの組織内の規定によるものであり、自主ルール化されたものにすぎない。チャージバックの手続主体は、イシュアーとアクワイアラーであり、カード保有者にはチャージバックを請求する権利はない。

　わが国内の取引のチャージバックは、「イシュアーがアクワイアラーに対してカード債権の瑕疵を理由として当該取引に異議を申し立てる行為をいい、これによりアクワイアラーから取り立てられた取引代金を取り戻すことができるもの」をい

い（東京弁護士会消費者問題特別委員会編『消費者相談マニュアル〔第2版〕』（商事法務、2012）297頁）、国際ブランドのような統一ルールによるものではなく、イシュアーとアクワイアラーとの間の協議によって処置が決定されているといわれている。

(3) 抗弁の接続

クレジットカードを用いた決済方法のうち、カード保有者側の支払いの期間が2ヶ月以上の取引と支払額を毎月一定額、あるいは支払うべき残高に対する一定率に定めるというリボルビング払いによる取引は、割賦販売法に定める「包括信用購入あっせん」に該当し、同法の適用があるが、これらに該当しないマンスリークリア（翌月一括払いであることが多い）は同法の適用がない。現在のわが国では、マンスリークリアの取引が占める割合が少なくないが、「包括信用購入あっせん」に該当する取引の場合は、加盟店に対する抗弁をカード会社に対しても主張できるのに対し（「抗弁の接続」、割賦販売法30条の4）、マンスリークリアでは一切抗弁の接続が認められないということになる。

(4) 決済代行

カード会社とカード会員が取引する加盟店との間に立って、クレジットカード決済の手続等を行う業者を決済代行業者という。

決済代行業者は、カード会社との間で包括加盟店契約を締結し、自らが加盟店となる。その上で、販売業者等の事業者とは決済代行契約を締結する。

決済代行業者は、通常はカード会社の加盟店となれないような小規模な事業者と決済代行契約を締結するが、相手方事業者の十分な審査を行わないためか、詐欺的な取引を行う事業者と契約を締結することがしばしばあり、そのような詐欺的取引を行う事業者がクレジットカード決済システムを利用できるようになっており、かかる事業者が増長する一因となっている。

決済代行業者が介在している場合、カード保有者が直接取引を行った事業者は、カード会社の加盟店ではないため、抗弁の接続の規定の適用はなく、当該事業者に対する抗弁をカード会社に主張しえない。また、カード保有者と決済代行業者との間には契約関係がないことから、決済代行業者に直接契約上の責任を問うことはできない。

その他、海外のアクワイアラーを通して決済代行業者が決済をしている場合には、①国内の事業者との取引であっても外貨決済による請求となり為替の影響を受ける、②イシュアーには決済代行業者や販売業者に対して加盟店管理が及ばないため、販売業者の情報を確実につかめない場合がある、などの問題がある。

(5) PayPal（ペイパル）

ペイパルは、アメリカの企業が提供するインターネットを通じた決済サービスで

あり、世界的に利用されており、日本法人も設立されている。

　利用希望者は、アカウントの開設を申し込み、メールアドレス、パスワード、その他氏名や住所等の個人情報を入力した後、クレジットカード情報を登録する。決済の場面で利用する場合は、登録したメールアドレスとパスワードを入力してログインした上で、所定の手続をとればよく、これによって登録したクレジットカードで決済を行ったものとされる。他方、支払いを受ける側もペイパルのアカウントを通じて支払われた代金を受け取るため、取引当事者の双方がアカウントを開設している必要がある。

　ペイパルは、メールアドレスとカード情報を紐づけて管理しているため、ネット上でカード情報を送信する必要がなく、支払先にカード情報を知らせる必要もないことが利点である。他方、何らかの方法により、アカウント開設の際に登録したメールアドレスとパスワードを知られてしまうと、他人によって利用されてしまうという危険があることは否めない。

4　電子マネー

(1)　電子マネーの意義

　電子マネーは、その定義が法律上定められているものではないが、電子商取引推進協議会（ECOM）によって、「現実に流通している貨幣価値に裏付けられた電子的な価値情報で、支払の手段として利用できるもの」と定義され、その他、「金銭的価値を電子データで表したもの」や「電子的なお金」などとも説明される（前掲根田＝大久保36頁）。貨幣価値をデジタルデータと交換して決済に使用する電子マネーは、ネットワークを使って即時に決済することが可能であることから、利用限度額が低額に設定されているものがほとんどであり、少額の決済にしか向かないという面はあるが、今のところ、電子決済手段として最適な手段と考えられている。

　電子マネーは、①価値情報等の取引に必要な情報が記憶されている媒体が電子マネー発行者のサーバーか（サーバー型、「WebMoney」、「BitCash」等）、発行者から交付されたICカード等の証票か（ICカード型、「Suica」、「PASMO」等）、②入金のタイミングが利用の前か（プリペイド、「Suica」、「PASMO」等）、利用の後か（ポストペイ、「iD」等）、③利用できる相手が電子マネー発行者に限られるか（自家発行型、「nanacoカード」、「WAON」等）、発行者以外の第三者も含まれるか（第三者型、「Suica」、「PASMO」等）、④1度利用された電子マネーを利用者間で何度も利用できるか（還流型、「Edy」等）、1度利用した電子マネーをその都度発行者に環流させなければならないか（非還流型、「Suica」、「PASMO」等）などの観点から分類することができるが、現在のわが国で普及している電子マネーの多くはICカード型かつプリペイド型のものであると思われる。

プリペイド型の電子マネーは、資金決済法の定める前払式支払手段に該当するため、同法の規制を受ける。このため、当該電子マネー発行者は、基準日（毎年3月31日・9月30日）における未使用残高が1,000万円を超えるときは、基準日の翌日から2ヶ月以内に基準日における未使用残高の2分の1以上の額に相当する発行保証金を供託する必要がある。

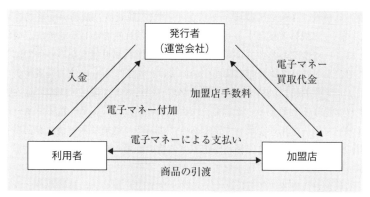

＊根田正樹＝大久保拓也『支払決済の法としくみ』（学陽書房、2012）42頁参照

(2) 電子マネーの問題点
　ICカード型の電子マネーの場合、偽造や盗難により、他人に利用されてしまうということがありうるし、システム障害により決済ができなくなったり、価値が失われてしまうという事態が生じうるということが考えられる。
　電子マネーの信頼性を高めるためにも、容易にシステム障害が生じることのないよう発行者にはシステムの改善等の不断の努力が求められる。そして、こうしたシステムの改善等は、発行者のみが対処可能であることから、万一実際に問題が発生した場合には、原則として発行者が、それに対する責任を負うことになると考えるべきである。

(3) 電子マネー発行者倒産等における問題点
　電子マネーが国ではなく私人によって発行されるものである以上、発行者が倒産する危険性は十分にある。例えば、過去では、オランダのデジキャッシュ社が倒産している。
　万が一、発行者について破産手続が開始された場合、保有者は、未使用のまま自らの手元に残している電子マネーに相当する分の破産債権を有していると考えられ、破産手続の中で配当を受けられる可能性がある。このように発行者が破産手続に至った場合、手元の電子マネーがICカード型マネーであれば、前述のとおり、IC

I　電子商取引の基本的問題　　31

カード型マネーについては資金決済法の適用があるため、発行者が発行保証金を供託しており（同法14条）、この範囲で返還を受けられる。

では、発行を受けた後の取引によって第三者（例えば、電子マネー加盟店等）に移転した当該電子マネーについては、電子マネー使用者と当該第三者のいずれが発行者倒産によるリスクを負担することになるのか。

これについては、当該電子マネーの法的性質又は法的構成（法的性質論として、金券説、価値説、債権譲渡構成、支払委託構成、（免責的）債務引受構成等の各説がある）から解釈しようとする向きもあるが、法的性質をあらかじめ決定づけておくことによって全ての具体的事案に沿った適切な解釈が可能となるわけではない。

そこで、上記のリスク負担の問題については、電子マネーの法的性質論からは離れて、より実質的に、決済当事者（電子マネー利用者と加盟店）間の合意内容から検討すれば足りると考える。そして、決済当事者間においては、電子マネーによる決済は電子マネーを用いた代物弁済であり、決済時に電子マネー情報が利用者から加盟店に移転することにより債務が消滅する旨の意思の合致があるのが通常である。したがって、取引によって電子マネー加盟店に移転した当該電子マネーについては、マネー情報という財貨の移転とともにその危険もまた加盟店に移転したとみるべきであり、加盟店が発行者倒産のリスクを負うと考えるのが妥当であろう。なお、当該電子マネーに関する利用契約・加盟店契約等において上記リスクを消費者に転嫁する趣旨の規定が盛り込まれたとしても、当該規定は消費者契約法10条に該当して無効な条項となる可能性がある。

(4) 利用者に対する法的責任

電子マネーが、いわゆるサクラサイト等の詐欺的取引における決済手段として利用されることもあるが、資金決済法や同法に関する金融庁の事務ガイドライン等に照らして、発行会社には、加盟店が行う取引が公序良俗に反するものに当たらないよう調査・確認すべき注意義務（加盟店管理義務）を負っていると解するべきであり、加盟店が行っている取引がこれに当たることを認識し、又は認識しえたにもかかわらず、決済を容認していた場合には、利用者たる消費者に対し、債務不履行責任、あるいは不法行為責任を負う余地があると考えるべきであり、あるいは過失の幇助による不法行為責任を負う余地があると考えるべきである（なお、電子マネーに限らず、他の決済手段を提供する業者についても、同様のことが当てはまる場合がありうる）。

電子マネーを決済手段とする詐欺的取引による被害が生じた場合、直接の取引業者だけでなく、電子マネーを発行した業者に対して、責任を追及することができるかどうかも検討してみるべきである。

5　収納代行・代金引換
(1)　収納代行

　商品代金や利用料等の支払いの手段として、サービス等利用者がサービス等提供者から依頼を受けた事業者（主にコンビニエンスストア等）に対して直接代金や利用料等を支払い、コンビニエンスストア等の事業者からサービス等提供者に対しサービス等利用者から受領した代金や利用料等の支払いを行うという仕組みが利用されており、これを「収納代行」などと呼んだりする。

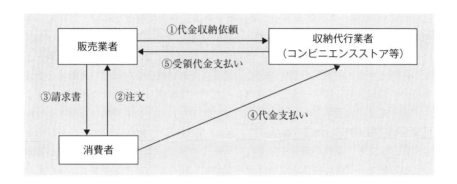

(2)　代金引換

　また、商品の購入者が商品の販売業者から代金の受領についても依頼を受けた運送業者に対し、商品の引渡しを受けるのと引き換えに購入代金を支払い、運送業者が販売業者に受領した代金を支払うという手段も利用されており、これを「代金引換」などと呼んだりする。

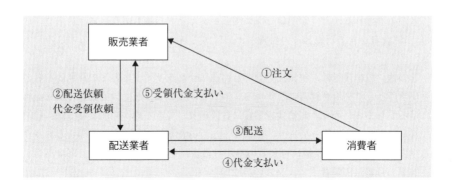

(3) 収納代行・代金引換の問題点

　平成22年に施行された資金決済法は、これまで銀行のみが行えることになっていた「為替取引」を、一定の規制に服することを条件に、銀行以外の業者が行うことを可能とした。立法の過程においては、収納代行業者についても資金決済法の規制を及ぼすかどうかが議論されたようであるが、共通の認識を得ることができず、資金決済法の適用を受けないまま現在に至っている。また、収納代行と類似した仕組みを持つ代金引換業者についても同様に資金決済法の規制は及んでいない。

　しかし、「為替取引」は、最高裁判例（最判平成13年３月12日刑集55巻２号97頁）において、「顧客から、隔地者間で直接現金を輸送せずに資金を移動する仕組みを利用して資金を移動することを内容とする依頼を受けて、これを引受けること、又はこれを引き受けて遂行すること」という定義が示されているが、経済的実態を重視する観点から、収納代行業者や代金引換業者も為替取引を行っていると考え、資金決済法の規制を及ぼすべきとの見解もある（岩原紳作「金融法制の革新──資金決済法と電子記録債権制度」ジュリ1391号（2009）11頁、松本恒雄＝齋藤雅弘＝町村泰貴編『電子商取引法』（勁草書房、2013）126頁）。収納代行においても、代金引換においても、業者の破綻や従業員の不正等の理由により、消費者から支払われた代金等がサービス等提供者に行き渡らなかった場合に消費者が免責されるかという問題がある。

　また、これらのサービスは法的には代理受領であるとして、消費者から業者に支払いがなされた時点で決済は完了するという見解がある（片岡義弘「決済と銀行法の『為替取引』の概念についての試論」金法1841号（2008）43〜44頁等。かかる見解は、代理受領であることを根拠として、収納代行等は為替取引に当たらないとしている）。しかし、収納代行に代理受領権限が与えられているかが約款等で必ずしも明確になっていない場合があることや、収納代行業者に支払いを行った時点で支払者が免責されるかどうか明確でない実態があるとの指摘もあり（岩原前掲９〜10頁）、消費者を含めた支払者の保護が十分に図られているか疑問の残るところである。

　その他、収納代行は、決済代行業者と同様にサクラサイト業者等の詐欺的業者の決済手段として利用されることがある。消費者がこのような詐欺的業者による被害に遭ってしまった場合、収納代行業者に責任追及ができるのか問題となるが、収納代行業者といっても様々であり、中には不法行為責任等が認められる場合もありうる（FX取引における収納代行業者の不法行為責任を認めた例として、東京高判平成26年７月10日消費者法ニュース101号319頁がある）。

6　エスクロー決済

エスクロー決済とは、商取引において、販売者と購入者との間に第三者（エスクロー業者）が入り、購入者から第三者がいったん代金を預かり、販売者から購入者へ商品が届いた時点で、購入者から預かった代金を販売者に支払う決済方法をいう。この方法を用いると、購入者は、購入した商品の到着と届いた商品との同一性を確認することができ、販売者による商品の不発送や差し替えをある程度防止することができるという利点があり、消費者にとっては有用な決済方法である。

エスクロー決済は、近年のわが国においても、インターネット・オークションにおけるトラブル対策として徐々に導入されてきている比較的新しい電子決済ビジネスである。

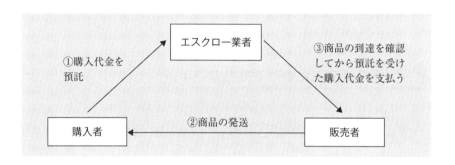

もっとも、エスクロー決済を用いる場合、エスクロー決済サービスを提供する業者（以下、「エスクロー業者」という）に対して別途一定の手数料を支払わねばならないため、少額取引には向かない面がある。また、上記手数料は販売者と購入者の双方が負担することになるため、あらかじめその両者がエスクロー決済を用いることにつき同意している必要があるが、手数料負担を敬遠して販売者がエスクロー決済を選択しないことも多く、あまり普及していないのが現状である。

今後さらにエスクロー決済の普及が進むとしても、エスクロー業者は一民間企業にすぎないことから、その信用についてはまた別の問題点として生じてくるであろう。

7　仮想通貨

近年、ビットコインをはじめとする、特定の発行主体や管理主体を持たず、ネットワーク上のネットワークに分散して存在するという性質を持つ仮想通貨、あるいは暗号通貨と呼ばれるネット上の通貨が決済手段として利用されるようになってきており、今後もさらに利用が拡大される可能性が指摘されている。

《参考文献等》

- 根田正樹＝大久保拓也編『支払決済の法としくみ』（学陽書房、2012）10〜16、184〜191、229〜240頁
- 福井修『金融取引法入門』（きんざい、2009）233〜239頁
- 森哲也「電子商取引における決済システムのあり方」現代消費者法18号（2013）48頁
- 松本恒雄＝齋藤雅弘＝町村泰貴編『電子商取引法』（勁草書房、2013）117〜154頁
- 東京弁護士会消費者問題特別委員会編『消費者相談マニュアル〔第2版〕』（商事法務、2012）290〜302頁
- 「日本市場での地歩を固めるペイパルの事業戦略」月刊消費者信用341号（2011）24頁
- 末藤高義『クレジットカード用語事典〔改訂増補版〕』（民事法研究会、2008）105〜127頁

第5　電子商取引における商品輸送手段

1　はじめに

電子商取引において物品を購入した場合、その物品は、運送事業者により買主のところに輸送されることが多いと思われるが、商品が届かなかったり、誤った場所に配達されたり、輸送中に商品が破損したりなどといったトラブルが発生した場合、売主がどこまで責任を負うのかが問題となる。

2　主な商品輸送手段の概要

運送事業者などを利用して、商品引渡行為を他人に代行させた場合の売主の責任範囲を検討するには、売主が選択した手段が、当該債務の趣旨・内容に照らして妥当であったかどうかが重要な考慮要素である。そこで、まず、電子商取引において利用されうる輸送手段について、概略を説明する。

(1)　宅配便

宅配便は、地域ごとに仕分け・配送を行う拠点を設けて、拠点間を運送便で結ぶ輸送手段である。ゆうパックも、郵便事業会社の民営化により、宅配便に含まれる。

宅配便においては、配達先まで配達員が各別に訪問し、配送品を配達した際に、受取証等に押印やサインを求めるといったように、配達員と受取人が直接対面して配送品を引き渡すため、商品の不着や、誤配というような問題が生じにくい。したがって、高価な品物などを輸送する際に適した方法といえる。

宅配便を利用してトラブルが発生した場合には、各運送事業者の運送約款が適用

されるため、一次的には当該約款によりトラブルの解決が図られることになる。運送約款には補償額が定められていることが多い。

(2) メール便

メール便は、運送事業者の輸送網を利用して、郵便法上の「信書」に該当しない軽量な荷物を輸送するサービスである。郵便法上の「信書」の配達に利用することはできない。日本郵便が提供しているサービスである「ゆうメール」も、このメール便のカテゴリに属するため、信書の送達には利用できない（なお、日本郵便は「信書」を送付できる「レターパック」というサービスを別途提供している）。

メール便の仕様は、運送事業者により異なるが、概ね郵便ポストに入る大きさで、比較的軽量なものがメール便の送付対象物として適している。

メール便には、配達の情報を記録するための番号が付されていることが一般的であり、番号を入力することで、インターネットで配達状況の確認ができる。しかし、メール便は、宅配便と異なり、対面式で引き渡されるものではなく、配達員が配達先の郵便ポストに投函した後、目的地に配達したことを端末に入力することで配達状況が更新されるため、必ずしも目的地の郵便ポストに正確に投函されたかまで保証するサービスではない。このため、記録上は配達済みとなっていたとしても実際には配達されていなかったというトラブルが起こりうる。

メール便においても、宅配便と同様に、運送約款がある場合がほとんどであるが、安価に目的物を送付できる反面、その補償範囲は狭く規定されており、輸送費用の返還又は同様の荷物を無償で送付できる程度にとどまっている。

例えば、とある大手運送事業者のメール便に関する約款には、損害賠償の範囲について、「当店の損害賠償責任は、荷送人の選択により、当該荷物の損害を受けた冊数分の運賃等の返金、又はその冊数分の代替品につき無償で本サービスを提供するものとします。」と定められている。

メール便は、料金が宅配便よりも低廉であり、普通郵便とは異なってある程度の追跡調査が可能であることから、電子商取引における輸送手段として選択されやすい。しかし、補償の範囲は極めて狭く設定されているため、重要なものはメール便以外の方法での送付を検討すべきである。

なお、近年、メール便を利用して商品やカタログなどを送付する事業者や個人オークション出品者が増え、その際に「信書」に該当する書面を同封してしまうといったことが問題となり、大手運送事業者の中にはメール便のサービスそのものから撤退するところも現れてきた。

(3) レターパック（日本郵便）

日本郵便の特定封筒「レターパック」サービス（平成22年4月1日開始）は、送付物の形状はメール便とよく似ているが、メール便とは異なり「信書」の送達が可

I　電子商取引の基本的問題　　37

能であることが一番の特徴である。4キログラムまでは全国一律料金で、追跡サービスがあり、郵便窓口で差し出すほか、ポストに投函する形でも送付ができる。配送方法は対面もしくはポスト投函の2種類から選ぶことができ、利便性の高いサービスとして広く利用されている。

ただし、レターパックは、郵便法及び内国郵便約款における損害賠償の対象とされる郵便物には該当しないため、万一事故があっても同法・約款に基づく損害賠償の対象とはならない点に注意が必要である。

3 トラブル発生時の責任の所在

売主が、輸送手段として運送事業者を利用したところ、買主の元に商品が届かないなどのトラブルが発生した場合、誰が責任を負うのであろうか。

(1) 売主の責任

売主の責任については、当該売主と運送を行った者との関係により異なる。

(i) 運送を代行する者が、売主の被用者ないし指揮監督下にあるような場合

売主と雇用関係にある者（会社の輸送部門の社員など）が売主の代わりに商品の輸送をしたり、雇用関係はなくとも指揮監督関係にある者（子会社など）に商品の運搬をさせたりした際に、その者の故意過失により目的物が滅失棄損した場合には、それらの者の故意過失は、信義則上、売主（債務者）の故意過失と同視することができるから、売主自身が債務不履行責任・損害賠償責任を負う。

(ii) 運送を代行する者が、独立の事業者である場合

一方、売主が、独立的に事業を営んでいる運送事業者に商品の輸送を依頼し、その事業者の従業員の故意過失によって商品が滅失毀損した場合には、その事業者の選任・監督についての故意過失があったときのみ売主が責任を負うと解されている。

既に述べたように、商品の輸送方法には様々な形態があるから、どの事業者の、どのようなサービスで当該商品を送付するかという選択の内容が、当該品物を送り届けるに当たって適したものであれば、売主は選任・監督義務を尽くしたといえるから、その後の運送の過程で運送事業者の故意過失によって商品が滅失しても、売主は債務不履行責任を負わない。

しかも、電子商取引においては、売買契約の段階で、目的物の代金のみならず送料を買主が負担することが多いため、送料算定の根拠となる商品の運送方法・運送事業者については明示され、当事者間で事前合意していると解されることも多い。買主が当該運送方法・運送事業者について合意しているとすると、その運送事業者を利用した結果、目的物が滅失したとしても、売主の選任・監督義務違反を追及することは困難であろう。

(2) 運送事業者の責任

運送事業者の責任を考える際には、免責約款の問題が重要である。

(i) 免責約款とは何か

「免責約款」とは、運送約款中に規定される条項で、目的物の滅失毀損があった場合に、それが運送事業者従業員の軽過失によるときは、一定の限度額までの賠償責任しか負わないといった規定が代表例である。免責約款が適用される場合、免責約款上の責任上限額が30万円であった場合には、たとえ50万円の価値のある商品が滅失毀損したとしても30万円しか賠償請求できない。高価な品物の配送については、別途保険をかけて免責額以上の補償を確保することができることも多い。

(ii) 免責約款の効力は買主に及ぶか

売主と運送事業者との間には、運送契約が締結されているから、この両者には契約の当事者として免責約款の効力は当然に及ぶ。それでは、運送事業者と直接的な契約関係のない受取人（買主）には、免責約款の効力が及ぶであろうか。

この点について、最高裁判決（最判平成10年4月30日集民188号385頁）は、運送約款の合理性を認めた上で、「荷受人も、少なくとも宅配便によって荷物が運送されることを容認したなどの事情が存するときは、信義則上、責任限度額を超えて運送人に対して損害の賠償を求めることは許されない」と判示している。

この事案は、荷送人と荷受人が双方とも事業者で、責任限度額を超える金額の宝石類を運送事業者に委託したところ、運送事業者が宝石類を紛失したため、荷受人が運送事業者の不法行為責任を追及したものであるが、荷受人が宅配便を利用して配送されることを知っていてそれを容認していた上に、宅配便で配送を受けるのが4回目という事案であった。したがって、全ての事案において同様の結論になるとは限らないが、この判決の考え方を前提とすれば、買主がインターネットで高価な商品を購入した際、売主が用意した配送オプションとして全額補償付の「宅配便」があったにも関わらず、配送料金を低く抑えるために通常の「宅配便」を敢えて選択して申し込み、その後、運送事業者の故意過失によって商品が届かなかった場合には、売主は買主に責任追及はできないばかりか、運送事業者に対しても免責約款の限度額内でしか補償を求めることができないといえよう。

4　商品が届かなかった場合に買主が取りうる手段

通信販売で品物を購入し、売主から発送済みとの連絡が来たが荷物が届かないといった場合には、誤配や紛失の可能性が考えられるため、まずは運送事業者に問い合わせて、荷物の所在を確認させるべきである。

それでも荷物が見つからないといった場合には、運送事業者から運送約款に従って補償を受けることになるが、売主から改めて商品を発送してもらうことも検討す

べきである。

　例えば、某大手通販サイトは商品等の紛失について「支払方法及び配送方法に関わらず、商品を運送事業者に引き渡した時点で、その商品の所有権はお客様に移ります。ただし、指定配送先に到達する前に、配送業者の故意又は過失により商品が紛失した場合には、当サイトが、当該紛失について責任を負います。」と利用規約に明記しているところもある。これは、買主に最大限配慮した内容となっていると評価できよう。大手の通販サイトにはこのような条項があることもが多い。

　このような条項が定められていない場合で、メール便のように補償範囲が狭い配送方法を選択してしまうと、運送事業者に対して十分な補償を請求できず、新たな商品の発送も、売主側の任意の対応に頼らざるをえない状況となる。

　売買契約を締結する際には、事前に誤配・付着の場合の対応についても、明確に取り決めをしておくことが望ましい。

5　商品の誤配を受けてしまったら

　誤配達を受けた者が、誤配達を受けた対象物を勝手に処分、拾得してしまったような場合には、その行為は遺失物横領罪（刑法254条）に当たる可能性がある。また、誤配物が信書の場合、明らかに他人宛てのものであると分かるような信書を開封してしまうと信書開封罪（同法133条）に該当し、これを隠匿した場合には信書隠匿罪（同法263条）に該当して、いずれも刑事処罰の対象となる可能性がある。過失でこれらの行為をした場合は処罰対象ではないが、いずれにしても、誤配達を受けた場合は、安易に開封せず、すみやかに運送事業者や郵便事業者に連絡して、引き取りに来てもらうのがよい。

《参考文献》
・内田貴『民法Ⅲ　債権総論・担保物権〔第3版〕』（東京大学出版会、2005）142～149頁
・松本恒雄＝齋藤雅弘＝町村泰貴編『電子商取引法』（勁草書房、2013）129頁、398頁
・塩崎勉「宅配便の荷受人の運送人に対する不法行為に基づく損害賠償と約款上の責任制限」判例タイムズ1005号『平成10年主要民事判例解説』（1999）186頁

Ⅱ　電子商取引と裁判管轄・準拠法

第1　総論

　裁判管轄は、一般に、特定の事件に関していずれの裁判所が裁判権を行使できるかについての定めを指し、さらには民事訴訟法に規定のある国内紛争に関する裁判管轄と、国際紛争に関する国際裁判管轄がある。

　また、準拠法とは、国際的な法律問題につき、どの国（地域、州なども含む）の法律が適用されるかにつき定められた国際私法（又は抵触法。わが国では「法の適用に関する通則法」（以下「通則法」と略する）その他の特別法に規定がある）により適用が決定される法をいう。

　例えば、インターネット上で、Ｘ国にいるＸ国人の事業者Ａの管理運営しているサイトにおいて、日本にいる日本人Ｂがある美術品を購入しようとしてサイトにアクセスし、その結果売買契約をしてお互い債務を履行したが、実はその商品は偽物で、Ｂとしては（動機の）錯誤無効や取消を主張したいと思ったという事案の場合、①どこの裁判所に訴えを起こすかが国際裁判管轄の問題であり、②どこの国・州等の法律でその問題の解決を図るのかが準拠法の問題である。

　裁判管轄（どこで裁判をするか）や準拠法（どこの法律を適用して解決を図るか）の問題は、通常の法律解釈、法律の適用が問題となる以前の問題であることは共通するが、電子商取引と裁判管轄が問題となる事案は、国内外を問わずありうるのに対して、電子商取引と準拠法が問題となる事案は、日本に州際法がない以上、国際問題に限定される。また、裁判管轄は後述するように、国際私法と密接な関係を有するので、まずは準拠法に関して考えていくこととする。

　なお、準拠法の選択を取り決めていた法律は、従来は法例であったが、特に財産法分野の規定の見直しを中心とする改正が行われ、法例に代わる「法の適用に関する通則法」（通則法）が平成18年6月15日に成立、同月21日に公布され、平成19年1月1日より施行された。

　以下、ネット取引に関して重要となるものを中心に説明する。

Ⅱ　電子商取引と裁判管轄・準拠法　　41

第2　準拠法

1　契約の成立及び効力に関する準拠法（通則法7条〜9条）

(1)　序論

通則法7条では、契約の成立（意思表示の瑕疵・欠缺など。行為能力、意思能力、方式を除く）、効力（危険負担、同時履行の抗弁権など）の問題に関してはまずは当事者の意思（合意）に従い、当該法律行為の当時に選択した地の法によるとし、通則法7条による選択がないときは、通則法8条1項により当事者の予測可能性の高い当該法律行為当時における当該法律行為の最密接関係地法によるとした。例えば、X国で契約を結んだが錯誤が問題となった場合、準拠法を日本法にするという合意がなされていれば、行為地にかかわらず日本法（つまり日本民法）が準拠法となって民法95条の解釈、適用が問題となるが、上記のような合意（黙示も含む）がない場合には、個別具体的に最密接関係地法がどこかを判断し、その結果X国法が準拠法となる可能性がある。

(2)　通則法7条について

通則法7条では、準拠法は当該法律行為当時に当事者が選択した法によるとされており、当事者が（インターネット上で）「日本法を準拠法とする」との合意をしていた場合には、日本法が準拠法となる。

前述した事例は、実際に当事者がX国にいてX国内で契約を締結したという典型例であるが、電子商取引の場合には、当事者の一方又は双方が日本国外にいてインターネット上で売買を行う場合に、どこの国の法律が準拠法となるか、という形で問題になろう。

通常は、サイトの運営者が「この売買契約の成立及び効力は、日本法を準拠法とします。」などとサイト上に明示し、契約時に売買そのものを含め準拠法の合意を了承した申込者との間で日本法を準拠法とする合意を含んだ売買契約が成立することになる。この場合には、サイトの運営者が最も身近で理解しやすい国の法律を選ぶことができる。この場合、サイトの運営者が消費者よりも優位に立つため、結果的に消費者に対して準拠法の押しつけがあるとして、準拠法の合意は無効とされる余地もなくはない。しかし、実際には有効とされることが多いし、もし具体的に不当な結果が惹起されたら、公序規定（通則法42条）によりその準拠法適用が排除されることもありうる。

このような当事者の意思を尊重する国際私法の定めは、各国でほぼ共通して採用されている。したがって、日本が国際裁判管轄にならず、X国が国際裁判管轄になっても、X国において日本法を適用して判断がなされることとなることが多い。ただ

し、中には行為地法等を準拠法とする法制もありうるから、サイトの運営者として
は、どこが裁判管轄となるかまで含め考慮して、準拠法を定めるべきであるし、消
費者としても、どこが準拠法となるかをよく確認して、何らかの法律問題が勃発し
たときに自己に不利な内容にならないかどうか注意する必要はあろう。

　ここで、上記のように準拠法の定めが明示されていない場合、直ちに通則法8条
1項により最密接関係地法が準拠法となるかというと、そうではなく、黙示の合意
がないかを検討することとなる。かかる解釈は、法例から通則法に改正されても変
更はない。例えば、X国において日本人が日本語のサイトを開設し、主に日本語を
使える消費者を対象としていた場合、準拠法の合意の明示がなくても、日本法を準
拠法とする黙示の合意があったと考えることは十分可能である。

　なお、サーバーがどこに置かれているかは、通常は結果に影響を及ぼさない。具
体例に関しては、第2章Ⅱ第5の1を参照。

(3)　通則法8条1項

　明示、黙示の準拠法の選択がいずれもなければ、当該法律行為当時における最密
接関係地法が準拠法となる（通則法8条1項）。従来の法例では、行為地法による
とされていたが、今日の隔地的、国際的取引においてはインターネット等電子的方
法による取引（電子商取引）が増加し、契約時に当事者同士が一定の行為地に集ま
らないことが多いため、その際の行為地の判断が困難な場合があることを考慮して、
通則法では上記のように制定された。

(4)　通則法8条2項・3項

　通則法8条2項・3項では、一定の場合に通則法8条1項の最密接関係地法がど
こかを推定することとした。

(5)　通則法9条

　通則法9条本文では、法律行為の成立及び効力に関し、当事者の意思を尊重する
ため、当該法律行為の後に当事者が準拠法を変更できることとした。ただし、ただ
し書で、第三者保護規定が設けられている。

2　消費者契約の特例

　通則法11条では、消費者保護の観点から、消費者と事業者の間で契約（消費者契
約）が締結される場合の特例が新設された。

(1)　通則法11条1項・2項

　通則法11条1項では、消費者契約の成立及び効力について消費者の常居所地法以
外の法が準拠法として選択された場合でも、消費者保護の観点から、消費者は常居
所地法中の特定の強行規定を適用するべき意思を事業者に表示することによって、
その強行規定に基づく効果を主張することができることとなった。

また、通則法11条2項では、消費者契約の成立及び効力について当事者による準拠法の選択がない場合には、消費者保護の観点から、消費者の常居所地法を準拠法とすることとした。

(2) 通則法11条3項〜6項

通則法11条3項では、消費者契約の方式につき、成立につき選択された準拠法が消費者の常居所地法以外である場合も、自己の常居所地法の適用を期待する消費者を保護するため、消費者がその常居所地法中の特定の強行規定の適用を求める意思を事業者に対して表示した場合には、専らその強行法規が適用されるとした。

また、通則法11条4項は、消費者の常居所地法が成立の準拠法として選択された場合に消費者が専らその常居所地法による旨の意思を表示した場合には、自己の常居所地法の適用を期待する消費者を保護するため、通則法10条により方式に関して行為地法を選択的に適用する事を認めず、専ら消費者の常居所地法のみが適用されることとした。

さらに、通則法11条5項は、消費者契約の成立について準拠法の選択がない場合の方式につき、消費者保護の観点から消費者の常居所地法のみを準拠法とした。

ただし、通則法11条6項各号所定の場合には、消費者契約であっても、その契約締結に関する諸事情により、消費者に対して保護を与えられるべきでないと考えられる場合には、同条1項〜5項の規定を適用しないこととした。

(3) 特定商取引法の適用

特商法についても、通則法11条1項により、消費者が日本に居住等している場合には、消費者の常居所地法として日本法が適用になり、特商法が適用されうる。例えば、海外の業者が日本向けにホームページなどで通信販売を行い、日本在住の人が購入する場合である。また、このことは、どの国のサーバーを用いて取引をするかは関係なく、特商法は適用される。

反対に、日本国内の業者が海外にいる者に対して商品若しくは権利の販売又は役務の提供をする場合には、特商法26条1項2号により特定商取引法は適用されない。

3 法律行為の方式

契約が文書でなされる必要があるか、それともサイト上で消費者がクリックする方式でもよいか、といった問題は、法律行為の方式の問題である。

(1) 通則法10条1項

通常、法律行為の方式は契約の成立に密接に関連するため、法例7条の規定とパラレルに考え、通則法10条では、「成立」の準拠法によるとされた。

(2) 通則法10条2項

通則法10条1項に限らず、行為地法に適合する法律行為の方式は有効とされた

（同条 2 項）。

(3) 通則法10条 3 項・ 4 項

前述したように、電子商取引の場合には、当事者の双方が適用される法律の異なる離れた場所にいることが多く、方式に関してどこが行為地になるか不明な場合も多い。そこで、通則法10条 3 項・ 4 項ではこれらを明確にすることとし、隔地者に対する意思表示の行為地に関しては、通知発信地を行為地とみなして発信地法の方式に適合すれば有効になるとし、また隔地者間の契約については申込みの通知発信地又は承諾の通知発信地の法に適合すれば有効とすることとした。

4 不法行為の準拠法
(1) 損害賠償債権の成立及び効力の準拠法（通則法17条）

以上は契約関係での問題であったが、契約責任と不法行為責任は競合するため、電子商取引において消費者が事業者に対して不法行為責任を追及する必要も生じる場合がある。具体的に問題となるのは隔地者間の不法行為であるが、例えば、Y国のサーバーを主に利用してX国でサイトを運営しているBに対して、日本にいる消費者Aが取引をしていたが、事業者Bの不法行為で日本にいるAが損害を被ったというように、行為地、結果たる損害の発生地、又はその途中の地がそれぞれ異なる地でなされる場合がある。このような隔地の不法行為の場合に、通則法17条本文では、被害者保護を重視するため、原則として結果発生地法（上記の事例で言えば日本法）を準拠法としつつ、同条ただし書では例外的にその地における結果の発生が通常予見することができないものであった場合には、加害行為地法によるとしている。具体例に関しては、第 2 章 II 第 5 の 2 を参照。

(2) 特則（通則法20条、21条）

ただ、現代のように不法行為自体が多様になっている状況では、一律に結果発生地法を準拠法とすることが妥当でない場合もある。そこで、一定の場合に、より密接な関係地がある場合には、当該地の法によることとした（通則法20条）。

また、不法行為責任といっても当事者間の利益調整の側面があること、また損害賠償債権も金銭債権であることが多いことから、通則法 9 条とパラレルに考え、当事者による準拠法の変更を認めた（同法21条本文）。

(3) 通則法22条 1 項

通則法22条 1 項は、外国法が適用されるべき事実が日本法では「不法」とされない場合には、これを不法行為としては認めないとする。つまり、不法行為地法と日本法の累積的適用を認めている。したがって、前述の例だと、X国法、Y国法で不法とされても、日本法ではいまだ規制が不十分で不法でない場合には、不法行為でないと判断されることになる。ただし、なお解釈の分かれているところで、今後の

判例の蓄積が待たれる。

(4) 通則法22条 2 項

通則法22条 2 項では、損害賠償、その他処分については、不法行為地だけでなく日本法も累積して適用するとする。

つまり、例えば、X国法で実際の損害賠償額の何倍かの懲罰的損害賠償制度を認めていたとしても、日本法にはかかる制度はないから、消費者は日本法の認める範囲での損害賠償しか請求できないのである。

第 3　裁判管轄

1　国内における裁判管轄

(1)　序論

インターネット上で、日本にいる日本の事業者のサイトで日本にいる日本人がショッピング等の取引をしたが、そこで何らかの法的問題が発生した場合に、日本のどの裁判所が裁判権を有するかが裁判管轄の問題である。この場合、民事訴訟法の管轄の規定が適用され、被告の普通裁判籍、つまり被告が自然人ならその生活根拠地＝住所・居所地（民事訴訟法 4 条 1 項）、法人なら主たる事務所・営業所（同条 4 項）、義務履行地（同法 5 条 1 号）、不法行為地（同条 9 号）などが管轄地となる。

(2)　合意管轄条項の有効性

大阪の事業者の運営するサイト上において、「本契約に基づき生ずる紛争については、東京地方裁判所を管轄とします。」などという明示がなされていて、横浜の消費者がサイトを通じて商品を購入したが、これに関し消費者が事業者に契約責任を追及しようという場合、東京を合意管轄地として訴えを提起できるか。

管轄の合意は「書面」によらなければ効力を生じない（民事訴訟法11条 2 項）とされていて、従来は電子商取引でも「書面」での合意が必要とされていたため、上記の例では東京を管轄とすることは、法定管轄も有していたか応訴管轄の生じた場合でない限り認められなかった。しかし、電磁的記録により管轄の合意がなされたときには書面でなされたものとみなす規定が追加され（同条 3 項）、合意管轄が有効となった。

2　国際裁判管轄

(1)　序論

次に、例えば、インターネット上で、X国にいるX国人の事業者のサイトで日本にいる日本人がショッピング等の取引をしたが、そこで何らかの法的問題が発生し

た場合に、どこの国の裁判所が裁判権を有するかが国際裁判管轄の問題である。

(2) 判断基準

国際裁判管轄については、従前、わが国では明確に定めた法律はなく解釈に委ねられていた（＊注1）ものの、明確に定めるべきと考えられ、民事訴訟法及び民事保全法の一部を改正する法律（平成23年成立、同24年4月1日施行）により、民事訴訟法の中に国際裁判管轄の規定が新設された。

まず、普通国際裁判管轄として、人に対する訴えは、被告の所在が日本にある場合に、日本の国際裁判管轄が認められる。仮に、自然人において、被告の住所地、住所がない場合又は住所が知れない場合にはその居所が日本にある場合、さらに、その者の居所もなく、又は居所が知れない場合には、訴えの提起前に日本国内に住所を有していたとき（日本国内に最後の住所を有していた後に外国に住所を有していたときを除く）に、日本の国際裁判管轄が認められる（同法3条の2第1項）。その他、日本に国際裁判管轄が認められる場合を設けている（同条2項・3項）。

また、特別国際裁判管轄権として、契約上の債務の履行の請求を目的とする訴え又は契約上の債務に関して行われた事務管理若しくは不当利得に係る請求、契約上の債務の不履行による損害賠償請求その他契約上の債務に関する請求を目的とする訴えは、契約において定められた当該債務の履行地が日本国内にある場合、又は契約において選択された地の法によれば当該債務の履行地が日本国内にある場合には、日本に国際裁判管轄が認められる（同法3条の3）。

不法行為に関する訴えは、不法行為があった地が日本国内にあるとき（外国で行われた加害行為の結果が日本国内で発生した場合において、日本国内における結果の発生が通常予見することのできないものであったときを除く）に、日本に国際裁判管轄が認められる。ここでの不法行為地には、加害行為地と結果発生地を含むが、後者については、二次的な結果発生をも含む余地がある、と指摘されている（櫻田嘉章『国際私法〔第6版〕』（有斐閣、2012）363頁）。

そうすると、上記事例では、被告となるX国人がX国にいる以上、日本には国際裁判管轄がなく、結果として被告住所地であるX国に裁判管轄があると考えられる。また、上記判例の基準に照らし合わせても、購入した物が主にX国での利用を想定しているとか、履行場所がそもそもX国であるとか、日本を合意管轄にしていないなどの事情があれば、同様に日本での国際裁判管轄は認められないと考えられる。この点は、日本にいる消費者としては、自国で訴訟を提起できないという不利益の生じることがありうるので、注意が必要であろう。

具体例に関しては、第2章Ⅱ第5の3を参照。

＊注1　マレーシア航空事件（最判昭和56年10月16日民集35巻7号1224頁）では、不

法行為事件に関し、わが民事訴訟法の規定する裁判籍のいずれかがわが国内にあるときは、わが国の裁判権に服するのが条理に適う、として、わが国の裁判権を肯定した。国際裁判管轄はわが民事訴訟法の土地管轄に関する規定から逆に推知するほかない、とするいわゆる逆推知説に近いと考えられていた。これに対し、最判平成9年11月11日民集51巻10号4055頁は、逆推知説を修正し、わが国で裁判を行うことが当事者間の公平、裁判の適正・迅速を期するという理念に反する特段の事情があると認められた場合には、わが国の国際裁判管轄を否定すべきと判示した。

(3)　合意管轄

インターネットのサイト上でなされる合意管轄が有効か否かという問題があり、いまだ明確な法律や判例があるとまではいえないが、前述のとおり、最高裁平成9年判決は、専属的合意管轄の定めに従っていることからして、合意管轄を認めたともいえる。このように、合意管轄については、国内での紛争の場合と同じように国際裁判管轄でも有効と考えられているし、このことは民事訴訟法11条3項の追加により、明確な条文はないものの、国際裁判管轄に関しても、インターネット上での合意であっても、合意管轄は有効と考えるのがより有力となったといえる。

(4)　国際裁判管轄等に関する条約採択に関して

ハーグ国際私法会議では、国際裁判管轄に関して、B to C の場合、消費者は一定の場合には、消費者（原告）の居住地を裁判管轄ありとして訴えを提起することができる、という条約案を検討している。

第4　その他

これまでは、私法の分野である国際的な取引に関して述べてきた。最後に、簡単に刑事法の観点から、問題となりうるものを挙げておく。

1　わいせつ図画

近時、海外のサーバーを用いてわいせつサイトを開設した場合に関して、わいせつ物陳列罪（刑法175条）が成立するか、ということが問題となっている。

まず、日本国民が海外のサーバーにわいせつ映像等をアップロードしたりデータ更新したりした場合、刑法175条は国外犯規定の対象から外れているので、処罰されない。

しかし、日本から海外のサーバーにデータが送受信され、わいせつ映像等がアップロードされ日本で会員らが閲覧可能となった場合は、最高裁平成13年7月16日（刑事55巻5号317頁）決定の趣旨からすると、ホストコンピューターのハードディスクが「わいせつ物」に該当し、会員が比較的容易にわいせつ映像を再生閲覧でき

48　　第2章　電子商取引の基本的問題・裁判管轄

るようにされた場合には「公然と陳列した」に該当し、わいせつ物陳列罪が成立するとされうる。

それ以外にも、下級審判例では、構成要件該当事実の全部又は一部が国内で存在すればわいせつ物陳列罪が成立する、という判例が出ており（大阪地判平成11年3月19日判タ1034号283頁など）、注意を要する。

2　海外くじ

近時、電子メールやエアメールで「当選おめでとうございます。」というように高額賞金に当選したかのごとき連絡が来て、メール等を受け取った者が賞金を受け取るために申込手続をして申込金を送金したところ、賞金は振り込まれてこない、という事例が多くなっている。

これらは、多くの場合、海外くじを購入もしていないのに当選したかのように誤信させられてしまう点で詐欺的であるが、一番問題なのは、国内で海外くじを販売、取次をする場合には富くじ発売・取次罪（刑法187条1項・2項）が成立することはもちろん、騙されて購入してしまった被害者であっても、富くじ授受罪（同条3項）が成立してしまうということである。

したがって、もし海外くじのメール等が来ても、それには応じないよう、注意が必要である。

第5　一般的な共通問題

1　事例①

　日本に常居所のある日本人Aは、X国でディーラーをしているX国人Bとの間で、Bの運営するインターネットサイト上で、甲社製の自動車（客観的な時価は10万オーストラリアドル）を購入しようとして、契約書には「10万オーストラリアドル」と書くつもりだったところ、「10万アメリカドル」と記載して売買契約を締結し日本へ車を送ってもらった。その後、オーストラリアドルとアメリカドルを書き間違えていて、このままでは本来の金額よりも多額の支払いをしなければならなくなることが判明した。この場合、AとしてはBに対して錯誤無効の主張をしたいと考えたが、X国法では錯誤無効の要件が厳しく自己の主張が認められない可能性が高いことが分かった。この場合、Aとしては、日本法（日本民法）に基づいて錯誤無効を主張することができるか。

◆　関連条文　◆ ··
・　通則法7条、8条
・　民法95条

Ⅱ　電子商取引と裁判管轄・準拠法　　49

◆ **問題の所在** ◆

・ 売買契約の効力に関して、準拠法の合意があったか。

・ 契約書に明記されていなかったが黙示の合意があった場合にはどうか。

・ 黙示の合意もなかった場合にはどうなるのか。

◆ **基本的な考え方** ◆

通則法7条の解釈の問題なので、第2章Ⅱ第2の1を参照。

◆ **結　　論** ◆

(1) 売買契約において、X国法を準拠法とするという明確な合意がなされていた場合（例えば、サイトの運営者Bが「この売買契約の成立及び効力は、X国法を準拠法とします。」などとサイト上に明示していて、Aもこれを承諾しつつ契約したという場合）、通則法7条により、申込者Aと事業者Bの間でX国法を準拠法とする合意を含んだ売買契約が成立し、成立及び効力に関してもX国法が準拠法となり、X国民法の解釈・適用が問題となる。

　この場合には、サイトの運営者が最も身近で理解しやすい国の法律を選ぶことができる。通常、サイトの運営者主導で取引がなされるから、運営者が申込者である顧客よりも優位に立つため、結果的に顧客に対して準拠法の押しつけがあるとして、準拠法の合意は無効とされる余地もないことはない。しかし、実際には有効とされることが多いし、もし具体的に不当な結果が惹起されたら、公序規定（通則法42条）によりその準拠法適用が排除されることもありうる。

　このような当事者の意思を尊重する国際私法の定めは、各国でほぼ共通して採用されている。ただし、中には行為地法等を準拠法とする法制もありうるから、サイトの運営者としては、どこが裁判管轄となるかまで含め考慮して、準拠法を定めるべきである。また、顧客としても、どこの地の法が準拠法となるかをよく確認して、何らかの法律問題が勃発したときに自己に不利な内容にならないかどうか注意する必要はあろう。

(2) 明確な合意がなくとも、総合的に考えて黙示の合意があると考えられる場合には、その法が準拠法となる。

　例えば、X国において日本人が日本語のサイトを開設し、主に日本語を使える顧客を対象として取引をしていたが、準拠法の明示の合意がなかったという場合、直ちに通則法8条1項により当該法律行為当時の最密接関係地法が準拠法となるのではなく、運営者も顧客も身近な日本法を準拠法とすることを前提に取引をしている場合も多いと思われ、日本法を準拠法とする黙示の合意があったと考えることは十分可能である。

(3) 明示のみならず黙示の合意すらない場合、従来は法例が「行為地法による」としていたが、これが改正され、通則法8条1項により、当該法律行為当時の最密

50　　第2章　電子商取引の基本的問題・裁判管轄

接関係地法が準拠法となる。また、どこが最密接関係地かは、法律行為の内容や法律行為の行われた経緯等、諸般の事情を総合考慮することとなる。

　上記事例の場合、どこが最密接関係地かは一概にはいえないが、Aが日本人であり日本を常居所としていること、購入した車を日本に送ってもらい日本で利用することが前提になっていたことに加え、もしBが日本にも一時期滞在していてそこでもAと取引をしていた等の事情があれば、日本が最密接関係地とされる可能性が高くなり、その場合には日本法が準拠法となる。

⑷　⑶に関連して、どこが最密接関係地かを推定する規定が、通則法8条2項・3項に置かれている。

⑸　また、Aが消費者の場合、通則法11条に特則が置かれている。

　上記事例で、仮にX国法を準拠法とする合意がなされていたとしても、Aが常居所地法である日本法の中の特定の強行規定を適用すべき意思をBに表示した場合、X国法に加えて日本民法95条の錯誤規定が重畳的に適用され、契約の錯誤無効を主張できることとなる（通則法11条1項）。この意思表示は、訴訟の内外、及び時期を問わず行うことができる。

　他方、明示・黙示の合意もなかった場合には、Aの常居所地法が準拠法となり（通則法11条2項・5項）、日本法のみが適用されるから、Aは錯誤無効を主張できることとなる。

2　事例②

> 　Y国のサーバーを主に利用して、X国で鳥を自ら育成しこれを販売するインターネットサイトを運営しているBから、日本にいる消費者Aがある鳥Lを購入して日本に発送してもらったが、鳥LはBの育て方が悪かったため鳥インフルエンザに罹患しており、従前Aが日本で飼っていた鳥M（時価10万円）に伝染し、鳥Mは死んでしまった。この場合、Aは損害賠償請求をするためには何法を準拠法とすればよいか。

◆　関連条文　◆
- 　通則法17条、22条

（その他、債務不履行責任（拡大損害）の問題もありうるが、ここでは省略する。）

◆　問題の所在　◆
- 　不法行為地はどこか。
- 　一連の不法行為が、行為地、結果たる損害の発生、その途中の地（サーバー設置地）がそれぞれ異なる地でなされる場合に、どの地が不法行為地といえるか。

◆ **基本的な考え方** ◆
　通則法17条の解釈の問題なので、第2章Ⅱ第2の5を参照。

◆ **結　論** ◆
(1)　通則法17条本文は、結果発生地法を準拠法としている。そうすると、日本にいる被害者Aとしては、なじみのある日本法が適用されることになり好都合である。
(2)　ここで、運送業者のミスで、鳥Lが間違って、Aがたまに訪れるZ国（鳥インフルエンザ対策に力を入れ、菌を持ち込んだ者には無過失でも懲罰的損害賠償義務を負わせられる）のAの家に配送され、そこにいた貴重な鳥N（時価100万円）に鳥インフルエンザが伝染し鳥Nが死んでしまった、という場合、Bは鳥Lを日本に運送するつもりでいたのでありZ国に運送されることは予見していなかったのであるから、Z国での結果発生は予見不可能だったとして、加害行為地であるX国法が準拠法となる（通則法17条ただし書）。
　ここでいう結果発生の予見可能性というものは、損害賠償の範囲における相当因果関係に関する予見可能性とは別の概念であり、後者は準拠実体法の解釈による。なお、Y国にはサーバーがあるだけで、BがX国でのみサイトの運営をしている場合、その他の事情がない限り、Y国が加害行為地となることはまれであろう。
(3)　また、(2)の場合に、X国法でBの行為が不法とされても、日本法では未だ規制が不十分で不法とまではいえないという事情があった場合には、通則法22条1項によりBは不法行為責任を負わないと判断されることになる。
　他方、日本でも違法とされる場合で、X国で懲罰的損害賠償が認められているとしても、日本ではこれが認められていない以上、X国法が準拠法となっても日本では懲罰的損害賠償を認めることができない（通則法22条2項）。
　ただし、この(3)の部分はなお解釈の分かれているところで、今後の判例の蓄積が待たれる。

3　事例③

　事例①、②のような場合に、日本にいるAはBに対して訴えを提起しようと考えたが、Aは、日本の裁判所、X国の裁判所のいずれに対して訴えを提起すればよいか。

◆ **関連条文** ◆
　・民事訴訟法3条の2第1号・3号・8号、3条の4第1項など
◆ **問題の所在** ◆
　・国際問題の場合、どこの国の裁判所に管轄権があるか。
◆ **基本的な考え方** ◆
　国際裁判管轄の決め方の問題なので、第2章Ⅱ第3の2を参照。

52　　第2章　電子商取引の基本的問題・裁判管轄

◆ 結　論 ◆

(1)　上記事例①では、民事訴訟法の規定により、被告であるBがX国にいる場合、被告住所地ではない日本には国際裁判管轄は認められないが、例えばBの居所が知れないが訴えの提起前に日本国内に住所を有していたような場合には、日本に国際裁判管轄が認められる場合がある（民事訴訟法3条の2第1項）。また、契約において定められた当該債務の履行地が日本国内にあるとき、又は契約において選択された地の法によると当該債務の履行地が日本国内にあるときは、日本の裁判所に提起できる（同法3条の3第1号）。

　また、Aが消費者、Bが事業者であるときは、訴えの提起時又は消費者契約の締結における消費者Aの住所が日本国内にあるときは、日本の裁判所に訴えを提起できる（同法3条の4第1項）。

(2)　事例②では、不法行為に関する訴えは、不法行為があった地が日本国内にあるときには、日本の裁判所に提起できる（同法3条の4第8号）。この「不法行為があった地」には、加害行為地と結果発生地を含むと解されており、そうすると、日本にいた鳥Mが死んだのであるから、日本の裁判所に訴えを提起できる。

《参考文献》
・溜池良夫『国際私法講義〔第3版〕』（有斐閣、2005）
・櫻田嘉章『国際私法〔第6版〕』（有斐閣、2012）
・TMI総合法律事務所編『ITの法律相談』（青林書院、2004）
・大仲末夫「電子商取引の法的諸問題」神戸学院法学33巻2号（2003）65頁
・電子商取引における消費者保護法制および準拠法に関する研究（財団法人流通経済研究所「インターネット時代の消費者像を探る」研究論文）
・小出邦夫編著『一問一答新しい国際私法——法の適用に関する通則法の解説』（商事法務、2006）

第3章

関連法令の概説

I 消費者契約法

第1 制定趣旨と電子商取引との関係（適用場面）

　消費者契約法は、消費者・事業者間において締結される消費者契約の効力について、両者間の情報量と交渉力格差という消費者被害の実態と、従来からの業法規制と一般民事ルールの限界に着目し、消費者契約全般の適正化のための特別な民事ルールを定めるものである。

　ネット取引も、消費者・事業者間において締結される限りは、同法の適用対象となりうる。しかし、事業者の勧誘担当者による直接的な勧誘事例と異なり、ネット取引においては、交渉力格差というものは前面に出にくい。消費者がネット画面やメール等のみをみて申込みに至る現実の契約締結過程を想定すると、消費者契約法との関係においてむしろ問題とされるべきは、①広告表示の不適正、②約款の不適正等であろう。

　以下、ネット取引において問題となりそうな場面を想定しつつ分説する。

第2 適用対象（法2条3項）

　消費者契約法の適用対象の範囲の問題である。同条項は、「すべての消費者契約」が消費者契約法の規制対象となる旨を規定する。通常の消費者取引、すなわち直接勧誘のケースにおいては、「事業者」とは何か、「消費者」とは何か、という概念規定を明確にするだけでほぼこの問題は終わる。

　しかし、ネット取引は、B to C に尽きるものではなく、C to C の取引もかなりの比率を占めており、その中心であるネットオークションは年々、非常な速度で市場を拡大している。個々の C to C 取引が、実情としてもそのとおりであるとするならば、そこは消費者契約法の介入すべき事柄ではないが、実際には隠れ事業者がオークションの場を利用して販売促進を図るケースも相当割合で存在すると考えられる。このような隠れ事業者のケースについては、特商法との関係において経産省ガイドラインも一定範囲の配慮をしているが、消費者契約法との関係においても、

56　　第3章　関連法令の概説

その実態に即して消費者契約法の適用対象に含めていくべきである。

すなわち、出品者が個人の場合でも、取引に反復継続性があると認められるときは、消費者契約法の「事業者」に該当すると判断すべきである。そして、取引の反復継続性は、ネットオークション以外の場における取引も含めて総合的に判断しなければならない。例えば、メーカー及び型番が全く同一の新品の商品を複数出品している場合や、個人事業者が現実の店舗で取り扱う商品を単発的にネットオークションに出品している場合は、「事業者」に該当する可能性が高いと考えられる。

なお、ネットオークション設営事業者との関係においては、この適用範囲の問題は存在しないが、不当約款の無効（法8条〜10条）との関係で、事業者の関与の程度により責任免除条項等の効力が問題となってくると考えられる。詳細は、ネットオークションの項を参照されたい。

第3　透明性の原則・情報提供努力義務（法3条1項）

1　ネット取引の特質

本条項の関係では、ネット取引固有の問題は特になく、直接勧誘を伴う通常の消費者契約と同様に考えれば足りよう。

ただ、この点は、通常の消費者契約とネット取引とは裏腹の関係にあり、通常の消費者契約においては、勧誘行為の中で違法・不当なセールストークにより望みもしない契約を締結させられるとのデメリットもある反面、やや難しい契約条項であっても、又は必要な情報の全てが書面によって提供されていなくても、勧誘担当者の適切な口頭説明が行われれば、消費者が必要十分な情報の提供を受けて、契約内容の正確な理解に達する可能性がある。

他方で、ネット取引では強引な不当勧誘のリスクからはフリーである反面、消費者はネットやメールによって与えられた情報のみから自分の頭で契約内容を理解しなければならない。

このような特質の違いから、ネット取引における広告・表示や約款に示される契約条件は、口頭説明なしにその表示内容だけで消費者が契約内容を理解できる程度に明確かつ平易であることが求められ、かつ必要な情報の全てがネット上で提供されることが求められる。

なお、情報提供努力義務に関しては、「勧誘」の解釈が問題となるが、この点については法4条の項を参照されたい。

2　違反の効果

本条項の義務は努力義務であり、その違反は、直ちに取消等の私法的効力を発生

Ⅰ　消費者契約法　　57

させるものではないが、不法行為における違法性や過失を認定する際に考慮される要素となったり、消費者契約の解釈や拘束力が問題とされる場合に、信義則や公序を判断する際に考慮される要素となることはありうる。

第4　消費者取消権との関係（法4条1項・2項）

一般の消費者取引においては、消費者取消権の発生事由として、誤認類型と困惑類型とがあるが、ネット取引において困惑類型のような事例が発生する余地はなく、誤認類型だけが問題となりうる。

誤認類型には、①重要事項について事実と異なることを告げること（不実告知）、②物品、権利、役務その他の消費者契約の目的となるものに関し、将来における変動が不確実な事項につき断定的判断を提供すること（断定的判断の提供）、③ある重要事項又は当該重要事項に関連する事項について消費者の利益となる旨を告げ、かつ、当該重要事項について消費者の不利益となる事実を故意に告げないこと（不利益事実の不告知）の3類型があるが、サイト上の広告・表示やメールによる勧誘についても、その内容中に不実告知・断定的判断の提供・不利益事実の不告知のいずれかが存在すれば、消費者取消権行使の可能性があると考える。

1　問題点①：「勧誘」の解釈

「勧誘」とは、消費者の消費者契約締結の意思の形成に影響を与える程度の勧め方をいう。

「勧誘」の手段は、口頭の説明に限らず、商品、包装、容器に記された表示、パンフレット、説明書、契約書面の交付、電話、書状、インターネット等の通信手段による伝達等、事業者が用いる手段を広く含むと解すべきである。

この点、「勧誘」の手段について、特定の者に向けた勧誘方法は含まれるが、不特定多数向けのもの等客観的にみて特定の消費者に働きかけ、個別の契約締結の意思の形成に直接に影響を与えているとは考えられない場合（例えば、広告、チラシの配布、商品の陳列、店頭に備え付けあるいは顧客の求めに応じて手交するパンフレット等）は「勧誘」に含まれないとする見解がある（消費者庁消費者制度課編『逐条解説消費者契約法〔第2版補訂版〕』（商事法務、2015）109頁）。

しかし、「勧誘」に該当するか否かを、特定の者向けか不特定多数向けかで区別する上記見解は、消費者契約の実態を全く反映しておらず、条文の文言解釈としても必然性がない。

そもそも不特定多数向けの広告等も、その最終的な目的は、特定の消費者に働きかけ、個別の契約締結の意思の形成に直接に影響を与えることにある（そのような

58　　第3章　関連法令の概説

影響力が強いほど、優れた広告等であると評価される)。また、消費者契約においては、消費者が、不特定多数向けの広告等の内容を判断資料として契約締結の意思を形成することが多く、特にネット取引においては、かかる取引形態がむしろ常態である。

したがって、不特定多数向けの広告等であっても、当該広告等の内容や形態、現実の契約締結過程、ネット取引の場合はサイトの構造(広告ページから契約申込みページへの移行の容易性)等からみて、消費者の消費者契約締結の意思の形成に影響を与えている限り、「勧誘」に該当すると考えるべきである。

なお、裁判例においても、パンフレットが「勧誘」となることを前提として判断がなされている(俳優養成所の勧誘パンフレット(神戸簡判平成14年3月12日、兵庫県弁護士会HP)、弁護士会の仲裁センターのパンフレット(京都簡判平成14年10月30日公刊物未登載))。

2　問題点②：「重要事実」の解釈

これは一般の消費者契約においても問題となるところであり、例えば電話・消火器等の訪問販売において、「今までのものは使えなくなる」と販売員が虚偽説明を行った場合、あるいはシロアリ駆除の必要がない家について、シロアリがいるといって内容的には間違いのないシロアリ駆除作業の契約をさせる場合等が代表例とされる。それは法4条4項との関係において、上記①不実告知、③不利益事実の不告知の2類型の「重要事項」に契約締結に至る動機が含まれるかどうかについて、前記『逐条解説消費者契約法〔第2版補訂版〕』は、上記ケースについて、「従前の黒電話が使えなくなる」というのは、消費者契約の目的そのものに関する誤認ではなく、動機の問題であるから、消費者取消権の根拠とならないとする。しかし、かかる公権的解釈に対しては不適切であるとして多数の批判が寄せられており、その主たるものは、消費者契約を適正化することにより一般消費者を保護するという立法目的に照らし、民法上の動機の錯誤よりも救済範囲を狭めるような解釈はおかしい、という点である。

これをネット取引に引き直して考えると、事業者サイト上の広告・表示等において、その対象となっている商品・役務の内容については不実告知や不利益事実の不告知はないけれども、一般消費者の動機の部分について誤認を生じさせるような不実告知・不利益事実の不告知が存在した場合、重要事実について誤認があるとして、消費者取消権の行使が認められるかどうか、ということになる。

ネット取引においては、一般消費者にとっての判断資料は、ネット上の広告・表示等しか存在しないため、動機の部分であっても契約締結過程の上で消費者を誤認せしめるような情報が提供された場合には、より保護の必要性が高いため、これを

Ⅰ　消費者契約法　　59

肯定すべきである。

第5　不当条項の無効（法8条、9条、10条）

　ネット取引においては、その種類のいかんを問わず消費者契約法との関係ではこの問題が最も大きい。なぜなら、通常のネット取引においては、消費者・事業者間の契約条件は、約款・規則・利用条件というような形であらかじめ画一的に定められ、その内容を前提としてネット上の表示・広告等による申込みの誘引が行われることが多いが（以下、「サイト利用規約」という）、このサイト利用規約中に消費者にとって一方的に不利な内容が含まれているにもかかわらず、消費者側がこれをよく確認せずに不利な契約を締結してしまうことが容易に想定されうるからである。

　このように、事業者のサイト上に商品・役務等についての契約条件が約款・規約等の形で明示され、その内容の一部に、①消費者契約法8条（事業者の損害賠償責任を免除する条項の無効）、②同9条（消費者が支払う損害賠償額を予定する条項等の無効）、同10条（消費者の利益を一方的に害する条項の無効）に規定されているような不当条項が含まれる場合には、無効となる。理屈としては、単純にこれだけのことであり、直接勧誘に基づく一般の消費者取引と差異がないようにみえる。しかし、ネット取引の特質及び実情からすると、事はそう単純ではない。

　まず、そもそもいかなる場合にサイト利用規約の内容が契約条件に組み入れられるのかが問題となる。

　この問題については、約款（利用規約）の項目を参照していただきたいが、経産省ガイドラインは、①利用者がサイト利用規約の内容を事前に容易に確認できるように適切にサイト利用規約をウェブサイトに掲載して開示されていること、及び②利用者が開示されているサイト利用規約に従い契約を締結することに同意していると認定できることが必要であるとしている。

　サイト利用規約の内容が契約条件に組み入れられる場合には、当該規約について、法8条〜10条の不当条項リスト該当性が問題となる。このレベルでは、基本的に通常の直接勧誘に基づく消費者契約の場合と特段の違いはなく、ネット取引に固有の問題はないと考えられる。個別事案ごとに、法8条〜10条の不当条項リスト該当性の有無をチェックしていけばそれで足りる。

　この問題については、不当約款の項目を参照されたい。

　《参考文献》
　　・日本弁護士連合会消費者問題対策委員会編『コンメンタール消費者契約法〔第2版
　　増補版〕』（商事法務、2015）

・経産省「電子商取引及び情報財取引等に関する準則」(平成27年 4 月改訂版)
・東京弁護士会消費者問題特別委員会編『消費者相談マニュアル〔第 2 版〕』(商事法務、2012)
・日弁連法務研究財団編『論点教材電子商取引の法的課題』(商事法務、2004)
・消費者庁消費者制度課編『逐条解説消費者契約法〔第 2 版補訂版〕』(商事法務、2015)
・日本弁護士連合会編『消費者法講義〔第 4 版〕』(日本評論社、2013)

Ⅱ 　　　　　　　　　　　　　　　　　　　　 特商法

第 1 　特商法の趣旨、通信販売の該当性

1 　通信販売の該当性

　特商法は、特定商取引（訪問販売、通信販売、電話勧誘販売、連鎖販売取引、特定継続的役務提供、業務提供誘引販売取引、訪問購入）とネガティブ・オプションと呼ばれる取引類型につき、不当勧誘や誇大広告等による消費者被害の防止、利益保護を目的に制定された事業者規制法である。

　販売業者又は役務提供事業者（以下「販売業者等」という）が「郵便等」によって売買契約又は役務提供契約の申込みを受けて行う商品、指定権利の販売又は役務の提供が「通信販売」であるところ（法2条2項）、「郵便等」には「通信機器又は情報処理の用に供する機器を利用する方法」すなわちパーソナルコンピューター等が含まれる（規則2条）。

　そして、特商法の取引対象は、平成20年改正により商品と役務については政令指定制が廃止され、法26条で別に定める適用除外に該当しない限り、全ての商品と役務の通信販売に適用されるようになった（ただし、権利については政令指定制が採用されている）。

　したがって、商品・指定権利の売買契約又は役務契約について、販売業者等がインターネットを利用して電子データの形で契約申込みを受けて商品等の販売、役務提供を行う場合（ネット通販のショップ、ネットオークションの出品者（売主）等）は、特商法の定める適用除外に該当しない限り、特商法の通信販売規制を受ける。

　なお、ネットオークション運営事業者、ネット上のサイト運営事業者、アフィリエイトに係る事業者、ドロップシッピングに係る事業者についての特商法の規制の該当性は、各項目参照。

2 　事業者性

　特商法の適用を受ける主体は、販売業者等であるが、営利の意思を持って反復継

62　　第3章　関連法令の概説

続して販売、役務提供を行う者は、法人・個人を問わず事業者に該当し、特商法規制対象となる。営利の意思の有無は客観的に判断される。この点、解釈指針として、平成25年２月20日付け消費者庁次長・経済産業省大臣官房商務流通保安審議官通達「特定商取引に関する法律等の施行について」の別添１「インターネット・オークションにおける『販売業者』に係るガイドライン」が公表されている。

第２　適用除外

　特商法は、特商法を適用することが不適当なものや、他の法律によって購入者等の利益を保護することができると認められる販売又は役務の提供等については適用除外と規定している（法26条１項）。

1　取引の主体や相手方の属性などから特商法の適用を除外するもの（法26条１項１号～５号）

　法26条１項１号では、訪問販売、電話勧誘販売及び通信販売について、「営業のために若しくは営業として」締結する契約については、特商法の適用を排除している。顧客側の属性に事業者性があり「営業のために若しくは営業として」の該当性が問題になることがある。株式会社などの営利法人であっても、当該取引が「営業のために若しくは営業として」に該当しなければ特商法の適用除外とされないと解される。

2　特定の取引について特商法が適用除外とする規定を置いているもの（法26条１項６号・７号・８号イ～ハ）

　金融商品取引法に基づき、金融商品取引業者・同仲介業者及び登録金融機関が行う商品の販売・役務提供、認定投資者保護団体及び証券金融会社が行う役務提供（同項８号イ）や、宅建業者（法律に基づき宅建業を営める信託銀行、認定金融機関を含む）が行う宅建業法に基づく商品販売、役務提供（同号ロ）、旅行業者及び旅行代理業者が行う旅行業法に基づく役務提供（同号ハ）等である。

3　適用除外とすべき取引の特定を特商法が政令に委任しているもの（法26条１項８号ニ・政令「別表第二」の５号）

⑴　金融取引に関するもの

　金融商品取引業、銀行業、保険業などの金融機関が行う取引、商品先物取引業、商品取引顧問業などである。

Ⅱ　特商法　　63

(2) 電気・放送に関するもの

電気通信事業、放送事業など、電気通信事業法の電気通信事業者（同法2条5号）が行う同法2条4号の役務提供（電気通信事業）、放送法2条26号に規定する放送事業者が行う同条1号（公衆によって直接受信されることを目的とする電気通信事業法2条1号に規定する電気通信の送信（他人の電気通信設備を用いて行われるものを含む））の役務提供が適用除外とされている。

電話サービス、インターネット接続サービス、ケーブルテレビでの放送、衛星放送などの事業に係る法律に基づく役務がこれに当たる。携帯電話端末やその他のモバイル端末を利用する携帯電話サービスや電気通信サービスは、商品である携帯電話端末機器等には特商法の適用があるものの、電気通信サービス自体（電気通信事業法2条5号の電気通信事業者が行う同条4号の役務）は特商法の適用除外となる。

近年、電話勧誘販売、訪問販売による光回線やプロバイダ契約等のインターネット接続サービス、携帯電話等の電気通信サービスに関する勧誘が増加しているが、電気通信サービスに係る契約が特商法の適用除外であり、トラブルが増加している。

これに対しては、電気通信事業法において消費者保護規定が導入されたが、端末購入と通信サービス契約がセットでなされるような場合は、相互の密接関連性・一体性、取引経緯や説明内容の考慮等から、特商法が通信サービスにも適用される場面も検討されるべきと考える。

なお、ビデオ・オン・デマンドによる映像配信サービスの提供は、配信業者と消費者間の通信で、他人間の通信を媒介する役務ではないので、電気通信事業法2条5号の電気通信事業者が行う同条4号の役務提供に該当せず、特商法の適用除外とならない。詳細は本章XVI電気通信事業法の項参照。

(3) 運輸に関するもの　その他

第3　特商法の通信販売規制

1　規制の概要

通信販売は、隔地者間での取引であるため、大半の場合、販売条件等の情報は広告を通じてのみ提供されるため、その広告中の表示が不十分又は不正確であると、後日、それらの点を巡ってトラブルが発生する。他方、訪問販売をはじめとする直接勧誘のような不意打ち的要素が少ないこと等から、熟慮期間を確保するためのクーリング・オフ制度は設けられておらず（ただし、後記の通り返品制度は認められるようになった）、広告規制が中心となっている。

内容としては、①広告における一定事項の表示義務（法11条、規則8条）、②誇

大広告等の禁止（法12条、規則11条）、③あらかじめ承諾していない者に対する電子メール広告の提供の禁止等（法12条の3、12条の4など）、④前払式通信販売における契約成立等の通知の義務付け（法13条、省令12条）、⑤顧客の意思に反する契約申込みをさせる行為等の規制（法14条）がある。

なお、電子メールやインターネット上のバナー等により広告をする場合は、その本文及び本文中でURLを表示すること等により紹介しているサイト（リンク先）を一体として広告とみなしている。

2　広告における一定事項の表示の義務付け（積極的広告規制、法11条、規則8条）

⑴　積極的広告規制（法11条、規則8条）

法11条は、販売業者等が「通信販売をする場合」の商品や指定権利、役務の「販売条件や提供条件について広告するとき」は、本節末掲載の〔表示事項一覧表〕の「表示事項」につき、法が規定する事項の表示義務を課している。この積極的広告規制の違反の効果は、主務大臣による指示（法14条）と、業務停止命令（法15条）の対象となりうるが、直接の罰則までは設けられていない。

〔表示事項一覧表〕のコのソフトウェアに係る取引を行うに際しては、当該ソフトウェアを利用するために必要なコンピューターの動作環境についての情報を事前に入手することが不可欠であるため、その動作環境（OSの種類、CPUの種類、メモリの容量、ハードディスクの空き容量等）の表示を義務づけている。

なお、経産省「電子商取引及び情報財取引等に関する準則」では、表示事項の画面方表示等につき、次のとおり記載している。「インターネット上のホームページなどパソコン画面上等の広告では、上記事項の全てを確認するには画面のスクロールや画面の切替を要さずにすむよう記載することが望ましいが、特に販売業者等の氏名、住所及び電話番号（法人の場合はさらに代表者又は業務責任者の氏名）については、画面上に広告の冒頭部分を表示したときに認識できるように記載すべきである。やむを得ず、冒頭部分への記載を行うことができないときには、冒頭部分から容易に記載箇所への到達が可能となるような方法又は契約の申込みのための画面に到達するにはこれらの事項を画面の経由を要するような方法を予め講ずるべきである」。

また、商品・指名権利の売買契約の申込みの撤回・売買契約の解除に関する事項（特約がある場合には、その内容を含む）については、顧客にとって見やすい個所において明瞭に判読できるよう表示する方法その他顧客にとって容易に認識できるよう表示することが求められる（規則9条）。

Ⅱ　特商法　　65

(2) 表示の一部が省略できる場合

通信販売では、上記のとおり広告での表示が重要となるが、広告の態様が多種多様であり、広告のスペースに制約がある場合があるため、広告中に、消費者からの請求により表示を義務づけられる事項を記載した書面を遅滞なく交付する旨の表示をする場合、又は、これらの事項を記載した電磁的記録（電子データ）を遅滞なく提供する旨の表示をする場合には、省令の定める省略の基準に従って、表示の省略が可能である（法11条本文ただし書）。これを一覧表にすると本節末掲載の〔表示事項一覧表〕のとおりとなる。

しかし、販売業者等がコンピューターをインターネットなどの電気通信回線で相互に接続して電子データをやりとりする方法による広告の場合（ネット通販等）に、法11条各号の事項の一部の省略が認められるためには、それ以外の方法による広告（カタログ、ビラ、テレビ・ラジオ等）の場合と異なり、規則10条3項各号に規定する方法によらなければならない。

3 誇大広告等の禁止（消極的広告規制、法12条、規則11条）

通信販売における広告は、販売業者等が消費者に対して勧誘する際の手段であり、かつ、申込者の意思形成は主として広告によりなされるため、虚偽・誇大広告による消費者トラブルを未然に防止する必要がある。

(1) 誇大広告等が禁止される広告事項

誇大広告等が禁止される広告事項としては、以下の5つがある。

ⅰ）商品の種類・性能・品質もしくは効能、役務の種類、内容もしくは効果又は権利の種類、内容もしくはその権利に係る役務の種類、効果（規則11条1号）

ⅱ）商品・指定権利の売買契約の申込みの撤回・売買契約の解除に関する事項（特約がある場合には、その内容を含む）

ⅲ）商品、権利もしくは役務、販売業者もしくは役務提供事業者又は販売業者もしくは役務提供事業者の営む事業についての国、地方公共団体、通信販売協会その他著名な法人その他の団体又は著名な個人の関与（規則11条2号）

ⅳ）商品の原産地もしくは製造地、商標又は製造者名（規則11条3号）

ⅴ）前記11条1項各号の定める積極的表示義務付け事項（規則11条4号）

---

(2) 禁止される誇大広告の内容

禁止される誇大広告の内容は、以下のとおりである。

ⅰ）著しく事実に相違する表示
ⅱ）著しく優良・有利であると人に誤信させる表示

　「著しさ」の判断は、一般の消費者の知識・理解に立って客観的になされるべきである。また、広告に表示されている事項が事実に反していたり、有利・優良ではないことを消費者が知っていれば契約しなかったと認められるような場合には、その表示と事実との齟齬の程度や有利・優良であるとの誤認を惹起させる程度は「著しい」といえる。

(3)　合理的根拠の提出義務と不提出の効果（法12条の２）

　特商法は、誇大広告等の禁止（法12条）に違反した疑いのある販売業者等に対し、一定期間を定めてその表示の裏付けとなる合理的な根拠を示す資料の提出を命じ、定められた期間内にかかる資料を提出しない場合には、当該表示は法12条に該当するものとみなして、指示処分（法14条１項）や業務停止命令（法15条）を発令することができる。資料の提出の猶予期間は、原則15日間とされ（経産省通達の別添4「特定商取引に関する法律第６条の２等の運用指針」参照）、ⅰ）表示にかかる事項が客観的な事実に基づいて実証されたものであること、ⅱ）広告中の表示が、この事実に適合していることの２点を裏付ける資料の提出が命じられる。

(4)　誇大広告等禁止違反の効果

　誇大広告であると認められた場合（上記の擬制の場合を含む）、主務大臣による指示（法14条）、業務停止命令（法15条）の対象となるほか、100万円以下の罰金に処せられる（法72条２号）等の制裁もある。

4　電子メール広告の場合の表示義務付け

　特商法も、特定電子メール法と同様に、迷惑メールを規制しているが、特商法は、事業者と消費者間の取引の適正化の観点から、電子メールを用いて行われる広告の適正を図り、消費者被害の予防と救済を目的としているのに対し、特定電子メール法は、電子メールの送受信上の支障の防止（通信インフラや通信環境を適正に維持、運営すること）を目的とする。

　迷惑メール規制の実効性をあげるために、特商法は、平成20年改正により商業上の広告・宣伝メールのオプトアウト規制をやめ、広告・宣伝メール自体を原則として禁止し、広告の相手方が送信を請求したり、承諾した場合に限り送信を認める「オプトイン規制」とした。同記載に違反した場合は、特商法では、行政処分や罰則の対象となる（法14条、15条、38条、39条、56条、57条、72条）。なお、電子特定メール法も特商法と同時になされた法改正によりオプトイン規制を導入した。

Ⅱ　特商法　　67

販売業者等は、次の場合を除き、商品・サービス等の販売条件等について、その相手方となる者の承諾を得ないで電子メール広告をしてはならない（法12条の３第１項）。

- ・　相手方となる者の請求に基づく場合（法12条の３第１項１号）
- ・　商品・サービス等の売買契約・役務提供契約の申込み・締結をした者に対する申込内容・契約成立・契約内容・契約の履行に関する重要事項の通知に付随する場合（法12条の３第１項２号、規則11条の２、11条の３）
- ・　相手方の請求に基づいて、又はその承諾を得て電磁的方法により送信される電磁的記録の一部に掲載することにより広告がなされる場合（法12条の３第１項３号、規則11条の４第１号）
- ・　電磁的記録の一部に広告を掲載することを条件として利用者に対し電磁的方法の使用に係る役務を提供する者による当該役務の提供に際して、広告がなされる場合（法12条の３第１項３号、規則11条の４第２号）

　販売業者等は、電子メール広告をするとき相手方から電子メール広告配信の承諾を得たこと、又は電子メール広告配信の請求を受けたことに記録を作成し、それを３年間保存する義務がある（法12条の３第３項、36条の３第３項、54条の３第３項）。

　そして、電子メール広告の送信を承諾したり、特商法及び主務省令の定めにより承諾なく電子メール広告の送信ができる場合であっても、消費者がその適用を受けない旨の意思表示がなされ、それを受領したときは、販売業者等は、その意思表示をした相手方に対する電子メール広告の送信が禁止される（オプトアウト規制、法12条の３第２項、36条の３第２項、54条の３第２項）。

　また、販売業者等は、消費者が電子メール広告の受領を受けない旨の意思表示をするために必要な事項として電子メールアドレス又はURLを当該電子メール広告の本文に容易に認識できるように表示しなければならない（法12条の３第４項、36条の３第４項、54条の３第４項、電子メール広告をすることの承諾・請求の取得等に係る「容易に認識できるよう表示していないこと」に係るガイドライン（http://www.no-trouble.jp/））。

　なお、販売業者等が他の者に電子メール広告に関する業務を一括して受託しているときは、当該通信販売電子メール広告受託事業者についても、承諾をしていない者に対する電子メール広告の提供が禁止されることになる（法12条の４）。

　この禁止規定に違反した場合は、主務大臣の指示の対象となり（法14条）、違反の程度や利益侵害の程度いかんによって業務停止命令の対象となり、刑事罰も設けられている。

5 前払式通信販売の契約成立等の通知の義務付け（法13条1項、規則12条）

前払式通信販売とは、商品引渡・権利移転・役務提供を目的とするネット契約等について、物品引渡・権利移転・役務提供を受ける前に、顧客から代金の全部又は一部を支払わせる契約形態である。顧客にとっては、債務が履行されるまで不安定な地位に置かれるデメリットがあるので、販売業者等に一定の通知義務を課し、両者間の法律関係を速やかに確定させるように図った。

6 顧客の意思に反する契約申込みをさせる行為等の規制（法14条1項2号、規則16条1項））

販売業者等が特商法で規定された義務に違反した場合において、通信販売に係る取引の公正及び購入者又は役務提供を受ける者の利益が著しく害されるおそれのある等の場合には、主務大臣から違反行為の差止等の指示を命じられる場合がある（法11条、12条、12条の3、13条、14条）。

特に、従来問題となっていたのは、顧客の意思に反する契約申込みをさせる行為（法14条1項2号、規則16条1項）であり、ネット通販において顧客に申込みをさせる場合、ⅰ）あるボタンをクリックすれば、それが有料の申込みとなることを、顧客がその操作を行う際に容易に認識できるように表示していないこと（規則16条1項1号）、ⅱ）申込みをする際に、顧客が申込みの内容を容易に確認し、かつ訂正できるように措置していないこと（同項2号）を指す。

消費者庁及び経産省の「インターネット通販における『意に反して契約の申込みをさせようとする行為』に係るガイドライン」（http://www.no-traouble.go.jp/）に、具体的に指摘されている。

7 契約の申込みの撤回又は契約の解除

特商法上「通信販売」では、不意打ち性はあまりないとされ、訪問販売等について規定されているようなクーリング・オフの制度は設けられていないが、平成20年の法改正により、特商法の規定に基づく広告上の返品特約として認められない場合には、法定の返品権を認めることとなった（法15条の2）。詳細は返品特約の項を参照。

8 インターネットを利用した取引における特商法のその他の規制

ネット通販でも、アフィリエイトやドロップシッピングの業務を行うことを勧誘する取引業務提供誘引販売取引の該当性が問題となる。

また、連鎖販売取引をネット上で行う場合も、特商法が適用され、広告規制や迷

惑メール規制のほか、クーリング・オフ（法40条）、中途解約権（法40条の2第1項）、契約意思の取消権（法43条の3）の規制を受ける。詳細については、各項参照。

[表示事項一覧表（特商法11条）]　　　　　　　　　　○＝省略可、×＝省略不可

表示事項			販売価格・送料その他消費者の負担する金銭（法11条1号、規則8条4号）	
			全部表示する場合	全部表示しない場合
ア	商品若しくは権利の販売価格又は役務の対価（販売価格に商品の送料が含まれない場合には、販売価格及び商品の送料（法11条1号）			—	
イ	商品若しくは権利の代金又は役務の対価の支払いの時期及び方法（法11条2号）	支払時期	前払いの時	×	○
			後払いの時	○	
		支払方法		○	○
ウ	商品の引渡時期若しくは権利の移転時期又は役務の提供時期（法11条3号）	遅滞なく商品送付		○	○
		それ以外		×	
エ	商品若しくは指定権利の売買契約の申込みの撤回又は売買契約の解除に関する事項（法15条の2第1項ただし書に規定する特約がある場合には、その内容を含む）（法11条4号）	返品に関する事項		×	
オ	販売業者又は役務提供事業者の氏名又は名称、住所及び電話番号（法11条5号、規則8条1号）			○	
カ	販売業者又は役務提供事業者が法人であって、電子情報処理組織を使用する方法により広告をする場合には、その代表者又は通信販売に関する業務の責任者の氏名（法11条5号、規則8条2号）			○	
キ	申込みの有効期限があるときはその期限（法11条5号、規則8条3号）			×	
ク	法11条第1号に定める金銭以外に購入者又は役務の提供を受ける者の負担すべき金銭があるときは、その内容及びその額（法11条5号、規則8条4号）			—	

70　第3章　関連法令の概説

ケ	商品に隠れた瑕疵がある場合の販売業者の責任についての定めがあるときは、その内容（法11条5号、規則8条5号）	責任を負わない場合	×	○
		それ以外	○	
コ	磁気的方法又は光学的方法によりプログラムを記録した物を販売する場合、又はコンピューターにより映画、演劇、音楽、スポーツ、写真若しくは絵画、彫刻その他の美術工芸品を鑑賞させ、若しくは観覧させる役務を提供する場合、若しくはプログラムをコンピューターに供えられたファイルに記録し、若しくは記録させる役務を提供する場合には、当該商品又は役務を利用するために必要なコンピューターの仕様及び性能その他の必要な条件（法11条5号、規則8条6号）		×	
サ	上記クからコに掲げるもののほか商品の販売数量の制限その他の特別の商品若しくは権利の販売条件又は役務の提供条件があるときは、その内容（法11条5号、規則8条7号）		×	
シ	広告の表示事項の一部を表示しない場合であって、法11条ただし書の書面を請求した者に当該書面に係る金銭を負担させるときは、その額（法11条5号、規則8条8号）		×	
ス	通信販売電子メール広告をするときは、販売業者又は役務提供事業者の電子メールドレス（法11条5号、規則8条9号）		×	

《参考文献等》
- 経産省「電気商取引及び情報財取引等に関する準則」（平成27年4月改訂版）
- 消費者庁取引対策課＝経済産業省商務流通保安グループ消費経済企画室編『特定商取引に関する法律の解説〔平成24年版〕』（商事法務、2014）
- 松本恒雄＝齋藤雅弘＝町村泰貴編『電子商取引法』（勁草書房、2013）
- 経産省「消費生活安心ガイド」（http://www.no-trouble.jp/houkaisei/tokusyo.htm）
- 齋藤雅弘＝池本誠司＝石戸谷豊『特定商取引法ハンドブック〔第5版〕』（日本評論社、2014）
- 東京弁護士会弁護士研修センター運営委員会編『弁護士専門研修講座　インターネットの法律実務』（ぎょうせい、2014）

割賦販売法

第1　総説

1　割賦販売法の趣旨

　割賦販売法は、割賦販売等取引秩序を維持する目的で、昭和36年に制定された法律である。従前、割賦販売法は、同法上の指定商品、役務、権利を販売目的とする、①販売会社自体による割賦販売（自社割賦）、②購入者が金融機関から借り入れ、分割して返済することを条件に、販売業者が購入者の債務を保証して指定商品等を販売する場合（ローン提携販売）、③購入者が信販会社等とあらかじめ契約を結んでいる加盟店から指定商品等を購入し、信販会社が加盟店に対して代金相当額を一括して支払い、購入者はこれを分割して支払う場合（割賦購入あっせん）の類型を規制するものであった（もっとも、平成20年成立の改正法により、「割賦購入あっせん」という用語を「信用購入あっせん」に変更し、また、信用購入あっせんについては指定商品制を廃止した）。

　割賦支払の場合、消費者が支払総額の負担をきちんと理解せずに、不要であったり不当に高額である商品・役務等を購入させられたり、場合によって多額の手数料負担がかかったり、第三者の介在により契約条件が複雑となって消費者が不測の損害を被る等のリスクがあるため、その防止のために本法は改正を重ねてきている。

　かかる趣旨から、同法の対象となるのは、代金又は対価を「2ヶ月以上の期間にわたり、かつ3回以上に分割して受領することを条件として」いる場合である（割賦要件、法2条1項1号。ただ、平成20年成立の改正法では、包括式、個別式信用購入あっせんについては、割賦要件を廃止し、1回払い・2回払いでも「2ヶ月を超えない範囲内においてあらかじめ定められた時期までに受領する場合」でなければ、つまりボーナス払いなど2ヶ月以上後のものであれば、適用対象とすることとした）。

2　割賦販売法の改正の経緯

　昭和36年制定後、本法は何度も改正されており、電子商取引との関係では、もと

もとクレジットカード決済に関する割賦販売法の規制が及んでいなかったが、平成13年改正では「証票等」を有体物に限定せず、物理的なカード自体を交付せず与信資格を証明する番号、記号、符号のみを付与し取引の際これを通知して与信資格を確認する携帯の取引（カードレス取引）についても割賦販売法の規制対象とした。

また、インターネット取引でクレジットカード決済をする場合などで問題となりうる規制としては、①販売業者の表示義務（法3条1項）、②書面交付義務、③支払停止の抗弁制度（法30条の4）がある。さらに、④平成20年改正法では、取引に関し問題があった場合につき、個別クレジット契約をクーリング・オフすれば販売契約も同時にクーリング・オフされることとなった（法35条の3の10、35条の3の11。なお、適用除外として法35条の3の60第3項・4項）。

上記に関し、近年、書面交付義務に関しては、後述するようにIT書面一括法により、電磁的方法の代替が認められた。また、近年、高齢者等に対するクレジットを利用した訪問販売などによる被害、クレジット会社の不適正・過剰与信の事例の増加だけでなく、インターネット通信販売などの新しい分野においては、返品を巡ってのトラブル・不当請求の手段となる迷惑広告メールの問題・クレジットカード情報の漏えい等、多くの消費者被害が発生している。これに対応するため、平成20年12月に改正法が施行された。

ここでは、悪質商法を助長する与信の防止の観点から、

① 個別クレジット業者の登録制（法35条の3の23）と行政による監督規定（法35条の3の21、35条の3の31）
② クレジット契約の書面交付義務（法35条の3の9）
③ 適正与信調査義務と不適正与信の禁止（法35条の3の3～7）
④ 販売業者だけでなくクレジット業者に対するクーリング・オフ（法35条の3の10～11）
⑤ 過量販売解除（特商法9条の2）に当たるときの個別クレジット契約の解除（法35条の3の12）、クレジット会社の既払金返還責任

過剰与信の防止の観点から、

① 支払能力調査義務と過剰与信契約の禁止（法35条の3の3～4）
② 包括支払可能見込額の調査義務と過剰与信カード交付等の禁止（法30条の2～2の3）

規制範囲の拡大として、

Ⅲ 割賦販売法 73

> ① 割賦の定義の見直し、2ヶ月超1回払い、2回払いを規制対象とする（法2条3項・4項）
> ② 指定商品・役務制度を廃止

その他、

> ① 認定割賦販売協会への加盟店情報報告制度（法35条の18～21）
> ② クレジットカード情報の保護のため、カード情報の不正取得の禁止と罰則（法49条の2）

など重要な規定が設けられた。

以下、改正法も踏まえて、割賦販売法の中で電子商取引に関係する分野に限定して説明する。

第2　書面交付の代わりとしての電磁的方法

平成13年4月より施行されたいわゆるIT書面一括法と平成20年改正法において、業者が取引場面において書面を交付しなければならないとされていた①割賦販売条件の表示（法3条2項・3項）、②契約締結後の書面交付（法4条1項・2項）、③支払請求の際の書面交付（同条3項）につき、電磁的方法への代替を認めた（法4条の2）。

また、④ローン提供販売条件の表示（法29条の2第1項・2項）、⑤購入者等の支払総額など（法29条の3）に関して、電磁的方法への代替を認め（法29条の4）、⑥包括信用購入あっせんの取引条件の表示（法30条第1項・2項）、⑤購入者等の支払総額など（法30条の2の3）に関して、電磁的方法への代替を認めた（法30条の6）。

第3　インターネット取引等に関する規制の強化

クレジットカード会社の従業員等によるクレジットカード情報の漏洩やそれを元とするインターネット取引におけるクレジットカードの不正利用という被害が増加している。

そこで、上記第1のとおり、刑事罰の規定が新設され、「クレジットカード等購入あつせん業者、立替払取次業者若しくはクレジットカード番号等保有業者又はこ

れらの役員若しくは職員若しくはこれらの職にあつた者が、その業務に関して知り得たクレジットカード番号等を自己若しくは第三者の不正な利益を図る目的で、提供し、又は盗用したときは、三年以下の懲役又は五十万円以下の罰金に処する。」とし（法49条の２第１項）、個人情報保護法の範囲外においても刑事罰の対象とした。

　また、「人を欺いてクレジットカード番号等を提供させた者も、前項と同様とする。クレジットカード番号等を次の各号のいずれかに掲げる方法で取得した者も、同様とする。」とし、「一　クレジットカード番号等が記載され、又は記載された人の管理に係る書面又は記録媒体の記載又は記録について、その承諾を得ずにその複製を作成すること」「二　不正アクセス行為（不正アクセス行為の禁止等に関する法律（平成十一年法律第百二十八号）第二条第四項に規定する不正アクセス行為をいう。）を行うこと」を各号に掲げている（法49条の２第２項）。

　さらに、「正当な理由がないのに、有償で、クレジットカード番号等を提供し、又はその提供を受けた者も、第一項と同様とする。正当な理由がないのに、有償で提供する目的で、クレジットカード番号等を保管した者も、同様とする。」（法49条の２第３項）とされ、これまで個人情報保護法では処罰できなかった行為まで広く処罰対象とし、クレジットカード情報保護の強化を図った。

第4　クーリング・オフ

1　総論

　割賦販売取引は、将来得られる所得をあてにして現在において商品等を取得できる点で、消費者にとっては有用かつ魅力的であるが、その反面、業者からの巧みな勧誘により自らの資力を超えた契約を締結したり、多額・多量な商品等の契約をしたりする危険がある。そこで、消費者保護の観点から、クーリング・オフ制度（一定の冷却期間を設け、購入者側から、一方的かつ無条件で契約の解除が認められる）が導入されている。

　クーリング・オフについては、インターネット取引に限らないため、詳細は割賦販売法の解説書を参考にされたい。ここでは、上記第１で触れた平成20年改正について説明する。

2　平成20年改正

　従来は、割賦販売法のクーリング・オフも規定されていたが、その後制定された特商法が優先適用される（同旧法30条の２の３第８項）という規定に従い、特商法のクーリング・オフ等で販売契約等を解除して代金支払義務が消滅すれば、これを

Ⅲ　割賦販売法　　75

抗弁事由としてクレジット契約の支払いを拒絶するという処理をしていた。

しかし、これでは、販売契約等については無条件解除ができるのに、クレジット契約には支払拒絶ができるだけで、クレジット業者に対する既払金返還請求が認められないという不都合があった。特に、販売業者が倒産等している場合に、この不都合が顕著となる。

そこで、平成20年改正法では、前提として、信用購入あっせんにおいて、抜け穴を狙った悪質業者の出現を食い止めるため指定商品制・指定役務制を廃止し、原則としてあらゆる商品、役務を扱う取引（訪問販売、電話勧誘販売、通信販売）を規制対象とした（法2条）。

その上で、クーリング・オフになじまない商品（生鮮食料品など）・役務（葬儀など）は、該当規制から除外した（法35条の3の60）。

また、個別式クレジット業者に対して、訪問販売等の契約につき個別クレジット契約を締結したときは、クレジット契約書面の交付義務を課す（法35条の3の9）とともに、これを前提として、この場合に訪問販売等による販売契約等とともに、個別式クレジット契約にもクーリング・オフを適用することとなった（法35条の3の10、35条の3の11）。したがって、販売契約・クレジット契約書面に不備があれば、販売業者だけでなくクレジット業者に対してもいつまでもクーリング・オフの主張ができ、既払金の返還を請求できる。

《参考文献等》
- 梶村太市＝深澤利一＝石田賢一編『割賦販売法〔全訂版〕』（青林書院、2004）
- 後藤巻則＝池本誠司『割賦販売法』（勁草書房、2011）
- 経産省
  「特定商取引法及び割賦販売法の一部を改正する法律の概要」
  「特定商取引に関する法律及び割賦販売法の一部を改正する法律案について〜悪質商法対策に向けて〜」
- 同上「消費生活安心ガイド」（http://www.no-trouble.jp/houkaisei/tokusyo.htm）

金融・投資関係諸法令

第1　ネット取引の仕組み

　金融商品取引の分野においても、時間や場所を選ばないという利点を生かして、インターネットを通じた個人取引が急速に進展している。
　平成25年5月31日付で、日本証券業協会が公表した「インターネット取引に関する調査結果（平成25年3月末）について」によれば、インターネット取引の有残高口座数は1,257万口座で、総口座数の69.3％となっている。
　金融商品のネット取引は、①口座開設の申込みをネット上で行う、②会社から口座開設申込書類が郵送される、③申込書の必要箇所に記入・押印して本人確認書類と一緒に返送する、④開設手続完了の案内が届く、⑤与えられたパスワードでログインする、という流れで取引を開始するのが一般である。
　実際に注文を出す場面では、目論見書等の当該取引や発行者の概要が記載されている書面の交付を義務づけられている取引では、画面上で目論見書を閲覧するよう指示され、これをダウンロードして閲覧し、注文画面上で閲覧したという確認チェックをし、初めて注文が受け付けられる仕組みになっている。取引報告書もパスワードでログインして閲覧するか、電子メールによって受け取ることになる。
　以下、消費者被害で問題となるもののうち、主要な法令である金商法関係の行為規制を取り上げる。

第2　法令及び自主規制の対応

1　金商法

　金商法では、金融商品取引業者に対し、誠実・公正義務（法36条等）、広告規制（法37条）、契約締結前に当該取引契約の概要等を記載した書面を交付する義務（法37条の3）、取引成立後に報告書を書面で交付する義務（法37条の4）、適合性の原則の遵守（法40条）、不招請勧誘の禁止（法38条4号）、勧誘受託意思確認義務（同条5号）、再勧誘の禁止（同条6号）等が定められている。

上記のうち、契約締結前と取引成立後の書面交付義務については、顧客の承諾を条件に、電子メール等の電子的方法で提供することが認められている（法37条の3第2項、37条の4第2項、34条の2第4項）。

2 自主規制

日本証券業協会は、平成17年12月、「インターネット取引において留意すべき事項について（ガイドライン）」（以下、「ガイドライン」という）を公表した。

ガイドラインでは、「Ⅰ　趣旨」として、「インターネット取引」とは、「顧客が、証券会社の営業部店以外の場所に設置したコンピュータ又は携帯情報端末等の電子機器によりインターネット又は他の商用オープンネットワークを利用して有価証券の売買注文を発注し、当該売買注文等が機械的に認識・処理される取引をいう。」とある。

「Ⅱ　一般的な留意事項」として、「インターネット取引は、『非対面性』及び『非書面性』という特性を有することから、投資者は、通常の取引に比してより一層、自己の責任及び判断により取引を行うことが求められる。証券会社は、投資者に自己の責任及び判断を求めるに当り、次の事項について十分に留意する必要がある。」として、「①インターネット取引についても、当然に、現行の法令・諸規定が全て適用されること、②社内規定を作成する等の方法により、インターネット取引に係る社内管理体制を整備すること、③投資者がインターネット取引を適正かつ円滑に行うために必要と考えられる情報について、投資者に周知又は連絡すること。特に、法令・諸規則により営業所への備え置き等が求められている書類に係る情報については、投資者に対し周知又は連絡するよう努めること。④インターネットを利用して提供する投資情報等は、投資者にとって分かりやすい表現であって、かつ、必要な情報を含んでいること。」とある。

第3　ネット取引におけるトラブル

1 違法勧誘の問題

金融商品取引においては、業者による不適格者に対する勧誘、説明義務違反等の違法勧誘がしばしば紛争となるが、非対面式のネット取引においては、個々の注文は、顧客が自分の意思で直接パソコンを操作することによって行われることが予定されている。その限りにおいては、違法勧誘は問題とならないと考えられる。

2 システム障害

ネット取引固有のトラブルとして、システム障害の問題がある。

(1) 東京証券取引所は、平成17年11月1日、全銘柄の取引ができないという大規模なシステム障害を引き起こし（プログラムミスが原因といわれている）、平成18年1月には、いわゆる「ライブドア・ショック」による爆発的な取引増加によってシステムが負荷の急増に耐えきれずに売買全面停止に陥った。最近では、平成24年2月、株式など241銘柄の取引が午前中停止され、同年8月には、全デリバティブ取引の午前取引を一時停止し、同月24日、金融庁は社外専門家による検証を求める業務改善命令を出した。高速取引を繰り返すヘッジファンドの需要が増え、取引が複雑になる一方で、売買の処理能力不足が生じているといわれる。

東証の業務規程では、売買システムの稼働に支障が生じた場合、有価証券の売買に係る当取引所の施設に支障が生じた場合等において売買を継続して行わせることが困難であると認める場合には、取引所が定めるところにより、有価証券の売買を停止することができることとされている（法29条）。また、取引参加者規程には、「当取引所は、取引参加者が業務上当取引所の市場の施設の利用に関して損害を受けることがあっても、当取引所に故意又は重過失が認められる場合を除き、これを賠償する責めに任じない」（法15条）との免責規定がある。

しかしながら、トラブルが頻発する状況等においては、重過失ありとして、免責が認められない場合も考えられる。また、そもそも取引所には、公正な価格形成を確保するという責任があるのであるから、システム上のトラブルに対しても一定の責任を負うべきという考え方は十分に成り立ちうる。

(2) 証券会社等の金融商品取引業者の社内システムの障害により、ログインできない、売買発注不能、執行遅延などのトラブルも多発している。

顧客と取引業者の間の受託契約においても、システムトラブルによる損害については、業者は免責される旨が定められているのが普通である。

この点、証券業協会の上記ガイドラインでは、システム障害の状況等について、記録し、再発防止策を講じるべきことを定め、また、あらかじめホームページにおいて、システム障害が発生し、注文ができなくなった場合の代替手段を顧客に知らしめる必要があるとされている。最近では業者のシステム障害発生時の対応について、事前にネット上で細かく説明されている例が増えているが、それでも、トラブルがたびたび発生していたようなケースでは、免責が及ばないと考えるべきである。

3　判例
(1)　ジェイコム株誤発注事件

平成17年12月8日、みずほ証券が東証マザーズ市場に新規上場されたジェイコム株（発行済株式数1万4,500株）について、「61万円1株売り」とするつもりで、「1円61万株売り」と誤ってコンピューターに入力して注文を終え、直後に誤りに気づ

Ⅳ　金融・投資関係諸法令　　79

き取消を試みたものの東証のコンピューターが取消を認識しなかったため、やむなく反対売買を実行し、多額の損失を被るという事件が発生した。

みずほ証券は、取消を受け付けるシステムが不十分であったこと等を主張して、東証に損失の賠償を求めて、東京地方裁判所に提訴した。同裁判所は、平成21年12月4日、東証の責任を認める判決（ただし過失相殺3割）を言い渡したが、双方が控訴した。

東京高判平成25年7月24日（NBL1006号16頁）は、概要次のとおり判示して、みずほ証券の控訴を棄却し、東証に107億円余りの支払いを命じた（内容は、ほぼ原審どおりである）。

「本件売買システムには取消処理が実現されないというバグ（不具合）があり、被控訴人（東証）の適切なシステムを提供する義務の履行は不完全であったが、取引参加者規程の免責規程の解釈として、控訴人が被控訴人の故意又は重過失を立証すれば、その責任を問うことができるものの、本件では、このバグ自体について被控訴人に重過失があったと評価することはできない。」。「しかしながら、被控訴人は、公益及び投資者保護の観点から、売買の状況に異常があり、又はその恐れがある場合には売買停止措置を講じるべき義務があり、本件では、遅くとも午前9時35分までには本件銘柄の売買停止措置が可能であったにもかかわらず、それを行使しなかった義務違反があり、この売買停止措置義務違反は不法行為を構成し、重過失に相当するので免責規定も及ばない。」

しかし、控訴人みずほ証券が、警告表示を無視して誤発注した落ち度も重大であるとして、3割の過失相殺をした。

双方が上告したが、最高裁は、平成27年9月3日、双方の上告を退け、東京高裁判決が確定した。

(2)　東京地方裁判所平成20年7月16日判決（金法1871号51頁）

外国為替証拠金取引（FX取引）において、ロスカット・ライン（ロスカット・ルールと呼ばれる、自動反対売買の仕組みが発動される維持証拠金を下回る取引水準）に達したにもかかわらず、業者は、ロスカット・ルールを発動させることなく放置したため、確保されるべき証拠金が消滅したほか1,089万円余の差損金が生じたという事案。東京地判平成20年7月16日金法1871号51頁は、①業者にはロスカットを行うべき義務がある、②システムの整備に関する業者の責任について、外国為替証拠金取引業者である被告は、真に予測不可能なものを除いて、同取引において起こりうる様々な事態に十分対応できるよう、ロスカット手続のためのシステムを用意しておかなければならないところ、業者が本件ロスカット時において用意していたコンピューターシステムは、その取引環境に照らして、不十分なものであったといわざるを得ない、③業者の約款ではコンピューターシステムの故障などにより

生じた損害についての免責規定があるが、消費者契約法8条1項1号、同項3号に照らせば、被告とヘッジ先とのカバー取引が被告の責に帰すべき事由により成立しない場合にまで被告を免責する規定であるとは解し得ないとして、業者が債務を適切に履行してロスカット手続が行われた場合の想定価格での差損益との差額は、債務不履行による損害である、と判示した。

システム障害について、消費者契約法を引用して免責規程を制限的に解釈したことには大きな意味がある。

Ⅳ　金融・投資関係諸法令　　81

電子契約法

第1　法律の制定

　電子消費者契約及び電子承諾通知に関する民法の特例に関する法律（以下「電子契約法」と略する）は、電子契約を巡って、①インターネット市場における取引ルールの明確化、②国際的なインターネット市場におけるルールとの調和、③ネット上の消費者トラブルへの有効な救済措置の整備を目的に、平成13年6月に公布され、同年12月に施行された。

　電子契約法では、上記の目的を踏まえ、①電子消費者契約における錯誤無効制度の特例（法3条）、②電子契約の成立時期の明確化（法4条）を定めている。

　なお、「電子消費者契約」、「電子計算機」等の内容については、法2条又は経済産業省商務情報政策局情報経済課の「電子消費者契約及び電子承諾通知に関する民法の特例に関する法律逐条解説」（経産省:http://www.meti.go.jp/topic/downloadfiles/e11225bj.pdf）に詳しく記載されている。

第2　錯誤無効制度の特例（法3条）

1　立法趣旨

　通常、意思表示に対応する意思が欠缺し、かつ意思の欠缺について表意者の認識が欠けている場合に「錯誤」があるとして、その意思表示は無効になり（民法95条本文）、例外的に表意者に錯誤に関し重大な過失があった場合には、表意者の無効主張が制限される（同条ただし書）。これが電子契約においても適用されると、例えば消費者がパソコンのウェブブラウザ上でクリックし損なったというような電子計算機の操作ミス、入力間違い等により契約の意思がないのに契約の申込みをしてしまった場合に、消費者が錯誤無効を主張しようとしても、事業者が消費者の操作ミスについて消費者の重過失ありと立証することによって、契約が無効にならず、消費者にとって不利益な状況を招きやすくなる。そこで、B to C（事業者・消費者間）の電子契約では、消費者を保護すべく、消費者がパソコンなど電子計算機

（CPU（中央演算処理装置）を有している機器）の操作ミスをした場合に、民法95条ただし書を適用せず、消費者が無効主張できる範囲を拡大した。かかる特例は、国際的にも立法されている傾向にある。

2 法3条の要件、適用範囲

以上のように、消費者保護のために法3条本文は制定されたが、もちろん、無制限に消費者保護を認めたものではない。

(1) まず、消費者が電子計算機を使用して送信した時点で、当該事業者との間で電子消費者契約の申込み、承諾の意思表示をする意思がなかったことが必要である（内心的効果意思の欠缺、法3条本文1号）。

(2) 又は、同様の時に、当該申込み、承諾の意思表示と異なる内容の意思表示を行う意思があったことが必要である（表示と内心的効果意思の離齬、法3条本文2号）。

また、要素の錯誤が問題となるのであって、動機の錯誤が原則として含まれないのは、民法の議論と共通する。

(3) さらに、(1)、(2)どちらの場合でも、消費者が申込み・承諾の意思表示を行う意思の有無について、事業者が適切に確認を求める措置を講じた場合や、消費者自身が事業者に対して適切な確認を求める措置を講じる必要がないと意思の表明があった場合には、法3条本文は適用されない（同ただし書）。これは、消費者の操作ミスを誘発しないように配慮してかかる措置を講じた事業者まで不利益を甘受させるべきでないとの考慮に基づく。

詳しくは、具体的問題事例の部分（第4章Ⅰ第2）を参照。

(4) また、単に消費者がウェブ上でクリックし損なったというような操作ミスでなく、消費者自ら積極的に電子メールを作成して送信して契約の申込み・承諾をした場合には、事業者の適切な措置を講じることでは避けられないため、法3条の適用は認められないとされている（前述の経産省HP逐条解説参照）。

(5) 法3条は、B to Cの場合に適用になるのであって、C to C、並びにオークションでは適用にならないことに注意が必要である。

なお、現在法案提出されている民法改正案の中では、錯誤の効果を取消とすること、要素の錯誤、動機の錯誤の概念の修正、明文化等が盛り込まれている。

第3 電子契約の成立時期(法4条)——発信主義から到達主義への転換

1 立法趣旨

隔地者に対する申込みの効力発生時期は、申込みが相手方に到達した時（民法97

V 電子契約法 83

条1項、到達主義）とされるが、申込みに遅れてなされた隔地者に対する承諾の効力発生時期については、承諾の通知を発した時（発信主義）とされている（民法526条1項）。また、これを元にして申込みの撤回通知について特則を設けている（民法527条）。

しかし、インターネット等の電子的方法により承諾の通知を発する場合には、一瞬のうちに承諾の意思表示が全世界に到達するのであり、時間的間隔を考慮する必要性に乏しい。したがって、到達主義に転換し、民法526条1項、同527条の適用を排除することとした（法4条）。

ちなみに、前述した民法改正では、民法526条、527条を削除することとしており、法4条の規定は実質的に不要となるものと考えられ、削除される方向にある。

2　到達時期

到達時期がいつか、というのは、電子取引の種類により若干の差異がある。

原則として、相手方が意思表示を受領するために使用する情報通信機器を電話番号、ファックス番号、メールアドレス等により指定していた場合（相手方が受領する情報通信機器を指定してはいなくとも、受領先として相手方が通常使用していると信じることが合理的である情報通信機器が存在する場合を含む。電話は含まれない）には、相手方が意思表示を了知しうべき客観的状態を生じたこと、つまり、意思表示が相手方の勢力範囲内に置かれること、具体的にいうと、相手方が通知にかかる情報を記録した電磁的記録にアクセス可能となった時点で到達ありとされる。

詳しくは、具体的問題事例（第4章Ⅰ第2）を参照。

3　効果

到達主義への転換が行われたことによって、例えば承諾者（事業者）から申込者（消費者）への電子メールが不着の場合には、承諾が到達していないことになるので、契約は不成立となり、不着のリスクは事業者が負うことになる。逆に、承諾の到達しない申込者の側としては、別の事業者に申込みができることになり、好都合ということができる。

《参考文献等》
- 東京弁護士会インターネット法律研究部編『Q&Aインターネットの法的論点と実務対応〔第2版〕』（ぎょうせい、2014）7〜17頁
- 経済産業省商務情報政策局情報経済課「電子消費者契約及び電子承諾通知に関する民法の特例に関する法律逐条解説」（平成13年12月）（http://www.meti.go.jp/topic/downloadfiles/e11225bj.pdf）

電子署名法

第1 法律制定までの経緯

　電子署名とは、現実の世界で行われる署名を電子的手段で代替したものであり、文字や記号・マークなどを電子的に表現して署名行為を行いネット上などで利用できるようにする技術である。相手の見えないインターネット上において、電子データの発信元を確認したり、電子データが改ざんされることを防ぐ非常に重要な機能を担う基盤技術といえる。

　ネット上で行われる電子商取引においては、ネット上でのアクセスの容易さ、デジタル信号改ざんの容易さ、改ざんの痕跡が残らないことなどから、「改ざん」の危険性が高く、また、見知らぬ相手とのメッセージのやりとりで取引をすることもあり、取引の相手方が実は第三者による「なりすまし」であるおそれや、本人が取引を行ったにもかかわらず、後に上記なりすましや改ざんを主張してそれを「否認」するおそれがある。すなわち、インターネット上で取引を行う上で、取引の相手方を確定することは不可欠である。

　このようなネット上で行われる電子商取引の問題点に対処すべく、電子署名技術が生み出され、発達してきたが、このような電子署名が法律的にどのように扱われるか（例えば、裁判で電子署名がなされた電子メッセージを、署名や押印がなされた紙の契約書と同様に証拠として使えるか）が明確にされていなかった。

　このように、電子署名に手書き署名や押印と同等に通用する法的基盤を整備する必要があった。

　また、電子署名で本人確認をしようとすれば、第三者の認証（電子署名が本人のものであること等を証明すること）が必要となる。もっともこの認証を行う事業者が、ずさんな認証業務を行えば、電子署名に対する社会的な信頼が確保できないため、業務の信頼性の基準を定めるなどして、認証事業者の信頼性を確保するための手段の必要性が認識されていた。

　さらには、米国においては連邦電子署名法が、ECにおいても電子署名指令がそれぞれ平成12年に成立するなど、電子署名や認証業務に関する法律が次々と制定さ

Ⅵ　電子署名法　　85

れる状況にあった。インターネットは国境に関係がないツールであるため、そこで行われる電子取引についても国際的なルールを定める必要があった。

　以上のような背景のもとに、日本においても、電子署名法が制定され、平成13年4月から施行された。

　電子署名法附則3条においては、法律施行後5年を経過した場合において、この法律の施行の状況についての検討を加え、その結果に基づいて、必要な措置を講ずることとされており、総務省、法務省及び経済産業省（以下「主務省」という）は、平成19年度に「電子署名及び認証業務に関する法律の施行状況に係る検討会」（以下「平成19年度検討会」という）を開催し、電子署名の普及促進に必要な課題等を整理し、検討会報告書に取りまとめた。これらの課題について、有識者の意見を参考に主務省において具体的解決策の方針を定めるために必要な調査等を行うことを目的として、平成24年度電子署名法の施行状況に係る調査研究会（以下「調査研究会」という）を開催している。

第2　電子署名法の目的

　電子署名に関し、電磁的記録の真正な成立の推定、特定認証業務に関する認定の制度その他必要な事項を定めることにより、電子署名の円滑な利用の確保による情報の電磁的方式による流通及び情報処理の促進を図り、もって国民生活の向上及び国民経済の健全な発展に寄与することを目的とする（法1条）ものである。

第3　電子署名法の概要

　電子署名法においては、「電子署名による電磁的記録の真正な成立の推定」（以下「第5」において後述」）と、「特定認証業務に関する認定の制度」（以下「第6」において後述）が規定されている。認定の制度としては、認証業務に関し、一定の基準を満たすものは国の認定を受けることができることとし、認定を受けた者の義務、認定のための調査機関等について定められている。

　なお、上記「電子署名による電磁的記録の真正な成立の推定」と、「特定認証業務等について定めた認証の制度」は、互いにリンクしているわけではない。すなわち、「電磁的記録の真正な成立の推定」の効果を受けるために、特定認証事業者の電子証明書が必ず必要とされるわけではなく、逆に、特定認証事業者の発行した電子証明書があるからといって、必ずしも「電磁的記録の真正な成立の推定」が受けられるわけではない。認定を受けるのは、特定認証業務であり、事業者ではないのであるから、特定認証事業者の行う業務が全て特定認証業務となるわけではないの

である。

認定制度について規定した趣旨は、利用者に、認証業務についての一定の信頼性の基準を提供することにあるといえる。以下、電子署名・認証の仕組みを説明する。

第4　電子署名、認証の仕組み

1　公開鍵暗号方式による仕組みの説明

本法律は、電子署名及び認証業務に関して定めているので、電子署名・認証の仕組みについて、主要な方式である公開鍵暗号方式による場合を例にとり、簡略化して説明する。

(1)　公開鍵暗号方式を用いた電子署名では、秘密鍵（署名鍵ともいう）と公開鍵（検証鍵ともいう）という2種類で一対の鍵が送信者「A」により作成される。この2種類で一対というのは、一方の鍵によって暗号化された情報は唯一もう一方の鍵によってのみ復号可能ということを意味する。秘密鍵は、A自身で保有し、公開鍵は、公開するものである。このとき、これら一対の鍵の間には、一方の鍵（公開鍵）から他方の鍵（秘密鍵）を割り出すことが困難であるという関係が成り立つ必要がある。

(2)　Aは、自身の公開鍵を認証機関に登録する（具体的には、Aが認証機関に対して電子証明書の発行を申請する）。

(3)　認証機関は、Aが秘密鍵の保有者であることを確認すると、Aが登録した公開鍵の電子証明書を発行する。

(4)　Aは、秘密鍵で暗号化した署名文を電子証明書と共に受信者「B」に送る。

(5)　Bは、電子証明書から入手した公開鍵を用いて署名文を復号する。

(6)　Bは、認証事業者に対して、電子証明書の有効性等を確認する。

2　電子署名手続と認証に関する手続の区別

上記のうち、(1)、(4)、(5)が、電子署名の手続であり、(2)、(3)、(6)は、認証に関する手続である。

まず、(1)、(4)、(5)により、公開鍵によって復号できる暗号を送ったのは、その公開鍵を公開しているAであるという推認が働き、本人確認の手段として機能する。そこで、「なりすまし」や、「否認」といった電子商取引のリスクに対処する手段となりうる。また、公開鍵暗号方式では、「改ざん」を防止するための技術も取り入れている。

もっとも、第三者がAの名義で、秘密鍵や公開鍵を作成することを防止できなければ、第三者による「なりすまし」は防げない。第三者が、発信者であるAのもの

VI　電子署名法　　87

でない公開鍵を、発信者のものであると信じ込ませることができれば、第三者はA
になりすますことができるからである。

そこで、この問題に対処するために、Aの申請に基づきAの公開鍵は発信者たる
A本人によるものであることを確認する手段が必要となる。それが認証システムで
あり、⑵、⑶、⑹の手順を経て行われる。ここで、Aの公開鍵は、Aの申請に基づ
くものであるということを担保するのが、認証機関の発行する電子証明書である。
すなわち「信用ある機関」が発信者の申請に基づき当該検証鍵が発信者本人のもの
であることを証明する電子証明書を発行し、受信者はこの電子証明により公開鍵が
発信者のものであることを確認する仕組みがとられている。この「信用ある機関」
を認証機関（サーティフィケーション・オーソリティ、CA）という。

第5 電子署名による電磁的記録の真正な成立の推定について

1 定義
「電子署名」とは、「電磁的記録に記録することができる情報について行われる措
置であって、次の要件のいずれにも該当するものをいう」（法2条1項本文）。

その要件とは、①「当該情報が当該措置を行った者の作成に係るものであること
を示すためのものであること」（本人性の確認）と、②「当該情報について改変が
行われていないかどうかを確認することができるものであること」（非改ざん性の
確認）である。

2 電子署名の方式
従来から、電子署名の技術の中心は、公開鍵暗号技術であったが、その他にも指
紋認証等の新たな技術が実用化された場合にもこれを電子署名として法律上扱える
よう、電子署名法においては、電子署名を公開鍵暗号技術に限定していない。

3 電子署名の効果
電磁的記録（電子文書等）は、本人による一定の電子署名が行われているときは、
真正に成立したものと推定する（法3条）。

電磁的記録ではない、紙の文書においては、文書の真正な成立の推定において、
印鑑証明書が、重要な役割を果たす。電子署名においては、公開鍵暗号方式であれ
ば、第三者である認証機関が発行する電子証明書が、上記印鑑証明書と同様、重要
な役割を果たすことになる。ただし、電子証明書については、印鑑証明書のように
公的機関の発行している書類ではないから、認証機関の信頼性確保及び電子証明書
そのものの有効性確保が必要である。

第6 特定認証業務に関する認定の制度について

1 定義

(1) 「認証業務」とは、自らが行う電子署名についてその業務を利用する者その他の者の求めに応じ、当該利用者が電子署名を行ったものであることを確認するために用いられる事項が当該利用者に係るものであることを証明する業務をいう（法2条2項）。

ここで「利用者」とは、自然人に限られ、法人や団体などは含まない。

「当該利用者が電子署名を行ったものであることを確認するために用いられる事項」は、公開鍵暗号方式であれば「公開鍵」であり、「その事項（公開鍵）が当該利用者本人のものであることを証明する」手段は、電子証明書の発行であるということになる。

(2) 「特定認証業務」とは、電子署名のうち、その方式に応じて本人だけが行うことができるものとして主務省令で定める基準に適合するものについて行われる認証業務をいう（法2条3項）。

利用者のために、認証業務の信頼性に関する基準（目安）を示す必要があることから、「特定認証業務」が定められている。

2 認定手続・認定基準

特定認証業務を行おうとする者は、主務大臣の認定を受けることができるとしている（法4条1項）。

主務大臣は、認定のために、①特定認証業務の用に供する設備、②利用者の真偽の確認方法及び③その他の特定認証業務の実施方法等について一定の基準に適合するものであるかを審査する（法6条1項）。①ないし③についての詳細な基準は、省令及び告示等で、具体的に規定されている。

②の真偽確認については、電子署名法施行規則5条に定める方法で行う必要があり、同条1項の方法による場合には、住民票の写し又は戸籍の謄本若しくは抄本の提出を求める必要があるところ、検討会報告書においては、士業関係法に基づき整備された名簿の利用をもって、住民票の写し等の提出に代えることが検討され、施行規則の改正の検討が指摘された。また、利用者申込み受付方法の多様化は、電子証明書の普及促進の1つの方法として検討すべきものとして統括されている。

主務大臣は、認証業務の認定の際に、実地調査を行い（法6条2項）、その指定する者（指定調査機関）に調査の全部又は一部を行わせることができる（法17条～32条）。

VI 電子署名法　89

以上の手続により、主務大臣は特定認証業務の認定をしたときは、その旨を公示することが義務づけられている（法4条3項）。

3　認定の効果

特定認証業務の認定を受けた者（認定認証事業者）は、当該業務が認定を受けている旨表示することができる（法13条1項）。

特定認証業務に認定されなくとも、認証業務を自由に行うことができるが、特定認証業務として認定を受けると、認証機関として利用者から一定の信頼を得ることが容易になるという効果が期待できる。

その反面、認証業務の信頼性の維持、第三者を含めた利用者保護等の観点から一定の義務を負う。

義務の内容は、業務に関する帳簿書類の作成・保存義務（法11条）、利用者の真偽の確認に関する情報の目的外使用の禁止（法12条）、主務大臣による報告徴収及び立入検査などを受ける義務（法35条）などである。

4　外国における特定認証業務の認定

また外国にある事務所における認証事業者等に関する取扱いが規定されている（法15条、16条）。これは多くの諸外国で認定制度が導入されていく中、日本の認証機関が海外でも通用するために、海外と相互性のある制度とすることを目的としたものであるとされている。

第7　認証機関

電子署名及び認証業務に関する法律による認定認証業務や、電子署名及び認証業務に関する法律による指定調査機関については、経産省ホームページ内の「情報セキュリティに関する政策、緊急情報」（http://www.meti.go.jp/policy/netsecurity/digitalsign.htm）や、総務省ホームページ内の「電子署名法の概要と認定制度について」（http://www.moj.go.jp/MINJI/minji32.html）に記載されている。

第8　注意すべき点

1　電子署名を行う者

秘密鍵を有し、電子署名を行う者は、電子署名・認証システムを安全に利用するために、秘密鍵の管理について充分に留意する必要がある。

秘密鍵やその保管媒体の紛失、盗難、漏洩などの可能性がある場合（パソコンの

ログなどから不正アクセスを受けた形跡がある場合は、秘密鍵の漏洩の危険もある）には、即時に認証機関に連絡し、電子証明書の失効の手続をとっておく。失効手続をとっておけば、悪意の第三者が当人になりすまそうとしても、署名検証者の検証の際に、電子証明書が無効であることが判明する。

2　電子署名検証者

電子署名を検証する者は、電子証明書を信頼して行動する以前に、当該証明書が信頼に値する証明書か否かを判断する必要がある。

まず、電子証明書を発行した認証機関が信頼できる認証機関であることを確認し、次に、秘密鍵等の盗難、紛失、漏洩の危険の危険がないか、電子証明書の有効性を確認することが必要である。

具体的には、電子証明書の失効リストをチェックしたり、認証機関に有効期限を問い合わせること等が考えられる。

《参考文献》
・KPMG ビジネスアシュアランスほか『知っておきたい電子署名・認証のしくみ』（日科技連出版社、2001）
・TMI 総合法律事務所編『IT の法律相談』（青林書院、2004）219頁以下
・辛島睦＝飯田耕一郎＝小林善和『Q&A 電子署名法解説』（三省堂、2001）
・夏井高人『電子署名法』（リックテレコム、2001）
・平成24年度電子署名法の施行状況に係る調査研究会（平成25年 3 月）（http://www.meti.go.jp/policy/netsecurity/docs/esig/h24esig-report.pdf）

VII プロバイダ責任制限法

第1　概説

　この法律は、正式には「特定電気通信役務提供者の損害賠償責任の制限及び発信者情報の開示に関する法律」という。インターネットの掲示板に名誉毀損やプライバシー侵害情報を掲示された被害者が、その掲示板の運営者に対して当該情報の掲示板からの削除やその情報発信者に関する情報開示などを求め、あるいは掲示板運営者に対して損害賠償請求したことなどが多発したことから本法が制定された。

　本法では、被害者の削除の申出に基づいて情報を削除した場合における発信者に対するプロバイダ等の責任の制限や、削除しなかった場合の被害者に対するプロバイダ等の責任の制限について定められ、また、被害者による開示の請求があった場合にプロバイダ等が情報の発信者情報を開示する義務が生じる場合について定められている。

　なお、この法律は、もともと名誉毀損、プライバシー侵害、著作権侵害などの不法行為を念頭に置いた規定であり、電子商取引の被害救済そのものを目的としていないため、第5で後述するように本法を電子商取引被害の現場でどの程度利用できるかは問題が残る。

第2　趣旨、定義

1　趣旨

　この法律の趣旨は、「特定電気通信による情報の流通によって権利の侵害があった場合について、特定電気通信役務提供者の損害賠償責任の制限及び発信者情報の開示を請求する権利につき定めるものとする。」と定められている（法1条）。

　すなわち、①プロバイダ等の損害賠償責任の制限と、②発信者情報の開示について定めた、ということである。

92　　第3章　関連法令の概説

2 定義

「特定電気通信」とは、不特定の者によって受信されることを目的とする電気通信の送信のことで、インターネットでのウェブページや電子掲示板、SNSなどの不特定の者により受信されるものである。ただし、放送に当たるものは放送法等で規律されるため除外される。

また、「特定電気通信役務提供者」とは、特定電気通信設備を用いて他人の通信を媒介し、その他特定電気通信設備を他人の通信の用に供する者である。プロバイダ、掲示板、SNSの運営者等がこれに当たる。営利の者に限定されないため、電気通信事業者以外でも対象となる。

第3 プロバイダ等の責任

1 プロバイダ等が情報を削除しなかった場合（被害者からプロバイダ等への損害賠償請求場面）

被害者からプロバイダ等への損害賠償請求が認められるためには、次の要件が必要である。

プロバイダ等において、
① 当該情報の不特定の者に対する送信を防止する措置を講ずることが技術的に可能であること、かつ
② 次のいずれかに該当すること、
　ⅰ）他人の権利が侵害されていることを知っていたか、あるいは、
　ⅱ）当該情報の流通を知っており、他人の権利がこれにより侵害されていることを知り得たと認めるに足る相当の理由がある場合。

---

2 プロバイダ等が情報を削除した場合（情報発信者からプロバイダ等への損害賠償請求場面）

プロバイダ等が情報を削除しても、次の場合は、当該情報の発信者からプロバイダ等に対する損害賠償請求は認められない。

---

① 他人の権利が侵害されていると信じるに足る相当の理由があったとき、あるいは、
② 権利を侵害されたとする者から違法情報削除の申出があり、これを発信者に連絡し、7日以内に反論がなかった場合。

第4 発信者情報開示の要件等

被害者は以下の要件があるときにプロバイダ等に発信者情報の開示を請求できる。

① 侵害情報の流通によって自己の権利が侵害されたことが明らかであること、かつ
② 損害賠償請求権の行使のために必要である場合その他開示を受けるべき正当な理由があること

プロバイダ等が上記開示請求に応じないことによって被った損害については、プロバイダの故意又は重過失がある場合でなければ賠償責任は発生しない。

開示される発信者情報は、以下のものである（平成23年9月15日総務省令第128号）。

① 氏名又は名称
② 住所
③ メールアドレス
④ IPアドレス
⑤ 携帯電話端末等の識別符号
⑥ SIMカード識別番号
⑦ ④ないし⑥から侵害情報が送信された年月日及び時刻

　現実に発信者情報の開示を求める場合に注意しなければならないのは、プロバイダはこのような情報をいつまでも保存しているわけではないという点である。
　すなわち、プロバイダの過去ログ保存期間は数ヶ月にすぎないのが現状であるため、その間にプロバイダから発信者情報を得なければならず、プロバイダが任意に応じない場合は、この間に発信者情報の開示を命じる判決を得る必要がある。さらに、本法によって開示される発信者情報は、当該掲示板へアクセスしてきた者のIPアドレス（上記④）、携帯電話端末等の識別符号・SIMカード識別番号（上記⑤⑥）やそのIPアドレスから侵害情報が送信された年月日及び時刻（上記⑦）などであるところ、それは経由プロバイダのものでしかない場合もあり、その場合は真の発信者に到達するためにはその経由プロバイダからも発信者情報を得なければならない。したがって、これらのプロバイダに対しても過去ログの保存を命じる手だて（例えば、発信者情報削除禁止の仮処分など）を考えなければならない、という

94　　第3章　関連法令の概説

ことである。

　なお、被害者のブログやホームページなどに加害情報が書き込まれた場合は、そのブログなどへのアクセスログからある程度の情報を得ることができ、これをWHOIS（ふーいず）などで検索すれば一定程度の発信者情報を取得できる。そして、発信者に特徴のあるドメイン名が割り振られていた場合（例えば、大学の研究室名とか企業の部署名を推測できるドメインなど）には、WHOISだけでも、ある程度の発信者の絞り込みが可能である。しかし、一般的に発信者個人を特定するためには、やはり本法によって発信者情報を取得するほかない。

　《用語解説》
　　WHOIS（ふーいず）：IPアドレスやドメイン名の登録者情報等を検索できるサービス。本来の目的は、ドメイン名の申請時における類似ドメイン名の確認やドメイン名と商標等のトラブルの自律的な解決等のために情報を提供することにある。

第5　電子商取引被害への適用可能性

　本法は、インターネット上における「情報の流通によって」権利侵害があった場合、すなわち、権利侵害は「情報の流通によって」なされる場面を予定している。他方、電子商取引被害の典型例は、インターネット上の虚偽情報を信用して被害に遭ったというネット詐欺被害であろう。インターネットを利用した詐欺において、相手方を特定することは非常に困難である。

　そこで、電子商取引被害においても本法を適用し、発信者情報の開示による相手方の特定ができないか問題になる。具体的には、法4条の文言である「情報の流通によって自己の権利を侵害された」といえるかが問題となる。

　この点に関し、総務省の逐条解説やプロバイダ責任制限法発信者情報開示関係ガイドラインによれば、本法は、権利の侵害が「情報の流通」自体によって生じたものである場合を対象とするものであり、流通している情報を閲読したことにより詐欺の被害に遭った場合は本法の対象外である旨述べられており、「情報の流通」それ自体によって権利侵害が生じることが必要とされている。また、プロバイダ責任制限法検証に関する提言によると、詐欺行為の着手と評価できるような、流通した情報を含めた行為全体を検討すれば権利侵害と評価できる情報の流通について、立法の経緯及び文言に照らすと、現状では、これを「情報の流通」に含めることは困難であるとされている。

　以上のように、インターネット詐欺の被害に遭った場合に、本法を適用して発信者情報を開示するということはできない。

Ⅶ　プロバイダ責任制限法　　95

しかし、インターネットによる詐欺の場合、相手方の特定が非常に困難で、消費者救済の見地から発信者情報開示の必要性が非常に高い。したがって、「情報の流通によって自己の権利を侵害された」という文言の解釈としては、流通する情報がそれ自体で被害者の権利を侵害する場合に限定するべきではなく、仮にそのような解釈がとりえないとしても、インターネット詐欺等の被害者の発信者情報開示請求について、立法での解決を図るべきである。

《参考文献等》
・総務省「特定電気通信役務提供者の損害賠償責任の制限及び発信者情報の開示に関する法律――逐条解説」（平成14年5月）（http://www.soumu.go.jp/joho_tsusin/chikujyokaisetu.pdf）
・同上「プロバイダ責任制限法検証に関する提言」（http://www.soumu.go.jp/main_content/000122708.pdf）（平成23年7月）
・日弁連「『プロバイダ責任制限法検証に関する提言（案）』に対する意見書」（平成23年6月30日）（http://www.nichibenren.or.jp/library/ja/opinion/report/data/110630.pdf）
・テレコムサービス協会「プロバイダ責任制限法発信者情報開示ガイドライン」（第3版：平成27年7月）（http://www.telesa.or.jp/ftp-content/consortium/provider/pdf/provider_20150727.pdf）

VIII　不正アクセス禁止法

第1　本法制定の背景事情

　本法は、社会のネットワーク化の進展とこれに伴うネットワーク利用犯罪の増加への対応の一環として平成12年に制定されたものである。

　ネットワークの特徴は匿名性・非対面性であり、ネットワーク上の活動の安全性・信頼性の確保は、その利用権者等を正しく識別し、その利用の許可不許可を判断する認証システム（アクセス制御機能）により実現されている。

　本法は、アクセス制御機能の保護を通じてネットワークの健全な発展を図ろうとしたものである。コンピューターの不正利用の典型的なパターンの1つを処罰するものであるが、他方、コンピューターの不正利用を網羅的に処罰するものではなく、この点は留意すべきである。

　平成24年に、サイバー犯罪の深刻化、フィッシング行為の急増といった社会状況を背景に、不正アクセス行為を助長する行為の処罰範囲の拡大、法定刑の引き上げなどの法改正がなされている。

第2　本法の趣旨・目的

　不正アクセス行為を禁止することにより、①電気通信回線を通じて行われる電子計算機に係る犯罪の防止、②アクセス制御機能により実現される電気通信に関する秩序の維持、③高度情報通信社会の健全な発展への寄与、を図ろうとする点にある（法1条）。

第3　本法において禁止される行為

　「不正アクセス行為」（法3条）とともに、不正アクセスを助長する行為として、「他人の識別符号を不正に取得する行為」（法4条）、「不正アクセス行為を助長する行為」（法5条）、「他人の識別符号を不正に保管する行為」（法6条）、「識別符号の

VIII　不正アクセス禁止法　　97

入力を不正に要求する行為」（法7条）、が禁止されている。

第4 「不正アクセス行為」について

1 はじめに

　条文を一読すると難解・複雑な内容に見えるが、実際には、さほど複雑な内容ではない。

　「不正アクセス」とは、端的にいえば、アクセス制御機能を不正に突破してネットワークに侵入することである。具体的には、①他人のID、パスワードを無断で入力してネットワークに侵入する、②セキュリティホールからネットワークに侵入する、といった行為が典型例である。

2 法2条4項1号

(1) 条文の構造

［客体］アクセス制御機能を有する特定電子計算機

［行為］電気通信回線を通じて、当該アクセス制御機能に係る他人の識別符号を入力する

［結果］当該アクセス制御機能により制限されている特定利用をし得る状態にさせる

(2) 条文の用語の意味

　「識別符号」（正確な定義は法2条2項参照）とは、要は、アクセス管理者がネットワーク利用権者等の識別に用いるために利用権者等に付す符合であって、①利用権者等の識別、②なりすましの排除、という2要件を満たすものをいう。代表的なものは、IDとパスワードである。ただし、利用権者等に付されるものでなければならないから、例えば、(a)利用権者等でなくなった者のID・パスワードで、アクセス管理者がパスワードファイルから消去し忘れていたもの、(b)アクセス管理者に無断で特定電子計算機のパスワードファイルに追加したID・パスワードなどは「識別符号」に該当しない。

　「入力」とは、ネットワークを通してアクセス制御機能を有するコンピューターに電磁的方法により情報を送信することをいう。コンピューターのキーボードを叩く行為自体を意味するものではない。

　「アクセス制御機能」（正確な定義は法2条3項参照）とは、要は、識別符号の入力確認を通じてなされるアクセス管理者（例えば、インターネット・サービス・プロバイダ）のアクセス制御のことである。

　「特定電子計算機」とは、電気通信回線（ネットワーク）に接続しているコン

98　　第3章　関連法令の概説

ピューターをいう。「特定利用」とは、電気通信回線（ネットワーク）を通じた利用をいう。

3　法2条4項2号

(1)　条文の構造

［客体］法2条4項1号と同じ

［行為］電気通信回線を通じて、当該アクセス制御機能による特定利用の制限を免れる情報（識別符号を除く）又は指令を入力する

［結果］法3条2項1号と同じ

(2)　条文の用語の意味

「アクセス制御機能による特定利用の制限を免れることができる情報（識別符号であるものを除く。）又は指令を入力」とは、識別符号以外の情報を入力してアクセス制御を解除する行為を包括的に処罰対象としたものである。具体的には、①いわゆるセキュリティホール攻撃、②識別符号と同様の性格を有する情報の入力を想定している。

「セキュリティホール攻撃」とは、ネットワーク・コンピューターのセキュリティの瑕疵を突き、利用権限がないにもかかわらず、当該コンピューターにアクセスする行為の総称である。

代表的な攻撃方法としては、Sendmail 攻撃（広く利用されているメールサーバーソフトウェアである Sendmail に対する攻撃）、phf 攻撃（WWW サーバーの拡張機能である、CGI 用スクリプトの不具合を利用した攻撃をいう）などが挙げられる。

識別符号と同様の性格を有する情報の入力の例としては、上記述べたように、(a)利用権者等でなくなった者の ID・パスワードで、アクセス管理者がパスワードファイルから消去し忘れていたもの、(b)アクセス管理者に無断で特定電子計算機のパスワードファイルに追加した ID・パスワードなどが挙げられる。

(3)　条文の想定するケース

典型例として、ネットワーク接続のコンピューターのセキュリティホールを突く又は、他人の ID・パスワードと同じ機能を有する情報を無断送信してアクセス制限を解除する、という方法によりネットワークに侵入するケースを想定している。

4　法2条4項3号

(1)　条文の構造

［客体］電気通信回線を介して接続された他の特定電子計算機が有するアクセス制御機能によりその特定利用を制限されている特定電子計算機

［行為］法2条4項2号に同じ

Ⅷ　不正アクセス禁止法　　99

〔結果〕法2条4項1号（2号）に同じ

(2) 条文の用語の意味について

「電気通信回線を介して接続された他の特定電子計算機が有するアクセス制御機能によりその特定利用を制限されている特定電子計算機」とは、利用対象サーバーとは別にゲートウェイ・サーバー（特定利用の制限と解除を行うサーバー）や認証サーバー（識別符号の照合を行い、特定利用制限を解除すべきか判断するサーバー）が設置される場合の利用対象サーバーを指す。

(3) 条文の想定するケース

認証サーバーが設置されている場合において、利用対象サーバーが直接セキュリティホールを突くなどの攻撃される形態の不正アクセス行為を規定している。

ゲートウェイ・サーバーや認証サーバーが直接攻撃されればそれは「アクセス制御機能を有する特定電子計算機」への入力であって、法2条4項1号又は2号の問題となる。

5 除外規定

1号については、アクセス管理者が行うか、アクセス管理者又は利用権者の承諾を得て行う場合、2号、3号については、アクセス管理者が行うかアクセス管理者の承諾を得て行う場合、不正アクセス行為とならない。

第5 「他人の識別符号を不正に取得する行為」について

不正アクセス行為の用に供する目的で、アクセス制御機能に係る他人の識別符号を取得してはならない（法4条）。

平成24年の改正により設けられた規定である。不正アクセス行為の予備的な行為を処罰対象とするものであり、目的要件により禁止対象範囲を限定している。

「取得」とは、識別符号を自己の支配下に移す行為をいう。具体的には、識別符号が記載された紙や、識別符号が記録された電磁的記録媒体を受け取る行為、自らが使用する通信端末機器の映像面に識別符号を表示させる行為などをいう。

第6 「不正アクセス行為を助長する行為」(他人の識別符号を不正に提供する行為)について

他人の識別符号を不正にアクセス管理者及び当該識別符号に係る利用権者以外の者に提供してはならない（法5条）。

他人の識別符号の提供行為という外形的行為自体に不正行為を助長する高度の危険性が認められるとの趣旨に基づく独立犯であって、幇助意思・正犯の実行行為は

不要である。

提供の手段・方法、有償・無償を問わない。特定の他人に口頭・書面で提供する場合のみならず、電子掲示板への掲示する行為も不正アクセス助長行為に該当する。

アクセス管理者がする場合、アクセス管理者もしくは利用権者の承諾がある場合は不正アクセス助長行為とはならない。

第7 「他人の識別符号を不正に保管する行為」について

不正アクセス行為の用に供する目的で、アクセス制御機能に係る他人の識別符号を保管してはならない（法6条）。

平成24年の改正により設けられた規定である。法4条と同様、不正アクセス行為の予備的な行為を処罰対象とするものであり、目的要件により禁止対象範囲を限定している。

「保管」とは、識別符号を自己の実力支配内に置いておくことをいう。具体的には、識別符号が記載された紙や、識別符号が記録された電磁的記録媒体を保有する行為、自らが使用する通信端末機器の映像面に識別符号を保存する行為などをいう。

第8 「識別符号の入力を不正に要求する行為」について

「識別符号の入力を不正に要求する行為」は禁止されている（法7条）。

平成24年の改正により設けられた規定である。いわゆるフィッシング行為を禁止するものである。

法7条1号は、いわゆるフィッシングサイトを公開することを手口とするフィッシング行為を禁止している。

法7条2号は、いわゆるフィッシングサイトを用いず、電子メールによって識別符号を取得する行為を禁止している。

第9 その余の規定

その他、本法には、アクセス管理者による防護措置（法8条）、国・都道府県公安委員会による援助（法9条、10条）についての規定が定められている。

第10 罰則

不正アクセス（法3条違反）は3年以下の懲役又は100万円以下の罰金である

Ⅷ 不正アクセス禁止法 101

（法11条）。

　他人の識別符号の不正取得（法4条違反）・不正保管（法6条違反）、相手方が不正アクセス行為の用に供する目的があることを認識した上での他人の識別符号の不正提供（法5条違反）、フィッシング（法7条違反）については、1年以下の懲役又は50万円以下の罰金である（法12条）。平成24年の改正により罰則が強化された部分である。

　相手方が不正アクセス行為の用に供する目的があることを認識せずに行った他人の識別符号の不正提供（狭義の不正アクセス助長：法5条違反）は、30万円以下の罰金である（法13条）。

《参考文献等》
・不正アクセス対策法制研究会編著『逐条不正アクセス行為の禁止等に関する法律〔第2版〕』（立花書房、2012）
・園田寿＝野村隆昌＝山川健『ハッカーVS不正アクセス禁止法』（日本評論社、2000）
・国家公安委員会＝総務大臣＝経済産業大臣「不正アクセス行為の発生状況及びアクセス制御機能に関する技術の研究開発の状況」（平成27年3月19日）http://www.soumu.go.jp/menu_news/s-news/01ryutsu03_02000090.html

特定電子メール法

第1　法律の制定・改正

　携帯電話等からのインターネット接続の普及に伴い、電子メールによる一方的な商業広告を送りつける、いわゆる迷惑メールが社会問題化したため、特定電子メールの送受信上の支障を防止し、電子メールの利用についての良好な環境の整備を図ることを目的として、特定電子メールの送信の適正化等に関する法律が、平成14年に成立・施行された。

　平成17年には、いわゆる迷惑メール対策について、迷惑メールの送信の悪質化及び巧妙化の状況に鑑み、特定電子メールの範囲の拡大や架空アドレス宛の送信の禁止等について規定の整備を行い、罰則規定を整備するなどの改正が行われ、平成20年には、従来のオプトアウト式（メールの送信者に受信拒否の意思を伝えた場合に以後の送信を認めない方式）による規制に加え、オプトイン方式（あらかじめ同意を得た者等に対してのみ広告・宣伝メールの送信を認める方式）による規制の導入等を内容とする改正がなされた。

第2　目的

　一時に多数者に対してされる特定電子メールの送信等による電子メールの送受信上の支障を防止する必要性が生じていることに鑑み、特定電子メールの送信の適正化のための措置を定めることにより、電子メールの利用について良好な環境の整備を図り、もって高度情報通信社会の健全な発展に寄与することを目的とする（法1条）。

第3　特商法との関係

　特商法においても電子メール広告についての規制がなされているが、同法の目的が、取引の公正と購入者等に当たる消費者保護にあるのに対し、特定電子メール法

の目的は、電子メール送受信上の支障の防止にある。

　よって、特商法における規制対象者は、販売及び役務提供事業者であるのに対し、特定電子メール法では、送信者である。例えば、広告主からの委託を受けて広告メールを配信する業者には特定電子メール法が適用され、広告主たる通信販売業者には特商法が適用される。また、広告主自らが広告メールを送信する場合には、両方が適用されることになる。

第4　概要

1　定義

　「特定電子メール」とは、電子メールの送信（国内にある電気通信設備からの送信又は国内にある電気通信設備への送信に限る）をする者（営利を目的とする団体及び営業を営む場合における個人に限る）が自己又は他人の営業につき広告又は宣伝を行うための手段として送信をする電子メールをいう（法2条2号）。

　営業の広告・宣伝を行うウェブサイトへ誘導するメールや、SNSへの招待、懸賞当選の通知、友達からのメールや会員制サイトの他会員からの連絡などを装って営業目的のウェブサイトへ誘導するメールも特定電子メールに該当すると解される（総務省＝消費者庁「特定電子メールの送信等に関するガイドライン」1頁）。

2　特定電子メールの送信の制限

　特定電子メールの送信者は、取引関係にある者への送信等一定の場合を除き、あらかじめ送信に同意した者に対してのみ送信が認められる（法3条1項。いわゆるオプトイン規制）。かかる同意の通知を受けた者は、同意があったことを証する記録を保存することが義務づけられている（同条2項）。

　また、あらかじめ送信に同意した者等から特定電子メールの受信拒否の通知を受けたときは、特定電子メールの送信者は、以後の送信をしてはならない（同条3項。いわゆるオプトアウト規制）。

3　表示義務

　特定電子メールの送信にあたっては、事前の同意を通知した者等からのメールであるかを受信者が容易に判断できるよう、その送信に責任のある者の氏名・名称を表示しなければならず、また、受信者が確実に受信拒否の通知を行えるよう、その連絡先となる電子メールアドレス又はURLの表示をしなければならない（法4条）。また、送信者情報を偽った送信は禁止されている（法5条）。

4 架空メール対策

送信者は、自己又は他人の営業のために多数の電子メールの送信をする目的で、架空電子メールアドレスをその宛先とする電子メールの送信をしてはならない（法6条）。

5 措置命令等

総務大臣・内閣総理大臣は、上記2〜4を遵守していないと認める場合において、電子メールの送受信上の支障を防止するため必要があると認めるときは、特定電子メールの送信に責任のある者に対し、是正のための命令（措置命令）をすることができる（法7条）。また、受信者又は電気通信事業者からは、総務大臣へ必要な措置をとることを申し出ることができ、申出を受けた総務大臣・内閣総理大臣には適当な措置をとることが義務づけられている（法8条）。

利用者は、特定電子メール法（法14条以下）に基づく登録送信適正化機関の業務を行っている財団法人日本データ通信協会の迷惑メール相談センターに被害状況を報告する方法等により、措置命令発令への端緒を提供しうるが、このような措置命令に、いわゆる迷惑メール対策として実効性があるとは言い難いのが現状である。

6 電気通信事業者による電気通信役務の提供拒否

特定電子メール法において、迷惑メール対策に最も効果的であると期待できるのが、電気通信事業者による電気通信役務の提供拒否であり、送信者情報を偽った電子メールの送信や架空電子メールアドレスへの多数送信等、電子メールの送受信上の支障を生じるおそれがある場合について、電子通信事業者は、電子メール通信役務の提供を拒否できることが定められている（法11条）。また、電気通信事業者には、その利用者に特定電子メール等による送受信上の支障の防止に資する情報の提供及び技術の開発又は導入に努めることが義務づけられている（法10条）。

利用者としては、電気通信事業者に対し、相談窓口を通して迷惑メールの被害を報告することや、上記5に記載した財団法人日本データ通信協会に対して被害状況を伝えることなどの対策が考えられる。

7 罰則

送信者情報を偽った送信や、措置命令違反等に対しては、罰則（1年以下の懲役又は100万円以下の罰金）が設けられ（法33条以下）、迷惑メール防止の実効化を図っている。

第5　最後に

　特定電子メール法の制定・施行から10年以上が経過しているが、迷惑メールは一向に減少する傾向になく、後掲の「迷惑メールハンドブック」によれば、利用者に届かないものも含め、わが国内の全メールのうち迷惑メールの数は過半を占めているようである（迷惑メール対策推進協議会HP「迷惑メール対策ハンドブック2014」）。

　利用者としては、安易にメールアドレスを公表しない、数字や記号を組み合わせた複雑なメールアドレスを設定する、迷惑メールが届いてしまっても不用意にURL等をクリックしない等の対策を講じて思わぬ被害を回避すべく注意することが肝要であるが、詳しくは、迷惑メール対策の推進に資することを目的として平成20年11月に設置された迷惑メール対策推進協議会から公表されている「迷惑メール対策ハンドブック」の他（最新版は平成26年9月公表）、様々な関係者（財団法人日本データ通信協会、携帯電話会社等）から公開・公表されている注意喚起を内容とするパンフレット等を参照されたい。

《参考文献等》
- 総務省総合通信基盤局消費者行政課「特定電子メールの送信の適正化等に関する法律の一部を改正する法律案について」（平成17年4月）（http://www.soumu.go.jp/main_sosiki/joho_tsusin/policyreports/chousa/meiwaku-mail/pdf/050406_2_s1.pdf）
- 総務省「特定電子メールの送信の適正化等に関する法律の一部を改正する法律の概要」（平成17年5月）
- 同上「特定電子メールの送信の適正化等に関する法律の一部を改正する法律の概要」（平成20年2月）
- 総務省総合通信基盤局消費者行政課＝消費者庁取引対策課「特定電子メールの送信等に関するガイドライン」（平成23年8月）（http://www.soumu.go.jp/main_content/000127185.pdf）

個人情報保護法

第1 はじめに

　インターネットや情報機器の発達により個人情報が容易に取得できるようになった。これにより、個人情報の漏洩や、個人情報の不正利用といった個人の利益が侵害される事態が生じている。たとえば、平成16年に発覚したソフトバンクＢＢにおける顧客情報の流出（約451万件）、平成23年に発覚したソニー・コンピュータエンタテインメントにおける個人情報の流出（約740万件）や山陰合同銀行における顧客情報の流出（約170万件）、平成26年に発覚したベネッセコーポレーションにおける個人情報の流出（約4,000万件）などの例がある。
　電子商取引においても、ネットショッピングで商品を購入する場合、住所、氏名、クレジットカードのカード番号等の入力が要求されたりしており、個人情報の不正利用、漏洩の危険性が増大している。
　そこで、本項目では、個人情報の適正な取扱いを定めた、個人情報の保護に関する法律（以下「個人情報保護法」という）について概説する。なお、個人情報の保護は個人間の取引でも問題になりうるが、個人情報保護法は、一定の要件を満たした事業者に対して義務を課したものであり、個人間の取引には適用されない。

第2 個人情報保護法と各種ガイドライン

　個人情報保護法は、平成17年5月30日に施行された。
　個人情報の適正な取扱いとは、本人、つまり情報主体である個人に対して、利用目的を明らかにして、その範囲内で取り扱うことを原則とする。利用目的の範囲外の取扱いをする際には、あらためて個人の同意を要することになる。同法も、あらかじめ本人の同意がなければ、第三者へ個人データを提供することを原則として禁止している。
　個人情報の利用目的を特定するということと、本人の同意を取得するということが、同法の定める情報の利用におけるポイントになっている。

個人情報保護法の施行にあたり、各省庁がガイドラインを策定し、法を執行する際の基準としている。各省庁の策定している個人情報の保護に関するガイドラインの一覧は消費者庁のホームページに掲載されている（http://www.caa.go.jp/planning/kojin/gaidorainkentou.html）。

経済産業省は「個人情報の保護に関する法律についての経済産業分野を対象とするガイドライン」（以下「経済産業分野ガイドライン」という）「経済産業分野のうち信用分野における個人情報保護ガイドライン」などを策定し（http://www.meti.go.jp/policy/it_policy/privacy/kojin_gadelane.html）、これを受けて業界団体の㈳日本通信販売（JADMA）でも「通信販売における個人情報保護ガイドライン」を策定している（http://www.jadma.org/abouts/glinfoprotection/）。

第3　個人情報の定義（法2条）

1　個人情報とは何か

「個人情報」とは生存する個人に関する情報であり、当該情報に含まれる氏名、生年月日その他の記述等により特定の個人を識別することのできるものである。他の情報と容易に照合することができ、それにより特定の個人を識別できるようになるものを含む点に注意が必要である。また、平成27年改正により、生存する個人に関する情報であって個人識別符号を含むものも個人情報に当たることが明記された。

例えば、記号や数字等の文字列だけから特定個人の情報であるか否かの区別がつかないメールアドレス情報は個人情報に該当しないが、他の情報と容易に照合することができ、それによって特定の個人を識別できる場合は個人情報となる。

電子タグは、通常は商品の属性等に関する情報が入っているにすぎないので、個人情報には該当しないが、個人情報や特定の個人の識別に結びつく情報が入っている場合は個人情報保護法の適用を受ける。電子タグは遠隔から電子タグ内の情報を読み取ることができるという固有の性質を有するため、プライバシー保護、個人情報保護のためにガイドラインが策定され、電子タグ内に個人情報を記録して取り扱う事業者は、電子タグ内に記録された個人情報に関して、利用目的を本人に通知し、又は公表するよう努めること、利用目的外に利用する場合には本人の同意を得るよう努めること等とされている（総務省・経済産業省「電子タグに関するプライバシー保護ガイドライン」）。

《用語解説》
電子タグ（ICタグ）：ICチップとアンテナにより構成され、物品等に装着されるものであって、その中に当該物品等の識別情報その他の情報を記録し、電波を利用するこ

とによりこれらの情報の読み取り又は書き込みができるものをいう。

2　個人データと保有個人データ

「個人データ」とは、個人情報データベース等を構成する個人情報である。「個人情報データベース等」とは、例えば電子メールソフトに保管されているメールアドレス帳（メールアドレスと氏名を組み合わせた情報を入力している場合）、顧客カード等、個人情報を含む情報の集合物であって、特定の個人情報をコンピューターを用いて検索できるように体系的に構成したもの、又はコンピューターを用いない場合であっても、特定の個人を容易に検索できるよう体系的に構成したものであって、目次、索引、符号等により一般的に容易に検索可能な状態に置かれているものである。保有個人データとは、個人データのうち、個人情報取扱事業者が、開示、内容の訂正、追加又は削除、利用の停止、消去及び第三者への提供の停止の全てに応じることのできる権限を有する個人データであって、その存否が明らかになることにより、公益その他の利益が害されるもの、または6ヶ月以内に消去（更新することは除く）することとなるもの以外のものである。

3　個人情報取扱事業者

個人情報保護法は全ての業者に個人情報保護法の義務を課しているのではなく、個人情報取扱事業者に該当する業者に同法の義務を課している。「個人情報取扱事業者」とは、個人情報データベース等を事業の用に供している者で、個人データの件数が5,000件以上の事業者である（法2条3項、同項5号、同法施行令2条。ただし、平成27年改正によりこの5,000件以上の要件は撤廃された）。

第4　個人情報の取得に関する規制

1　利用目的の特定（法15条）

個人情報取扱事業者は、個人情報を取り扱うに当たっては、その利用目的をできる限り特定しなければならない。すなわち、個人情報取扱事業者にとって最終的にどのような目的で個人情報を利用するかを可能な限り具体的に特定する必要があり、単に「事業活動に用いるため」「お客様に提供するサービス向上のため」等の抽象的、一般的な利用目的ではできる限り特定したことにならない。

また、利用目的で示した個人情報を取り扱う事業の範囲を超えての変更は、あらかじめ本人の同意なく行うことはできない。

ただ、推測できる範囲内での変更、例えば「当社の行う○○事業における新商品、サービスに関するお知らせを郵送することがあります」とした利用目的において、

「電子メールによりお知らせすることがある」旨追加することは許容される。

2　利用目的による制限（法16条1項）

　個人情報取扱事業者は、あらかじめ本人の同意を得ないで、特定された利用目的の達成に必要な範囲を超えて、個人情報を取り扱ってはならない。同意が必要な例として、経済産業分野ガイドラインでは、就職のための履歴書情報をもとに、自社の商品の販売促進のために自社取扱商品のカタログと商品購入申込書を送る場合を挙げている。

3　個人情報の適正な取得（法17条）

　個人情報取扱事業者は、偽りその他不正の手段により個人情報を取得してはならない。

　なお、平成27年改正により、要配慮個人情報の取得が原則として禁止され、また、個人データの提供を受けるに際しては、個人情報取扱事業者に提供元の確認や記録保管が義務づけられた。また、不正な利益を図る目的での個人情報の提供及び盗用について刑事罰が科されることとなった。

4　利用目的の通知等（法18条）

　個人情報取扱事業者は、個人情報を取得した場合は、あらかじめ利用目的を公表している場合を除き、速やかに、その利用目的を本人に通知し、又は公表しなければならない。また、個人情報取扱事業者は、書面等による記載、ユーザー入力画面への打ち込み等により、直接本人から個人情報を取得する場合は、あらかじめ、本人に対し、その利用目的を明示しなければならない。

　経済産業分野ガイドラインは、通知に該当する例として、電子商取引において取引の確認を行うための自動応答の電子メールを送信すること、公表に該当する例として、自社のウェブ画面上のトップページから1回程度の操作で到達できる場所への掲載、自社の店舗・事務所内におけるポスター等の掲示等を挙げている。また、利用目的の明示の該当例として、ネットワーク上の場合は本人がアクセスした自社のウェブ画面上、又は本人の端末装置上にその利用目的を明記すること（ネットワーク上において個人情報を取得する場合は、本人が送信ボタン等をクリックする前等にその利用目的（利用目的の内容が示された画面に1回程度の操作でページ遷移するよう設定したリンクやボタンを含む）が本人の目にとまるようその配置に留意する必要がある）を挙げている。

5 保有個人データの利用停止等（法27条）

　個人情報取扱事業者は、本人から、手続違反の理由により保有個人データの利用停止等が求められた場合には、原則として、当該措置を行わなければならない。

　なお、利用の停止等を行った場合には、遅滞なく、その旨を本人に通知しなければならない。

第5　個人情報取扱事業者に対する本人の請求等

1 保有個人データに関する事項の本人への周知（法24条1項）

　個人情報取扱事業者は、保有個人データについて、次のi）〜iv）の情報を本人の知りうる状態（本人の求めに応じて遅滞なく回答する場合を含む）に置かなければならない。

---

　i）　個人情報取扱事業者の氏名又は名称
　ii）　全ての保有個人データの利用目的（法18条4項1号から3号までに該当する場合を除く）
　iii）　保有個人データの利用目的の通知及び保有個人データの開示に係る手数料額（定めた場合に限る）並びに開示等の求めの手続
　iv）　保有個人データの取扱いに関する苦情及び問い合わせの申出先（個人情報取扱業者が認定個人情報保護団体に所属している場合は、その団体の名称及び申出先も含む）

　経済産業分野ガイドラインでは、「本人の知りうる状態（本人の求めに応じて遅滞なく回答する場合を含む）」とは、ウェブ画面への掲載、パンフレットの配布、本人の求めに応じて遅滞なく回答を行うこと等、本人が知ろうと思えば知ることができる状態に置くことをいい、常にその時点での正確な内容を本人の知りうる状態に置かなければならないとし、本人の知りうる状態に該当する例として、電子商取引において、問い合わせ先のメールアドレスを明記することなどを挙げている。

2 保有個人データの利用目的の通知（法24条2項・3項）

　個人情報取扱事業者は、一定の場合（ウェブ画面への掲載等により利用目的が本人の知りうる状態にある場合、取扱いの状況からみて利用目的が明らかな場合等）を除いて、本人から、自己が識別される保有個人データの利用目的の通知を求められたときは、遅滞なく、本人に通知しなければならない。なお、通知しない旨を決定したときも、遅滞なく、本人に通知しなければならない。

X　個人情報保護法　111

3 保有個人データの開示（法25条）

　個人情報取扱事業者は、本人から自己が識別される保有個人データの開示（存在しない時はその旨を知らせることを含む）を求められた時は、本人に対し、書面の交付による方法（開示の求めを行った者が同意した方法があるときはその方法）により、遅滞なく当該保有個人データを開示しなければならない。「遅滞なく」とは本人の申出からいたずらに時間をかけることなく速やかに行われることをいい、通常の場合は2週間以内が妥当とされる。

　開示することにより、本人又は第三者の権利利益を害するおそれがある場合等はその全部又は一部を開示しないことができるが、その場合はその旨を本人に通知しなければならない。

　なお、他の法令の規定により別途開示の手続が定められている場合には、当該特別の手続が優先される。

4 保有個人データの訂正、追加又は削除（法26条）

　個人情報取扱事業者は、本人から、保有個人データに誤りがあり、事実でないという理由によって訂正等を求められた場合には、利用目的の達成に必要な範囲内において、必要な調査を行い、その結果に基づき、当該保有個人データの内容の訂正等を行わなければならず、訂正等を行った場合には、その内容を本人に対し、遅滞なく連絡しなければならない。開示請求の場合と同様に、本人の求めに対し、事業者はその事実関係を調査し、それが正当な申出の場合は、時間をかけることなく原則として訂正等を行わなければならない。通常の場合、2週間以内に作業が完了することが望ましいとされる。

　なお、他の法令の規定により特別の手続が定められている場合には、当該特別の手続が優先される。

5 理由の説明（法28条）

　個人情報取扱事業者は、保有個人データの公表、開示、訂正、利用停止等において、その措置をとらない旨又はその措置と異なる措置をとる旨を本人に通知する場合は、あわせて本人に対して、その理由を説明するよう努めなければならない。

6 開示等の求めに応じる手続（法29条）

(1)　個人情報取扱事業者は、開示等の求めにおいて、その求めを受け付ける方法として次のア〜エの事項を定めることができる。ただし、定めた方法が合理的な範囲を超えている場合は、求めを行った者がそれに従わなかったとしても開示等を拒否できない。開示等の求めを受け付ける方法を定めていない場合には、自由な申

請が認められることとなる。

　受け付ける方法を定めた場合には、本人の知りうる状態（本人の求めに応じて遅滞なく回答する場合を含む）に置いておかなければならない。

（開示等の求めにおいてその求めを受け付ける方法）
ア　開示等の求めの受付先
イ　開示等の求めに際して提出すべき書面（電磁的方式等による記録を含む）の様式、その他の開示等の求めの受付方法（郵送、ファックスで受け付ける等）
ウ　開示等の求めをする者が本人又はその代理人（ⅰ）未成年又は成年被後見人の法定代理人、ⅱ）開示等の求めをすることにつき本人が委任した代理人）であることの確認の方法（ただし、確認の方法は事業の性質、保有個人データの取扱状況、開示等の求めの受付方法等に応じ、適切なものでなければならない）
エ　保有個人データの利用目的の通知、又は保有個人データの開示をする際に徴収する手数料の徴収方法

---

　(2)　個人情報取扱事業者は、円滑に開示等の手続が行えるよう、本人に対し、自己のデータの特定に必要な事項（住所、ID、パスワード、会員番号等）の提示を求めることができる。なお、本人が容易に開示等の求めをすることができるよう、自己の保有個人データの特定に資する情報の提供その他本人の利便性を考慮しなければならない。

　また、個人情報取扱事業者は、開示等の求めに応じる手続を定めるに当たっては、必要以上に煩雑な書類を求めることや、求めを受け付ける窓口を他の業務を行う拠点とは別にいたずらに不便な場所に限定すること等をして、本人に過重な負担を課することがないよう配慮しなければならない。

7　手数料（法30条）

　個人情報取扱事業者は、保有個人データの利用目的の通知又は保有個人データの開示を求められた時は、当該措置の実施に関し、手数料を定めることができる。

　保有個人データの訂正等、利用停止等及び第三者への提供の停止については手数料を徴収できない。

　手数料の額は、実費を勘案して合理的であると認められる範囲内において、その手数料の額を定めなければならないとされている。実際は実費相当額（郵送料金、コピー代等）ということになろう。

　手数料の額を定めた場合には、本人の知りうる状態（本人の求めに応じて遅滞な

Ⅹ　個人情報保護法　　113

く回答する場合を含む）に置いておかなければならない。

8　個人情報保護法違反に対する措置等

　個人情報取扱事業者の義務等の担保措置として、個人情報取扱事業者による苦情処理（法31条）、対象事業者の認定団体による苦情処理（法42条）、主務大臣（平成27年改正の施行後は、原則として個人情報保護委員会。以下同じ）による報告の聴取（法32条）、助言（法33条）、勧告（法34条1項）、命令（同条2項・3項）、罰則規定（法56条〜59条）を定めている。

　個人情報取扱事業者が同法に定める義務に違反した場合、本人は個人情報取扱事業者に対し苦情を申し出て、適切かつ迅速な処理を求めることができる（法31条）ほか、対象事業者の認定団体に対しても苦情解決の申出をすることができる（法42条）。

　そして、認定個人情報保護団体（財団法人日本情報処理開発協会等）は、その申出に係る苦情の解決について必要があると認めるときは、当該対象事業者に対し、文書もしくは口頭による説明を求め、又は資料の提出を求めることができる。

　また、主務大臣も、規定の施行に必要な限度において、個人情報取扱事業者に対し、報告の聴取（法32条）、助言（法33条）、勧告（法34条1項）、命令（同条2項・3項）ができるとされている。

第6　個人情報の第三者提供に関する規制

1　個人データの第三者への提供の制限（法23条）

　個人情報取扱事業者は次に掲げる場合を除くほか、あらかじめ本人の同意を得ないで個人データを第三者に提供してはならない。

---

① 　法令に基づく場合。
② 　人の生命、身体又は財産の保護のために必要がある場合であって、本人の同意を得ることが困難であるとき。
③ 　公衆衛生の向上又は児童の健全な育成の推進のために特に必要がある場合であって、本人の同意を得ることが困難であるとき。
④ 　国の機関若しくは地方公共団体又はその委託を受けた者が法令の定める事務を遂行することに対して協力する必要がある場合であって、本人の同意を得ることにより当該事務の遂行に支障を及ぼすおそれがあるとき。

　ただし、第三者に提供される個人データについて、本人の求めに応じて提供を停止することとしている場合であって、提供される個人データの項目等について、あ

114　　第3章　関連法令の概説

らかじめ、本人に通知し、又は本人が容易に知りうる状態に置いているとき（平成
27年改正により、さらに個人情報保護委員会への届出を行うことも必要となった）
は、当該個人データを第三者に提供することができることとされている（オプトア
ウト）。

　なお、個人データとは、個人情報データベース等を構成する個人情報である。例
えば、個人情報データベース等から他の媒体に格納したバックアップ用の個人情報
なども含むとされている。

2　第三者提供の停止（法27条）

　第三者提供の制限に違反した場合、本人は個人情報取扱事業者に対して第三者提
供の停止を求めることができる（法27条2項）。

　そして、提供の停止を行った場合は、遅滞なくその旨を本人に通知しなければな
らない。

3　匿名加工情報の第三者への提供

　平成27年改正により、所定の措置を講じて特定の個人を識別することができない
ように個人情報を加工し、当該個人情報を復元することができないようにした匿名
加工情報については、一定の要件の下、第三者への提供が認められることとなった。

　《参考文献等》
　　・経産省「個人情報の保護に関する法律についての経済産業分野を対象とするガイド
　　　ライン」（平成26年12月12日）（http://www.meti.go.jp/policy/it_policy/privacy/
　　　kojin_gadelane.html）
　　・大阪弁護士会知的財産法実務研究会編『デジタルコンテンツ法（上巻）』（商事法務、
　　　2004）280頁以下

Ⅹ　個人情報保護法　　115

景表法

第1 制定の趣旨と概要

1 制定時の目的と消費者庁移管

　不当景品類及び不当表示防止法（景表法）は、昭和35年に発生したいわゆる「にせ牛缶事件」を契機として、昭和37年に独禁法の特例として制定された法規であり、かつては商品・役務の取引における「不当な景品類及び表示による顧客の誘引を防止」し、「公正な競争を確保し、もって一般消費者の利益を保護すること」（旧法1条）を目的としていた。

　ところが、平成21年9月の消費者庁設置に伴う法整備の一環として、景表法はその基本的性格を大きく変容させ、同法の所管が消費者庁に移管されるとともに、独禁法とは切り離されて、純然たる消費者法の性格を強めた。しかし、一般消費者に対して、適正な情報を提供することにより正しい商品選択を行わせ、市場機能を利用して消費者利益の確保を図るという景表法の基本的な考え方は変わっていないと考えられる。

2 正確な商品情報提供の必要性

　本来の消費者取引市場の在るべき姿は、各事業者から①その提供する商品・役務の品質・性能、②取引条件の有利・不利に関する情報が広告・表示を通じて正しく提供され、その情報に対して個々の消費者が合理的判断を下すことによって、より優良・安価な商品・役務が市場において優位を占めるということである。これによって、消費者は、必要の無い商品、あるいは価値が相対的に低い商品を高い価格で購入させられるという個別被害を事前抑止させられるだけではなく、そのような健全な消費者取引市場の環境が確保されるということは、消費者全体の利益にも繋がる。

　しかし、事業者・消費者間では、その有する情報量と判断・交渉能力に大きな差があり、往々にして不当表示（誇大広告・虚偽表示・情報不足）、あるいは不当景品類（行き過ぎた景品類付販売）により、かかる不当な顧客誘引を行った事業者の

方が販売促進の効果を上げるような事態を生じうる。これを放置すると、他の事業者全体もこれに追随して、品質向上と低廉化に向けた正しい企業努力を払わずに、不当表示と不当景品類にばかり注力し、低品質・高価格の商品が市場において有利な地位を占め、結局一般消費者の利益は害されるばかりでなく、極端な場合は、悪徳商法の温床ともなって、より直接的な消費者被害の要因ともなりかねない。

そこで景表法は、このような不当表示を排除して、一般消費者の合理的な選択を確保するための条件整備を図る規制手段として制定された。具体的には、不当表示（法5条）・不当景品類（法4条）という2種類の行為を禁止している。

3　規制手法の変化

同法による規制は、以前は、違反事業者に対して消費者庁が「措置命令」という将来に向けて違法行為の中止を命ずるソフトローの手法が基本であった。すなわち、同法違反として摘発を受けても、当該事業者は、違反行為を中止さえすれば何らのペナルティを受けることはなかった（ただし、措置命令自体の実効性は罰金等によって担保されていた）。それが、平成26年改正により、「課徴金納付命令」という経済的不利益処分が課されることとなった。その重さは、不当表示として摘発された該当商品・役務の売上額の3年間分の3％である。

措置命令権限もかつては消費者庁のみが発令権限を有していたところ、それが都道府県にも拡大された。しかし、課徴金納付命令だけは、消費者庁のみの権限とされた。両者は、対象行為の範囲も異なり、課徴金納付命令については、不当表示類型の中の特に規制の必要性が高い後記の「優良誤認表示」と「有利誤認」に限って認められている。また、課徴金納付命令の対象となった不当表示事案について、「自主返金」による減免制度も導入された（詳細は省略）。

このような規制対象となる不当表示・不当景品の範囲は、できるだけ消費者庁の策定する告示や各種ガイドラインによりその限界づけを明確にすることとなっているが、全ての商品・役務分野について個別のガイドラインを策定することはとても不可能なので、基本的には、広告表示の内容と当該商品・役務の客観的内容を比較し、両者間に著しい離齬があって消費者の合理的選択を阻害すると考えられる場合に不当表示として認定されることとなる。

その他、事業者側の自主規制である「協定又は規約」（かつての公正競争規約）（法11条。事業者又は事業者団体が、公取委の関与・認定の下、公正競争を確保するような商品情報の表示内容・表示形式等についての一般基準を任意で定め、当該業界に属する事業者はこれに従わなければならないとするもの）の制定手続を併せて定めている。

第2　不当表示と電子商取引との関係

1　不当表示規制の必要性

　上記のとおり、「不当表示」とは、不当景品類と並んで景表法が規制対象としている違法行為類型である（法5条）。

　一般の消費者取引においてもこの不当表示規制は、消費者の権利・利益にとってとりわけ重要である。一般消費者は、各事業者の広告・表示を通じて提供される情報に基づき、各ニーズに対応した商品・役務を選択して購入するところ、事業者からの情報が虚偽・誇大であり、あるいは情報量が不足（不表示）していれば、個々の消費者は正しい商品選択を行えず、質の悪い物、高価な物、不要な物等を買わされる不利益を受ける一方で、事業者側もより良質・廉価な商品提供に向けた企業努力を怠る結果、ひいては消費者全体の利益が害されることとなるからである。

2　電子商取引における不当表示規制の重要性

　このような表示の適正と消費者利益との関係は、特に電子商取引においては、一般の消費者取引と比較してより顕著であるといえる。ネット取引では、消費者は事業者側の営業担当者との接触を欠き、商品・役務等の選択を行う際に根拠となるのは、事業者サイトにおける表示・広告の内容のみである。そこで、このサイト上の広告・表示内容に情報不足や虚偽・誇大広告が存在すれば、それは直ちに消費者の商品選択の誤りを招きかねないからである。逆にいえば、電子商取引においては、この表示規制さえきちんと徹底されて機能すれば、消費者被害はかなりの程度事前抑止が可能であるということにもなる。もう1点、留意すべきは、ネット上の表示・広告には、不特定・多数人が容易にアクセスして閲覧する可能性があるから、ネット上に不当表示が存在する場合、個別の不当勧誘によるよりも、被害の拡大を産みやすい。

　かかる観点から、経産省ガイドラインの上でも、「Ⅱ-4　ウェブ上の広告」の内容として、景表法による広告表示規制と特商法による勧誘規制を並べて、車の両輪のような形で位置づけている。

3　経産省ガイドライン上の解説

　経産省ガイドラインの景表法解説部分「Ⅱ-4-1　景品表示法による規制」は、「考え方」として、「事業者がホームページ上で行う自己の供給する商品・サービスの内容又は取引条件についての表示も景品表示法の規制の対象となる。」とした上で、不当表示として問題となりうる具体的な「表示」と「表示方法」を示している。

4 消費者庁ガイドライン上の解説

消費者庁が策定した「インターネット消費者取引に係る広告表示に関する景品表示法の問題点及び留意事項」（最終改訂：平成24年5月9日）は、最近の電子商取引の現実の取引実体に即して、景表法上問題となる「広告表示」について解説している。挙げられているのは、①「フリーミアム」（基本的なサービスを無料で提供し、高度な、あるいは、追加的なサービスを有料で提供して収益を得るビジネスモデル）、②目立たない箇所に断片的に「事実」を記載しているとしても、全体として消費者に誤解を与えうるような表示、③「口コミサイトにおけるサクラ記事」など、広告主から報酬を得ていることが明示されないカキコミ等、④共同購入サイトなどのフラッシュマーケティング（割引クーポン等を期間限定で販売するマーケティング手法）に係る二重価格表示、⑤「アフィリエイト」（販売事業者のサイトへのリンク広告を貼るサイトに対し、リンク広告のクリック回数等に応じた報酬が支払われる広告手法）のリンク元サイトによる不適切な広告表示など、第三者による不適切な表示、⑥個人たる販売者による不適切な表示、⑦「ドロップシッピング」等である。これらについて、それぞれのビジネスモデルについて図解しながら、景表法上の留意事項と具体的適用について解説しているので、これらビジネスモデルに該当する事案に遭遇した場合には、検討の参考になると考えられる。

第3 不当表示の意味

ここでは、「表示」とは何か、「不当」な表示とは何か、についてそれぞれ把握する必要がある。

1 表示

「表示」とは、事業者が一般顧客に対する誘引の手段として行うものである限り、新聞・テレビ・チラシ・パンフレット・ポスター・見本・説明書・電光・インターネット等、手段や広告媒体の如何を問わない。したがって、事業者サイトにおける表示・広告やメールによる勧誘等も景表法上の「表示」に該当する。また、表示の責任主体は、「自己の供給する商品又は役務」（法5条本文）という文言から、広告主体に限られ、広告媒体等は含まれない一方で、「自己が供給」すれば足りるから、自らが製造・仕入・輸入した商品でなくとも、さらに不当表示であることを当該事業者が知らなくとも、責任を負わされる場合があること等に留意すべきである。

2 不当な表示

次に、「不当」な表示とは何かについて、景表法は以下のとおり3種の規制を置

XI 景表法 119

いている（法5条1号～3号）。ただし、不実証広告規制は優良誤認表示の一類型と言える。

(1) 優良誤認表示

法5条1号は「商品又は役務の品質、規格その他の内容」につき、消費者に実際よりも著しく優良であると示し、あるいは同種若しくは類似の商品若しくは役務を供給している他の事業者よりも著しく優良であると誤認させるような表示で不当に顧客を誘引する場合を規制する。これは位置づけとしては、商品・役務そのものの品質面を中心とする規制である。

(2) 不実証広告規制

優良誤認表示に該当するかどうか最終的に確認までは至っていないけれども、表示・広告内容そのものから、その可能性が相当程度に疑われ、消費者庁（又は都道府県）が、一定期間を定めて、当該表示の裏付けとなる合理的な根拠を示す資料の提出を求めた場合に、その所定の期間内の合理的根拠資料の提出が行われなかった場合には、これは景表法上の優良誤認表示として扱われる（法7条2項）。ただし、これは法律上の推定であって、この規定によって摘発された事業者は、後日に合理的根拠資料を提出することにより優良誤認表示の該当性を争う余地が認められている。

(3) 有利誤認表示

法5条2号は「商品又は役務の価格その他の取引条件」につき、実際のもの又は同種若しくは類似の商品若しくは役務を供給している他の事業者と比較して著しく有利な条件と誤認させるような場合を規制する。これは位置づけとしては、消費者取引の価格面や取引条件を中心とする規制である。この「取引条件」の範囲は広く、価額・適用範囲・存続期間等の直接的なものに限定されず、広告主たる当該事業者自体の信用に係る情報、例えば、企業規模や過去の実績、事業所の数、市場占拠率や売上高等も含まれる。

(4) 指定告示事項

法5条3号は、上記以外で内閣府（消費者庁）の指定告示によるものである（商品原産国表示・無果汁清涼飲料水・おとり広告等）。これは、消費者被害事例が頻発するおそれのある事案について、迅速・柔軟に対応するとともに、態様によっては優良誤認表示、有利誤認表示に該当する可能性のある事案について予防的に取り込むことを予定しているものである。

第4　具体的なネット上の不当表示の例

1　優良誤認表示の具体例

　これは前記のとおり、商品・役務等の品質・性能、その他の内容や属性を偽る表示を行うことによって一般消費者に誤認を生じさせ、その自主的・合理的な商品選択の判断の機会を奪う場合であるから、電子商取引における代表的な具体例としては、例えば事業者サイトやサイバーモール等において以下のような表示広告を行って顧客を誘引し、ネット販売を行っている場合である。

① 健康食品について、例えば一定の有効成分（ネット取引ではない過去の事件としてはクエン酸とビタミンC、ローヤルゼリー等がある）の含有量がごく微量であるにもかかわらず、サイト上の表示の上ではあたかもこれらが相当程度、当該健康食品に含有されているかの如く一般消費者の誤認を招く表示となっている場合。

② 携帯電話やPHS等の携帯端末について、内蔵充電池に銅板に粉末を塗布したシート状の当該商品を貼り付けることにより、携帯端末の受信状態や充電池の利用時間が延長されるとの効能を標榜していたが、その裏付けとなる実験データ等の合理的根拠を提出できなかった場合。

③ 海外輸入の衣料品について、あたかもカシミヤが70％含まれているかの如くに表示して販売していたところ、実際には当該衣料品にはカシミヤが一切含まれていなかった場合。

④ 馬肉商品について、霜降りのさくら肉ではないのに、あたかも特定の飼育方法による極上の霜降り馬肉であるかの如く一般消費者に誤認させるような表示となっている場合。

⑤ いびき軽減器と銘打って、あたかも当該商品を鼻に取り付けることによりいびきを軽減するかの如き表示を行ってネット販売を行っていたが、このような効果が得られることを科学的に証明できるような合理的根拠を提出できない場合。

⑥ 美容整形分野において、「足延長術」・「小顔整形術」と銘打って、当該事業者の提供する施術を受ければ、脚部の骨を延ばして身長を伸ばしたり、頭部の骨と骨の間の隙間を整えることにより元の大きさに戻らない均整の取れた小顔にする施術が可能であると表示して一般消費者を誘引していたところ、その裏付けとなる客観的・合理的な資料・データを提出することができなかった場合。

⑦ 電子商取引に関する前記公取委ガイドラインで紹介されている情報財に関する例としては、コンピューターウィルス駆除ソフトについて、全てのウィルスに対応し、かつ100％の発見率と表示されているが、実際には全てのウィルスに対応していないような場合。

XI　景表法　　121

2　有利誤認表示の例

　これは前記のとおり、商品・役務等の価格その他の取引条件についての内容を偽る表示が事業者サイト等において行われることにより一般消費者の誤認を生じさせ、その自主的・合理的な商品選択の判断の機会を奪う場合である。

　(1)　商品・役務の価格それ自体のほか、支払いの時期や条件（分割支払いの場合の利息・手数料の有無や利率等）、割引率、景品類、各種付帯サービス、商品の数量（個数・内容量）、重量や形状（大きさ・長さ）、商品購入後の保証期間や保証の対象や条件、配送条件や送料、返品条件や返品可能な期間、役務については当該サービスを受けられる期間や回数、利用者が重なる等の状況により利用可能回数に変動があるか等々、様々な内容が含まれうるのであって、これらのあらゆる取引条件について事業者サイト等の表示内容に一般消費者を誤認させる要素が無いかどうかが問題となりうる。

　(2)　当該商品・役務を供給する事業者自体の社会的信用に係る事項（存続期間、企業規模、過去の実績や市場において占める位置等）も「その他の取引条件」に含まれることは先に述べたとおりである。

　(3)　最近の摘発事例は多岐にわたるが、典型的で分かりやすい事例として目に付いたものとしては、例えばいわゆるガン保険として一定の癌に罹患した場合に一時金が支給されるとパンフレット上に表示されていたが、実際には当該癌に罹患したと診断されるだけでは足りず、罹患の診断の上で医療機関に入院し、かつ一定の方法による手術を受けるに至った場合のみ一時金が支給されるとの約款の定めとなっていた場合、特定分野の専門学校において入学を許可された者に対して納付が求められる入学金・手続費用・設備費等について入学前に入学を取りやめた者に対する返金額はこれら事前納付金の100％であるかの如く表示して入校者を募っていたが、実際に返金されるのは事前納付額の70％にすぎなかった場合等がある。

　(4)　その他、取引条件について問題が発生しやすい点については、公取委は「不当な価格表示についての景品表示法上の考え方」（いわゆる価格表示ガイドライン）、「不当な割賦販売価格等の表示に関する不当景品類及び不当表示防止法第4条第2号の運用基準」等を策定・公表している。これら旧公取委ガイドライン等は、消費者庁移管後は基本的に消費者庁の告示・ガイドラインとしてスライドしてそのまま運用されていくものと理解されるが、上記価格表示ガイドラインのうち、競争事業者との関係を前提とする内容についてはそのままの形で承継されるか現時点においては不明である。

3　指定告示事項

　指定告示事項としては、過去の問題事例から消費者庁が以下のような分野につい

て告示とガイドラインを定めており（公取委が策定したものを継承）、内容としては前記の不表示の事例に限らず優良誤認表示・有利誤認表示に相当する内容も含まれる（消費者庁ホームページ参照）。

① 無果汁の清涼飲料水等についての表示
② 商品の原産国に関する不当な表示
③ 消費者信用の融資費用に関する不当な表示
④ 不動産のおとり広告に関する表示
⑤ おとり広告に関する表示
⑥ 有料老人ホームに関する不当な表示

第5　事業者サイト上の広告・表示が景表法違反である場合の効果と救済手段

そこで、以上のとおりの不当表示が事業者サイト上の広告・表示に存在し、違法不当と評価される場合の具体的効果と、そのような不当表示により損害を被った消費者被害の救済手段ということについて、若干述べておく。

1　不当表示と認定された場合の具体的効果

第1に、不当表示と認定されて消費者庁・都道府県から措置命令が発せられた場合には、前記のとおり行政不服審査法に基づく不服申立を行わない限りは、当該不当表示の行為差止め（電子商取引の場合は事業者サイト等からの文言削除）、その他、同様の行為が繰り返されることを防止するために必要な措置をとるとともに、これらの実施に関連する公示その他の必要な事項（具体的には消費者庁が措置命令の中で作為・不作為の内容を特定する）について命ぜられたとおりに実施しなければならない。そして、この措置命令は、当該行為が既に無くなっていても、当該事業者のほか、当該事業者と合併した新法人、会社分割後に当該事業を承継した法人、当該事業の全部又は一部を譲り受けた事業者等に対しても効力を生ずる（法7条）。

第2に、①不当表示のうち、優良誤認表示又は有利誤認表示と認定され（指定告示事項は含まれない）、②その不当表示を行うに際して当該事業者に過失が認められ、③不当表示が問題となった当該商品の年間売上げが5,000万円を超える場合には、消費者庁は、「課徴金納付命令」を発令する（こちらは都道府県には権限が無い）。課徴金の金額は、3年間の対象期間の当該商品等の売上げの3％である（法8条）。

課徴金納付命令の賦課に際しては、対象事業者には、弁明の機会が与えられるとともに、消費者庁が定める一定期間内に「自主返金」を行うことにより、その実施

XI　景表法　　123

額と同額の課徴金賦課を免れることができる（法10条、11条）。

第3に、消費者契約法上の適格消費者団体には平成13年4月より景表法上の不当表示についても団体訴権を提起しうる権限が付与されているので（法30条）、消費者庁・都道府県による措置命令・課徴金納付命令が未だ発令されていない事例についても、適格消費者団体は、特定事業者の優良誤認表示又は有利誤認表示を発見したと思料する場合には自ら差止請求権を行使し、必要な場合には団体訴権を行使することができる。ただし、範囲としては優良誤認表示と有利誤認表示であり、指定告示事項は含まれていない。

2　不当表示により被害を被った一般消費者の救済手段

第1に、景表法による不当表示規制自体は行政規制であるのでその違反が直接的に民事的効力の発生をもたらすものではないが、消費者庁による措置命令（又は都道府県知事による指示）を受けた不当表示によって被害を受けた消費者は、当該不当表示の程度や態様にもよるが、程度が著しく態様が悪質である場合には、一般法理により詐欺・錯誤による契約無効、公序良俗違反、債務不履行や不法行為に基づく損害賠償等により発生した損害の賠償を求めることが考えられる。ただ、不当表示の存在はこれら主張の根拠づけの1つにはなるが直結しないという上記制約、また一般的には不当表示による個々の消費者の損害額は少額である場合が多く、訴訟等の法的手続による被害回復は現実的ではない場合が多いという事実上の限界がある。

第2に、上記の不当表示に対する課徴金制度が施行された後の摘発事例については、対象事業者が自主返金を行う可能性があるので、不当表示による被害を受けた個々の消費者は、当該事業者による返金条件の公示（不特定多数の購入者に知る機会を与えるべく適切な方法で行われなければならないとされる）に注意し、その返金期間内に届出を行うことにより返金を受けることができる可能性がある。ただし、実際にその商品・役務等を購入した事実については、客観的な証明を求められることとなる。

第3に、不当表示により受けた個々の被害を直接的に回復するものではないが、適格消費者団体に対して被害情報が集約されることにより、当該不当表示に対する差止請求が行われて将来的被害の抑止が図られる可能性はある。

また、現行の差止請求による団体訴権の下でも、団体訴訟において裁判所による当該事業者の不当表示が認定されて差止判決が下された場合、あるいは不当表示の停止を認める訴訟上の和解が成立した場合には、その評価を根拠として上記第1の場合と同様に個々の被害者が民事上の効力を主張して被害回復を求めていくことは理論的には可能であろう。

《参考文献》

・黒田岳志＝加納克利＝松本博明編著『逐条解説平成26年11月改正景品表示法——課徴金制度の解説』（商事法務、2015）

・川井克倭＝地頭所五男『Q&A景品表示法　景品・表示規制の理論と実務〔改訂第2版〕』（青林書院、2007）

・経産省「電子商取引及び情報財取引等に関する準則」（平成27年4月改訂版）

・消費者庁表示対策課「インターネット消費者取引に係る広告表示に関する景品表示法上の問題点及び留意事項」（2012年5月9日最終改訂）

・公正取引委員会ならびに消費者庁の各HPの景品表示法関連部分

無限連鎖講防止法

第1　法律制定の背景

　昭和42年頃に、「第一相互経済研究所」（後に「天下一家の会第一相互経済研究所」）のいわゆるねずみ講が社会問題となった。そのキャッチフレーズは、「2,080円が、4人勧誘するだけで102万4,000円になる」というもので、仕組みは、2,080円のうち1,080円を本部に送金し、1,000円を本部が指定した先輩会員に送金し、4人を勧誘して同じ手続をとり、その4人がさらに4人ずつ勧誘し、以下同じように進めていくと、6代目には1,024人の会員ができ、その会員から1,000円ずつ送金されるので、102万4,000円になる、というものであった。

　しかしながら、ねずみ講は、このシステムに参加する人が無限に増加していかないと投下した金額を回収できない構造となっており、上の例では、14日目には約6,710万人、15日目には2億6,845万人が会員とならなければならず、破綻は必然である。

　昭和53年11月に、「無限連鎖講の防止に関する法律」が成立し、ねずみ講は全面禁止となった。

第2　無限連鎖講の防止に関する法律の内容

　無限連鎖講防止法は、「この法律において『無限連鎖講』とは、金品（財産権を表彰する証券又は証書を含む。以下この条において同じ。）を出えんする加入者が無限に増加するものであるとして、先に加入した者が先順位者、以下これに連鎖して段階的に2以上の倍率をもつて増加する後続の加入者がそれぞれの段階に応じた後順位者となり、順次先順位者が後順位者の出えんする金品から自己の出えんした金品の価額又は数量を上回る価額又は数量の金品を受領することを内容とする金品の配当組織をいう。」と規定している（法2条）。

　「金品（財産権を表彰する証券又は証書を含む。以下この条において同じ。）を出えんする加入者」という定義は、昭和63年の改正により訂正されたもので、改正前

は「一定額の金銭を支出する加入者」とされていた。これは、かつて天下一家の会の幹部であった者らが、本法の禁止規制が「一定額の金銭」に限定していることに目を付け、昭和62年ころに「国利民幅の会」なる組織によって、「国債ねずみ講」を始めたことから、これに対応したものである。

無限連鎖講については、法は、開設、運営、加入、加入することの勧誘、又はこれらの行為を助長するなどのあらゆる関与を禁止し、違反に対しては、開設・運営者について3年以下の懲役もしくは300万円以下の罰金（併科もできる）という重い刑罰を定めているのをはじめ、単なる加入勧誘者についても20万円以下の罰金を定めるなど、厳罰をもって臨んでいる（法5条～7条）。

第3　マルチ商法・連鎖販売取引との関係

ねずみ講と類似したものに、マルチ商法と呼ばれるシステムがある。ねずみ講は本来は金銭のやりとりを内容とするが、マルチ商法は、商品の販売という形態をとる。具体的には、商品の販売業者が販売員を集め、その販売員も下位に販売員をリクルートしてシステムに加入させ、リクルート自体によって利益を得させようとするシステムである。

マルチ商法は、昭和51年6月、訪問販売法（現・特商法）によって「連鎖販売取引」として規制が加えられたが、行為規制にとどまり、全面禁止とはされていない。

第4　電子商取引との関係

インターネット上では、不特定多数者に対し、ねずみ講やマルチ商法を勧誘することが容易であり、増殖も速く、匿名性により追及も困難となる。よく見かける形態としては、①電子チェーンメール型、②サーバーレンタル型、③ホームページ自己増殖型、④広告ビジネス型などがある。

①電子チェーンメール型とは、お金を送る者の氏名や送金先を数人並べた電子メールをたくさんの相手に送信し、受信者はそのメールに記載された人に決められた金額を送金した上、一番目の人を削除して自分を最後の順位に記載して同じように多数の人にメールで送信することにより、同様にしてお金が送られてくる、というものである。

②サーバーレンタル型は、例えば、年会費100ドルと手数料25ドルを支払えば、サーバーをレンタルしてホームページが持てるし、新たな会員を勧誘すれば紹介手数料がもらえ、下位の加入者が増えるほど手数料の歩合も増えていくというものである（米国スカイビズ事件）。

③ホームページ自己増殖型は、勧誘のホームページを見て指定された送金先に送金し、教えられた方法に従ってホームページ上の操作を行って会員になると、自動的にその新規会員の勧誘用のホームページが開設され、そのホームページを見て、同様の手続をとった下位の者からお金が送られてくる、というものである。

④広告ビジネス型は、ホームページ上のバナー広告等の掲載者の募集を勧誘する商法で、新規に広告ビジネスを始める際に加盟店や手数料を徴収し、新たに下位のビジネス参加者を獲得するとコミッションがもらえるというものである。

これらについては、上掲の無限連鎖講防止法2条の定義に従って、「金品の出えんを要するか」、「加入者が無限に増加することを想定しているか」、「先順位者が自分の出えんする金品を上回る価額の金品を受領することを内容としているかどうか」等を検討しなければならない。ただし、どうしても脱法的な事例が出現する傾向となるので、形式論のみによって判断すべきではない。

《参考文献》
・齋藤雅弘＝池本誠司＝石戸谷豊『特定商取引法ハンドブック〔第5版〕』（日本評論社、2014）

古物営業法

第1　概説

　古物営業法は、盗品等が古物商に持ち込まれやすいことから、古物商などに一定の義務を課して盗品等の「売買の防止、速やかな発見」を図ることで犯罪の防止と被害の迅速な回復をするために制定された法律であり、インターネット上の取引にも適用される。

第2　古物営業の定義

　「古物営業」（法2条2項）とは、以下の3つをいう。

1　古物商（法2条2項1号）
　営利の目的をもって反復継続して、古物の売買や交換をしたり、委託を受けて古物の売買・交換をすることをいう。ただし、古物の売却のみ行う場合及び自分が売却した物品の相手方からの買戻しのみ行う場合は、盗品等が持ち込まれるおそれが少ないため古物営業から除かれる。

2　古物市場（法2条2項2号）
　営利の目的をもって反復継続して、古物商間の古物の売買又は交換のための市場を経営することをいう。

3　古物競りあっせん業（法2条2項3号）
　営利の目的をもって反復継続して、古物の売買をしようとする者のあっせんをインターネットを利用した競りの方法で行うことをいう（つまりインターネットオークションサイトの運営）。ただし、インターネット上で古物市場を営む場合は2号営業に含まれる。また、インターネットを利用し自らの営業として古物を売買することは、それがたとえオークション形式による場合であっても、3号営業ではなく

1号営業である。

第3　規制及び罰則

古物営業法が定める規制及び罰則の概略は以下のとおりである。

1　許可制、届出制

古物商及び古物市場主は許可制をとる（法3条）。無許可営業の罰則は、3年以下の懲役又は100万円以下の罰金である（法31条1項）。

古物競りあっせん業者は届出制をとる（法10条の2）。届出義務違反には、20万円以下の罰金が科される（法34条3号）。

2　標識等の掲示

古物商と古物市場主は、営業所等の見やすい場所に、国家公安委員会規則で定める様式の標識を掲示しなければならない（法12条1項）。

また、古物商がホームページ利用取引（法5条1項6号）をする場合は、ホームページ上に氏名、許可を受けた公安委員会の名称及び許可番号を掲示しなければならない（法12条2項）。

なお、ホームページ利用取引をする古物商については、公安委員会のホームページにもその氏名やホームページのURL、許可証の番号等が掲示される（法8条の2）。

標識等の掲示義務違反には、10万円以下の罰金が科される（法35条2号）。

3　確認義務

古物商は、原則として古物を買い受けるときは、相手方の住所、氏名、年齢、職業等を確認しなければならない。非対面の場合には運転免許証のコピーの確認のみでは足りず、電子署名や印鑑証明、本人限定郵便等での確認が必要とされている（法15条1項、規則15条）。確認義務違反には、6月以下の懲役又は30万円以下の罰金が科される（法33条1号）。

バイク・原付（その部品も含む）、PCソフト、CD、DVD及び書籍等以外の古物については、値段が1万円未満であれば確認義務が免除される（法15条2項1号、規則16条1項）。

古物競りあっせん業者の確認義務については、出品者の真偽を確認する措置をとるよう「努めなければならない」とされている（法21条の2）。努力義務であって、違反した場合の罰則も設けられていない。また確認義務の内容についても、イン

ターネットオークション運営業者が、多数の出品者に取引の都度確認義務を課すことは現実的でないため、例えば最初の取引時に厳格な本人確認を行うとともに ID とパスワードを付与し、2 回目以降の取引の際には同 ID とパスワードだけを入力させ認証することで足りると解されている。インターネットオークション運営業者には、出品者情報の真偽を個別に確認する義務は課されていないと判示した例もある（名古屋高判平成20年11月11日裁判所 HP）。

4　申告義務

　古物競りあっせん業者は、扱う古物に盗品等の疑いがあるときは、警察官に申告すべき義務を負う（法21条の 3 ）。「盗品等」とは、盗品その他財産に対する罪に当たる行為によって領得された物である（法19条 1 項）。

　一方、古物商の負う申告義務はより広範であり、不正品（法13条 3 項、規則14条参照）の疑いがある場合は警察官に申告しなければならない（法15条 3 項）。不正品には盗品等のほか、不正改造の車両等も含まれる。

　申告義務違反については罰則は設けられていない。

5　取引の記録義務・保存義務

　古物商や古物市場主は、扱った古物（原則として対価が 1 万円以上のもの）について、取引の年月日、古物の品目及び数量、古物の特徴及び相手方の住所・氏名等を帳簿等に記載・記録し、3 年間保存しなければならない（法16条～18条）。記録義務、保存義務違反の罰則は、6 月以下の懲役又は30万円以下の罰金（法33条 1 号～ 3 号）。

　古物競りあっせん業者の場合は、出品年月日、出品情報及び出品者・落札者のユーザー ID 等サイトに掲載されたもの、出品者・落札者がユーザー登録の際同意して登録した人定事項について記録を作成し、1 年間は保存に「努め」なければならないとされている（法21条の 4 、規則19条の 3 ）。努力義務であって、違反した場合の罰則も設けられていない。

6　盗品及び遺失品の回復

　古物商が扱う古物が盗品又は遺失物であったときは、盗難又は遺失の時から 1 年以内に限り、被害者・遺失者は、古物商に対して無償でその回復を求めることができる（法20条）。

第4　電子商取引被害との関係

　電子商取引の場合、被害が発生した場合にまず相手方の特定が問題となる。この点は、古物を扱う業者は、許可制ないし届出制により公安委員会がその素性を把握していること（法3条、10条の2）、また出品者情報については少なくとも1年間は記録が残っているはずである（法21条の4）ことから、電子商取引被害救済の道を探ることができる。

　また盗品等がインターネット上に出品されている場合は、警察を通じてその取引の差止めができる可能性がある（法21条、21条の7）。

　なお、インターネットオークション運営者だけではなく、ホームページを利用して古物を扱う古物商や、古物売買をインターネットオークションを利用して行う古物商についても古物営業法は適用される。

《参考文献》
・古物営業研究会『わかりやすい古物営業の実務〔2訂版〕』（東京法令出版、2011）
・警視庁「各種申請・古物営業」(http://www.keishicho.metro.tokyo.jp/tetuzuki/kobutu/kobutu.htm)
・松本恒雄＝齋藤雅弘＝町村泰貴『電子商取引法』（勁草書房、2013）

著作権法

第1　はじめに

　近時の著作物のデジタル化、情報流通のネットワーク化に伴い、誰でも容易に他人の著作物を入手して複製したり、自ら不特定多数のものに対して発信することができるようになった。これは、反面、誰でも、容易に著作権侵害を起こしうる環境となったことを意味する。

　それゆえ、一般消費者が知らず知らずのうちに「加害者」となってしまい、権利者との間の紛争に巻き込まれるリスクが非常に高まっているといってよい。インターネットや電子メールの利用が一般的になった現代においては、消費者においても、このようなリスクについて、十分認識しておく必要があるといえよう。以下、著作権法のポイントについて概説する。インターネット利用に際して具体的に問題となる事例については第4章Ⅶ著作権侵害を参照されたい。

第2　著作権法の概説

1　著作権とは

　著作者は、何らの方式の履行を要せずに、自己が創作した著作物に関し、著作者人格権という精神的権利と、著作権（著作財産権）という財産的権利を取得する（法17条）。

　また、著作物の内容等を公衆に伝達することに重要な役割を果たす者（実演家、レコード制作者、放送事業者及び有線放送事業者の4者）には、著作権類似の内容を有する著作隣接権という独自の財産的権利が与えられている。

2　著作物

　著作権法の保護対象である著作物とは、「思想又は感情を創作的に表現したものであつて、文芸、芸術、美術又は音楽の範囲に属するもの」をいい（法2条1項1号）、具体的には、小説、論文、音楽、絵画、彫刻、映画、写真、プログラム等が

該当する（法10条1項）。

3　著作財産権

　著作権法は、著作権者に著作物の独占的な利用権限としての著作権を付与している。後述の著作者人格権との対比上、「著作財産権」と呼ぶこともある。著作権の対象となる著作物については、著作権者の許諾なく、無断で著作物を利用することはできない。

　著作（財産）権は、著作物の利用形態に応じて、具体的・個別的な権利として定められている。このことを表現して、著作権は「権利の束（支分権の束）」などといわれる。具体的には、複製権（法21条）、上演権・演奏権（法22条）、上映権（法22条の2）、公衆送信権等（法23条）、口述権（法24条）、展示権（法25条）、頒布権（法26条）、譲渡権（法26条の2）、貸与権（法26条の3）、翻訳権・翻案権等（法27条）等がある。もし、著作権者に無断で、これらの利用形態に該当する利用が無断で行われた場合には、著作権者は侵害者に対し差止請求や損害賠償請求等をすることができ、侵害者には刑事罰が科せられることもある。

　例えば、営利目的で、インターネットのホームページにおいて表示されている文章や写真、動画等を著作権者に無断でコピーすると複製権の侵害、違法にコピーしたものを他人に販売（譲渡）すると譲渡権の侵害、自らのサーバーにアップしたりすると公衆送信権（送信可能化権）の侵害、がそれぞれ問題となる。

　なお、著作権は譲渡することができるため（法61条）、著作者が著作権を第三者に譲渡すると、著作者と著作権者が別個に存在することとなる。

4　著作者人格権

　著作者が著作物に対して有する人格的利益を保護するため、著作者には「著作者人格権」が付与されている。具体的には、未公表の著作物を無断で公表されない権利（公表権・法18条）、著作物を公衆へ提供する際等に、著作者名を表示するか否か、表示するとしていかなる名前を用いるかを決定する権利（氏名表示権・法19条）、著作物及びその題号の同一性を保持する権利、並びにその意に反して変更等を受けない権利（同一性保持権・法20条）である。著作（財産）権同様に、これらの権利が侵害された場合には、著作者は侵害者に対し差止請求や損害賠償請求等をすることができ、侵害者には刑事罰が科せられることもある。

　著作（財産）権と異なり、著作者人格権は、著作者の一身に専属し、譲渡することはできない。また、著作者が存しなくなった場合にも、著作者人格権の侵害となるべき行為をしてはならないとされている（法60条）。

5 著作隣接権

「著作隣接権」とは、著作物の内容等を公衆に伝達するのに重要な役割を果たす者（実演家、レコード制作者、放送事業者及び有線放送事業者の4者）に与えられる権利をいう。送信可能化権、レコード制作者の複製権、実演家や放送事業者の録音・録画権等、著作（財産）権同様に多数の支分権の束で構成されている。

なお、著作者人格権に相当するものとして、実演家には、実演家人格権（氏名表示権、同一性保持権）も認められている（法90条の2、90条の3）。

侵害者に対し差止請求や損害賠償請求等をすることができ、侵害者には刑事罰が科せられることは同様である。

6 著作権の制限

著作物の利用には、原則として、各著作権者の許諾が必要となる。

しかし、著作物の円滑な利用のためには、自由に利用できるようにすべき場合もある。そこで、著作権法は、一定の場合には著作権が及ばないものとしており（法30条以下）、このことを定めた規定を「制限規定」などと呼ぶことがある。具体的には、①個人的又は家庭内等の限られた範囲内において私的に使用する場合、②図書館等における利用、③教育・学習目的のための利用、④報道のための利用、④非営利の利用、④引用の場合等には、権利が制限され、著作権者の許諾なく利用が可能である。

例えば、家庭でテレビ番組をDVDに録画することは、通常は①の私的に使用する場合として著作権（複製権）侵害とはならない。ただし、録画したDVDの画像を自らのホームページにアップすると、公衆送信権（送信可能化権）の侵害となる。これは、私的に使用する場合の態様として、公衆送信が認められていないからである。このように、制限規定の問題は個別の事例毎に詳細に検討する必要があるので、「個人的な利用だから」などと安易に著作物を利用することのないよう注意したい。

第3 電子商取引と著作権

以下、インターネットの利用や電子商取引において著作権侵害が問題になるケースを取り上げる。

1 ホームページ製作における注意点
(1) アニメキャラクターやゲーム画像などの利用

ホームページにおける著作物の公開は、不特定多数の者がアクセス可能であるため、私的使用（法30条1項）の範囲に含まれない。

XIV 著作権法　135

よって、個人が開設するホームページ上に、アニメのキャラクター、ゲームの画面、他人のホームページに掲載されている写真などの著作物を無断で掲載すると、著作権侵害の問題が生じる。

(ⅰ)　複製権（法21条）侵害

　「複製権」とは、著作物を有形的に再製（コピー）する排他的権利をいい、著作財産権中のもっとも基本的な権利である。

　ホームページ製作の際に、サーバーへアップロードすることを前提として、パソコンのハードディスク等の記録媒体に著作物を記録することは「複製」となり、著作権者の許可を得ずに記録することは複製権を侵害することになる。

(ⅱ)　公衆送信権（法23条 1 項）侵害

　「公衆送信権」とは、著作物について公衆送信を行う排他的権利をいう（法23条 1 項）。「公衆送信」とは、公衆によって直接受信されることを目的として無線通信または有線電気通信の送信を行うことをいい（法 2 条 1 項 7 号の 2 ）、放送（ラジオ放送、テレビ放送、有線放送などの無線通信と有線電気通信がある）、自動公衆送信（ホームページなど、公衆送信のうち、公衆からの求めに応じ自動的に行うもの。なお、自動公衆送信が行われる状態を作り出す段階（サーバーへのアップ等）を「送信可能化」といい、送信可能化する権利もここに含まれる）及びその他の公衆送信と 3 つのタイプに分類することができる。

　パソコンのハードディスク内に蓄積したデータを、ホームページで公開するためにサーバーへアップロードすることは、著作物を「送信可能化」の状態に置くものであり、公衆送信権（法23条 1 項）侵害となる。

(ⅲ)　翻案権（法27条）等の侵害

　著作権者は、著作物を翻訳し、編曲し、若しくは変形し、又は脚色し、映画化し、その他翻案する排他的権利を有する（法27条）。

　最高裁の判決によれば、「翻案」とは、既存の著作物に依拠し、かつ、その表現上の本質的な特徴の同一性を維持しつつ、具体的表現に修正、増減、変更等を加えて新たに思想又は感情を創作することにより、これに接するものが既存の著作物の表現上の本質的特徴を直接感得することのできる別の著作物を創作する行為をいう。

　よって、例えば、著作物たる画像等を一部改変等してホームページへ掲載すれば、翻案権侵害となる可能性がある。さらには、著作者人格権としての同一性保持権侵害になる可能性もある。

(2)　データベースの利用

　論文、数値、図形などの情報の集合物で、電子計算機を用いて検索することができるように体系的に構成したものを「データベース」といい（法 2 条 1 項10号の 3 ）、創作性を有するものはデータベースの著作物として保護される（法12条の 2 ）。

そのため、インターネットのオンラインや市販ソフトなどから得たデータベースを、無断で自分のホームページへ掲載すれば、著作権者の複製権や公衆送信権を侵害することになる。

また、データベースから個別のデータを取り出し、それを自分のホームページに掲載した場合、当該取り出した個々のデータ自体が著作物に当たれば、個々のデータの著作物の複製権、公衆送信権（送信可能化を含む）を侵害することになる。

さらに、取り出した個々のデータが著作物に当たらない場合であっても、取り出した複数のデータの集合体が創作性を有し、データベースの著作物といえる場合には、複製権、公衆送信権（送信可能化権を含む）侵害となる。

(3) 肖像等の利用

著作権とは別の問題であるが、人物を特定しうる他人の肖像の写真や映像を勝手にホームページに使用することは、肖像権侵害として不法行為を構成する場合もある。

また、タレントなど著名人の肖像にかかる写真や映像を勝手にホームページに使用することは、当該著名人のパブリシティ権を侵害するものとして不法行為を構成する場合がある。

「パブリシティ権」とは、著名人等の肖像・氏名等の識別情報などが、商品等について顧客吸引力や販売促進効果を発揮する場合に、当該情報が有する経済的利益や価値を排他的に支配する権利をいい、判例法上、認められた権利である（東京地判昭和51年6月29日判時817号23頁、東京高判平成3年9月26日判時1400号3頁、東京地決昭和53年10月2日判タ372号97頁、東京地決昭和61年10月6日判時1212号142頁、最判平成24年2月2日民集66巻2号89頁等）。

個人のホームページにおいて、著名人の写真や映像が公開されているものが見られるが、無断の利用であれば、パブリシティ権の侵害として使用差止や損害賠償請求を受ける場合もあるため、十分な注意を要する。

(4) 著作物の写り込み

写真撮影の際に、背景に、ポスター等に描かれた他人の絵画などの著作物が当該写真に写り込んでいる場合がある。このような「写込み」については、ピントが合っていないなど、どのような著作物かが判然としないような場合には、そもそも著作物の利用に該当しないと考える余地もあるが、そのような例外的な場合を除けば、例えばこのような写真をホームページで公開すると、複製権や公衆送信権の侵害が問題となりうる。この点、著作権法では、①写真の撮影、録音又は録画（写真の撮影等）の方法によって著作物を創作するに当たって、②当該著作物において写真の撮影等の対象とする事物又は音から分離することが困難であるため付随して対象となる事物又は音に係る他の著作物（付随対象著作物）については、創作に際し

て複製し、翻案することができるとされている（法30条の2）。ただし、付随対象著作物であるためには、創作される著作物の軽微な構成部分となるものに限るとされており、さらに、当該付随対象著作物の「種類及び用途並びに当該複製又は翻案の態様に照らし著作権者の利益を不当に害することとなる場合」は、除外されている。

　このような付随対象著作物としての利用に該当しない場合には、公開の美術の著作物（法46条）などの例外に該当しない限りは、当該著作物の複製権や公衆送信権侵害となる可能性があるので注意を要する。

2　ネットショッピング等と著作権
(1)　販売・出品の場合

　著作権者は、著作物の原作品又は複製物を譲渡により公衆に提供する権利を専有するため、著作者に無断で、著作物の複製品等の販売・出品行為をすることはできない（法26条の2第1項）が、著作者の承諾の下、正規に一度販売された場合には、以後の再譲渡行為にはかかる規制は及ばない（同条2項）。これは、著作物利用の流通促進を図るという法の趣旨から、いったん譲渡に許諾を与えた複製物に関しては、以降、それが転々流通したとしても、最初の譲渡行為によって著作権者の権利は既に使い切ったものとして、それ以後の譲渡行為には権利主張を制限するものである（「消尽」などと呼ばれる）。

　これに対して、コピー品を販売するために、無断で著作物を複製する行為は、「私的使用」目的ではなく（法30条）、プログラムの著作物の場合の「必要と認められる限度」（法47条の3第1項）の複製を超えており、著作権侵害となる。

　よって、ネットショップやネットオークションで出品・販売する目的で、著作物のコピー品を作ること自体が著作権侵害の行為となる。

　自ら違法コピーをしたものでなくとも、違法コピー品（いわゆる海賊版）であることを知りながらネットショップ等へ出品する目的で所持したり、実際に販売することは、著作権を侵害したものとみなされ（法113条1項2号）、刑事罰の対象となる（法119条2項3号）。

　なお、ネットショッピング等を利用して海賊版を頒布する旨の申出が行われ、その行為が海賊版の取引を助長していたことから、平成22年の著作権法改正によって、海賊版の頒布の前段階の行為である「頒布する旨の申出」、すなわち海賊版と知ってネットショップ等へ出品すること自体も、著作権を侵害したものとみなされ（法113条1項2号）、刑事罰の対象にもなるとされた（法119条2項3号）。

　よって、出品に当たっては、この点についても十分に注意をする必要がある。

138　第3章　関連法令の概説

⑵　購入の場合

(i)　正規品の場合

　上記のとおり、一度正規に購入した正規品であれば、著作者の譲渡権は「消尽」しているので、中古品の販売・出品であっても、販売者・出品者の譲渡行為は著作権法違反とならない。

　ただし、パソコンを購入した場合のプリインストールソフト版（OEM 版）等は、当該プログラムソフトが特定のハード機器と一体でなければ使用できないことや、譲渡を制限する使用条件となっている場合もあるため、それに反する場合には、サポートを受けられない等、契約違反による不利益を被る場合はある。

(ii)　違法コピー品（海賊版）と知って購入した場合

　落札者が、プログラムの著作物のコピー商品を取得した時点において、それが違法にコピーされた商品（海賊版）であることを認識していた場合には、当該プログラムの著作物を当該違法コピー品からパソコンにインストール等して業務上使用する行為は、著作権侵害とみなされる（法113条 2 項）。逆に、取得時に、違法コピー品であることを知らなかったのであれば、後で知ったとしても、当該コピー品の使用が著作権侵害とみなされることはない。

　著作物が配信（ダウンロード）形態により購入される場合には、それが違法に配信されたものであることを知って、デジタル方式で録音・録画した場合は著作権侵害となり、さらにそのうち一定の場合については、刑事罰が規定されている（第 4 章Ⅶ著作権侵害参照）。

3　P to P ファイル交換ソフト利用の注意点

⑴　P to P 方式のファイル交換ソフトとは

　「P to P 方式のファイル交換ソフト」とは、インターネット上において、不特定多数の個人どうしが、直接データを交換できるサービスを提供するソフトをいう（全くサーバーを介さない形態のものと、検索のために仲介サーバーを用いる形態のものがある）。

　これにより、個人間で、音楽データや映像データを直接に交換することができてしまうため、著作権法上の問題が発生する。

⑵　音楽、ビデオなどのデータをアップロードする場合

　ファイル交換ソフトを利用して、データをネット上へアップロードすると、他のユーザーがアクセスして、受信することが可能になる。

　それゆえ、音楽や、ビデオのデータを、無断でアップロードすることは、私的使用の目的（法30条 1 項）を超えて著作権者の複製権（法21条）、公衆送信権（送信可能化を含む。法23条）、レコード会社等の著作隣接権者の複製権（法96条）、送信

可能化権（法96条の2）をそれぞれ侵害することになる。

東京地判平成15年1月29日判時1810号29頁（ファイルローグ事件の中間判決）も、仲介サーバを用いる形態の事案において、P to P方式のファイル交換サービスの利用者が、著作権者の許諾を得ることなく、MP3ファイルをパソコンの共有フォルダに蔵置して仲介サーバーに接続すれば著作権侵害（自動公衆送信権侵害及び送信可能化権侵害）を構成すると判示している。また、ファイル交換ソフトを使って他人の著作物を無断公開した事案等において、著作権法違反の刑事罰が科されるケースもあったため、ファイル交換ソフトの利用にあたっては、権利侵害のないよう、十分注意するよう心がける必要がある。

なお、ファイル交換ソフトの利用にあたっては、ウィルス感染による情報漏洩などの事案も散見されているところであり、この点も十分に注意する必要がある。

(3) 音楽、ビデオなどのデータをダウンロードする場合

ネット上から音楽やビデオのデータをダウンロードする行為は複製に該当するが、私的使用の目的の範囲内である限りは、当該ダウンロード行為は複製権侵害に該当しない。

もっとも、例えば、当該データを他者へ譲渡する目的で複製するなど、私的使用の目的を逸脱するような場合には、複製権侵害等の著作権侵害に当たることになる。

また、平成22年の著作権法改正により、違法にアップロードされたデータ等であることを認識して、当該データ等を個人的にダウンロードする行為は、たとえ私的使用の目的であっても、著作権違反に該当するとされた（法30条1項3号）。この点については罰則は設けられてはいないが、著作権法違反の行為として民事上の責任も生じかねないので、一消費者であっても、違法サイト上のデータ等や海賊版などの安易なダウンロードについては十分に注意する必要がある。

《参考文献》
・松本恒雄編『電子商取引及び情報財取引等に関する準則と解説』（商事法務、2008）

《参考判例》
・最判平成14年4月25日判時1785号9頁〔中古ゲームソフト東京事件〕
・東京地判平成15年1月29日判時1810号29頁〔ファイルローグ事件中間判決〕

商標法

第1 概説

　商標法とは、ブランド名、製品名などの文字、図形、記号、立体的形状、色彩、音などの登録を通じて、業務上の信用を保護しようとする法律である。登録されている商標を無断で他人に利用させないことにより、商標を使用する者（売る側）の業務上の信用の維持を図り、安心して商品やサービスを販売・提供できるようにするとともに、需要者（買う側）が安心して商品やサービスを購入できるように、一般顧客の利益を保護することを目的とする（法1条）。

　我が国においては従来、色彩や音のみからなる商標は保護されていなかったが、欧米等で広く保護対象となっていることに鑑み、平成26年改正において商標の定義が見直され、色彩のみや音からなる商標も保護の対象となった（法2条1項）。

　近年、インターネットにおける商取引が増加しているが、インターネット上における標章の使用も商標の「使用」に該当する（法2条3項）。誰もが手軽に参加でき、匿名性も高いインターネット取引では、実際の店舗に比べ、安易に知的財産権侵害が行われがちである。個人輸入やインターネット取引において、偽ブランド品（商標法違反）や海賊版（著作権法違反）などの多くの知的財産侵害物品が流通しており社会問題化している（海賊版については第4章II第1の1「海外ネット通販」の注意点を参照のこと）。

第2 定義

1 商標

　「商標」とは、人の知覚によって認識することができるもののうち、文字、図形、記号立体的形状若しくは色彩又はこれらの結合、音その他政令で定めるものであって、かつ、①業として商品を生産し、証明し、又は譲渡する者がその商品について使用するもの（商品商標）、あるいは②業として役務を提供し、又は証明する者がその役務について使用するもの（役務商法（サービスマーク））をいう（法2条1

項1号・2号）。国内外の多くの企業は、自社の商品のブランドの保護を図るために、その商品に付されるブランドのマークやロゴ等について商標登録を受けている。

2　商標の機能

商標の機能には、①自他商品役務識別機能（多くの同種商品やサービスの中から、自己の商品等を他者の商品等と識別する機能）、②出所表示機能（商品やサービスの生産者・販売業者などの出所を表示する機能）、③品質保障機能（同一の商標が付された商品は常に一定の品質を有していることを示す機能）、④広告宣伝機能（商標を付することにより、消費者の購買意欲が喚起される機能）がある。これらの機能を有さない名称やマークは商標ではない。

3　商標権者の権利

「商標権」とは、商標権者が、非権利者に対し、登録商標と同一又は類似する商標を、指定商品（指定役務）と同一又は類似する商品（役務）に使用することを禁止しうる権利をいう（法25条、36条、37条）。

商標権者は、指定商品又は指定役務について登録商標の使用をする権利を専有しているため（法25条）、商標権者から許諾を受けずに指定商品又は指定役務について登録商標を使用することは、商標権侵害となる。また、指定商品又は指定役務について登録商標に類似する商標を使用する行為や指定商品又は指定役務に類似する商品・役務について登録商標又はこれに類似する商標を使用する行為は、商標権を侵害するものとみなされる（法37条1号）。

商標権が侵害された場合、商標権者には差止請求権（法36条）、損害賠償請求権（民法709条、法38条）、信用回復措置請求権（法39条、特許法106条）、不当利得返還請求権（民法703条、704条）が認められる。

商標権を侵害した場合には、故意又は過失の有無を問わず、商標権者等から侵害行為の差止請求を受けることがあり、故意又は過失がある場合には、不法行為に基づく損害賠償請求をされることがある。また、法律上過失が推定されるため（商標法39条準用の特許法103条）、侵害を問われたものは、過失がないことを立証しない限り、商標権侵害により生じた損害の賠償責任を負うことになる。

第3　電子商取引における商標権侵害行為

1　電子商取引における商標権侵害行為

法2条3項に列挙されている商品又は商品の包装に商標を付する行為、商品又は商品の包装に商標を付したものを譲渡、輸入等する行為等を「商標の使用」といい、

商標権者の許諾なく、このような「商標」を「使用」した場合には商標権侵害となる。

　例えば、模倣品（偽ブランド品や海賊版）を輸入したり、販売したりする行為や、模倣品と知りながら購入した場合も商標権侵害行為に該当する。

　さらに、購入後に真正品ではなく模倣品と気づいた場合、また、権利侵害品を入手した後、廃棄をせず、国内において他人に譲渡することも、商標権侵害となる。

2　違法な商品の取引であるという意識を持つことの重要性

　商標権や著作権を侵害するいわゆるコピー商品・偽ブランド品、海賊版の販売は最近は「スーパーコピー」「〜風バッグ」「レプリカ」などと言葉を変えて、消費者の抵抗感・罪悪感を薄めている風潮があり、消費者自身が最初から「ニセモノ」と知りながら、それが違法な商品の取引であるという意識を持たずに入手しているケースがみられる。

　また、インターネットオークションにおいては消費者が「出品者」として売り手になることがあり、消費者自身の行為が商標法、著作権法、不正競争防止法及び刑法等に触れてしまう危険性もある。

　偽ブランド品を流通させてしまうことは、新たな知的財産の創造意欲を減退させるだけではなく、消費者のブランドへの信頼を低下させ、消費者自身の利益を阻害するものである。商標権等の侵害を許さず、またそれによって損害を被らないためには、消費者一人一人が、知的財産権を尊重する意識を持って、偽物を買わない、偽物を許さない社会にしていくことが必要である。

《参考文献等》
- 末吉亙『商標法』（中央経済社、2014）
- 茶園成樹『商標法』（有斐閣、2014）
- 小野昌延＝小松陽一郎編『商標の法律相談』（青林書院、2009）
- 特許庁「平成26年特許法等の一部を改正する法律について」（平成26年5月）（https://www.jpo.go.jp/torikumi/ibento/text/pdf/h26_houkaisei/h26text.pdf）
- 同上「模倣品の個人輸入及びインターネット取引に関する事例集」（平成17年2月）（https://www.jpo.go.jp/torikumi/mohouhin/mohouhin2/jirei/pdf/inet_trans_jirei/001.pdf）
- 国民生活センター「コピー商品・偽ブランド品・偽造品…『ニセモノ』に関する消費者トラブルに注意！―失うのはお金だけじゃない―」（平成26年10月16日）（http://www.kokusen.go.jp/pdf/n-20141016_1.pdf）
- 消費者庁越境消費者センターHP（http://www.cb-ccj.caa.go.jp）

電気通信事業法

第1 制定趣旨

　日本電信電話公社の分割民営化とともに、電気通信事業の効率化・活性化を図るために、長らく独占事業であった電気通信事業に全面的に競争原理を導入するとともに、端末機器や回線利用の制約を緩和することを内容とした、いわゆる電電改革三法のうちの1つとして制定された。

　そして、平成15年の改正により料金及び契約約款に関する規制を緩和して事業者間の競争を促進しつつも、規律の内容として利用者保護規定を内在化させ、消費者保護ルールとして18条3項（事業の休廃止にかかる周知関係）、26条（提供条件の説明関係）、27条（苦情等の処理関係）が加えられた。

　なお、本法における消費者保護ルールについて平成27年改正法が成立した。本法の消費者保護ルールについては、総務省よりガイドラインが制定されており、具体的な運用においてはガイドラインの参照が必要となる。

第2 電気通信事業法の概略（条文の構成）

　第1章は総則（法1条～5条）として、定義規定や検閲の禁止、秘密の保護を定めており、第2章は電気通信事業（法6条～116条）として、事業の登録等、業務や電気通信設備などについて定めがなされている。

　第3章は土地の使用等（法117条～143条）として事業の認定や土地の使用などの電気通信事業の設備の整備に関すること、第4章は電気通信事業紛争処理委員会として事業者間の紛争について、第5章は雑則として適用除外などについて、第6章は罰則が記載されている。

　通信の秘密の侵害については2年以下の懲役又は100万円以下の罰金、その事業に従事したものについては3年以下の懲役又は200万円以下の罰金など重い罰則が設けられているが、消費者ルールの18条3項の周知義務違反や26条の説明義務違反、27条の苦情受け付け準備体制などについては直接罰則は設けられておらず、問題が

ある場合一定の要件に従って、業務改善命令を出せるというにとどまる（法29条1項12号・2項）。

この業務改善命令違反に対しては200万円の罰金などの刑事処分、登録や認定の取消という行政処分でこれを担保する（法186条、14条1項1号、126条1項3号）。

また、無届電気通信事業については無届けでサーバーを立てて電気通信事業を営んだ業者などに対して適用された事例があるが、6月以下の懲役又は50万円以下の罰金が科される（法16条1項、185条）ものであり、出会い系サイトで電気通信事業者に当たるものなどには適用の余地があろう。

第3　適用範囲

1　電気通信事業者について

(1)　定義——電気通信事業法の適用範囲

(a)電気通信設備を用いて他人の通信を媒介し、その他電気通信設備を他人の通信の用に供するものが「電気通信役務」であり、(b)この役務を他人の需要に応ずるために提供する事業が「電気通信事業」である。(c)そして、届出や登録があり始めて「電気通信事業者」となる（法2条）。もっともこれらの規定に当てはまる場合も適用除外の規定がある（法164条）。

(2)　具体例

企業内のLANや内線電話については「他人の通信」ではないのでそもそも電気通信役務ではない（法164条1項1号・2号）。

ウェブサイト開設やネットバンキング、ネット通販などは他人の通信には自己と他人との通信も含むので、電気通信役務に当たるが、もっぱら自己の固有情報を発信するか本来事業の遂行の手段として電気通信役務を提供しているだけなので、「電気通信事業」に当たらない。

各種情報のオンライン提供やオンライン検索などは「他人の通信」に当たり、「他人の需要」に応じているが、もっぱら自己と他人の通信であり、他人の通信を媒介しない場合であり、電気通信設備がない場合には適用除外となる。

登録又は届出を有する電気通信事業としては、加入電話や携帯電話、インターネット関連の各種サービスがありうる。これまでの例としては、転送電話やコンテンツの媒介、クローズドチャット、出会い系サイト、無店舗テレホンクラブなどがこれに該当するとされている。

2　特商法との関係での除外

特商法施行令別表第2の三十二には、「電気通信事業法（昭和五十九年法律第

八十六号）第二条第五号に規定する電気通信事業者が行う同条第四号に規定する役務の提供」とされており、電気通信事業者が行う電気通信役務には特商法の適用はない。

過去に問題となった事例では、VOD（ビデオ・オン・デマンド）と称される映像配信サービスの提供事業者の例がある。

同サービスは配信業者と消費者間の通信で、「他人の通信」に当たることは争いがない。しかし、「他人の通信を媒介する役務」ではないため、電気通信設備を設置しない場合には提供事業者が電気通信事業者とはならない、という事例があった。そこで、上記「電気通信事業者が行う」に照らしての特商法の適用除外規定にも当たらず、特商法のクーリング・オフの適用があることとなる。

特商法の適用除外に当たるかどうかにおいては電気通信事業法の適用対象かについての検討が必要となるので「電気通信事業参入マニュアル［追補版］」を参照されたい。

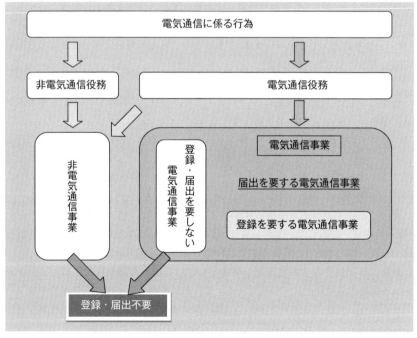

＊総務省電気通信事業部データ通信課「電気通信事業参入マニュアル［追補版］―届出等の要否に関する考え方及び事例―」（平成17年8月18日）より抜粋
（http://www.soumu.go.jp/soutsu/kyushu/com/file/entry02_01.pdf）

第4　電気通信事業者法の消費者保護ルールの要点

電気通信事業法の消費者保護ルールについては、ガイドラインで解説されている。

1　事業の休廃止に係る周知（法18条3項）関係について
(1)　本規定の趣旨

電気通信サービスが国民生活や社会経済活動に必要不可欠なサービスとなったことから、電気通信事業の休止又は廃止によって突然打ち切られた場合には消費者が不測の不利益を被る危険性がある。

そのため、電気通信事業者が電気通信事業の全部又は一部を休止し、又は廃止しようとする場合には、原則として利用者にその旨を周知させなければならないこととした。

(2)　法18条3項の規定の概要及び説明

本規定の周知が必要な「電気通信事業の一部」とは、社会経済的に1つの単位となりうるものをいい、利用者から見て独立した電気通信サービスと認知されると考えられるものを提供する事業の部分がこれに該当する。

料金プラン・割引メニュー等をやめるケースは、当該プラン・メニュー等が適用されていたサービスが引き続き新たな契約条件により利用者に提供されていれば「休廃止」には該当しないが、契約条件の変更（新たな契約の締結）に該当するので、別途、法26条（提供条件の説明）の規定に基づく対応が必要となりうることは注意する必要がある。

(3)　周知させる事項・時期・範囲・方法（規則13条）

「周知」（法18条3項）とは事業の休廃止によって提供されなくなるサービスの内容、期日について、訪問、電話、郵便等、電子メール、（そういったものがある場合は）サービスが利用される際に必ず表示されるホームページのいずれかの方法による周知を意味する。また、周知には「相当な期間」をおく必要があるが、ガイドラインによれば事業者らの連絡等を受けて事業が休廃止されることを認知して、代替サービスの存在を認識し、理解・比較検討して、移行先を決定するため原則概ね1ヶ月程度は周知期間として最低必要ではないかと解釈されている。

さらに、周知先は「知れたる利用者」とされているが、当該電気通信事業者がサービス提供に関する契約を締結しているものとして氏名等を認識している者をいい、自社が「みなし契約」などで他事業者の顧客と自動的に契約を締結している場合など、利用者を個別に特定できない場合などは含まれない。

XVI　電気通信事業法　　147

⑷ 本規定に対する違反への対応について

　電気通信事業者が本規定に違反した場合には、利用者の利益を阻害しているときに限り、利用者の利益を確保するために必要な限度において総務大臣による業務改善命令を発することができ（法29条1項12号）、公共の利益を阻害すると認めるときは、登録の取消事由又は認定の取消事由となりうる（法14条1項1号又は法126条1項3号）。

⑸ 適用場面など

　ガイドラインには携帯電話事業者がアナログ方式の携帯電話サービスを廃止する際などの具体例が挙げられている。

　この例の場合は、9ヶ月前からダイレクトメールを送付し、その後廃止までの間に自宅・携帯電話への電話や訪問による移行勧奨、ホームページや報道発表による周知などをした事例が相当なものとして紹介されている。

　このように、技術革新などによりサービスが切り替わる際には、事業者との交渉の中で本条項の適用を検討する必要があると思われるが、上記の規定はあくまで最低限度を画したものであるから、周知については広く複数の連絡手段をとるべきなどの主張をすることが否定されるものではない。その趣旨は「事業の休廃止の望ましい在り方について」という形でガイドラインに記載されている。

2　提供条件の説明（法26条）関係
⑴ 本規定の趣旨

　電気通信サービスの高度化・サービス内容や料金メニューの多様化は、消費者の選択の幅を大きくし、消費者の利便性の向上につながるものであるが、内容や料金体系、契約条件の複雑化は平均的な消費者の理解を超えるものといえ、事業者と消費者との間の情報格差、情報の非対称性を拡大させている。

　理解が不十分なことに起因する提供条件についてのトラブルの増加が懸念されるが、他方、複雑なサービスを理解するため専門的知識を身につけることは電気通信サービスのコモディティ化からすれば非現実的である。

　そこで、電気通信事業者に対して、消費者が最低限理解すべき提供条件について、契約締結時に当該消費者に対する説明義務を課したものであり、本規定は電気通信事業者だけでなく、その媒体、取り次ぎ、代理する契約代理業者に対しても適用される。

⑵ 法26条の規定の概要及び説明
（i） 説明義務を課される主体について

　本規定は「電気通信事業者」だけでなく、電気通信事業者の電気通信役務の「媒介、取次ぎ、代理をする契約代理業者」も業として行う限り対象とすることを明記

148　　第3章　関連法令の概説

する。もっとも「電気通信役務」であっても、「電気通信事業者」の行うものでなければ適用されない。

(ⅱ) 説明が必要な契約について

「国民の日常生活に係るものとして総務省令で定める電気通信役務」の提供に関するものである（法26条、規則22条の2の2第1項各号）。

具体的には、電話及びISDNサービス（携帯、PHS、IP電話除く）（1号）等、各号に規定された各役務契約について、説明義務が課される。

(ⅲ) 説明の方法についての書面主義（規則22条の2第2項）

原則として説明方法として以下の事項について「わかりやすく記載」した「書面（カタログ・パンフレットなどを含む）を交付」する必要がある。

例外として、別途の方法による説明（電子メール、プリントアウト可能なインターネットのウェブページ（ただし携帯などの場合にはプリントアウトできないので事後交付か3ヶ月変更できない状態にすることが要求されている）、CD-ROMにデータを入れて交付、カタログやパンフレットに説明事項を表示、事後に書面交付を前提とした電話説明）を了承した場合はそれによることができるとされる。

(ⅳ) 契約締結の際に説明が必要な事項について

「総務省令で定めるところにより、当該電気通信役務に関する料金その他の提供条件の概要」（法26条）を契約前に説明する必要があり、施行規則に説明内容及び時期が具体的に定められている（規則22条の2の2第3項）。

「少なくとも」本項に定められた事項については説明を行うという定め方であるから、更に詳しく説明することはかまわないが、これら以外について説明するとしても上記が重要事項として定められた趣旨からすれば、本項の項目がそのほかの説明に紛れてしまわないように配慮することが望ましい。

具体的な説明内容については、電気通信事業者の名称等、契約代理業の場合は契約代理業者である旨及び名称等、電気通信事業者（契約代理業者）の問い合わせ連絡先及び電話窓口の受付時間帯、電気通信サービスの内容、電気通信サービスの料金・それ以外の全ての経費、それらの無料・割引キャンペーンの適用があるときは期間と条件、消費者からの申出による契約変更や解除の連絡先及び方法（あれば解約期間の制限、違約金、レンタルモデム等の返却費用）が最低限のものとして定められている（同項1号〜10号）。

その他、内容の詳細についてはガイドラインを参照されたい。

(ⅴ) 例外規定

なお、みなし契約やローミング契約、公衆電話などの都度契約による電気通信サービスはその合理性がないことから説明義務を免除されており（規則22条の2の2第4項）、消費者側・事業者側からの契約変更の際に、同種のサービスの提供条

XVI　電気通信事業法　　149

件の変更であればその部分（事業者側からの変更の場合は特に不利になる事項）のみ、異なる種類のサービスの変更にあっては契約締結と同じ事項を説明すること、別途既に接続・共用協定を締結した電気通信事業者がサービス内容についての説明をするときは、重ねて他社がこれを行う必要がないことなど、消費者の利益を損なわない限度での合理化がなされている（規則22条の2の2第5項・6項）。

(3) 本規定に対する違反への対応について

電気通信事業者が本規定に違反した場合には、利用者の利益を阻害しているときに限り、利用者の利益を確保するために必要な限度において総務大臣による業務改善命令を発することができる（法29条2項）。

また、電気通信事業者が本規定に違反した場合において、公共の利益を阻害すると認めるときは、登録の取消事由又は認定の取消事由となり得る（法14条1項1号又は法126条1項3号）。

(4) 未成年者、高齢者が被害者の消費者トラブルの解決に際して

なお、法文上は定められていないが、適合性原則、未成年者や高齢者への配慮についてはガイドライン上で監督官庁からの「契約締結の際の望ましい対応の在り方」という書き方で定められているので、交渉の際にはそれらを利用することが考えられる。

(5) 消費者契約法との関係について

消費者契約法4条1項及び2項では、重要事実についての不実告知があった際の契約の申込み・承諾の意思表示の取消が可能となっている。

ガイドラインではこれを事後的救済と称して、事前の説明義務を定める法26条の説明事項については直ちに「重要事項」とはならないとあえて付記している。

これは説明事項について説明がなかった場合に直ちに民事効としての取消権が発生するものではないことをいう趣旨と思われるが、説明事項が契約内容として重要事項に当たる可能性は高く、法26条の説明事項になっていることについては、消費者契約法上の取消権をいう場合の重要なポイントとして主張することが許されると解するべきである。

3 苦情等の処理（法27条）関係

(1) 本規定の趣旨

電気通信サービスの高度技術性、インフラとしての継続の必要性から安心して継続利用をできるようにするためには、苦情や問い合わせへの適時適切な対処が不可欠であり、電気通信事業者へそれらについての処理の義務を課したものである。

(2) 本規定の概要

具体的に苦情処理の義務が課せられるのは、説明義務の対象と同じものである。

150　第3章　関連法令の概説

また、苦情の対象として処理の義務が課せられる事項は窓口業務の方法などの日常業務の取扱方法と電気通信役務そのものについての2つである。適切迅速な処理については別途説明する。

(3) 「適切かつ迅速にこれを処理しなければならない」

一般的には電気通信サービスの提供条件の詳細についての問い合わせや、電気通信サービスを適切に利用するために必要な情報についての問い合わせ、また、何らかの事情で消費者が適切に電気通信サービスを利用できない場合等の苦情に対し、適切かつ迅速な対応を行うことを指す。

適切迅速処理がされているかについては、個別具体的な判断となるが適切ではない例としてガイドラインには下記のものが挙げられている。

- ・ 対応窓口がないか、あっても連絡先、受付時間が明らかにされていない
- ・ つながらない、メールへの返信がない
- ・ 返信があっても正当な理由なく2〜3日を超える期間回答をしていない
- ・ 調査について1週間程度でできるものについて1ヶ月以上かけている
- ・ 解約の申出があったにもかかわらず相当期間放置している

---

(4) 本規定に対する違反への対応

電気通信事業者が本規定に違反した場合には、利用者の利益を阻害しているときに限り、利用者の利益を確保するために必要な限度において総務大臣による業務改善命令が発せられる（法29条2項）。

また、電気通信事業者が本規定に違反した場合において、公共の利益を阻害すると認めるときは、登録の取消事由又は認定の取消事由となり得る（法14条1項1号又は法126条1項3号）。

(5) 苦情処理の在り方

苦情処理の望ましい在り方として、電話窓口を平日は長時間、調査も含めて真摯に対応するべきとガイドラインでは定められており、交渉に際してはそれらの記載を援用することができるだろう。

第5　改正法について

消費者保護ルールに関しては、平成27年5月15日成立の改正法で書面の交付・初期契約解除制度の導入、不実告知・勧誘継続行為の禁止等、代理店に対する指導等の措置が追加されている。

改正法成立より1年を超えない範囲内で施行される予定である。

XVI　電気通信事業法　151

書面の交付（改正法26条の2）については、これまで法26条で定められていた事前の書面による説明義務に加えて、契約成立後に契約について総務省令で定める書面（承諾があるときは電子的方法によるものも可能）を作成し交付することを義務づけている。

改正前は電気通信事業法には民事効規定がなかったところ、解除については同条の法定書面が必要な契約についてを解除について不実を告げられ誤認することがなく受領した場合、受領日を含む8日以内に書面での解除ができることなり、初期契約解除制度が導入された（同条1項）。

この制度では、解除の意思表示は発信主義とされ（同条2項）、利用料相当額以外の違約金の受領が禁止、預り金がある場合には返還をする必要が明記されている（同条3項・4項）。

さらに、苦情等の処理についての法27条に加えて、改正法27条の2を新設し、重要事実の不告知、不実告知（同条1号）、契約を締結しない旨の意思を表示した際の再勧誘の禁止（同条2号）を加えて電気通信事業者の規律の向上を図ることとした。

ただし、書面交付義務やこれに伴う初期解除については総務省令で例外が設けられる予定であるほか、通信契約と同時に締結されることが多い通信端末の割賦販売については効力は及ばないものであるから、実務に当たってはこの点についても配慮が必要となる。

さらに、不実告知等に違反した場合には消費者契約法の適用がある事は別論、本法単独では民事効が設けられない予定であることについても注意が必要である。

従前から消費者契約法4条の不告知で取消が可能となる「重要事実」については法26条の説明義務の範囲と消費者契約法の重要事実の範囲が違うことがガイドラインに明記されるなどされていたが、本改正によりこれが明確にされたともいえることから、改めて消費者契約法における重要事実についてのあてはめには注意を払う必要があろう。

なお、電気通信事業者が代理店への適切な指導等をすべき義務についても総務省令に定める形で明記されている（改正法27条の3）。

これらの改正にあわせて電気通信事業者各社の中には、電気通信事業者の営業活動に関する自主基準及びガイドラインを設定したり、試用サービスあるいは自主的な8日間程度の無償解約や自動更新についての解除が可能な期間を伸長する、メール通知するなどの取組みを行っているところもある。

《参考文献》

・多賀谷一照ほか編著『電気通信事業法逐条解説』(財団法人電気通信振興会、2008)

・総務省「電気通信事業参入マニュアル」(平成17年12月) (http://www.soumu. go.jp/main_sosiki/joho_tsusin/policyreports/japanese/misc/Entry-Manual/ TBmanual02/entry02.pdf)

・同上「電気通信事業参入マニュアル (追補版)」(平成18年8月) (http://www. soumu.go.jp/main_sosiki/joho_tsusin/policyreports/japanese/misc/Entry-Manual/ TBmanual02/entry02_01.pdf)

・電気通信サービス向上推進協議会「電気通信事業者の営業活動に関する自主基準及 びガイドライン〔第2版〕」(平成27年1月) (http://www.tspc.jp/files/Guideline_ Criteria_for_operating_activities_2.pdf)

・総務省総合通信基盤局「電気通信事業法の消費者保護ルールに関するガイドライン 〔平成26年3月改正版〕」(http://www.soumu.go.jp/main_content/000306026.pdf)

出会い系サイト規制法

第1 法律の制定

　出会い系サイト規制法は、正式名称を「インターネット異性紹介事業を利用して児童を誘引する行為の規制等に関する法律」といい、出会い系サイトにおける児童買春事件等の犯罪が多発したことから、出会い系サイトにおける児童被害を防止するために平成15年に制定された。さらに、①出会い系サイト事業者に対する規制を強化し、②児童による出会い系サイトの利用を防止するための民間活動の促進を図るため平成20年5月に改正法が成立し、同年12月1日には全面的に施行された。

第2 目的

　この法律は、インターネット異性紹介事業の利用に起因する児童買春その他の犯罪から児童を保護し、もって児童の健全な育成に資することを目的としている（法1条）。
　なおここでいう児童は「18歳未満」の者をいう（法2条1項）。

第3 定義

　インターネット異性紹介事業（以下、「出会い系サイト」）とは、①面識のない異性との交際を希望する者（異性交際希望者）の求めに応じて、その者の異性交際に関する情報をインターネット上電子掲示板に紹介するサービスを提供していること、②異性交際希望者の異性交際に関する情報を公衆が閲覧できるサービスであること、③インターネット上の電子掲示板に掲載された情報を閲覧した異性交際希望者が、その情報を掲載した異性交際希望者と電子メール等を利用して相互に連絡することができるようにするサービスであること、④有償無償を問わず、これらのサービスを反復連続して提供していること、の以上4点を全て満たした事業をいう。

第4　出会い系サイト事業者に対する具体的法規制

1　概要

　出会い系サイト規制法の目的を達成するために、大きく①届出制の導入、②事業者の欠格事由、③その他児童の利用防止措置の策定等の3つが義務付けられている。

2　届出制の導入

　平成20年の改正以後出会い系サイト事業者に対して、事業の本拠となる事務所の所在地を管轄する都道府県公安委員会に氏名や本拠となる事務所の所在地等の情報を届け出ることが義務化された（法7条1項）。この届出をしないで出会い系サイト事業を営んだ者に対しては罰則も科せられている（法32条1号）。

　また、虚偽の届出をした者（法34条1号）、又は変更及び出会い系サイト事業の廃止の届出をしなかった者や、変更や廃止について虚偽の届出をした者に対しても30万円以下の罰金が科せられている（同条2号）。

　また、過去に一定の犯罪を犯した者等については、出会い系サイト事業者になることができない欠格事由（法8条）も設けられた。

3　事業の停止等

　法8条2号の罪（禁錮以上の刑に処せられ、又は出会い系サイト規制法、児童福祉法61条1項、若しくは児童買春、児童ポルノに係る行為等の処罰及び児童の保護等に関する法律に規定する罪を犯して罰金の刑に処せられその執行を終わり、又は執行を受けることがなくなった日から起算して5年を経過しないものに対する出会い系サイト事業の営業禁止）、又は児童の健全な育成に障害を及ぼす罪で政令に定めるものに当たる行為をしたと認めるときは、公安委員会が出会い系サイト事業者に出会い系サイト事業の全部又は一部の停止を命じることができる（法14条1項）。

　また、出会い系サイト事業者が8条各号に規定する欠格事由に該当することが判明した時は、公安委員会は出会い系サイト事業の廃止を命じることができる（法14条2項）。

　この命令に反した者は1年以下の懲役若しくは100万円以下の罰金、又はその併科となる（法31条）。

4　児童の利用防止措置等

　出会い系サイト事業者は、出会い系サイトについて広告又は宣伝をするときは、児童が出会い系サイトを利用してはならないことを明記しなければならない（法10

XVII　出会い系サイト規制法　　155

条1項)。

　出会い系サイトを利用しようとする者に対して、児童が出会い系サイトを利用してはならない旨をウェブサイトに表示するなどして、利用者に伝達しなければならない（法10条2項）。

　出会い系サイト事業者は、出会い系サイトを利用する者が書き込みや閲覧をしたり、利用者同士がメール等で連絡を取り合ったりする際に、児童でないことを確認することが義務付けられている（法11条）。

　この確認方法としては、免許証等の年齢又は生年月日を証する書面のうち、年齢又は生年月日・書面の名称・書面の発行・発給者の名称にかかる部分について提示、写しの送付又は画像の送信を受ける方法、又はクレジットカードでの支払いなど児童が通常利用できない方法によって料金を支払う旨の同意を得ることが義務付けられている（規則5条）。

　出会い系サイト事業者は、事業を行う中で児童を異性交際の相手方となるように誘う書き込みや、大人に対し児童との異性交際の相手方となるように誘う書き込みが行われていることを知った時には、速やかにその情報を削除した上で、他の利用者がその情報を閲覧できないようにするための措置を取らなければならない（法12条）。

5　指示

　公安委員会は、出会い系サイト事業者が行う出会い系サイト事業に関し、出会い系サイト規制法若しくはこれに基づく命令又は他の法令の規定に違反したと認める場合で、当該違法行為が児童の健全な育成に障害を及ぼすおそれがあると認めるときは、当該違反行為が行われた時における当該出会い系サイト事業者に対し、児童の健全な育成に障害を及ぼす行為を防止するために必要な指示をすることができる（法13条）。

　この指示に違反した者には罰則がある（法32条3号）。

第5　全体に対する規制

　出会い系サイト規制法は、児童を性交等に誘引すること並びに人を児童との性交等に誘引することを何人にも禁止している（法6条1号・2号）。

　「何人にも」ということは、誰にでもということであり、出会い系サイトを運営する者はもちろんのこと、当該出会い系サイトに書き込む者も規制の対象となる。したがって、児童を性交に誘因する書き込みをした者は本法により処罰される可能性があることになる。

また、同様に何人にも対償を供与することを示して児童を性交を除いた異性交際の相手方になるよう誘引すること（法6条3号）、対償を受けることを示して人を児童との性交を除いた異性交際をするよう誘引すること（同条4号）、児童を異性交際の相手方となるように誘引し、又は人を児童との異性交際の相手方となるように誘引することも禁止している（同条5号）。

　このうち、人を児童との異性交際の相手方となるように誘引することを除いた全ての行為が罰則の対象となり、100万円以下の罰金に処される可能性がある（法33条）。

第6　各自の努力義務

　出会い系サイト事業者は、児童による出会い系サイトの利用の防止に努めなければならず、プロバイダ等の事業者もフィルタリングソフトウェアの提供等により児童による出会い系サイトの利用の防止に資するよう努めなければならない（法3条1項・2項）。

　また、保護者もフィルタリングソフトウェア等の利用により児童による出会い系サイトの利用の防止に努めなければならない。

《参考文献》
・警察庁（http://www.npa.go.jp/cyber/deai/law/）
・田島正広監修・編集代表『インターネット新時代の法律実務Q&A〔第2版〕』（日本加除出版、2013）324〜325頁

青少年インターネット環境整備法

第1　概要

　インターネットの普及によって、青少年も広くインターネットを利用し、情報収集やコミュニケーションの手段に用いるようになった。特に携帯電話の普及によって青少年もいつでもインターネットに接続できることが当たり前になっている。
　しかし、それにより青少年が出会い系サイトといった有害な情報が多数掲載されているウェブサイトも容易に閲覧できるようになることとなった。
　そこで、青少年インターネット環境整備法（正式名称「青少年が安全に安心してインターネットを利用できる環境の整備等に関する法律」）が制定され、青少年が関わるインターネット環境の整備が図られることとなった。
　この法律は、青少年がインターネットを適切に活用する能力の習得に必要な措置を講ずると共に、青少年が安全に安心してインターネットを利用できるようにして青少年の権利の擁護に資することを目的としている（法1条）。
　このために、青少年のインターネット利用に関する教育及び啓発活動の推進の他、携帯電話インターネット接続役務提供事業者に対してのフィルタリングサービスの提供に関する役割が規定されている（法13条、14条）。

第2　定義

1　青少年有害情報とは（法2条）

　青少年インターネット規制法は、法2条3項で青少年有害情報とは「インターネットを利用して公衆の閲覧（視聴を含む。以下同じ。）に供されている情報であって青少年の健全な成長を著しく阻害するものをいう」と定めた上、有害情報について以下のように例示している（同条4項）。

> 1号　犯罪若しくは刑罰法令に触れる行為を直接的かつ明示的に請け負い、仲
> 　　介し、若しくは誘引し、又は自殺を直接的かつ明示的に誘引する情報

　これは、犯罪に誘因するようなウェブサイトの閲覧を規制しつつも、「直接的かつ明示的に」と限定することで犯罪等に関する情報の閲覧に対する過度の規制とならないよう限定を付したものである。

　ここでの犯罪もしくは刑罰法令に触れる行為には、正犯はもちろんのこと教唆・幇助に該当するものも含む趣旨である。

> 2号　人の性行為又は性器等のわいせつな描写その他の著しく性欲を興奮させ
> 　　又は刺激する情報

　単に性行為や性器が描写されただけで規制するというわけではなく、それがわいせつな描写その他の著しく性欲を興奮させ又は刺激する情報に該当する場合に閲覧を規制しようというものであり、その上で「著しく」という限定を付して過度な規制とならないように規定したものである。

> 3号　殺人、処刑、虐待等の場の陰惨な描写その他の著しく残虐な内容の情報

　これについても、「陰惨」「その他著しく残虐な」という限定を付すことによって、殺人等の事実を描写する情報が当然に青少年有害情報に該当しないようにしたものである。

　以上の制限は、現在の携帯電話フィルタリングサービスにおいても概ねアクセス制限の対象となっており、国民的合意が得られていると考えられる青少年有害情報の典型的類型を例示したものであるが、あくまでも例示にとどまり、具体的にどのような情報が有害情報に該当するかについての個別的判断は関係事業者や保護者にゆだねられている。

2　有害情報フィルタリングソフトウェアとは

　インターネットを利用して公衆の閲覧に供されている情報を一定の基準に基づき選別した上、インターネットを利用する者の青少年有害情報の閲覧を制限するためのプログラム（電子計算機に対する指令であって、一の結果を得ることができるように組み合わされたもの）をいう。

　これは残虐な画像や性的なコンテンツなど青少年の健全な育成に不要・有害と思

XⅦ　青少年インターネット環境整備法　159

われる情報をあらかじめ閲覧できないようにするものである。

　フィルタリングには、安全なウェブサイトをリスト化してそのリストに基づいて閲覧可能にする「ホワイトリスト方式」と、その逆に安全ではないウェブサイトをリスト化してそのリストに基づいて閲覧できないようにする「ブラックリスト方式」の2種類がある。

　現状ではブラックリスト方式によるフィルタリングが行われており、ブラックリストに載るための審査は一般社団法人インターネットコンテンツ審査監視機構によりウェブサイトの健全性の認定が行われている。

第3　関係各位への義務

　青少年がインターネットに接続するために、現在ではパーソナルコンピューターのみならず、携帯電話やゲーム機等の多種多様な端末や接続環境を用いるようになっている。もっとも、それらの全てをひとくくりにすることは妥当ではないため、端末や接続環境ごとにそれぞれ異なる規制を設けている。

1　フィルタリングサービスの提供義務等

　インターネット接続役務提供事業者は、インターネット接続役務の提供を受けるものから求められたときは、フィルタリングサービスを提供しなければならず（法18条本文）、インターネットと接続する機能を有する機器の製造事業者も、フィルタリングソフトウェアを組み込むことその他の方法により、青少年有害情報フィルタリングソフトウェア又は青少年有害情報フィルタリングサービスの利用を容易にする措置を講じた上で、当該機器を販売しなければならない。

　一方、携帯電話インターネット接続役務提供事業者に対しては、携帯電話端末又はPHS端末の使用者が青少年である場合には、原則として青少年有害情報フィルタリングサービスの利用を条件として、携帯電話インターネット接続サービス役務を提供しなければならない旨定めている（法17条1項）。

　これは、青少年がインターネットで有害情報に触れることが、パソコンを用いてする場合よりも携帯電話端末を通じたほうが多いということに基づくほか、パソコンは自宅で家族が共有することも多く、パソコン自体でフィルタリングソフトを利用することができるため、インターネット役務提供事業者に対してまでこれを義務化するのは過度な規制となることによるものである。

　もっとも、青少年を保護する保護者が青少年有害情報フィルタリングサービスを利用しない旨の申出をした場合にはフィルタリングサービスを適用しないこともできる（法17条1項ただし書）。

青少年にフィルタリングサービスの適用が必要か否かは、青少年を保護する保護者が判断するのが適当であるという考え方に基づいており、青少年の成長に応じた利用の有無の判断が可能となる。

2 接続機器製造事業者、ソフト開発事業者の義務

インターネット接続機器（携帯電話、PHS 除く）の製造事業者は、青少年フィルタリングソフトウェアを組み込むことその他の方法により、青少年有害情報ソフトウェア又は青少年有害情報フィルタリングサービスの利用を容易にする措置を講じた上で、当該機器を販売しなければならない（法19条本文）。

ここでは、パーソナルコンピューターやゲームといったインターネットに接続することのできる機器の製造事業者が対象となっている。

もっとも、同条ただし書は「青少年による青少年有害情報の閲覧に及ぼす影響が軽微な場合として政令で定める場合」を除外しており、施行令 3 条は、「同条に規定する機器にあらかじめブラウザが組み込まれていない場合、青少年による当該機器の使用が十八歳以上の者に目視により監視される蓋然性が高いと認められる場合として経済産業大臣が告示で定める場合、当該機器が専ら事業のために使用されると認められる場合又は経済産業大臣が告示で定める当該機器の種類ごとに、同一の事業者が製造した当該機器の当該年度における販売数量が一万台を超えない場合」としている。

例えば、カーナビは自動車の運転者が18歳以上に限られているほか、青少年が乗車する際には当然に運転者の監督責任の下に置かれていると考えられることから、一般的に青少年がカーナビを単独で使用する状況下にはないと考えられている。

また、法人等が事業のために調達するパーソナルコンピューターも青少年が使用する可能性が極めて小さく、アルバイト等で青少年がいたとしても他の従業員の監視監督下に置かれていると考えられることから、対象外と考えられている。

一方、青少年有害情報フィルタリングソフトウェア開発事業者は、閲覧制限を行う情報を、青少年の発達段階及び利用者の選択に応じ、きめ細かく設定できるようにすること、及び閲覧の制限を行う必要がない情報について閲覧の制限が行われることをできるだけ少なくすることを求められている。これは努力義務である（法20条 1 項）。

3 サーバー管理者の義務

また、サーバー管理者においても、その管理する特定サーバーを利用して他人により青少年有害情報の発信が行われたことを知ったときや、自ら青少年有害情報の発信を行おうとするときは、当該有害情報について、インターネットを利用して青

少年による閲覧ができないようにするための措置をとるよう努めなければならず（法21条）、その管理する特定サーバーを利用して発信が行われた青少年有害情報について、国民からの連絡を受け付けるための体制を整備するよう努めなければならない（法22条）。

サーバー管理者に常時監視義務を設けず「知ったとき」とされているのは、インターネット上の表現の自由を確保する趣旨である。

4　青少年の権利への配慮

このように、フィルタリングサービスを提供することは法的義務であるが、青少年の閲覧の制限という点においては閲覧制限がかかる部分を最小限度にすることにより、青少年の表現の自由（憲法21条1項）を侵害しないよう配慮することが求められている。

この配慮そのものは努力義務であるが、青少年の表現の自由に対する制約となる以上は、フィルタリングの範囲を策定するに当たってより制限的でない範囲とするのが望ましいといえるし、そうでなければならないであろう。

また、サーバー管理者には窓口等を設置して保護者らからの問い合わせに対応できるような体制を整えておくことが求められている。

しかしながら、保護者の理解を深めることが最も大切といえる。各家庭において有害情報に対する価値観が異なりうるほか、青少年の成長とそれに伴う知る権利を考えられるのは保護者であり、保護者の理解なしには青少年の成長と保護の両立はできないからである。

《参考文献》
・内閣府「青少年インターネット環境整備について」（http://www8.cao.go.jp/youth/youth-harm/seibi_law/index.html）
・経産省 HP（http://www.meti.go.jp/policy/it_policy/policy/filtering.html）
・松本恒雄＝齋藤雅弘＝町村泰貴編『電子商取引法』（勁草書房、2013）456〜462頁
・高橋和之＝松井茂記＝鈴木秀美編『インターネットと法〔第4版〕』（有斐閣、2010）138〜153頁

旅行業法

第1　概要

　旅行業法は、旅行業や旅行業者代理業を営む者について、登録制を定めるとともに、旅行業等を営む者の業務の適正な運営を確保すること等により、旅行業務に関する取引の公正の維持、旅行の安全の確保及び旅行者の利便の増進を図ることを目的としている。

　その内容は多岐にわたるが、ここでは、消費者が日常的に関わりを持つ旅行に関する契約をインターネット等を通じて行う場合に留意すべき事項に必要な範囲で解説を行う。

第2　旅行業者等の登録

　旅行業、旅行業者代理業を営もうとする者は、その業務範囲に応じて観光庁長官又は都道府県知事の行う登録を受けなければならない（法3条、24条。以下、登録を受けた旅行業・旅行業者代理業を行う者をそれぞれ「旅行業者」「旅行業者代理業者」といい、両者をあわせて「旅行業者等」という）。このうち、旅行業者代理業とは、報酬を得て、旅行業者の代理として、旅行業者のために、旅行業務に関する契約の締結を行う者のことである（法2条2項）。

　登録制度の目的は、旅行業・旅行業者代理業が、旅行という無形で、かつ第三者（運送・宿泊業者等）の給するサービスに関する契約を締結し、サービスの提供前に多額の支払いを受ける事業であることから、適切な契約の締結及び履行を行えない者が旅行業・旅行業者代理業を営むことは旅行者の利益を害することになるため、事前にその適格性を審査することにあるとされている。無登録の営業には刑事罰があり、100万円以下の罰金（法人の場合にはその代表者にも）が科される（法29条1項、33条）。

第3 旅行業者等

旅行取引を行うに際して、旅行業者等は、次のような義務を課されている。

1 料金の掲示（法12条）

旅行業者は、旅行業務の取扱いの料金を定め、営業所において旅行者に見やすいように掲示しなければならない（法12条1項）。旅行業者代理業者の場合は、その代理する旅行業者の料金を掲示する（同条3項）。対象となるのは、手配手数料、添乗サービス料、旅券・査証等の取得といった渡航手続代行手数料、旅行相談料等である。

ただし、企画旅行（旅行業者が自ら計画して参加者を募集するか、顧客の希望に基づいて旅行業者が計画する旅行（法4条1項4号、2条1項1号）に関しては、旅行の実費部分と旅行業務手数料の部分をあわせて旅行代金として一括徴収する形態の旅行であるため、このような掲示義務はないが、具体的な契約の際に契約内容として明示されるべきことは当然である。

2 旅行業約款（法12条の2）

旅行業者は、旅行者との間で締結する旅行業務の取扱いに関する契約について、旅行業約款を定め、観光庁長官の認可を受けなければならない（法12条の2）。旅行業約款を変更する場合も、一定の軽微な変更の場合を除いて同様である。これは、旅行者との間で契約書が作成されることを促進し、かつ、約款が旅行業者が一方的に定めるものであるために、観光庁長官による認可により公平性・合理性を担保することを目的としている。そして、旅行業約款（旅行業者代理業者の場合は、その代理する旅行業者の旅行業約款）は、営業所において、旅行者に見やすいように掲示するか、閲覧することができるように備え置くことが義務付けられている（同条4項）。

例外として、観光庁長官及び消費者庁長官が定めて公示する標準旅行業約款と同一のものを定める場合、既にある旅行業約款を標準旅行業約款と同一のものに変更する場合には、上記認可を受けたものとみなされ、改めての認可は不要とされている（法12条の3）。

3 取引条件の説明（法12条の4）

旅行業者等は、旅行者と契約を締結するときは、旅行者が依頼しようとする旅行業務の内容を確認し、旅行者に対し取引条件の説明をしなければならない。航空機

のチケットや旅館の手配などのみを行った場合等一定の場合を除き、サービスの内容や対価等を記載した書面（説明書面）を交付しなければならない。

4　書面の交付（法12条の5）

上記2のとおり旅行業務の取扱いに関する契約の内容は旅行業約款によって定められるが、これに加え、旅行業者等は、上記3の説明書面とは別に、契約内容のうち重要な一定のものを記載した書面（契約書面）、又は旅行に関するサービスの提供を受ける権利を表示した書面（乗車船券、航空券、観劇券、入場券等）を交付しなければならない。

5　標識の掲示（法12条の9）

旅行業者等は、その営業所において、旅行業者か旅行業者代理業者か、また、国内旅行のみを取り扱う営業所かどうかの区別により決められた様式の標識を公衆に見やすい場所に掲示しなければならない。

第4　電子商取引における取扱い

旅行業者等は、上記第3で述べた各義務を負うが、これらはいずれも、旅行者が旅行業者の営業所を訪れて取引する場合を想定しているといってよい。これに対し、インターネットを利用して旅行業務を行う場合については、関係官庁の通達や、業界団体のガイドラインによって運用されている。

すなわち、インターネットを利用して旅行業務を行う場合、旅行取引を行うウェブサイトを管理する場所について旅行業務を取り扱う営業所として登録を受ける必要があるとされている。また、旅行業務の取扱いの料金、旅行業約款、標識は、ウェブサイト上でも掲示することとされており（トップページからのリンク設定は可）、取引条件の説明、説明書面及び契約書面の交付については、電磁的方法で交付することを了承する旨のアイコンをクリックする等により旅行者が了承した場合に限り、電磁的方法ですることができるとされている（法12条の4第3項、12条の5第2項）。説明書面又は契約書面の交付を電磁的方法で行うことを希望しない場合の手続についてもあわせて記載することとされている。

なお、契約の成立については、入力内容を確認するページを設け、入力内容を確認した旨のアイコンをクリックする等の方法により旅行者が確認した場合に限り、契約締結に至ることとされている。

XIX　旅行業法　　165

第5　ISP 等への旅行業法の適用

ISP 等が運営するウェブサイトを介して旅行取引を行う場合は、遅くとも具体的な申込内容を確認するための画面に移行する前に、当該取引が旅行者と旅行業者又は運送等サービスの提供者との間での取引となる旨が明確に表示されている場合には、ISP 等が自身について旅行業の登録を行う必要はないとされている。

第6　ダイナミックパッケージ

旅行業者が手配すべき運送・宿泊機関等をあらかじめ選定し、その中から旅行者がサービスを選択して旅行計画を組み立てる旅行取引（いわゆるダイナミックパッケージ）については、募集型企画旅行に該当し、これを実施する場合は旅行業の登録が必要とされている。

第7　電子商取引における留意点

上記第4で述べたように、電子商取引により旅行に関する契約を締結する場合にも、旅行業者等は、ウェブサイト上で料金、旅行業約款、標識を表示する必要があるとされているところ、日本国内で旅行業を営んでいるにもかかわらず、これらの表示を行っていない業者は無登録である可能性がある。上記第2で述べたように、旅行業法の登録制度は、旅行業を営むについて不適格な者を排除することに主眼があるから、無登録の業者を利用することにはリスクがあると考えるべきであろう。なお、旅行業法は旅行業・旅行業者代理業を営む者に対する規制であるので、契約相手方の業者が旅行業法上の登録をしていない場合でも、当該契約が無効となるのかは明らかではなく、むしろ当該契約の効力自体は否定されないと解する方がわが国の法体系とは整合的であろう。ただし、旅行業者等が行うサービスには特商法は適用されないが（特商法26条1項ハ）、他方で無登録で旅行業・旅行業者代理業を行う者に対しては適用されると解されるので、特商法上の救済手段が有効な場合も考え得るところである。

なお、オンライン旅行業者に関しては、オンライン旅行取引における消費者の安全・安心を確保し、トラブルを未然に防止するため、平成27年6月にガイドラインが策定された。

《参考文献等》
・三浦雅生『改正・旅行業法解説』（自由国民社、2006）
・国土交通省観光事業課「旅行取引における電子商取引に関する旅行業法の適用関係について」（平成19年9月）（http://www.mlit.go.jp/pubcom/07/pubcomt107/01.pdf）
・日本旅行業協会＝全国旅行業協会「インターネットを利用した旅行取引に関するガイドライン」（平成20年1月）（https://www.jata-net.or.jp/jatainfo/etbtsystem/pdf/guideline.pdf）
・観光庁「オンライン旅行取引の表示等に関するガイドライン」（平成27年6月）（http://www.mlit.go.jp/kankocho/news06_000234.html）

資金決済法

第1　概説

　資金決済法（正式名称は「資金決済に関する法律」）は、情報通信技術の発達に伴う資金決済システムの多様化等に対応するため、平成21年6月公布された（22年4月1日施行）。
　内容は、①前払式証票とともにサーバ型前払式支払手段を規制対象としたこと（前払式支払手段）、②少額（1回100万円以下）の資金移動業を認めたこと（資金移動業）、③銀行間の資金決済を整備したこと（資金清算業）、④事業者団体に関する規定を整備したこと（認定資金決済事業者協会）などである。
　以下、内容を概観する。

第2　前払式支払手段（法第2章）について

1　概説

　資金決済法の柱の1つは、プリペイドカード（プリカ）の発行を規制対象としていた「前払式証票の規制等に関する法律」（以下「プリカ法」）を廃止し、プリカとあわせてサーバ型前払式支払手段を規制対象としたことである。
　プリカは、利用者が前払いした価値を紙（商品券など）やICカード（Suicaなど）などの「証票」に記録して決済手段とするもので、プリカ法が規制していたが、前払いされた価値を「サーバ」に記録し、これをインターネットを通じて利用する決済方法については規制対象ではなかった。しかし、インターネットの普及等からこのサーバ型を無視できなくなり、資金決済法によって証票型とサーバ型の前払式支払手段をあわせて規制することにしたのである。これに伴いプリカ法は廃止された（附則2条）。
　また、呼称も前払式「証票」から前払式「支払手段」に統一した（ただし、「証票」の概念自体は残っている（法3条1項1号））。
　なお、「サーバ型前払式支払手段」とは、利用者に交付される証票等に金額の記

載や記録がなく、IDのみが交付され、これによって店頭の端末やインターネットを利用して発行者等が管理するサーバーにアクセスし、サーバーに記録された利用者の金額の範囲内で商品やサービスを提供する仕組みとなっているもの、とされる。

以下、前払式支払手段の発行に対する規制を概観する。

2　自家型発行者と第三者型発行者に対する規制

⑴　自家型と第三者型

前払式支払手段には自家型と第三者型がある。

自家型つまり「自家型前払式支払手段」は、特定の商店が発行し、そこでしか使えないようなものである（法3条4項、5条）。

第三者型つまり「第三者型前払式支払手段」は、自家型以外の前払支払手段である（法3条5項、7条）。

⑵　発行主体（届出制、登録制）

⒤　自家型（一定の場合に届出制）

自家型前払式支払手段は、個人でも発行できる（法5条）。届出も必要ない。ただし、その発行を開始して以降、その未使用残高が基準日（毎年3月31日及び9月30日）において一定額（1,000万円）を超えることとなったときには届出が必要となる（法5条）。

自家型の利用対象は、発行者が提供する商品や役務に限られ、関係者も発行者と利用者で、第三者（加盟店）の資金決済を担うわけではないので、参入規制は低いが、前払金額が一定額を超える場合は利用者保護の必要が高まるので届出制義務を課したのである。また、この場合は後述の資産保全義務も発生する。

ⅱ　第三者型（登録制）

第三者型前払式支払手段を発行できるのは、登録を受けた法人だけである（法7条）。登録を受けるためには一定の要件を満たす必要があり、その要件を欠けば登録は拒否される（法8条～10条）。自家型と異なり利用者保護の必要が高いためである。

3　資産保全義務

前払式支払手段発行者（自家型、第三者型を問わない。以下同じ）は、基準日未使用残高が政令で定める額（1,000万円）を超える場合には、当該未使用残高の2分の1以上の額に相当する額の発行保証金を供託しなければならない（法14条）。発行者が破綻した場合は、この発行保証金から配当を受けることができることにして利用者の保護を図ったのである。

なお、発行者が銀行等と発行保証金保全契約を締結し、その旨を内閣総理大臣に

届け出た場合（法15条）、信託会社等と発行保証金信託契約を締結し、内閣総理大臣の承認を受けた場合（法16条）などには、供託義務を免じられる。政令で定める要件を満たす銀行等も供託義務を免除される（法35条）。

4　払戻しの原則的禁止

前払式支払手段発行者は、一定の場合を除いて前払式支払手段の払戻し（換金、おつり）をしてはならない（法20条2項本文）。これは出資法が規制する「預り金」の潜脱になるからである。

なお、発行者が事業を廃止する場合などは払戻しが強制され（法20条1項）、払戻額が少額であるなど事業の健全性を害さないとして内閣府令で定める場合には、任意の払戻しが可能である（同条2項ただし書）。

5　表示義務等

前払式支払手段発行者は、氏名・商号・名称だけでなく、苦情又は相談に応ずる営業所や事務所の所在地及び連絡先を表示しなければならない（法13条）。

6　監督

前払式支払手段発行者は、帳簿の作成・保存（法22条）、報告書の作成・提出（法23条）が義務づけられ、立入検査（法24条）、業務改善命令（法25条）、業務停止命令（法26条）、登録取消（法27条）、登録抹消（法28条）などの監督を受ける。

7　規制対象外

前払式支払手段でも、以下のものは資金決済法の規制対象外とされる（法4条）。

---

①　乗車券、入場券など整理券としての性質を有するもの（同1号）
なお、Suicaなどは整理券としての性質を超えており、規制対象外ではない。
②　有効期限が6ヶ月以内のもの（同2号）
早期に使い切ることが予定されリスクが小さいと考えられるためである。
③　国・地方公共団体やこれらに準じる団体などが発行するもの（同3号・4号）
発行者に信用があるためである。
④　発行者の従業員が購入するようなもの（同5号）
発行者と購入者間に高度の信頼関係があり、一般的な利用者保護の必要がないためである。
⑤　割賦販売法など他の法律で規制されているもの（同6号）
他の法律で資産保全措置が講じられていれば、重複して規制する必要がないためである。

⑥ 業者間でのみ利用されるもの（同7号）
消費者が利用しないものを規制対象外とした。

8 外国で発行される前払式支払手段の勧誘禁止

外国で前払式支払手段を発行する者が、国内の者に対して、その前払式支払手段を勧誘することは禁じられる（法36条）。

9 ポイントサービスの扱い

前払式支払手段の多くは電子マネーであるが、電子マネーと似た機能を持つのがいわゆるポイントである。しかし、ポイントは資金決済法による規制対象ではない。ポイントは「景品・おまけ」と考えられ、企業側がその原資を負担するため、利用者保護の要請の点で電子マネー（利用者が前払いしている）と異なるためである。

ポイントと電子マネーの違いは、利用者が対価を払って取得するものが電子マネー、景品・おまけとして与えられるものがポイントと一応分類できる。したがって、その名称にかかわらず、実態が利用者が対価を払って取得するものであれば、電子マネーとして、その発行については本法の規制対象になると考えられる。

第3 資金移動業（法第3章）について

1 概説

資金決済法のもう1つの柱は、資金移動業を認めたことである。

隔地者間で資金を移動することは為替取引に当たり、これを行えるのは、これまでは免許を受けた銀行等だけであった（銀行法2条2項2号、4条1項等）。しかし、インターネットの普及等により安価で便利な送金サービスのニーズが高まったこと等から、少額（1回100万円以下（資金決済法2条2項、施行令2条））の資金移動業の創設を認めることになったのである。

他方で、利用者保護やマネーロンダリング防止等の要請による規制もある。主なものは、①業者の登録（法37条～）、②資産保全義務（法43条～）、③情報の安全管理（法49条）、④委託先に対する指導（法50条）、⑥誤認防止説明義務（法51条）、⑦監督（法52条～）、⑧本人確認義務等である。

以下概観する。

2 主体

資金移動業を行うことができるのは、登録を受けた株式会社だけである（法37条、40条1号）。

XX 資金決済法 171

なお、外国で本法に相当する法令により登録をしている外国資金移動業者が本法の登録を受けるためには、日本で株式会社を設置する必要はないものの、国内に営業所を有している必要があり（法40条1号）、代表者が国内にいる必要がある（同2号）。これは、事業者の実態を把握し、適切かつ実効性のある監督を行う必要からである。

　この登録を受けている業者かどうかは、金融庁のホームページ（http://www.fsa.go.jp/menkyo/menkyo.html）で確認できる。

3　資産保全義務

　資金移動業者は、滞留資金の全額以上に相当する額の履行保証金を供託する義務を負う（法43条）。資金移動業者が破綻した場合には、この履行保証金から利用者が配当を受けられる。

　なお、資金移動業者が銀行等と履行保証金保全契約を締結し、内閣総理大臣に届け出た場合（法44条）、信託会社等と履行保証金信託契約を締結し、内閣総理大臣の承認を受けた場合（法45条）は、この供託義務を免れる。

4　情報の安全管理

　資金移動業者は、情報の漏洩、滅失又はき損の防止その他情報の安全管理のために必要な措置を講じなければならない（法49条）。

5　委託先に対する指導

　資金移動業者は、業務を第三者に委託することができるが、委託先に対する指導その他業務の適性かつ確実な遂行を確保するために必要な措置を講じなければならない（法50条）。

　ちなみに、名義貸しは禁じられている（法42条）。

6　銀行等が行う為替取引との誤認防止義務

　資金移動業者は、自身の業務が銀行等が行う為替取引と誤認されないよう説明する義務を負う（法51条）。

　資金移動業者は少額の資金移動を行うだけで、預貯金等の受入はできず、預金保険法等の保険金の支払対象ではないので（業者破綻の場合は履行保証金から配当を受ける）、利用者にその点の誤認をさせないようにするためである。

7　監督

　資金移動業者は、帳簿の作成・保存（法52条）、報告書の作成・提出（法53条）、

172　　第3章　関連法令の概説

立入検査（法54条）、業務改善命令（法55条）、登録取消（法56条）、登録抹消（法57条）などの監督を受ける。

8　本人確認義務

資金の移動はマネーロンダリングに利用される危険がつきまとう。銀行等に対してはその対策がなされているが、資金移動業者にも、一定の場合（10万円を超える現金の受払いを伴う送金や、資金移動サービスを利用するために送金口座を開設する場合など）に「犯罪による収益の移転防止に関する法律」（以下「犯収法」）の「特定事業者」として、利用者の本人確認義務を課される（附則31条による改正後の犯収法2条2項28号の2、4条）（疑わしい取引の届出等の義務も負う（同9条））。

また、資金移動業者が、非居住者（外為法6条1項6号）との間で資金移動を行う場合も本人確認義務を負う（附則20条による改正後の外為法18条の5、同18条）。

9　資金移動業の範囲

資金移動に関する法律の体系は、為替取引は銀行にしかできないという銀行法があり、その特則として登録した資金移動業者に少額の為替取引を認めるという資金決済法があるので、銀行か資金決済法の登録をした資金移動業者以外は為替取引を行えない。これに反すると銀行法上の罰則を受ける（銀行法61条1号、同4条1項）。

そこで、例えば収納代行サービスや代金引換サービスも為替取引に当たるなら資金移動業登録をしなければならないが、これらのサービスの内容は様々で、さらに為替取引の内容も今ひとつ明確でないこともあり、新しく発生するサービスを全て為替取引に当たるとして資金移動業の登録義務を課すのが妥当なのか意見が分かれている。ただし、それはこれらのサービスを放置するというものではなく、為替取引に当たるサービスが本法の規制を受けるとされることに変わりはない。

第4　資金清算業（法第4章）について

銀行間の決済は、全国銀行データ通信システム（全銀システム）により処理されている。これは、顧客の銀行送金の処理に際して、各銀行間の送金額と受取額をセンターにまとめて一括処理して決済するシステムである。全銀システムは、社団法人東京銀行協会が運営していた。

本法は、このようなシステム運営を資金清算業として定めて整備した。

すなわち、資金清算業を行うためには免許を得る必要があり（法64条）、業務方法などを規制する。

XX　資金決済法　　173

現在「一般社団法人全国銀行資金決済ネットワーク」がこの免許を付与されている。

第5　認定資金決済事業者協会（法第5章）について

　認定資金決済事業者協会は、前払式支払手段発行者又は資金移動業者を会員とする業界団体であり、会員が法令を遵守するよう指導、勧告したり、利用者からの苦情処理などを行う（法88条）。これは、前払式支払手段発行者又は資金移動業者が設立し、内閣総理大臣が認定する（法87条）。

　現在、「一般社団法人日本資金決済業協会」がこの認定を受けている。

《参考文献》
・金融庁「新たな資金決済サービス」(http://www.fsa.go.jp/common/about/pamphlet/shin-kessai.pdf)
・堀天子『実務解説資金決済法』（商事法務、2011）
・高橋康文編著・小林高明ほか著『逐条解説資金決済法』（金融財政事情研究会、2010）

XXI　消費者裁判手続特例法

第1　経緯

　消費者の権利の実効性を確保するため、消費者の財産的被害を集団的に回復する新たな訴訟制度の創設が長年求められていたが、平成25年12月4日、「消費者の財産的被害の集団的な回復のための民事の裁判手続の特例に関する法律」（以下「消費者裁判手続特例法」という）が可決されて成立し、同月11日に公布されるに至った。

　消費者裁判手続特例法の施行日は、公布日から3年を超えない範囲内で政令で定める日となっており（附則1条）、本稿執筆時点においては未施行であるが、インターネット取引被害の救済にも活用しうる法律であることから、その概要について解説する。

第2　概要

　消費者裁判手続特例法による訴訟手続は、訴訟追行主体を特定適格消費者団体（＊注1）とし、2段階型の訴訟制度になっている点に特徴がある。第1段階目は、相当多数の消費者に共通する事実上及び法律上の原因に基づき、事業者が金銭を支払う義務を負うことを確認する手続（共通義務確認手続）であり、1段階目の手続に際して特定適格消費者団体が個別の対象消費者からの授権を必要としない。第2段階目は、個々の対象消費者の債権の有無及び額を確定する手続（債権確定手続）となっている。共通義務確認手続において特定適格消費者団体が敗訴した場合には、債権確定手続は開始されず、消費者に共通義務確認手続の判決の効力が及ぶことはないこととされている（法9条参照）。

　本制度により、消費者は、特定適格消費者団体による1段階目の手続の結果を踏まえて、特定適格消費者団体に授権をして2段階目の手続に加入することになるため、被害回復のための消費者の負担が軽減され、これまで回復されにくかった消費者被害が回復されるようになることが期待されている。

XXI　消費者裁判手続特例法　　175

なお、特定適格消費者団体は、対象債権の総額の範囲で、仮差押命令の申立ても
できるものとされている。

> ＊注1　消費者裁判特例法の施行後に、消費者契約法に基づく適格消費者団体（平
> 成27年10月現在全国12団体）のうち、新たな認定要件を満たすものを内閣総理大臣
> が認定する。

第3　共通義務確認手続の要件

　共通義務確認手続を提起するためには、以下の要件を満たす必要がある。
　6を除く要件は訴訟要件であり、それを満たさない場合は、訴えが却下される。

1　対象となる請求（法3条1項）

　本制度の対象となる請求は、事業者が消費者に対して負う金銭の支払義務であっ
て、消費者契約に関する以下の請求に係るものであり（法3条1項）、消費者被害
にかかる請求のほとんどが対象となりうる。

(1)　契約上の債務の履行の請求（1号）

　インターネット取引に関連する本号に該当する事案としては、例えば、キャン
ペーンに伴うキャッシュバックの履行請求などが考えられる。

(2)　不当利得に係る請求（2号）

　本号の請求には、消費者契約の不成立又は無効を理由とする不当利得返還請求や、
消費者契約の取消やクーリング・オフを理由とする不当利得返還請求、解除を理由
とする原状回復請求などが含まれる。消費者契約が無効になる理由や取消、解除の
理由は、消費者契約法、特商法等の民法以外の法律によるものであってもよい。
　インターネット取引に関連する本号に該当する事案としては、例えば、電子消費
者契約の錯誤無効に伴う不当利得返還請求、インターネット通信販売における特商
法に基づく契約の解除等に伴う原状回復請求などが考えられる。

(3)　契約上の債務の不履行による損害賠償の請求（3号）

　インターネット取引に関連する本号に該当する事案としては、例えば、クラウド
ファンディングによって資金を集めた事業者が契約上の債務を履行しなかったこと
による損害賠償請求などが考えられる。

(4)　瑕疵担保責任に基づく損害賠償の請求（4号）

　インターネット取引に関連する本号に該当する事案としては、例えば、インター
ネットオークションにて購入した商品に隠れた瑕疵があったことによる損害賠償請

176　　第3章　関連法令の概説

求などが考えられる。

⑸ **不法行為に基づく民法の規定による損害賠償の請求（5号）**

金商法、金融商品販売法、保険業法、独禁法など、不法行為について、過失の立証責任の転換や損害額の推定規定等の特則を置いている場合や使用者責任の特則を定めている場合があるが、本号は民法の規定によるものに限定されており、これらの特別法の規定に基づく損害賠償の請求については、本制度の対象とならないものとされている。

インターネット取引に関連する本号に該当する事案としては、例えば、インターネットを利用した詐欺的行為に対する損害賠償請求や、インターネット上のサービスに欠陥があったために生じた損害に関する損害賠償請求などが広く含まれるものと考えられる。

2　対象外の損害（法3条2項）

一定の損害については共通義務確認の訴えの対象外とされている（法3条2項）。

具体的には、①いわゆる拡大損害（消費者契約の目的となるもの以外の財産が滅失・損傷したことによる損害。1号・3号）、②逸失利益（消費者契約の目的物の提供があれば得るはずであった利益を喪失したことによる損害。2号・4号）、③人身損害（人の生命又は身体を害されたことによる損害。5号）、④慰謝料（精神上の苦痛を受けたことによる損害。6号）については、損害賠償請求に係る金銭支払義務についての共通義務確認の訴えを提起することができない。そのため、製造物責任などの事案においては本制度では十分な救済が得られない場合があるが、取引上の損害が問題となるインターネット取引事案などにおいては、本制度を活用しうる場合も多いと考えられる。

なお、消費者が、対象外の損害に係る賠償請求について、自ら別訴を提起することは妨げられない。

3　被告（法3条3項）

被告となりうるのは、消費者契約の相手方である事業者である。ただし、不法行為に基づく損害賠償の請求（法3条1項5号）については、債務の履行をする事業者、勧誘をする・させる・助長する事業者も被告となりうる。

ここにいう「消費者契約の相手方である事業者」（法3条3項）には、契約が解除などにより終了した場合の相手方事業者や契約締結過程にある相手方事業者も含まれる。

また、「履行をする事業者」（法3条3項2号）としては、例えば、請負契約における下請事業者などが、「勧誘をする事業者」（同号）としては、例えば、保険の代

理店、不動産仲介業者などが、「勧誘をさせる事業者」（同号）としては、例えば、マルチ商法において当該商法を実質的に統括する事業者などが、「勧誘を助長する事業者」（同号）としては、例えば、詐欺的取引に用いられることを知りながら、勧誘のために用いられる物品を提供したり勧誘の手法を教示したりした事業者などがそれぞれ考えられる。

　なお、「勧誘」とは、消費者の契約締結の意思の形成に影響を与える程度の勧め方をいうものとされているが、「勧誘」をしたとはいえない場合であっても、契約当事者自身については、「消費者契約の相手方である事業者」（法3条3項）として、当然、被告となりうる。

4　多数性（法2条4号）

　「相当多数」（法2条4号）の消費者かどうかについては、個々の事案に即して、消費者被害の特徴や審理の効率性の観点を踏まえ、本制度を用いて被害回復を図ることが相当かどうかを念頭に判断することになる。なお、立法担当者の説明によれば、一般的な事案では、数十人程度であれば、本制度の対象になるものとされている。

　なお、対象消費者が「相当多数」存在することの立証に際しては、個々の消費者を特定する必要はなく、PIO－NET等の相談件数や各種の公表情報から立証することも可能であると考えられる。

5　共通性（法2条4号）

　「消費者に共通する事実上及び法律上の原因」（法2条4号）とは、個々の消費者の事業者に対する請求を基礎付ける事実関係がその主要部分において共通であり、かつ、その基本的な法的根拠が共通であることをいう。

　なお、個々の消費者に関する具体的な損害や因果関係については、債権確定手続で審理されることが予定されているため、必ずしも共通している必要はない。

6　支配性（法3条4項）

　簡易確定手続によって個々の消費者の対象債権の存否及び内容を適切かつ迅速に判断することが困難であると認めるときは、裁判所は、共通義務確認の訴えの全部又は一部を却下することができる（法3条4項）。個々の消費者の損害や損失、因果関係の有無等を判断するのに、個々の消費者ごとに相当程度の審理を要する場合が、これに当たると考えられる。

　支配性の要件を欠く場合の却下は義務的ではないため、具体的にどのような場合に支配性を欠くものとして訴えが却下されるのかは運用を待つほかないが、立案担

当者の説明においては、支配性を欠く場合として、例えば、ある商品の不具合が瑕疵に当たり事業者が瑕疵担保責任に基づく損害賠償義務を負うことを確認したとしても、個々の消費者の購入した商品に当該不具合があるかどうかの認定判断が困難な場合や、勧誘方法が詐欺的なもので事業者が不法行為に基づく損害賠償義務を負うことを確認したとしても、過失相殺が問題になって個別事情を考慮しなければ個々の消費者ごとの認定判断が困難な場合などが例示されている。

第4　債権確定手続の概要

債権確定手続は、簡易確定手続と異議後の訴訟とからなる手続である。

1　簡易確定手続の概要

簡易確定手続は、共通義務確認訴訟で確認された被告事業者の共通義務（法2条4号）を前提とし、対象債権の存否及び内容を簡易な手続により確定するものである。

具体的には、簡易確定手続申立団体による対象消費者に対する通知（法25条1項）・公告（法26条1項）、対象消費者による簡易確定手続申立団体に対する授権（法31条1項）、簡易確定手続申立団体による裁判所に対する対象債権の届出（法30条1項）、相手方による認否（法42条1項）などを経て、対象消費者の債権が確定されることとなる（法47条）。

なお、債権届出団体は認否を争う旨の申出を行うことができ（法43条1項）、その場合、裁判所は、届出債権の存否及び内容について、簡易確定決定をする（法44条1項・2項）。

2　異議後の訴訟の概要

簡易確定決定に対し、決定書の送達から1ヶ月以内に異議の申立て（法46条1項・2項）があったときは、債権届出の時に異議申立人を原告として地方裁判所に訴えの提起があったものとみなされ（法52条1項前段）、異議後の訴訟が開始する。

第5　和解

共通義務確認訴訟において、訴訟当事者である特定適格消費者団体と事業者は、共通義務（法2条4号に規定する義務）の存否について、訴訟上の和解をすることができる（法10条）。

また、例えば、共通義務についての和解の実効性を確保するために付随的に情報

XXI　消費者裁判手続特例法　179

開示について一定の合意をした場合や、共通義務の背景にある問題について、事業者が謝罪したり、問題となった約款の事後の不使用を合意したりする場合など、共通義務に付随し、対象消費者の権利義務に直接関わらない事項については、併せて合意することができるものと考えられる。

　他方で、合意をしようとしている事項が、個々の消費者に対する支払額の減額など、個々の消費者の実体法上の権利を処分するものである場合には、特定適格消費者団体に対象消費者の実体法上の権利を処分する権限がないことから、合意をすることができない。

第6　その他

1　仮差押え
　特定適格消費者団体は、将来の強制執行を確保するため、仮差押命令の申立てをすることができる（法56条～59条）。

2　強制執行
　簡易確定手続及び異議後の訴訟において債権届出団体が当事者となる場合には、簡易確定決定及び異議後の訴訟における判決において、債権届出団体に対して金員を支払うことが命じられることとなる。そのため、債権届出団体は、届出消費者から別途授権を受けることなく、当然に自己の名で強制執行をすることができ、手続上配当を受領することができる（＊注1）。

3　個別訴訟との関係
　共通義務確認訴訟と個別の訴訟とは、当事者や訴訟物が異なるため、二重起訴には当たらない。

　ただし、共通義務確認訴訟の請求と関連する個別訴訟の受訴裁判所は、当事者の意見を聴いて、裁量により、当該個別訴訟について、訴訟手続を中止することができる（法62条1項）。

4　手数料
　共通義務確認の訴えは、財産権上の請求でない請求に係る訴えとみなされ（法4条）、訴え提起手数料は、1万3,000円となる（民事訴訟費用等に関する法律4条2項）。

　＊注1　なお、届出消費者自身が異議の申立てをした場合（法46条2項）には自ら

強制執行をすることとなる。

《参考文献等》
・消費者庁「消費者の財産的被害の集団的な回復のための民事の裁判手続の特例に関する法律」(http://www.caa.go.jp/planning/index14.html)
・消費者庁消費者制度課編『一問一答消費者裁判手続特例法』(商事法務、2014)

第4章

具体的問題事例

Ⅰ 一般的な共通問題

第1 未成年者

> 16歳の高校生Ａ子さんは、以前から欲しかったダイエット食品がインターネット通販の格安セールで販売されているのを見つけたため、両親に相談しないで購入した。その通販サイトの画面上には「未成年者の場合は親権者の同意がなければ取引できません」などと大きく表示され、生年月日を入力することが求められたが、Ａ子さんはそのダイエット食品がどうしても欲しかったので成年を装った嘘の生年月日を入力した。
> 後日、この商品を購入したことを知ったＡ子さんの両親は、商品購入契約を取り消すことができるか。

◆ **問題の所在** ◆

電子契約の一方当事者が未成年者である場合でも、当該未成年者の年齢認証画面への対応いかんにより「詐術」（民法21条）に該当するとして、当該電子契約の意思表示の取消（同5条）が認められないことがあるか。

◆ **基本的な考え方** ◆

(1) 未成年者の取消権とその制限

未成年者が法定代理人の同意を得ないで行った意思表示は取り消しうるものとされている（民法5条）。これは、民法上の無能力者（制限能力者）保護制度の1つである。

ただし、未成年者が詐術を用いて自己を成年者であるか又は法定代理人の同意があると誤信させた場合には、制限行為能力者の保護よりも取引の安全を図るため当該未成年者の取消権は否定される（民法21条）。いかなる行為が「詐術」に該当するかについて判例は「無能力者が能力者であることを誤信させるために、相手方に対し積極的詐術を用いた場合にかぎるものではなく、無能力者が、ふつうに人を欺くに足りる言動を用いて相手方の誤信を誘起し、または誤信を強めた場合をも包含する」と判示している（最判昭和44年2月13日民集23巻2号291頁）。もっとも、この最高裁判決でも結論としては、詐術を否定し契約取消を是認する判断が示されて

184　第4章　具体的問題事例

いる。この事案では、準禁治産者が過去にもたびたび不動産を売却した経験があり、登記関係書類の作成や農地法上の許可申請で積極的な行動をとっていたし（行為能力があるかのごとく振る舞っていた）、売買仲介者が妻の意向を気にして準禁治産者に対し「畑は奥さんも作っているのに相談しなくともよいか」と尋ねたが、準禁治産者が「自分のものを自分が売るのに何故妻に遠慮がいるか」と答えたという経緯まであったが、行為能力を積極的に偽ったという事案ではなかったため、控訴審判決も最高裁判決も、準禁治産者であることを黙秘していただけでは「詐術」を用いたとはいえないと判断し、契約取消しを許したのである」（京都地判平成25年5月23日判時2199号52頁）との指摘もあり、安易に誤信を強めたと認定すべきではない。

　また、この判例は準禁治産者（平成11年民法改正前）の事例についてのものであり、未成年者については詐術の判断がより慎重になされる可能性がある。「未成年者……については、その保護の必要性がより高く、また詐術を行うに足るだけの能力を備えているかどうかについて、より慎重な判断が必要となる」（谷口知平＝石田喜久夫編『新版注釈民法(1)』（有斐閣、1988）339頁〔磯村保〕）との指摘もあり、通信販売に関する申込みはがきへの年齢記載について「未成年者が通信販売を利用して注文書を発信する際に、年齢の詐称や法定代理人の同意書の偽造があった場合、安易に詐術の成立を肯定することは問題があろう。このようなケースでは、実質的に見ると、未成年者は自己に能力があるということを述べていることとほとんど異ならず、相手方としても、真実に合致しない表記がなされる可能性を十分予測することができる。このような場合、未成年者の意図的な不実表記は、普通に人を欺くに足りる程度には達しておらず、詐術にはあたらないというべきではなかろうか」（同書398頁）とか、「たとえば、通信販売の申込書に年齢記載欄があって、22歳と書かれたハガキが送られてきた、あるいは保護者の名前が書かれ、印鑑が押してあったからといって（18歳の者が、家にある印鑑を押すのは簡単である）、それで詐術があるとするのは、妥当でない。ハガキにおける年齢記載などを相手方が単純に信じたのでは足りないと考えるべきである」（道垣内弘人『リーガルベイシス民法入門』（日本経済新聞出版社、2014）73頁）との指摘もあり、年齢記載を裏付けるような資料をもって年齢詐称をしたような場合はともかく、単に年齢詐称をしたというだけで容易に詐術により相手方がそれを信じたとは認定できないであろう。

　なお、幼年者等意思無能力者に当たる未成年者（個別具体的に判断されるが、一般的には小学校高学年程度に満たない者）が申込みを行った場合には、意思無能力による契約の無効を主張することが可能である。

(2)　電子商取引における未成年者の取消権

　対面取引の場合には、取引の相手方の容貌等の外観、言動、写真付身分証明書の

提示等によって未成年者であるかどうかの判断要素は比較的多いのに対して、電子商取引の場合には非対面取引が容易に行えるため、取引の相手方が未成年者であるかどうかの判断要素が比較的少なくなる。そのため、取引の安全を重視すれば、電子商取引一般について未成年者の取消権を制限すべきとの考えもありえようが、このような状況は電子商取引に特有の問題ではなく非対面取引一般に共通する問題であるから、電子商取引のみにつき例外的な制限を設けることは妥当ではない。

　とすると、対面取引と同様に未成年者の取消権を原則として肯定した上で、「詐術」に該当する場合に取消権を制限することになるが、前記の判例の基準と学説の動向を参考に電子商取引に即して解釈するとしても、例えば、事業者が画面上に年齢認証確認を表示するなどの措置を講じている場合に未成年者が単に虚偽の年齢を入力したことのみによって、事業者が当該取引の相手方を成年者であると誤信した程度では詐術に該当するというのは困難であり、虚偽年齢の記述を裏付けるような情報を付加した上で年齢詐称がある場合に詐術に当たる可能性があるものと考えられる。また、年齢確認画面の構成によっては事業者が未成年者の当該回答を故意に誘導したと認められるような場合も想定できるから、この問題を抽象的に規範化することは困難であり、結局は、取引金額の高低、未成年者の生活に必要不可欠な商品・役務であるか、未成年者が取引に入りやすい商品・役務であるかといった商品・役務の性質、広告表現等当該商品・役務について未成年者に取引を誘引するような事情があったか、未成年者が取引することについての事業者の予測可能性の有無、事業者が未成年者の取引可能性に応じた画面構成、虚偽入力を困難にする工夫等のシステム上の措置がなされているか、当該未成年者の判断能力、未成年者が年齢や虚偽入力をした際の認識・意図の具体的事情を総合的に考慮した上で判断するしかないと考えられる。

　また、システム契約（例えば、オンラインゲームのアイテム購入等）では契約から履行まで人の介在なく即時に行われるため、詐術の相手方は人ではなく機械あるいはシステムとみるのが自然であるが、この場合にも相手方の主観を前提とする「誤信」が成立しうるのか等、従来の判例の規範では直ちに解決が困難な問題も生じており、新たな視点での検討が必要であると考えられる。

　また、詐術を用いたとき以外にも未成年者の取消権が制限される場合がある。親権者から目的を定めないで処分を許された財産の処分であると考えられる場合（この場合にも処分を許す段階で親権者がその処分行為についての同意期待性が必要と解さなければならないとする指摘もある（坂東俊矢「未成年者保護法理の意義とその揺らぎについての法理論——クレジットによるネット取引と未成年者取消権の成否」産大法学47巻3・4号（2014））には、それにより取消権制限を受ける場合もある。

◆ 事例の検討 ◆

　事業者（電子契約の他方当事者）が電子商取引に際して画面上で年齢確認や親権者の同意確認のための措置等をとり、かつ未成年者が詐称することを防止するために考えられる適切な措置をとっているときに、未成年者がその防止措置をかいくぐって故意に虚偽の年齢を通知し、その結果、当該事業者が想定した契約のトランザクション処理を誤らせた場合には、民法21条により、当該未成年者は取消権を失う可能性がある。設問の事例では、年齢認証等の画面構成の具体的事情によってはＡ子さんの取消権が否定される可能性もあると考えられるし、処分を許された財産と認められれば、取消権を行使できないと解される。

第2　錯誤

　事業者のHP上のネットショップで商品を購入しようとしたら、以下のような事情で本意でない申込みをしてしまった。それぞれの場合の取扱いはどうなるか。

① キャンセルボタンを押したと思ったら、有料の契約申込ボタンであった（誤送信）。

② 商品1個を購入するつもりが、11個と入力して申込ボタンを押して送信してしまった。または、パソコン操作に不慣れなので、申込ボタンは1回クリックすれば足りることを知らずに、ダブルクリックをしてしまったので、重複申込みをしてしまった。あるいは申込ボタンをクリックした時に通信回線が混んでいたために次の画面に進まなかったところ、ボタンを押せなかったと勘違いしてもう1度クリックしてしまったために重複申込みとなった（誤入力）。

③ ネットショップの購入手順の仕様では、申込定型フォームに順番に入力して申込ボタンをクリックすれば申込みに至るようになっており（有償である旨の表示はある）、最後に契約内容を確認・訂正する手順が省略されていた（確認措置の不備）。

④ ネット上の商品情報を見た消費者が、稀少価値のある1986年ものの格付け特定銘柄のブルゴーニュ産赤ワインだと思って自ら作成したメールを送信してネット購入の申込みをしたら、葡萄が大豊作で希少価値のあまりない1990年ものの赤ワインが届けられた。しかし購入代金は市場価格相当であった（一般原則による錯誤無効の場合）。

⑤ パソコンメーカーが、新機種発売に伴い、以前の機器が古くなって1,000台の在庫を処分したいと思い、サイト上で1台10万円として早い者勝ちとして販売に出したところ、誤って1台10円と表記してしまったところ、サイト上の申込画面を通じた申込みが殺到して即日完売となってしまった（事業者側の入力ミス）。

Ⅰ　一般的な共通問題　　187

◆ **関連条文等** ◆
　　・　民法95条
　　・　電子契約法３条
◆ **問題の所在** ◆
電子契約法３条はいかなる場合に適用されるか。
◆ **基本的な考え方** ◆

(1)　電子契約法３条の趣旨

　ネットショップ上の商品・役務の購入のような電子商取引は、非対面・機械的取引であることから、クリック・エンターキーによる簡易申込みの利便性がある反面、パソコン等を通じたネット操作に不慣れな消費者が、入力ミスあるいは思い違いにより、本来希望しない申込みをしてしまうリスクがある。のみならず、機械操作で瞬時に申込みが成立してしまい、操作の結果には個性が認められないことから、その申込みが真意に基づくものであるかどうかは、行為の外形だけから事後的に判定することは事実上不可能であるという特質が認められる。

　そこで、消費者の誤操作、あるいはネット画面上の操作の意味に関する思い違いの結果として、契約の申込みに当たる行為の外形があるけれども、それが消費者の真意ではなかった場合には、民法上の錯誤無効の一般原則に委ねることは相当でない。すなわち、一方で表意者である消費者側にしてみれば、ボタンの押し間違いやクリックミスで直ちに契約が成立する上、民法95条の重過失とされて錯誤無効を主張できなくなってしまうのでは、安心して電子商取引を利用できない。電子商取引が急速な拡大を続ける中、ネット操作に不慣れな消費者層に損害が生ずることは可能な限り未然に防止しなければならない。他方で、ネット取引を展開する事業者側にしてみれば、消費者側のうっかりミスを全て無効とされてしまうのでは、予期せぬ損害を頻繁に被ることを余儀なくされかねない。それらはいずれも、電子商取引自体の発展を阻害する要因にもなる。

　そこで、電子商取引上の錯誤事例におけるこのような消費者・事業者間の利益調整を目的として、民法95条の特則である電子契約法３条の規定が設けられた。

(2)　電子契約法３条の適用範囲

　同条項の上記制度趣旨からして、まず前提として、その適用範囲は、ネット上に定型フォームの入力画面があり、その項目をクリックする方法や、欄内に必要なデータを入力していく方法に限定される。そのため、自らメールを作成して送信した申込みには適用がなく、その場合は、一般原則である民法上の錯誤無効により処理することとなる。また、同法による保護の対象は消費者取引（B to C）であるので、事業者間取引（B to B）や、消費者間取引（C to C）は原則として対象とならない。

188　　第４章　具体的問題事例

(3) 電子契約法3条の規範構造

その上で、本条項が想定しているのは、前記のとおり①誤入力・誤操作による
うっかりミス、②ネット上の表記の誤解による真意でない申込みや真意と異なる内
容の申込みである。これらのような場合に民法95条本文の適用範囲を拡大するよう
な形で（逆に言えば同条ただし書の「重過失」の適用範囲を狭め）、原則無効とする。
なお、民法95条における「要素の錯誤」については、申込みをする意思の有無や契
約内容の重要部分（個数など）が問題とされる場合が多いであろうから、問題にさ
れる余地はほとんどないように思われる。

(4) 確認措置による例外

他方で、事業者側は、このように消費者側から無効主張される事態を回避するた
めには、ネット画面上において、契約内容確認画面を設ける等、消費者の申込み・
承諾の意思表示を行う意思の有無の確認を求める措置を講ずる必要がある（電子契
約法3条ただし書）。ここでの問題は、「申込み・承諾の意思表示を行う意思の有無
の確認を求める措置」とは、どのようなものである必要があるか、という点である。

もっとも、仮に、確認を求める措置があると評価される場合にあっても、後記の
とおり、原則に戻って民法上の錯誤無効の成否の問題は残る。

なお、ネット上で確認措置を行っていることの主張・立証責任は事業者にあると
されるが、方法としては当該取引の申込みを行うネット画面のプリントアウトの書
証提出、あるいはネット画面のHTMLデータそのものの提出で足りるから、困難
を伴うことはないであろう。

多くのネットショップでは、この確認措置の整備については、不備がある場合に
は行政処分の対象ともなりうることもあって、非常に慎重となっており、①一応の
購入ボタンを押した上で（例えば「カートに入れる」）、②内容確認画面で「この内
容で間違いないですか」という最終確認画面があり、これを認めてはじめて購入で
きるようになっており、③さらに直後に自動送信の確認メールが届き、「申込内容
が異なる場合、あるいは申込みをした憶えがない場合はご連絡を下さい」として再
確認を求めるというような慎重さで運用されている。ネットショップの中には、最
終確認画面を設けていないものも出てきているが、最終確認画面を設けることが一
般化している現状においては、消費者は最終確認画面があることを前提としやすい
ことから、最終確認画面を設けていない場合は確認措置としては不十分であると考
えられる。

(5) 確認措置不要の意思表明による例外

本事例とは関係がないが、もう1つの例外として、電子契約法3条ただし書は、
消費者自らがこのような確認措置は必要ない旨の意思を表明した場合には、同条本
文の適用はない旨を規定する。

Ⅰ　一般的な共通問題　　189

消費者から確認措置不要とする積極的かつ明確な意思の表明がある場合には、通常は、ネット取引に熟練している消費者であるため、手続の煩雑さを省きたいという趣旨であろうから、それでもなお錯誤が生じた場合には、同条本文の適用はないということになる。

ここでの問題は、確認措置不要の「意思の表明」が有効であるのはいかなる場合かという点である。これが本当に消費者自身の積極的意向であるかどうかが確認されなければならず、単にサイト上に利用規約として表示されている場合や、一方的に「確認措置を要しない旨同意したものとみなす。」としているような場合、「確認措置を必要としない旨表明いたします。」というボタンをクリックしなければ商品を購入できないような場合は意思の表明には当たらない。

なお、意思の表明の有無については、事業者が主張・立証責任を負担する。

(6) 民法95条との関係

これら電子契約法3条ただし書の予定する2つの例外に該当した場合、あるいはメール申込みなど適用範囲の問題で初めから同条項の適用範囲ではない場合は、原則に戻って民法95条による無効主張が可能であり、錯誤無効の一般的解釈・適用を行うこととなる。しかし、事業者側で確認措置を法の求めるところに従って完備している場合には、いわゆる表示上の錯誤に該当する場合は基本的にスクリーニングされるはずである。

そこで、現実的には、いわゆる動機の錯誤に当たるケースが主要なものとなり、通常の一般的解釈が行われるものと考えられる。

(7) 事業者側の錯誤

事業者側には、電子契約法3条による保護は及ばないから、原則に戻って民法95条の解釈問題となる。金額の誤りは民法上の典型的な表示上の錯誤に該当する。しかし、プロである事業者には、10円という表示について「重過失」があったといえる。

しかし、その場合にあっても、ネット画面を通じて申込みをした消費者が、10円という表記が誤りであることについて悪意であった場合には、なお無効主張が可能である。

◆ 事例の検討 ◆

(1) ①の場合(誤送信)

キャンセルボタンを押したと思ったら、有料の契約申込みであったというのであるから、電子契約法3条本文の想定する典型事例であり、無効である。

(2) ②の場合(誤入力)

購入個数の入力ミスや重複申込みも同様に典型的ケースで、真意に反する機械的ミスであるから、同条項で無効主張ができる。11個あるいは重複入力について、事

業者が確認措置を設けていなければ、それだけで常に消費者から無効主張ができる。

⑶ ③の場合（確認措置の不備）

有料の申込ボタンと表記され、これをクリックすれば代金支払義務を伴う購入契約が成立することについては、消費者側に誤解はない。

しかし、入力した契約内容が、操作ミスや単純な思い違いにより真意に反する内容となっていないかどうかをチェック・訂正する機会は与えられていない。

そこで、これらのような場合には、事業者は、電子契約法３条ただし書の要求する確認措置を具備していないと考えられ、その結果、消費者は、同条１号・２号の要件のいずれかに該当する場合には常に無効を主張できる。

⑷ ④の場合（一般原則による錯誤無効の場合）

消費者は自ら作成したメールによる申込みを行っているのであるから、電子契約法３条の予定するケースに該当せず、同条による保護は受けられない。

しかし、民法上の錯誤の規定は適用される。消費者は、希少価値のある86年ものを指定して購入した消費者は、その年度のワインであるから購入しようとしたという動機があり、それは90年ものと86年ものとが一般における市場価格も、愛好家の間での評価も大きく異なるということであれば、それは要素の錯誤であるともいえる。86年ものを求めたということは商品情報としてメール上で表示されているから、いわゆる動機の錯誤による無効を主張できると考えられる。

また、90年もののワインの送付はそもそも債務不履行であると主張することも可能である。

⑸ ⑤の場合（事業者側の入力ミス）

事業者側には、電子契約法３条による保護は及ばないから、民法95条の適用が問題となり、事業者に重過失があるから、事業者は無効主張はできないのが原則である。

しかし、10万円を10円と表記してしまった場合は、事実上ほとんどの消費者は誤記であると認識することが可能であろうから、悪意が認められる可能性が高く、その場合は事業者は無効主張が可能である。

ただし、これがもっと金額的に微妙で、５万円や７万円であったならば、社会通念上有りえないとまではいえないから、消費者側が悪意であることを立証することは非常に困難となると考えられる。

なお、この種の事案については、錯誤以前の問題として、契約の客観的成立自体が認められないのではないか、との見解も考えられるところである。しかし、事例のようなケースは、事業者が単なる誘引としての広告表示を行っているのではなく、顧客に対する申込画面を通じた操作によって契約成立可能な状態となっているのであるから、客観的な契約成立の有無の問題は生ずる余地はないものと考える。

I　一般的な共通問題　　191

《参考文献》
・経産省商務情報政策局情報経済課「電子消費者契約及び電子承諾通知に関する民法の特例に関する法律逐条解説」（平成13年12月）（http://www.meti.go.jp/policy/it_policy/ec/e11225bj.pdf）
・経産省「電子商取引及び情報財取引等に関する準則」（平成27年４月改訂版）

第3　契約成立時期（電子承諾通知の到達）

1　事例①

　Aは、インターネット通販事業者に対して電子メールで書籍の購入を申し込んだが、そのまま急な海外出張で２週間留守にした。その間に、Aから申込みを受けた事業者は、電子メールによる承諾通知を出し、これがA指定のメールボックスに到達したので、Aのもとへ商品を発送した。ところが、Aは海外出張先で同じ書籍を見つけ、購入してしまった。Aが帰国したところ、商品はAの家に届いていたが、承諾メールがシステム障害によってメールボックス内から削除されていたことから、Aは「自分は承諾通知を見ていないから契約は成立していないはずだ」と考えた。Aは代金支払いを拒否できるか。

2　事例②

　Bは、インターネット通販事業者に対してウェブ画面上の表示に従って書籍の購入申込みをしたが、その直後に通信障害が発生して接続が切れてしまったためウェブ画面上に承諾画面が表示されなかった。Bはそのまま急な海外出張で２週間留守にした。その間に、Bから申込みを受けた事業者は、ウェブ画面とは別に電子メールによる通知も出し、これがB指定のメールボックスに到達したので、Bのもとへ商品を発送した。ところが、Bは海外出張先で同じ書籍を見つけ、購入してしまった。Bが帰国したところ、商品はBの家に届いていたが、Bは「承諾画面が表示されなかったのだから契約は成立していないはずだ」と考えた。Bは代金支払いを拒否できるか。

◆　**問題の所在**　◆

・　電子商取引における契約の成立時期はいつか。
・　電子メール・ウェブ画面等の態様によって具体的な成立時期に差異が生じるか。

◆　**基本的な考え方**　◆

192　第4章　具体的問題事例

(1) **民法における隔地者間の意思表示の効力発生時期（原則：到達主義、例外：契約の場合の発信主義）**

民法上、隔地者間の意思表示は、その通知が相手方に到達したときからその効力を生ずるのが原則とされ（到達主義、民法97条1項）、隔地者間の契約については、例外的に承諾の通知を発したときに契約が成立するものとしている（発信主義、民法526条1項）。

(2) **電子契約法における契約の成立時期（到達主義）**

電子商取引においては、民法97条1項の到達主義がとられている（電子契約法4条）。これは、電子メール・ウェブ画面の表示等の電子的な方式による契約の申込みや承諾の通知は、当事者が遠隔地にいる場合でも瞬時に相手方に到達するのが通常であり、承諾の通知が到達するまでにある程度の時間を要することを前提として民法上とられている発信主義は、電子商取引においては妥当しないためである。

(3) **電子商取引における契約の具体的成立時期（電子承諾通知の到達時期）**

電子商取引における契約の成立時期は、承諾の通知がいつ到達したのかという、民法97条1項の解釈問題となる。同条項に関する従来の判例によれば、意思表示の到達とは、意思表示が客観的にみて相手方の了知可能な状態、すなわち、相手方の勢力範囲ないし支配圏に入ることを意味すると解されている（最判昭和36年4月20日民集15巻4号774頁、最判昭和43年12月17日民集22巻13号2998頁、最判平成10年6月11日民集52巻4号1034頁等）。

そこで、電子商取引における承諾通知の到達時期は、相手方が通知にかかる情報を記録した電磁的記録にアクセス可能となった時点であると解されている。

(i) 電子メールの場合

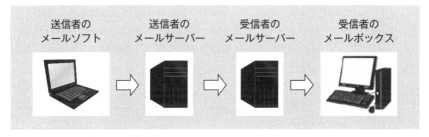

ア　到達の効力の発生時期

承諾通知のメールが、①受信者（申込者）が指定したメールサーバー又は②指定はしていないが、その種類の取引に関する通知を受信するために通常使用していると信じることが合理的であるといえるメールサーバー（受信者が申込みのメールに用いたメールサーバー等）に読み取り可能な状態で記録された時点をもって到達の

効果が生じる。これは、このような場合は、受信者が受信者のメールサーバーから
メールを受信することが当然に予定されているからである。

①及び②以外の場合には、承諾通知が受信者のメールサーバーに記録されただけ
では足りず、受信者がメールサーバーから電子メールをダウンロードした時点で到
達の効力が生じる。

承諾通知がいったん記録された後にサーバートラブル等で消失した場合には、記
録された時点（①及び②の場合）ないしはメールがダウンロードされた時点（③の
場合）で承諾通知は受信者（申込者）の支配圏内におかれて了知可能となっている
から、その時点で到達の効力が生じる。

イ 読み取り可能な状態の意義

承諾通知は、読み取り可能な状態で情報通信機器に記録されて初めて到達の効力
を生じる。読み取り可能な状態で記録された場合とは、平均的なリテラシーを有す
る申込者が修復等をして読み取ることが可能となる状態で記録された場合をいう。

i 文字化けの場合

承認通知が文字化けにより解読できなかった場合に読み取り可能な状態で記録さ
れたといえるかどうかは、個別の事例に応じて総合的に判断される。

文字化けの主な原因としては、①異なる文字コード（Shift_JIS や UTF-8 等）を
指定していること、②文字コードの選択（エンコードの変更）によっても修復でき
ないような機種依存文字（⑩や㎡等）や特殊なフォントを利用していること、③
メールサーバーを経由する過程で文字データの一部が欠落・変質したこと等があげ
られる。

文字コードの選択の設定を行えば文字化けを直すことができたにもかかわらず、
それを行わなかったため、文字を読み取ることができなかったような場合は、平均
的なリテラシーを有する者であれば、読み取りは可能であったといえる。そのため、
①異なる文字コードを指定していた場合は、送信者には責任がないと考えられる。

他方、②文字コードの選択によっても修復できないような機種依存文字や特殊な
フォントを送信者が使用したために文字化けが生じてしまった場合や、③メール
サーバーを経由する過程で文字データの一部が欠落・変質した場合は、平均的なリ
テラシーを有する者には修復をすることはできず、申込者は読み取り可能な状態に
おかれたとはいえないと考えられる。

ii 添付ファイル

申込者が有していないアプリケーションソフトによって作成された添付ファイル
によって承諾の通知がなされたために受信者が読み取ることができない場合に読み
取り可能な状態で記録されたといえるかどうかは、個別の事例に応じて総合的に判
断される。

著名なソフト（Word 等）で、容易にビューアーを無料で入手することができるような場合は、平均的なリテラシーを有するものであれば読み取ることができることから、申込者は読み取り可能な状態におかれたといえる。

他方、無料のビューアーを容易に見つけることができない場合や、ビューアーが有料であるような場合は、申込者にビューアーを見つけることやビューアーを購入することといった負担を負わせることは相当ではないことから、承諾通知の到達の効力は生じないと考えられる。

　　ⅲ　スパムフィルター

「スパムフィルター」とは、メールソフトやウェブメールサービスの機能の1つで、受信したメールの中から迷惑メールを検出して、削除や迷惑メールフォルダ等への移動をする（以下、「フィルタリング」という）ものをいう。プログラムによって機械的に判定するため、誤判定により必要なメールがフィルタリングされてしまう場合があり、承諾通知がフィルタリングされた場合に、読み取り可能な状態で記録されたといえるかどうかは、個別の事例に応じて総合的に判断される。

送信者がドメイン指定受信の設定をするように注記していたにもかかわらず、設定をしなかった場合は、平均的なリテラシーを有するものであればドメイン指定受信の設定をすることはできることから、読み取り可能な状態で記録されたといえる。

また、迷惑メールフォルダに入っていたような場合は平均的なリテラシーを有するものであれば迷惑メールフォルダに新たなメールが入ったことが分かり、承諾メールが来なければ迷惑メールフォルダに入っていることを疑うべきであることから、読み取り可能な状態で記録されたといえる。

他方、受信者のメールサーバーやメールソフトが承諾メール自体を削除してしまったような場合は、平均的なリテラシーを有するものでは復元することは困難であることから、読み取り可能な状態で記録されたとはいえない。

　(ⅱ)　ウェブ画面の場合

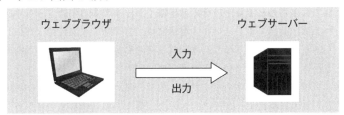

インターネットを利用した取引の場合、ウェブ画面上のフォーマットに商品名、個数、購入者等の情報を入力し、これを送信することにより申込みの意思表示が発信され、この申込通知がサーバーに記録され、申込者のウェブ画面に承諾した（契約が成立した）旨が自動的に表示されるシステムが利用されることが多い。

Ⅰ　一般的な共通問題　　195

このようにウェブ画面を通じて承諾通知を発信する場合は、ウェブサーバーに申込情報が記録され、これに対する承諾情報が申込者側に届いて申込者のモニター画面上に承諾通知が読み取り可能な状態で表示された時点で到達の効力が生じる。申込者のモニター画面上に承諾通知が表示されれば、承諾通知は申込者の支配圏内におかれて了知可能な状態となったといえる。申込者がこれを現認することまでは必要ないが、通信障害等の何らかの原因によって承諾通知がモニター画面上に表示されなかった場合には、到達の効力は生じないと解される。

ウェブの場合において「表示」の有無が基準とされるのは、受信者のメールサーバーに情報が蓄積される電子メールと異なり、ウェブは、送信者のウェブサーバーに蓄積された情報にアクセスしていくものであるからである。

なお、申込者のモニター画面上に契約の申込みへの承諾が別途なされる旨明示される場合があるが、これは申込通知を受信した事実の通知にすぎず、承諾通知には該当しない。別途なされた承諾通知が申込者へ到達した時点で契約が成立することとなる。

また、申込者のモニター画面上に申込内容の確認画面を表示させた上で申込みを求める方法もあるが、この場合の当該画面上の表示には法的な意味はなく、当該画面上に表示された方法に従った申込みが必要である。

(iii) ウェブ画面＋電子メールの場合

ウェブ画面上のフォーマットを使用した電子商取引においては、ウェブ画面上に「ご注文を承りました。」といった注文確認を表示させた上で、さらに重ねて電子メールによる確認通知を発信する方法がとられることも多い。

通信障害等の何らかの原因によって承諾通知がモニター画面上に表示されなかったものの、その後発信された電子メールによる確認通知のみが到達した場合、一次的にはウェブ画面を通じた承諾通知の発信であるから、前記(2)ウェブ画面の場合と同様に承諾通知がモニター画面上に表示されなかった以上はウェブ画面を通じた承諾通知としては未到達となるが、その後の電子メールによる確認通知を承諾通知として取り扱えば、前記(i)電子メールの場合に従って契約の成立時期（ないしは契約の成否）が判断されることとなり、当該電子商取引契約は成立しうることとなる。

しかしながら、電子商取引契約当事者間の通常の合理的意思からすると、ウェブ画面を通じて申込みがなされた場合には、約款の定め（ウェブ画面上に適切に表示される必要がある）等による特段の事情のない限り、申込者も承諾者もウェブ画面上のやりとりのみで契約を締結しようと考えているはずであり、仮に通信障害等でウェブ画面上の承諾通知が受信者のモニターに表示されないまま接続が切れてしてしまった場合には、その後に発信された電子メールによる確認通知が到達したとしても当該契約は成立しなかったと考えるべきである。

196　第4章　具体的問題事例

したがって、この方法による場合にも、契約の成否は前記ウェブ画面の場合と同様に承諾通知がモニター画面上に表示されたか否かによって判断すべきであり、その後に発信された電子メールによる確認通知は法的には意味を持たないと考えられる。

◆ **事例の検討** ◆ ⋯⋯⋯⋯⋯⋯⋯⋯⋯⋯⋯⋯⋯⋯⋯⋯⋯⋯⋯⋯⋯⋯⋯⋯⋯⋯

　（1）　電子契約の成立時期は、承諾通知が到達した時点である（電子契約法4条）。

　（2）　電子メール・ウェブ画面等の態様によって具体的な成立時期に差異が生じるが、具体的な事例においては民法97条1項の解釈によって解決される。

　（i）　**電子メールの場合**

　承諾通知の受信者（申込者）が指定した、または通常使用するメールサーバー中のメールボックスに読み取り可能な状態で記録された時点で契約が成立する。

　①　承諾通知の受信者（申込者）のメールボックスに記録された場合とは、一時的にでも承諾通知がメールボックスに記録されて申込者がアクセス可能な状態となった場合をいい、承諾通知がいったんメールボックスに記録された後にシステム障害等により消失した場合には契約が成立するが、申込者のメールサーバーが故障していたために承諾通知が記録されなかった場合には契約は成立しないと考えられる。

　②　読み取り可能な状態で記録された場合とは、平均的なリテラシーを有する申込者が修復等して読み取ることが可能である状態で記録された場合をいい、例えば、機種依存文字や特殊なフォント等による文字化けによって解読できなかった場合や、申込者が有しておらず、無料のビューアーを容易に見つけることができないアプリケーションソフトによって作成された添付ファイルによって承諾の通知がなされたために読み取ることができない場合には契約は成立しないと考えられる。

　（ii）　**ウェブ画面の場合**

　申込者のモニター画面上に承諾通知が表示された時点で契約が成立する。通信障害等の事情により表示がされなかった場合には契約は成立しない。

　（3）　**ウェブ画面＋電子メールの場合**

　申込者のモニター画面上での承諾通知の表示により契約が成立する。承諾通知が表示されず、電子メールのみが到達した場合には契約は成立しない。

　設問の事例①は電子メールによる場合であり、事業者からの承諾通知はAのメールボックスにいったん記録された後にシステム障害で消滅したにすぎないから、記録された時点で契約は成立しており、Aは代金支払いを拒絶できないと考えられる。

　事例②はウェブ画面＋電子メールによる場合であり、モニター画面上に承諾通知が表示されなかった以上、契約は成立せず、Bは代金支払いを拒絶できると考えられる。

Ⅰ　一般的な共通問題　　197

《参考文献》
・経産省「電子商取引及び情報財取引等に関する準則」（平成27年4月改訂版）i.2～
i.16頁
・宇賀克也＝長谷部恭男『情報法』162～178頁（有斐閣、2012）

第4 不当約款等

① 消費者Aは、インターネットのショッピングサイトで、商品の購入を申し込んだ。
ところが、サイト上の目立たない場所に約款の記載があり、しかも、これに同意す
るか否かのクリックも要求されていなかったため、Aは、これに気付かなかった。
　Aが、後日約款を確認すると、利用約款には、事業者である売主は商品の不具合
について一切の責任を負わない旨の規定がある。Aが商品購入後、商品に不具合を
発見した場合でも、この約款に拘束されて、売主に一切の責任を追及できないのか。
② 仮に、サイト上の見やすい場所に約款の記載があり、これに同意するか否かのボ
タンが存在し、Aが同意ボタンをクリックしていた場合はどうか。

◆ 問題の所在 ◆
・　約款（利用規約）の拘束力：個々の売買契約等とは別個に存在する約款や利
用規約は、個々の契約に対して拘束力を有するか。
・　不当約款の効力：消費者側に一方的に不利益な約款上の条項は有効か。

◆ 基本的な考え方 ◆

(1) 約款の法的拘束力

非対面取引であるネット取引においては、利用者が約款の存在に全く気付かな
いまま取引をしている場合もあるため、かかる約款の法的拘束力の有無が問題とな
る。

ネット取引におけるサイト上の利用規約や約款が、Aと売主との売買契約に法的
な拘束力を持つためには、ネット取引の性質上、利用者であるAが、約款に同意の
上で取引の申込みをしていることが必要となろう。

ネット取引の場合、利用者が約款等の存在を認識し得ない場合には、原則として、
約款等に法的拘束力は認められないというべきである。

具体的には、約款や利用規約がサイト上の確認しやすい場所に表示され、かつ、
取引の開始に当たって利用者が当該約款等へ同意して、初めて約款の法的拘束力が
認められると考えるべきである。

したがって、取引を申し込むに当たり、約款等がサイト上の確認しやすい場所に
表示され、かつ、当該約款に同意する旨のクリック動作等を行わない限り、取引が

198　第4章　具体的問題事例

実施されないというシステムが構築されていない場合には、当該約款に法的拘束力を認めるべきでない。

なお、電子商取引及び情報財取引等に関する準則（以下、「準則」とする）i.27頁は、上記のようなシステムが構築されてていれば、同意クリックは必ずしも必要ではないとの立場を採用するに至っている。

しかし、ウェブサイト上に同意クリックを設けることは技術的に容易であること、及び消費者の間にサイト利用規約が契約条件を示した約款であるとの認識が必ずしも共有されていない可能性があることから、同意クリックが存在しない場合には当該約款には法的拘束力を認めるべきではない。

(2) 不利益条項の適用制限

仮に、約款に拘束力が認められるとしても、ネット取引等においては、不特定多数の者を相手とする取引の要請から、事業者が一方的に作成した約款が設けられている場合がほとんどである。かかる約款は事業者が作成したものであるため、消費者側に一方的に不利益な条項等が規定されている場合がある。その場合、消費者保護の観点から、当該条項の適用を制限したり、無効と扱うことはできないかが次に問題となる。

この点、当該約款等が利用者（消費者）と売主（事業者）の契約に適用されうる場合であっても、その内容が強行法規（消費者契約法等）に違反したり、公序良俗に反する場合（民法90条）には、当該不当条項は無効であり、利用者と事業者間の契約に対して法的拘束力を有しない。

例えば、事業者が利用者に負う債務不履行責任、不法行為責任、瑕疵担保責任に基づく損害賠償義務について、これを免除する旨の約款規程は、消費者契約法8条により無効とされる。

また、消費者が解約に伴って支払う損害賠償予定額等を同種契約の解除に伴い事業者に生ずべき平均的な損害額を超えて設定する条項は、消費者契約法9条1号によって、平均的な損害額を超える部分について無効とされる。

さらに、利用者の法律上の権利行使を制限したり、利用者の証明責任を事業者に比して加重するなど、民商法の任意規定と比べて消費者の権利を制限し又は義務を加重する条項であって、信義則（民法1条2項）に反して消費者の利益を一方的に害するものついては、消費者契約法10条によって無効とされる。

その他、その内容が公序良俗等に反する不当なものである場合には、民法の一般条項（民法90条）の適用によっても、当該条項は無効とされ、また、信義則（民法1条2項）の適用によって限定解釈されうる場合もある。

I　一般的な共通問題　　199

◆ **事例の検討** ◆

(1) **事例①について**

　Aが、サイト上の約款の存在や内容について全く認識せずに取引を申し込んだ場合、原則として、Aと売主の契約は、約款に拘束されないと解される。

　なお、準則は、約款等の内容が、商慣習上、常識的な内容である場合には、利用者の同意について比較的緩やかに認定することも可能であろうが、利用者側が予想できない一方的な不当条項については、原則通り、厳格に同意の有無を認定すべきであるとする。

(2) **事例②について**

　仮に、Aが約款の内容を確認の上、同意ボタンをクリックして取引を申し込んだとしても、事業者である売主が、商品の瑕疵について一切の責任を負わない旨の規程は、消費者契約法 8 条 1 項 5 号の適用により、無効となる。

　商品が新品の大量生産物であるなど、不特定物（具体的な取引にあたって、当事者が単に種類、数量、品質等に着目し、その個性を問わずに取引した物）である場合、商品に不具合があれば、Bは売主に対し、代替物引渡請求をすることができる。

　商品がアウトレット品や中古品、一点物であるなど、特定物（取引の目的物として当事者が物の個性に着目した物）である場合には、瑕疵担保責任（民法570条）に基づき損害賠償請求をしたり、商品の不具合により契約をした目的を達することができないときは契約を解除することもできる。

《参考文献》
　・日本弁護士連合会編『消費者法講義〔第4版〕』（日本評論社、2013）

商品・役務の購入

第1 ネットショッピング

1 海外ネット通販の注意点

> 日本に居住する日本人Aは、インターネットを通じて、X国の法人であるYが運営する通信販売専用のウェブサイトを閲覧し、有名ブランドであるB社製と表示されていたバッグを注文したが、実際に届いたものは模倣品であることが分かった。
> Aとしては代金の返還を求めたいと考えているが、日本の民法等に基づく主張ができるか、日本の裁判所に民事訴訟を提起することは可能か。また、裁判によらずに解決を目指す場合、どのような問題があるか。

◆ **問題の所在** ◆
- 準拠法の決定
- 国際裁判管轄
- 裁判外の解決方法

◆ **基本的な考え方** ◆

(1) **準拠法の決定**

準拠法についての一般的な説明や各条文については、第2章Ⅲ「裁判管轄、準拠法」を参照。

海外ネット通販は、消費者と事業者との間の取引となるため、通則法上の消費者契約の特例（同法11条）の適用があり、日本の消費者は契約の成立及び効力に関し、日本法の適用を主張しうる場合が多いと考えられる。通則法上の消費者契約の特例に関しては、11条1項に定める「強行規定」にどのようなものが含まれるという問題があるが、強行規定とは当事者間の意思によってもその適用を排除できないものをいうのであるから、民法上の意思表示の瑕疵に関する規定（同法93条〜96条）、消費者契約法上の消費者の取消権に関する規定（同法4条〜5条）並びに不当条項に関する規制（同法8条〜10条）などはこれに含まれるであろう。

(2) 国際裁判管轄

国際裁判管轄については、第2章Ⅲ「裁判管轄、準拠法」を参照。

(3) 裁判外の解決方法

(i) 裁判手続の問題点

　海外業者との間のネット通販に関するトラブルを解決するために日本の裁判所に民事訴訟を提起するとしても、そもそも送達の手続からして相当の時間を要し、訴状等の翻訳の必要が生じる等費用の面においても相当の負担が生じうる。仮に勝訴判決を得たとしても、日本の裁判所の勝訴判決に基づいて外国で強制執行を行おうとしても容易に行えるものではない。外国の裁判所で民事訴訟を提起するとしても、出頭や言語等の問題が生じうるので、とても現実的とはいえない。

　ネット通販の取引は、その大半が比較的少額の取引であることからすると、外国業者との間のネット通販に関するトラブルを解決するために裁判手続を利用することは、時間的な面からも費用的な面からも、とても有効な解決手段とはいえない。

(ii) ADR

　日本では、ADR（裁判外紛争解決手続）について法の定め（いわゆるADR法）があり、裁判手続が利用できないとなると、これを活用することが考えられるものの、日本のADRは海外業者とのトラブルに対応することを予定していないため、やはり有効な解決手段とはなりにくい。

(iii) 交渉による解決

　販売業者である海外業者と直接交渉することがまず考えられるが、模倣品を販売するような業者が相手では、そもそもまともな交渉にならないことがほとんどであると思われる。

　海外ネット通販における決済手段として代表的なものは、クレジットカードの利用である。このうち、割賦販売法が適用されうる取引（支払いが2ヶ月を超える取引で、リボルビング払いの場合は3万8,000円以上、それ以外の場合は4万円以上の取引）であれば、カード会社に対し抗弁の接続（同法30条の4）の規定の適用を主張することで、支払いを免れられると考えられる。

　他方、割賦販売法が適用されない取引の場合は、カード会社に対し、チャージバック（カード発行会社（イシュアー）が加盟店契約会社（アクワイアラー）に対し、取引データの提供を受けた後、その内容を不当と判断した場合に異議を申し立てて、既に支払った代金の払戻を受ける手続）の適用を依頼することによって解決を試みるということが考えられる。もっとも、チャージバックは、クレジットカードの国際ブランド（Visa/Master等）内の自主ルールであって、カード利用者には申請の権限がなく、カード会社が依頼に応じないということが少なからずある（なお、東京地判平成21年10月2日消費者法ニュース84号211頁は、カード会社について、顧

客から加盟店との間のトラブルに基づく支払停止の申立てを受けた場合には、顧客と加盟店との間のトラブルの有無や内容の状況を確認調査する等して、むやみに顧客が不利益を被ることのないよう協力すべき義務を負うとしており、チャージバックに応じようとしないカード会社に対しては、かかる義務の存在を主張して粘り強く交渉することが必要であろう）。また、カード会社は、チャージバックを適用するにあたって目的物の返品を求めてくるが、模倣品を海外業者に返品しようとすると関税法（同法69条の2第3号、2条1項2号）に抵触する可能性があるため、実際に返品をすることはできないという問題がある（もっとも、カード会社も運用を見直しているようであり、返品が実現されなくてもチャージバックが適用された例も出てきているようである）。

決済が銀行振込による場合は、チャージバックのような制度がないため、返金を受けることは極めて難しくなる。この場合、いわゆる振込詐欺救済法に基づいて金融機関に口座凍結を要請することで返金を受けることを図ることが考えられる。

(ⅳ)　CCJ について

海外の事業者との取引に関するトラブルについての消費者の相談口である国民生活センター越境消費者センター（CCJ）では、相手方国の窓口機関を通じて当該事業者へ対応を促すなど紛争解決の支援を行っている。なお、本書執筆現在、アメリカ、カナダ、シンガポール、台湾、韓国、ベトナム、スペイン、ロシア、中南米等諸国（アルゼンチン、ブラジル、コロンビア、ベネズエラ、エクアドル、ペルー、パラグアイ、メキシコ、チリ、ドミニカ）の窓口機関とは提携関係があり（CCJ のHP（http://ccj.kokusen.go.jp/））、相手方の業者がこれらの国・地域の業者であれば解決につながる可能性があると思われるが、逆にそれ以外の国とは提携関係がないようであり、上記以外の国の業者との取引の場合、解決は容易ではないと思われる。

(ⅴ)　海外ネット通販を利用する場合の注意点

上記のとおり、海外ネット通販の場合は解決の手段が限られている上、奏功しないこと,も決して少なくはなく、一般的に解決は困難であると考えられる。

なお、CCJ は、海外ネット通販を利用する場合、以下の5点を確認するようホームページ上で注意を呼びかけている（CCJ の HP（http://ccj.kokusen.go.jp/faq/））。

---

①　運営者の確認：安心できる取引相手かどうか確認すること
②　商品についての確認：一般に流通している価格よりも大幅に値段が安い場合は、コピー商品でないかどうかよく確認すること
③　支払方法の確認：クレジットカードを利用する場合は、カード情報の取扱いに関して安全かどうか確認すること
④　配送方法と配達までにかかる時間

Ⅱ　商品・役務の購入　　203

⑤　キャンセル・返品条件の確認

　また、消費者庁は、ホームページ（http://www.caa.go.jp）上に、模倣品の販売が確認された海外ウェブサイトの情報を掲載しており、取引に入る前に確認することが望ましい。

◆　**事例の検討**　◆

　Yは、模倣品を有名ブランドであるB社製と表示して販売していたのであるから、Aは、民法の錯誤（同法95条）や詐欺（同法96条）の規定に基づいて、契約の無効・取消を主張することが考えられるが、これらは強行規定に当たるので、X国の法人であるYに対しても主張できると考えられる。Aが未成年である場合、行為能力についての準拠法は本国法によるとされていることから（通則法4条）、未成年者取消権（民法5条2項）を行使することができる。

　また、AがYを相手に民事訴訟を提起する場合、民事訴訟法の規定（同法3条の4第1項、同法3条の7第5項）により管轄権が認められ、日本の裁判所での審理を受けられる。

　もっとも、上記のように、比較的少額の取引であることが多いと思われるため、実際は裁判による解決を図ることは考えにくい。Aとしては、決済方法に応じて対応を検討し、例えばクレジットカードによる決済を行っていたとすれば、チャージバックの適用等を主張してカード会社と交渉することになろう。

　　《参考文献等》
　　・薬袋真司「Q&A消費者被害救済の法律と実務〔16〕越境消費者取引」現代消費者法17号（2012）110頁
　　・ベリトランス株式会社「平成24年越境取引に関する消費者相談の国際連携の在り方に関する実証調査・調査報告書」（http://www.cb-ccj.caa.go.jp/24fy_cc.pdf）
　　・小出邦夫『逐条解説法の適用に関する通則法』（商事法務、2009）134〜142頁
　　・櫻田嘉章＝道垣内正人編『注釈国際私法（第1巻）』（有斐閣、2011）259〜270頁

2　共同購入クーポン

① インターネット上で、一定数の人が注文すれば割引を受けられるクーポンが買えるウェブサイトにアクセスし、お花見弁当の割引クーポンを注文し、購入することができた。ところが、届いた弁当を開けてみると、サイト上のメニューには載っていたものの実際には入っていない料理がいくつもあり、サイト上のメニューでは国産と表示されていたのに、実際は輸入された食材を使用して調理された料理が入っ

ていたことも分かった。また、サイト上では、弁当の「通常価格」とされる料金と「通常価格」に割引率を反映させた「割引価格」とされる料金の表示があったが、実際には、「通常価格」とされる料金で弁当が販売された実績がないことが分かった。
② 上記①と同様の割引クーポンを購入できるサイトで、エステ店Aの割引クーポンを購入することができた。サイト上では、使用期限内であればいつでも利用が可能と書いてあったのに、予約を入れてもらおうとAに連絡したところ、既に他の予約が入っているとの理由で、クーポンの有効期限内では予約がとれず、クーポンを使えそうにない。

◆ **問題の所在** ◆
- ・ クーポンサイト運営者の責任
- ・ クーポンサイトでクーポンを購入した場合の返金の可否

◆ **基本的な考え方** ◆

(1) 共同購入クーポンの仕組み

　近時、インターネット上で、一定の期間内に一定の購入希望者が揃えば、購入者が割引された価格で商品やサービスの提供を受けることができるクーポンを取得することができるという取引が増えており、「共同購入クーポン」などと呼ばれている。

　すなわち、このようなクーポンを発行する事業者（以下、「クーポンサイト運営事業者」という）は、自らの運営するサイト（以下、「クーポンサイト」という）上で、商品やサービスを提供する事業者（以下、「商品・サービス提供事業者」という）との契約に基づいて、商品・サービス提供事業者の店舗等で利用できるクーポンの購入を募り、一定の時間内にクーポンの購入を希望する者（以下、「クーポン購入者」という）からの申込みが一定数に達すれば、クーポン発行に係る契約が成立し、クーポン購入者は実際にクーポンの発行を受けられることになる。クーポンは、電子メールで各購入者に送信され、購入者は、送信されたクーポンを自ら印字して店舗に持参するか、モバイル端末にクーポンを表示して呈示する方法によって利用するというのが一般的である。

　なお、このようなクーポンには6ヶ月以内の使用期限が定められていることが通常であるが、これは資金決済法の適用の対象となるのを免れるためであると推測される。

　各当事者の関係を図示すると、以下のようになる。

Ⅱ　商品・役務の購入　　205

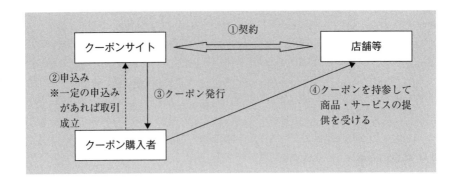

　上記のとおり、共同購入クーポンには、購入の申込みが可能な期間の設定があるが、設定された期間の長さによっては、購入希望者には購入のために十分な検討の時間が与えられないということがありうる。そのため、あまりに申込期間の設定が短いサイトについては、購買意欲をいたずらに煽っているのではないかとの指摘もある。また、発行するクーポンの数量によっては、商品・サービス提供事業者において商品・サービス提供の履行ができないという事態が発生することもある（平成23年には、あるクーポンサイトから発行されたおせち料理のクーポンに申込者が多く集まったため、おせち料理を提供する業者の側で食材を十分に調達することができず、広告に表示されていたものと相当に異なるおせち料理が提供されるという事態が発生し、大きく報道された）。
　共同購入クーポンに関しては、上記のような問題が生じており、利用するにあたっては十分注意する必要がある。

(2) 共同購入クーポンの法的構成

　共同購入クーポンについては、各クーポンサイト運営事業者ごとに異なる内容の利用規約が定められており、クーポン等の行使によって享受できるサービス等も様々な形態があることから、現時点では、その法的評価について定まった見解はなく、具体的な取引事例ごとに利用規約や取引の実態を分析してその法的構成を検討することが必要となる。もっとも、一定数を超える申込みがあることが契約成立の条件となっていることから、停止条件が付された契約である点においては法的性質が共通していると思われる。
　そして、大きく分けると、クーポン購入者とクーポンサイト運営事業者との間で直接商品購入・サービス提供契約が成立する場合と、クーポン購入者と商品・サービス提供事業者との間で商品購入・サービス提供契約が成立し、クーポンサイト運営事業者は販売インフラの提供、あるいは広告掲載を担うにすぎないという場合の2通りに分類できると考えられる。

クーポンサイト運営事業者との間で直接商品購入・サービス提供契約が成立するかどうかをどのように判断するかは、上記のとおり具体的な取引事例ごとに検討するしかないと思われるが、購入者から直接購入の申込みを受けていること、購入者から直接代金を受領していること、利用規約においてクーポン（あるいは債権）の販売取引である旨を明示していることなどの事情があれば、クーポンサイト運営事業者との間で直接契約が成立しているとみることができる場合が多いと思われる。その他、利用規約において契約の解除事由等の判断をクーポンサイト運営事業者において行う旨が定められていることや、店舗による商品・サービス提供後に提供があった限度でのみクーポンの販売代金を店舗に支払い、商品・サービスの提供を受けなかったクーポン購入者の分の販売代金をクーポンサイト運営事業者が取得していることなどの事情は（後者については、森亮二「プラットフォーマーの法的責任」現代消費者法25号（2014）45頁を参照）、直接クーポンサイト運営事業者との間で契約が成立していると評価すべきより有力な事情となろう。

(3) クーポンサイト運営者の責任

(i) クーポンサイト運営事業者との間で商品購入・サービス提供契約が成立する場合

購入したクーポン等の利用によって受けられるはずのサービスを実際には受けられなかった場合や、サービスの内容に問題があってクーポン等購入者に何らかの損害が生じた場合、クーポンサイト運営事業者が商品購入・サービス提供契約の当事者であれば、クーポン等購入者はクーポンサイト運営事業者に対し契約上の責任を追及しうる。

このような場合、クーポンサイト運営事業者は、債務の本旨に従った履行をなしておらず、クーポン購入者は、債務不履行責任を主張し、契約の解除や損害賠償の請求を行うことが考えられる。

(ii) 商品・サービスを提供する事業者との間で契約が成立する場合

他方、商品・サービスを提供する事業者が契約の当事者であってクーポン等購入者とクーポンサイト運営事業者とが直接の契約関係に立たない場合は、クーポン等購入者が契約上の責任を追及しうる相手はあくまで商品・サービスを提供する事業者である。この場合、クーポン購入者がクーポンサイト運営事業者に対して責任を追及するには、不法行為責任の成否を検討する必要がある。

(iii) 契約成立当初から商品・サービスの提供が不能である場合

事例とは異なるが、契約当初の段階で既に商品・サービスを提供する事業者が履行できる限度をはるかに超えてクーポンが発行されるという事態が生じることも考えられる。このような場合、そもそも履行が原始的に不能な契約が行われたとみることができ、このような契約は無効であると考える余地がある。このような場合、

購入者は、クーポンサイト運営事業者、あるいは商品・サービス提供事業者に対し、代金の返還を請求できると考えるべきである。

(4) 免責規定の有効性

　実際に、クーポンサイト運営事業者に損害賠償責任が認められるとしても、多くのクーポンサイト運営事業者は、利用規約において、「サービスを利用できなかったことによって生じた損害についていかなる責任も負わない」であるとか、「サービスの提供が行われることやサービスの内容について何ら保証しない」などクーポンサイト運営事業者の責任を免除させる旨の規定を設けていると思われる。しかし、クーポンサイト運営事業者が損害賠償責任を負う場合、このような利用規約上の無限定の免責規定は、消費者に生じた損害を賠償する責任の全部を免除する条項に該当し（消費者契約法8条1項）、無効となると考えるべきである。したがって、上記のように、利用規約にクーポンサイト運営事業者の責任を免除させるような規定が存在するとしても、クーポンサイト運営事業者に対する責任追及は可能であると考えられる。

(5) 特商法が定める法定返品権の行使の可否

　クーポンサイトの取引は、インターネットを通じた取引であり、特商法上の通信販売（同法2条2項）に該当すると考える余地がある（共同購入クーポンの法的性質について、クーポンサイト運営事業者から債権譲渡を受けるとする見解があるが、この見解によると権利の売買が行われているため、通信販売には該当しないことになる）。

　通信販売の場合、特商法が定める他の販売類型において設けられているクーリング・オフの制度は利用することができないが、事業者において、申込みの撤回等についての特約を広告に表示している場合を除いて、消費者は、商品の引渡又は指定権利の移転を受けた日から8日間を経過するまでの期間は、申込みの撤回又は解除をすることができるため（法定返品権、特商法15条の2）、これに基づいて返金を受けるという手段も考えられそうである。

　しかし、たいていのクーポンサイトでは、申込みの撤回等についての特約が表示されていると思われる上、一般にクーポンは、電子メールで送信され、購入者自ら送信を受けたクーポンを印字して店舗に持参する方法や、モバイル端末にクーポンを表示して呈示する方法によって利用されているため、有体物である「商品」の引渡しを観念することができない。

　したがって、特商法の定める法定返品権を行使することによって、クーポンの購入代金の返金を受けるということは、通常ありえない。

(6) 景表法上の問題点

　景表法では、提供する商品又は役務について、一般消費者に著しく優良であると

誤認される表示（優良誤認表示）や、著しく有利であると誤認される表示（有利誤認表示）を行うことを禁止している（景表法4条1項1号・2号）。

　共同購入クーポンは、割引された価格で商品やサービスの提供を受けられるものとして販売されるため、割引前の価格と割引後の価格の双方が表示されるのが通常であるが、実際の商品・サービスによっては割引前の価格での販売実績がないことがある。この場合、クーポンの購入者である一般消費者は、割引後の価格として表示された価格が実際の価格よりも著しく有利であると誤認しかねず、景表法の禁ずる有利誤認表示に当たる二重価格表示となると考えられる。

　また、必ずしも共同購入クーポンに特有の問題ということではないが、例えば、クーポンの利用により得られる商品について、使用している材料等の品質について、実際は外国産であるのに「国産」と表示するなど偽って表示する場合、一般消費者は、その商品が実際のものより著しく優良であると誤認しかねない。したがって、このような表示がなされた場合、それは景表法の禁ずる優良誤認表示に当たることがある。

　上記のような景表法の禁ずる表示がなされ、これを見てクーポンを購入したとしても、直ちに民事法上の効果が生じるわけではない。もっとも、そのような表示を行ったことは、民法上の違法性を根拠づける事情となりうると考えるべきであり、表示を行った業者に対し不法行為責任を追及することが考えられるし、また、そのような表示を信頼してクーポンを購入した消費者の錯誤を裏づける事情の1つとなりうるであろう。

◆ 事例の検討 ◆

(1) クーポンサイト運営事業者との間で商品購入・サービス提供契約が成立する場合

　①の事例では、クーポン等購入者は、弁当自体の引渡を受けてはいるものの、実際に引渡しを受けた弁当の内容は表示されていたものとは相当に異なるといえ、債務の本旨に従った履行がなされていないと主張する余地がある。したがって、このような場合、クーポンサイト運営事業者に対し債務不履行責任（解除、損害賠償請求）を追及することが考えられる。

　②の事例では、クーポン等購入者は、使用期限内であればいつでもサービスの提供を受けることができるというクーポンを取得しており、予約の変更が認められずサービスの提供が受けられないのであれば、履行の提供がなされたとはいえない。したがって、クーポン等購入者は、クーポンサイト運営事業者に対し債務不履行責任（解除、損害賠償請求）を主張できると考えられる。

　また、①の事例、②の事例ともに、実際に提供を受けることのできる商品やサービスの重要な部分が事業者側の表示と異なるといえ、一般人であれば表示どおりの

Ⅱ　商品・役務の購入　209

商品やサービスの提供が受けられなければ契約を締結しなかったであろうといえるので、動機の錯誤（民法95条）による契約の無効を主張する余地もあると思われる。

(2)　商品・サービスを提供する事業者との間で契約が成立する場合

①の事例でも②の事例でも、クーポン等購入者とクーポンサイト運営事業者とは直接の契約関係に立たないため、契約上の責任をクーポンサイト運営事業者に追及することはできず、不法行為責任の追及を検討することになろう。

《参考文献》
- 経産省「電子商取引及び情報財取引等に関する準則」（平成27年4月改訂版）94～101頁
- 国民生活センター「ご存じですか？共同購入型クーポンサイトに関するトラブル」（平成23年2月9日報道発表資料）(http://www.kokusen.go.jp/news/data/n-20110209_1.html)
- 消費者庁「インターネット消費者取引に係る広告表示に関する景品表示法の問題点及び留意事項〔平成24年5月9日一部改訂〕」(http://www.caa.go.jp/representation/pdf/120509premiums_2.pdf)
- 同上「株式会社外食文化研究所に対する措置命令及びグルーポン・ジャパン株式会社に対する要請について」（平成23年2月22日）(http://www.caa.go.jp/representation/pdf/110222premiums_1.pdf)

3　ポイントシステム

> Aは、日頃からインターネットショッピングを頻繁に利用しており、特にB社が運営するインターネット上のショッピングモールに出店する各種の業者から頻繁に商品を購入していた。
> B社からは、B社の運営するショッピングモールに出店している業者との取引が成立する度に、取引金額に応じて一定数のポイントが付与され、このポイントは、10ポイントあたり1円の割合で、B社の運営するショッピングモールに出店している業者との取引の決済に利用することができる仕組みになっていた。
> ①　Aが、B社の運営するショッピングモールに出店している業者Cから商品を購入しようとして、決済にあたり従前貯めていたポイントを使用しようとしたところ、交換の比率が20ポイントあたり1円に変更されていることに気づいた。
> 　なお、B社からは、事前に交換比率の変更を行う旨のダイレクトメールが送られていたが、B社からは不定期に利用案内に関するメールが送られてきていたため、Aは、交換比率の変更を通知する上記ダイレクトメールも利用案内に関するものであろうと思い込み、内容を確認していなかった。
> 　このような場合、Aは、交換比率の変更を受け入れるしかないのか。
> ②　Aが、B社の運営するショッピングモールにアクセスしようとしたところ、

210　第4章　具体的問題事例

モールが閉鎖されていたためにアクセスができず、その数日後には、裁判所によってＢ社の破産手続が開始された旨が報道された。

この場合、従前Ａが貯めていたＢ社から付与されたポイントはどうなるのか。また、Ａは破産手続においてどのように扱われるのか。

◆ 問題の所在 ◆
・　ポイントの法的性質及び権利性

◆ 基本的な考え方 ◆

(1)　ポイントの法的性質

　現在のわが国においては、様々な業種の事業者が、主に販売促進や顧客の囲い込みを目的として、値引き等のサービスの提供を受けることが可能になる企業ポイント（以下、単に「ポイント」という）を顧客等に付与しており、わが国の大半の消費者が何らかのポイントを保有していることであろう。

　ポイントシステムは、当初は付与主体の店舗等においてのみ利用できる性質のものであったが、近年では、多数の他業者とのポイントの交換が可能であることを特徴とするポイントシステムを提供する事業者（Ｇポイント等）や、他の参加業者との間で共通して利用できるポイントシステムを提供する事業者（Ｔポイント等）も出てきている。

　ポイントについては、付与の条件や利用できるサービスの内容等の面から見て、様々な種類のものがあり、後記の各法律と関係する場面もあるものの、現在のところこれを直接規制する法律は存在しない。

　ポイントシステムは、あくまで消費者と事業者との民法上の契約として評価され、ポイントの内容や利用方法のほか、その権利性や法的性質についても、当事者の合意に従って決定されるものと考えられるが、商品の購入や役務の提供を受けるにあたって、販売業者等に対し、代金等の値引きを受けることや代金等の一部への充当を求めることができるものであることからすると、ある種の権利性を有するものと考えることができるであろう。

　もっとも、消費者が金銭を支払って取得するようなものは別として、ポイントは、基本的には、事業者側が販売促進や顧客の囲い込みを目的として付与する「おまけ」としての性質が強いため、消費者が保有するポイントに権利性を認めることができるとしても、条件付のものであったり、制約の多いものとならざるをえない面がある。

　なお、ポイントと称されるものには、様々な性質のものがあり、中には対価性を有するものもあると思われるが、本書では、事業者から「おまけ」として付与されるポイントを念頭に置くものとする。

Ⅱ　商品・役務の購入　　211

(2) 各種法律との関係

(i) 消費者契約法との関係

ア 事業者の努力義務

事業者には、消費者契約の条項を定めるにあたり、消費者の権利義務や契約の内容が消費者にとって明確かつ平易なものになるよう配慮し、消費者契約締結の勧誘に際しては、消費者の権利義務や契約内容についての必要な情報を提供するよう努める義務がある（消費者契約法3条1項）。

ポイントシステムについて、約款等を定めている事業者は少なくないが、約款中の条項はまさに消費者契約の条項に当たるものであり、約款の内容、特に、ポイントの内容や利用期間を含めた利用方法、ポイントの消去等について、事業者は、消費者が容易に理解できるような明確な条項を定めるよう努めなければならず、また、ポイントシステムを勧誘するにあたっては、これらについて必要な情報を提供するよう努めなければならない。

イ 不当条項

消費者契約法10条は、「民法、商法その他の法律の公の秩序に関しない規定の適用による場合に比し、消費者の権利を制限し、又は消費者の義務を加重する消費者契約の条項」が信義則に反して消費者の利益を一方的に害する場合には、その条項は無効となる旨を定め、消費者に一方的に不利益となる不当な条項から消費者を保護している。

約款等では、事業者においてポイントの価値を変更することが可能である旨が定められていることが少なくないが、このように事業者が自由に契約内容を変更できるような条項でも、消費者が貯めたポイントを事前の告知なく失効させたり、大幅に価値を切り下げるような消費者の合理的な期待に反して消費者に不利益を押しつけるような条項は無効となりうると解するべきである。

そして、消費者契約法10条に該当するかどうかの判断にあたっては、約款等の記載だけでなく、実際の勧誘・広告・表示の実態・交渉の経緯等も踏まえ、消費者が、一定の期待を抱くことが通常であるかどうかといった点や、当該期待が保護に値するものかどうか、事業者が消費者に不利益な取扱いを行うことが事前の説明内容等との関係で消費者の期待に著しく反するものかどうか等といった点が考慮されるべきと考えられる（経済産業省・企業ポイントの法的性質と消費者保護のあり方に関する研究会「企業ポイントの法的性質と消費者保護のあり方に関する研究会報告書」（平成21年）29頁）。

(ii) 景表法との関係

ア 有利誤認

景表法は、価格やその他の取引条件について、実際のもの又は競争事業者に係る

ものよりも著しく有利であると一般消費者を誤認させるような表示を有利誤認表示として禁止している（同法4条2項）。

　事業者が、広告等において、実際には付与されないにもかかわらずポイントが付与されるかのような表示を行ったり、実際には一部の商品にしか付与されない高いポイントが全ての商品に適用されるかのような誤解を生ぜしめる表示を行ったりした場合、景表法の禁止する有利誤認表示に該当する可能性がある。

イ　総付景品

　景表法は、事業者が提供できる景品類の価額や種類、提供方法を制限、禁止できると定めており（同法3条）、事業者が提供できる総付景品の最高額は、取引価格が1,000円未満であれば200円、1,000円以上であればその取引価格の2割とされている。

　事業者から付与されるポイントが、1ポイント1円などとその価値が明示され、商品の値引きに用いられるものであれば、「景品類」に当たらず、値引きに当たると解されるため、上記の規制に服することはない。他方、特定の物品の交換に用いられる場合などは、提供されるポイントが「景品類」に該当すると解され、事業者は上記の規制の範囲でしかポイントを付与することができない。

(iii)　資金決済法との関係

　平成22年4月に施行された資金決済法は、これによって廃止された前払式証票規制法では規制しきれなかった態様のものも含めて電子マネー（前払式支払手段（同法3条））を発行する者に対し、事前の登録や、未使用残高の2分の1以上の額に相当する現金を国に供託することを義務づけるなどの規制を施した。

　ポイントは、事業者が販売促進や顧客の囲い込みの目的で付与される値引きやおまけとしての性質を持つものであり、そのようなものである限りは資金決済法の規制する前払式支払手段には該当せず、同法の規制は及ばないと考えられる（金融庁「新たな資金決済サービス―イノベーションの促進と利用者保護に向けて―」5頁）。ただし、ポイントと称するものであっても金銭等の対価を支払って得られるものは前払式支払手段に該当する。また、異なるポイントサービスが併存する場合において、対価を支払って得られるポイントを対価としてその他のポイントが得られるという場合には、前者だけでなく後者のポイントも前払式支払手段に該当すると解される。

(3)　消費者の期待と事業者の認識の格差

　ポイントの内容等が当事者間の合意に従って定められるものとならざるをえないとしても、消費者と事業者との間には、典型的に、以下のような認識の格差がある旨が指摘されている（前掲「企業ポイントの法的性質と消費者保護のあり方に関する研究会報告書」15頁）。すなわち、消費者においては、ポイントについて、商品

やサービスに必ず利用できる権利があるとの期待を抱いており、これに対し、事業者側では、ポイントは、対価関係なく付与されるものであり、権利性はなく、事業者が一定の商品やサービスに必ず利用できるようにする法的義務を負うものではないとの認識を有している。

この点に関しては、対価関係がないとしても、ポイントシステムは、販売促進や顧客の囲い込みという業者側の目的に即して構築され、業者側もポイントの付与を積極的に勧めており、消費者においても、ポイントの取得や利用が取引の有力な動機の1つとなっているものであるからすると、消費者の抱く期待については配慮が必要であると考えられる。

経済産業省が発表した「企業ポイントに関する消費者保護のあり方（ガイドライン）」では、消費者の期待とポイント付与事業者の認識のずれを無くすためとして、事業者側において以下のような対応をとることが望ましいとしている。

---

① ポイントプログラム内容を示す約款や書面の交付や、ウェブページでの表示など、消費者が必要に応じてプログラム内容を網羅的に確認できる仕組みを整備すること
② 消費者の期待の高い重要事項について、適切な時点で消費者に分かりやすいように表示・説明すること
③ 利用条件変更の際の適切な対応や、ポイントカード紛失時等の適切なトラブル対応を行うこと

---

(4) ポイント付与主体の破産について

ポイントの法的性質や権利性が当事者の合意によって定められるものであることは前述のとおりであるが、約款等で、ポイントについて破産債権に当たることを明記している事業者は存在しないと思われる。

もっとも、破産債権に該当するかどうかは約款等の定めのみによって決まるものではない。むしろ、ポイントは代金等への充当や商品等との交換を請求しうるものであり、権利性を見出すことができるのであるから、破産手続において、ポイントを破産債権として扱うことは理論的に十分可能であると思われる。

実際の破産手続の現場においては、ポイントが破産債権に当たるかどうかは、個別の事件ごとの破産管財人や破産裁判所の判断に委ねられていると思われる。一般には破産手続における配当率は低水準に止まることが大半であり、配当が全くない事案も少なくはないが、上記のように、ポイントは十分権利性の認められるものであるから、破産管財人に問い合わせるなどして債権届を提出することは検討してみた方がよい。

ところで、ポイントが破産債権に当たりうると考えると、民事再生手続や会社更

生手続の場合も、ポイントが再生債権や更生債権として扱われることも十分に考えられる。

実際のところ、再生手続や更生手続が開始された後にポイントをどう扱うかについては、ポイントを維持することで得られる顧客や信用の維持という利点と資金繰りとの問題とを勘案して、個別の事案ごとに判断されているようである（「現代型契約と倒産法」実務研究会編『現代型契約と倒産法』（商事法務、2015）65頁）。そして、ポイントに権利性が認められ、ポイントを維持することが決定された場合は、少額債権の弁済の許可（民事再生法85条5項後段、会社更生法47条5項後段）を経ることになる。

なお、日本航空の会社更生手続においては、同社の行っているマイレージサービスにおける会員のマイレージが会社更生法47条5項後段に基づいて保護された。

◆ **事例の検討** ◆ ·······

（1） **事例①**

事例①においては、多くの事業者がポイントの交換価値を一方的に変更することができる旨の条項を約款に盛り込んでいることが一般的であり、そのような場合、原則的には約款の定めに従わざるをえない結果となるであろう。

もっとも、事例①のような場合、事前の告知の方法が適当かどうかは問題とする余地があり、失われる価値の大きさ、広告等の表示や事前の説明内容等によっては、約款の定めが消費者契約法10条に該当する無効なものであるとの評価もありうるものと思われる。

（2） **事例②**

事例②においては、B社から付与されるポイントは、同社の運営するショッピングモールに出店している事業者との取引が成立した場合に取引金額に応じて付与されるものであり、値引きとしての性質を有するものと考えられそうである。

もっとも、このような値引きを求める権利は代金への充当を求める権利と評価でき、他の破産債権と比較して性質が異なるようなものではないとも考えられる。破産管財人や破産裁判所の判断によっては、破産債権として認められるということも十分ありうると思われる。

《参考文献等》
・経産省「企業ポイントの法的性質と消費者保護のあり方に関する研究会報告書」（平成21年）
・伊藤亜紀『電子マネー革命——キャッシュレス社会の現実と希望』（講談社、2010）106〜125頁
・松本恒雄「ポイントサービスの法的性質と消費者保護の課題」月刊国民生活2007年9月号7頁

Ⅱ　商品・役務の購入　　215

・松本恒雄＝町村泰貴＝齋藤雅弘編『電子商取引法』（勁草書房、2013）144〜151頁
・「現代型契約と倒産法」実務研究会編『現代型契約と倒産法』（商事法務、2015）63
　〜70頁

4　インターネット詐欺

> 　XはA社が運営しているとされているショッピングサイトで商品を購入し、指定された B銀行の口座に代金を振り込んだ。
> 　しかし、商品の到着予定日になっても商品が届かず、サイトを確認したところ、閉鎖されて閲覧できない状態となっており、連絡先として指定されていたメールアドレスに連絡をしても返事が全くこなかった。

◆　問題の所在　◆
・　インターネット通販業者の特定
・　被害救済のための対応

◆　基本的な考え方　◆

(1)　インターネット通販業者の特定

(i)　特商法の表示事項

　インターネット通販サイトには販売業者の名称、住所、電話番号等、特商法上の表示事項を記載する義務がある（特商法11条、同規則8条）。そこで、まずは、特商法上の表示事項が記載されているページを探し、記載されている情報を手がかりにインターネット通販業者を特定する。サイトが消滅していた場合であっても、インターネットアーカイブ（http://archive.org/web/）を用いることで消滅する前のサイトを見ることができることもある。

(ii)　振込先口座

　振込先口座の名義人からインターネット通販業者を特定することも検討しうる。ただし、第三者名義の口座を使っている場合も多くみられる。

(iii)　クレジットカードの追跡

　詐欺業者の場合、記載されている情報が虚偽のものであることや、そもそも特商法上の記載がない場合もある。

　クレジットカードを利用している場合は、まず、クレジットカード会社から決済代行業者の日本事務所の連絡先やインターネット通販業者についての情報提供を求めていくことになる。ただし、クレジットカード会社はインターネット通販業者とは接点がないことがほとんどである。決済代行業者に対しては、インターネット通販業者についての情報提供を求めていくことになる。

216　第4章　具体的問題事例

(2) 被害救済のための対応

(i) 証拠の確保

インターネット通販詐欺の被害を回復する際には、被害の具体的な内容を説明することが求められる。そのため、早期にメール、取引画面、サイト及び支払記録等を保存する必要がある。

(ii) 法的構成

商品の到着予定日になっても商品が届かない場合は、相手方は履行遅滞に陥っていることから、履行遅滞に基づく解除をすることができる（民法541条）。

また、相手方が商品を売る意思がないにもかかわらず、商品を売るかのように見せかけ、代金を振り込ませた場合は、民事上、詐欺取消（民法96条1項）をすることができ、刑事上は詐欺罪（刑法246条）に該当する。

(iii) 相手方への対応

相手方が判明した場合は、相手方と連絡をとり、商品の発送や返金を求める交渉を行い、交渉がうまくいかなかった場合は、提訴を検討することとなる。

(iv) 口座凍結

詐欺であることが合理的に疑われる場合は、銀行振込の場合、振込詐欺被害救済法に基づく対象口座の凍結を検討することとなる。

(v) 警察への相談

警察に対して被害届を提出し、被害届が相当程度集まれば、警察が捜査に動いてくれる場合もある。捜査が始まれば、相手方が特定されることがあり、民事上の請求を進めることができる。

(vi) ネットショッピングモールの責任追及

売買契約はネットショッピングモール（以下「モール」という）に出店していた店舗と買主との間で成立しているため、買主が売買契約上の責任を追及できるのは、原則として店舗に対してのみであり、売買契約当事者でないモール運営者に対しては、契約上の責任を原則、追及できない。

ただし、当該モールにおける補償制度が存在するかを確認し、補償制度があれば、それに基づき補償を求めることができる。

また、モールにおいて、モール運営者と個々の店舗のどちらが営業主か判別しにくい表示がなされる等、買主たるモール利用者がモール運営者を売主と誤認するような状況が作られていた場合には、運営者が名板貸責任を負う可能性がある。

①店舗による営業をモール運営者自身による営業と一般の買主が誤って判断するのがやむをえない外観が存在し（外観の存在）、②その外観が存在することについてモール運営者に責任があり（帰責事由）、③買主が重大な過失なしに営業主を誤って判断して取引をした（相手方の善意無重過失）場合には、商法14条又は会社

法9条の類推適用によりモール運営者が責任を負いうる。

「電子商取引及び情報財取引等に関する準則」では、モール運営者が責任を負う可能性がある例として、商品購入画面等モール運営者のウェブサイト画面で、売主がモール運営者であることの誤解が生じうる場合が挙げられ、他方、責任を負わないと思われる例として、ウェブ上にモール利用者が、通常認識することができるような形で「当モールに出店する店舗は、当社とは独立した事業者が自己の責任において運営しており、特に明示している場合を除いて、当社及び関連会社が管理又は運営しているものではありません」と表示している場合など、モール運営者のウェブサイト画面にモール運営者が売主でないことが分かりやすく記載されている場合が挙げられている。

モール運営者が、商法14条の類推適用により責任を負うか否かについては、モールの外観、モール運営者の運営形態（個々のショップが運営者に対して支払う費用が、出店経費相当分の定額か、それとも売上に応じたものか等）のみならず、外観作出の帰責性の有無の判断要素として、売上代金の回収の態様（運営者が個々のショップに代わって代金を督促、回収する場合等）、明示もしくは黙示の商号使用の許諾等店舗の営業への関与の程度等をも総合的に勘案して判断されることになる。

さらに、そのような詐欺サイトを放置していたことをもって運営会社に対して管理監督責任を果たしていなかったとして、不法行為責任又は債務不履行責任を追及する余地が生じる。

◆ **事例の検討** ◆ ....

商品が届かず、サイトが閉鎖され、連絡もつかなくなっていることから、詐欺である可能性が高いため、詐欺であることが合理的に疑われる場合は早急に口座凍結をすべきである。また、サイト上の記載やクレジットカードの追跡から相手方の特定ができれば、相手方と交渉し、交渉が不奏功に終わった場合は、訴訟提起を検討すべきである。それと平行して警察に相談し、被害届を出すことも検討すべきである。

《参考文献》
・預金保険機構（http://furikomesagi.dic.go.jp/sel_pubs.php）
・経産省「電子商取引及び情報財取引等に関する準則」（平成27年4月改訂版）i.65〜i.68頁

5 アフィリエイト

　Xは、Yが投稿するブログの熱心な読者である。ある日、XがYのブログを読んでいると、Yがとある健康食品を愛用しているとの記事があり、記事の下部にはバナー広告が掲載されていた。Xは、「Yが勧めるのであれば間違いないだろう」と思って購入を決意し、バナー広告をクリックしてリンク先のZのサイトでその健康食品を購入した。しかし、実際に届いた健康食品は不良品であり、XはZに対する返品等を考えている。
　Yが「アフィリエイト」をしてZから報酬をもらっていた場合、Xは、Zだけでなく Yに対しても何らかの法的責任を追及できるか。

◆ 問題の所在 ◆
- アフィリエイト契約の法的性質
- アフィリエイターの責任
- 広告主の責任

◆ 基本的な考え方 ◆
(1) アフィリエイトの仕組み

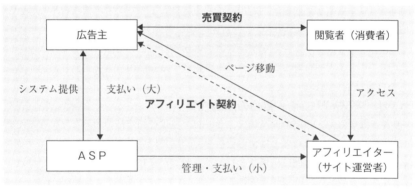

(i) 定義

　「アフィリエイト・プログラム（Affiliate Program）」とは、「ホームページ、ブログやメールマガジンを閲覧したユーザーが掲載されたリンクをクリックし、商品を購入したり、サービスを申し込んだりした場合、商品の売上高の一部やサービスに賦課された額のお金がそのサイト、ブログやメールマガジンの運営者に還元されるシステム」をいう。アフィリエイトは、インターネット広告の1つであるが、アフィリエイト（affiliate）には「提携する、仲間になる」という意味があり、広告主とサイト運営者等（アフィリエイター）とが相互に協力をして商品を販売していく広告システムである。ネット通販大手のアマゾンはアフィリエイトを利用して大幅に

Ⅱ　商品・役務の購入　219

売上を伸ばした。

最近では Linkshare などの ASP（アフィリエイト・サービス・プロバイダ）が登場し、アフィリエイトのためのリンクや報酬管理、データの統計情報などの総合プログラムをテンプレートとして用意し、広告主に対してそのシステムを有償で提供している。ASP のシステムによって、広告主は自社でアフィリエイトシステムを構築するコストを削減でき、アフィリエイターも個別に広告主と提携する手間を省くことができる。

(ii) 他の広告との比較

インターネット広告でこれまで存在したバナー広告による定額報酬、クリック報酬、表示回数報酬という報酬制度に比べ、アフィリエイトでは基本的に成果型報酬であることから、広告主にとってリスクが少なく広告の効果も明確であり、当該アフィリエイトからの売上げが立って初めて報酬支払いをすればよい仕組みになっている（広告をクリックするだけで報酬がもらえる形態もアフィリエイトと呼ばれることもあるが、これは従来からのバナー広告でも同様の形態があるため、ここでは含めないこととする）。閲覧者がアフィリエイターのサイトを経由して商品を購入しなければアフィリエイターは報酬を得ることができず、アフィリエイターはよりよいサイトを構築して閲覧者に有用な情報を提供しようとする動機付けがなされる。

最近では閲覧者の行動履歴をもとに閲覧者の興味関心を推測して自動的にターゲットを絞って広告するターゲティング広告が流行しているが、アフィリエイトではアフィリエイター自身が自己のサイトで掲載する商品の広告を自由に設定できる（しなければならない）ことになっている。

(2) アフィリエイト契約の法的性質

消費者は広告主との間で商品購入・サービス提供契約を締結することになるため、アフィリエイターは消費者とは何ら直接の契約関係に立たない。しかし、アフィリエイターと広告主との間にはアフィリエイト契約が存在し、アフィリエイターはアフィリエイト契約による規律を受ける。

(i) 法的性質

アフィリエイト契約は、広告主と消費者との商品購入・サービス提供契約を媒介していると考えれば商法上の仲立契約（商法543条）に該当するものと考えられる。ただし、アフィリエイト契約では、アフィリエイターは自己のウェブサイトに広告主から提供された広告を設置することが基本的債務であり、広告主は契約の成立という支払条件が達成された場合のみ報酬を支払う義務があるという単純な契約であり、アフィリエイト契約の性質上商法上の仲立人の諸規定を適用するにはなじまない。

アフィリエイト契約は、アフィリエイターのリンク表示（バナーなども含む）と

それに付加されるアフィリエイターの媒介行為による契約成立という結果の発生を
まって報酬が発生するという成功報酬型の広告である点からいえば、請負契約にも
類するものとも考えられる。ただし、仕事の完成は、広告主の契約締結の意思決定
に左右されるという性質があるため、アフィリエイターの行為によってのみでは仕
事の完成をなしえない。このことからすると、単純に請負契約に属するともいえな
い。

　以上から、アフィリエイト契約は単純な仲立契約や請負契約ではなく、準委任契
約や請負契約に類する無名契約として考えられるものといえる。

(ii)　尽力義務を負わないこと

　アフィリエイトにおいては、広告主から商品写真や見出しなどが提供されても、
アフィリエイターが広告の対象商品・サービスについてその購入を促す文句・表現
等を独自に付加することが多い。しかし、アフィリエイト契約は、契約が成立しな
ければ報酬をもらえないだけのものであり、広告主の指定するフォーマット等を遵
守すればあとは何をするかはアフィリエイターに委ねられているから、アフィリエ
イターが広告主に対して尽力義務まで負っているものではない。アフィリエイト契
約では、成果型報酬をとることで契約成立に向けた尽力をアフィリエイターに事実
上求めているというにとどまり、尽力義務まで認める必要はない。

(iii)　善管注意義務を負うこと

　アフィリエイターは、広告料を得ることを目的として、自己のウェブページ等で
広告主の商品・役務を紹介するものであり、広告主からは独立した広告掲載手法を
とるため、広告主の意図に沿わない広告掲載が行われることもある。広告主が予期
せぬところで誇大広告が行われたり、著作権・商標権等が侵害されたり、アフィリ
エイターが広告主の機密情報や個人情報を入手することによって、それら情報の不
正利用・漏洩の可能性もありうる。このような視点からすると、アフィリエイト契
約上、アフィリエイターは広告主に対し、自らのアフィリエイトサイト等での広告
の利用等について善管注意義務（民法644条）を負っているものと考えるべきであ
る。

(3)　アフィリエイターの責任

　アフィリエイターの媒介によって契約を締結した消費者は問題が生じた場合には
まず広告主との契約の解除・取消などを原則として考えるため、アフィリエイター
が消費者から直接責任を問われることは多くはない。しかし、広告主に事実上責任
を問えない状況に陥った場合には責任追及される可能性があり、また、アフィリエ
イターは一方で消費者としての立場にある個人が副業的に行っていることも多いこ
とから、アフィリエイター自身から相談がなされることも想定されるので、アフィ
リエイターがどのような責任を負う可能性があるか検討する。

Ⅱ　商品・役務の購入　　221

なお、日本アフィリエイト・サービス協会（http://j-ask.org/）では、2006年10月にアフィリエイト・ガイドラインを制定して広告主・ASP・アフィリエイターの三者の遵守すべき包括的行動規範を示している。

(i) 広告規制、表現規制

アフィリエイターは、自らが広告主の行う事業（商品販売や役務提供等）自体を行っているわけではないため、特商法、景表法、医薬品医療機器法（薬事法）、健康増進法等の広告規制も原則としてアフィリエイターには及ばない。ただし薬事法、健康増進法では、広告だけでなく一定の記述自体を規制しているので、こうした広告以外の表現規制は及ぶ。すなわち、アフィリエイターが宣伝文句としてアフィリエイトサイトに記載する誇大表現、誤った情報の提供を景表法などでは直接規制することができないが、他方で薬事法では医薬品として承認を受けていない食品等については効能・効果に関する広告が禁止されるため、健康食品などのアフィリエイトにおいては、アフィリエイターが安易に勧める記事などを書くとこれに触れる可能性は高い（同法66条から68条に関する「薬事法における医薬品等の広告の該当性について」平成10年9月29日医薬監第148号によれば、①顧客を誘引する（顧客の購入意欲を昂進させる）意図が明確であること、②特定医薬品等の商品名が明らかにされていること、③一般人が認知できる状態であること、に該当すると医薬品等の広告に該当するとされている）。

(ii) 広告主に対する善管注意義務違反

アフィリエイト契約によって、アフィリエイターは広告主に対して善管注意義務を負うものと考えられるところ、違法行為・誇大広告・断定的判断等の不正な表現を用いてサイト閲覧者を広告主のサイトに誘導してアフィリエイトの報酬を得ようとすることは善管注意義務に反するものといえる。例えば、景表法や薬事法違反に当たる商品紹介文を掲載したり、誇大広告を掲載してサイト閲覧者に購入を促しているとみることができる場合や、広告主の評判を落とすような内容のサイトでアフィリエイトを行うような場合がありうる。自己のアフィリエイトサイトの表現に誤りがあるとか、アフィリエイトサイトの文言が社会通念上広告主の提供した広告と一体のものとみることができる場合、アフィリエイターが行った表現が原因となって広告主に損害を及ぼすことになれば、アフィリエイターは広告主に対してアフィリエイト契約に基づく債務不履行責任を負う可能性がある。

(iii) 消費者に対する責任

前述のように、アフィリエイターが消費者から直接責任を問われることは多くはない。

しかし、アフィリエイターが広告主から提供された情報のみを鵜呑みにしてアフィリエイトサイトに掲載していたところ、広告主の広告内容が虚偽であったと

222　第4章　具体的問題事例

いった場合には、アフィリエイターが責任を負うこともありうる。アフィリエイトではなく、新聞の事例ではあるが、消費者が新聞の広告を見て不動産の購入を決意して内金を支払ったものの、不動産会社が倒産して不動産はおろか内金さえ返還してもらえなくなったという事件において、新聞社の責任につき、広告掲載に当たり広告内の真実性をあらかじめ十分に調査したうえでなければ掲載してはいけないという法的義務は否定したものの、「広告内容の真実性に疑念を抱くべき特別の事情があって読者らに不測の損害を及ぼすおそれがあることを予見し、又は予見しえた場合には、右広告内の真実性について調査確認をする注意義務」が広告掲載者に課されると判示した判例がある（最高裁判決平成元年9月19日民集157号601頁）。右判例は、全国新聞という影響力の大きいメディアであることが重要視されているためアフィリエイトの場合にそのまま適用されることはないだろうが、程度の差はあるもののアフィリエイトの場合にも参考となると思われる。

　また、後述する外国為替証拠金取引業者の裁判例でみられるようにアフィリエイターが自ら断定的判断の提供等をした場合には、共同不法行為（民法719条）により広告主とともに責任を負うことになる。

(iv)　第三者に対する責任（知的財産権や人格権の侵害）

　アフィリエイターは、広告主へのリンクを示す広告主から提供を受けたバナー広告など以外は、自己の責任においてウェブページを作成することになるため、一般的にウェブページを作成するに当たって生じる素材や構成についての責任が問われる可能性がある。そのため、この点での著作権法違反、商標法違反等の責任が生じ得る。

　また、アフィリエイトサイトにおける説明文の内容として、合理的根拠なく第三者を身勝手にランキングした場合に人格権を侵害するような名誉棄損に当たると判断される事件も増加している（東京地判平成26年6月4日公刊物未登載（エスプリライン訴訟）、京都地判平成26年9月4日（リフォーム会社ランキング訴訟）公刊物未登載）。

(4)　広告主の責任

(i)　広告規制

　広告主がアフィリエイターに提供するバナー広告については、広告主自身がバナー広告を作成していることから、景表法の規制が及び、実際のもの又は競争業者のものよりも著しく優良又は有利であると誤認されるような場合には不当表示として問題となる（例えば、普段から1,980円のものを「通常10,000円の商品が今だけなんと1,980円！」というバナー表示。消費者庁「インターネット消費者取引に係る広告表示に関する景品表示法上の問題点及び留意事項」参照）。

　また、景表法上、不当表示等を行う「事業者」とは、自己の供給する商品・サー

II　商品・役務の購入　　223

ビスの取引に関する事項について問題となる表示の作成に関与し、当該表示を自ら又は第三者を通じて一般消費者に示した者と解されている。そして、「作成に関与」とは、自ら積極的に表示を作成する形での関与のみならず、他の者の表示内容に関する説明を受容して、その内容のとおりの表示を作成することや表示の作成を白紙委任的に他の事業者に任せることも当然に含まれるものとされている。広告主は、アフィリエイターが自己の指定するリンクやバナー以外にもなんらかの購買を促進する表示をすることを予定しているのが常であるから、他の事業者に当該商品についての表示の内容の決定を任せている状態にあるといえ、広告主に対して景表法上の責任が発生する可能性もありうる。

薬事法等のアフィリエイト広告に関する責任についても景表法上と同様の解釈が妥当する可能性もある。

(ii) 消費者に対する責任

広告主とアフィリエイターとは独立した事業者であるから、アフィリエイターが消費者に対して何らかの損害を与えた場合に広告主が責任を問われるのは、その基礎となる一定の事情が必要となる。

アフィリエイターが関係法令に違反したり、不当な商品表示、断定的判断の提供や誤った情報を提供しているにもかかわらず広告主がそれを知りえ又は知りつつ放置しているような場合や、広告主が古い商品情報などの提供の停止又は是正をアフィリエイターに要請しないで放置していた場合には、広告主が消費者に対して契約締結上の過失や不法行為に基づいて損害賠償責任を負う場合もあるものと考えられる。すなわち、アフィリエイターは広告主の依頼により広告を行っており、広告主は、アフィリエイターが提供した情報以外にアフィリエイターが収入増を図るために不正な表示をすることを予見することができるとともに正確な広告表示の指示等の具体的可能性があることから、アフィリエイトサイトの広告や宣伝文などが、特商法や景表法上の広告主の広告としてみなされる可能性もあると考えられ、さらに、このような場合には、広告主もアフィリエイトサイト上の表示について共同不法行為による損害賠償責任も生じうるものと考えられる。

アフィリエイトに関連する判決例としては、東京地判平成20年10月16日先物取引裁判例集53号352頁において、アフィリエイターが外国為替証拠金取引業者のアフィリエイトを行っていたところ、アフィリエイターの説明を信じて当該業者で口座を開設した消費者が取引で損害を被り、アフィリエイターと当該業者とに対して共同不法行為の損害賠償請求をした事例で、アフィリエイターの説明が断定的判断の提供に当たって投資家の判断を誤らせるものであったところ、業者はアフィリエイターの誘引行為によって消費者が外国為替証拠金取引に関する誤った理解をする可能性を認識していたはずであり、そうでなかったとしても少なくとも認識すべき

であり、それを前提に慎重な説明や適合性審査をすべきであるのに、さしたる適合性審査をするでもなく取引を開始させたという一連の顧客獲得行為自体が違法であると判断し、当該業者の損害賠償責任を認めたものがある。

消費者契約法との関係では、アフィリエイターは、「媒介の委託を受けた第三者」（同法5条）により4条の適用範囲に含まれるため、広告主と消費者の契約がアフィリエイターの行為により取り消されうることがあると考えられる。

(5) アフィリエイトのその他の注意点

(i) 広告主及びASPとの契約について

アフィリエイトの広告手数料については、アフィリエイトサイトを経由した契約について発生するものもあり、広告主の判断によって計算がなされることが多く、正確に計算がなされているかをアフィリエイターによって確認することができない場合もありうる。また、一定額以上でなければ支払義務が発生しないなどの条件が付されていることもあり、その金額設定によってはなかなか広告料を取得できないということもありうる。ASPとの契約内容によっては、不当な違約金条項や返金条項が存在することもあるため、その契約に当たって内容を十分検討する必要があろう。

アフィリエイターは、もっぱらASPとの契約によってアフィリエイト業務を行うのが通例であるが、その契約もオンライン契約であることが多く、オンライン契約でクリック契約に付随する問題点も指摘しうるところである。

(ii) 情報商材詐欺

アフィリエイトは、個人であってもサイトやブログを立ち上げればたやすく始めることができるため、アフィリエイトで容易に収入が得られるものと解してアフィリエイトを始めようとする消費者も多い。また、アフィリエイトで儲けることができるとうたって、機材購入・貸与や、ノウハウの情報財の購入、サイトやブログ作成サポートの会社との契約などを勧誘し、初期投資を促す業者も出現している。しかしながら、アフィリエイトでそれなりの収入を得るには、単にASPの指示に従ってバナー広告等を掲載したサイトなどを保有するだけではなく、アフィリエイト契約をする広告主の吟味・選択のノウハウ、アフィリエイト契約をした後に自己のサイト等を経由して商品購入を促すための努力等が必要であるなど、決して容易に収入が得られるものではないのが通常である。「私はこの方法でアフィリエイトで稼ぎました」といったような宣伝で講義を収録したDVDセットを高額で売りつける等の悪質な業者による消費者被害も出現しているのには注意を要する。

◆ **事例の検討** ◆

Xは、たとえYのブログを読んでとある健康食品の購入を決意したとしても、健康食品の売主はYではなくZであるから、Zに対して法定返品権等を行使して返品

Ⅱ　商品・役務の購入　　225

等を求めるのが原則である（本章Ⅱ第1の7「返品の可否」等を参照）。しかし、Yのブログに、当該健康食品の効能として不当な商品表示や断定的判断等があれば、その事実を根拠にZに対して損害賠償請求すること等も考えられる。

　Yは、Xと直接の契約関係に立っていないため、原則として責任を負わない。もっとも、YがZの商品が不良品であることを知るべき特別な事情がある場合には、例外的に、調査確認義務違反によりXに対して損害賠償責任を負うことが考えられる。また、YがZの商品が不良品であることを知っていたり、Yの説明に不当な商品表示や断定的判断等があれば、Yは不法行為責任（民法709条）を負い、Zとともに共同不法行為（同法719条）の責任を負う場合も考えられる。

《参考文献》
- ・日本アフィリエイト・サービス協会「アフィリエイト・ガイドライン」（http://j-ask.org/）
- ・真渕博編著『景品表示法〔第4版〕』（商事法務、2015）
- ・あびるやすみつ『マンガでわかるアフィリエイト』（秀和システム、2013）

6　ドロップシッピング

　Aは、インターネットの検索サイトで内職を探していたところ、ファイアーという会社が「ファイアーシッピング」なるシステムを提供しており、普通の主婦が月に100万円を儲けたといった多数の体験談が掲載されているのを見つけた。そこでファイアーから資料を取り寄せてみたところ、「ファイアーシッピング」のシステムの契約者は、ファイアーが制作して開設したホームページ上のネットショップのオーナーとなり、同社が用意した商品の中から販売商品の選択及び価格決定、顧客からの受注及び入金確認、同社への発送依頼、一般顧客からの問い合わせへの対応等の業務を行うというものだった。同封されていた契約者の月別利益実績表によれば、誰でも最低月5万円程度、多い人では月30万円程度の利益を上げており、ファイアーの従業員からも、簡単に毎月10万円の利益になると言われた。「ファイアーシッピング」には、ファイアーが提供するサービス内容（取扱商品の種類、広告活動の内容、SEO対策の有無など）に応じて4ランクあり、ランクにより、取扱商品の種類や、広告や宣伝についてファイアーがどれだけ実施をするか、等が異なっていた。Aは、そのうち上から2ランク目の、仕入れ先は指定業者に限定されるものの取扱商品の種類が多く、ウェブサイトの作成や更新や、宣伝、集客作業は専らファイアーがお任せで実施するという「ラグジュアリークラス」を契約して契約金136万5,000円を支払った。
　契約後、Aはファイアーから指示されたメールチェックなどの業務のほか、集客のため独自にブログの開設・更新をした。しかし、実際に売れたのはネットショップ開設直後に売れた1,000円程度の商品が1つだけであり、ファイアーの広告、資料、従

業員の説明は嘘であることが分かった。

◆ **問題の所在** ◆

- ・ ドロップシッピングが業務提供誘引販売に該当するといえるための判断基準。
- ・ クーリング・オフ行使の際、原状回復請求権の額から販売利益を控除する必要があるか。

◆ **基本的な考え方** ◆

(1) ドロップシッピングとは

「ドロップシッピング」とは、「インターネット上に開設された電子商取引サイト（ドロップシッピング・ショップ）を通じて消費者が商品を購入するビジネスモデルの一形態である。当該電子商取引サイトの運営者（ドロップシッパー）は、販売する商品の在庫を持ったり配送を行ったりすることをせず、当該商品の製造元や卸元等が在庫を持ち、発送も行うのが特徴」（消費者庁「インターネット消費者取引に係る広告表示に関する景品表示法上の問題点及び留意事項」（平成24年5月9日一部改訂））とされる。商品の小売価格と卸価格の差額分から、ドロップシッピングサービスの契約金を含む諸経費を控除したものが、ドロップシッパーの利益となる。

なお、本稿においては、ドロップシッパーが、ドロップシッピングサービス事業者との間で締結した契約により被害を受ける場合を念頭に、特商法に基づく解決方法についてのみ説明しているが、実際の事件では、民法の錯誤や消費者契約法の取消も検討する必要がある。

また、ドロップシッパーは、一般顧客との関係では、売主（事業者）としての立場に立つ。そこで、ドロップシッパーは特商法上の表示規制や、景表法上の広告規制に服することに留意しなければならない（消費者庁「インターネット消費者取引に係る広告表示に関する景品表示法上の問題点及び留意事項」（平成24年5月9日一部改訂））。

II　商品・役務の購入　227

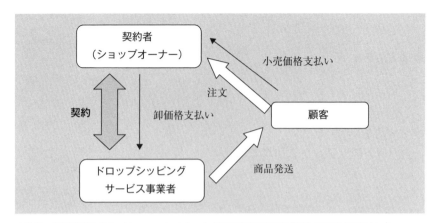

＊参考：東京都 HP（http://www.metro.tokyo.jp/INET/OSHIRASE/2010/03/20k31300.htm）

　なお、ドロップシッピングサービスの形態としては、ドロップシッピングサービス事業者が商品を発送する場合だけではなく、仲介業者としてメーカーや卸売業者に対して発注し、商品の発送はメーカー等が行う場合もある。この場合を図示すると、次のようになる。

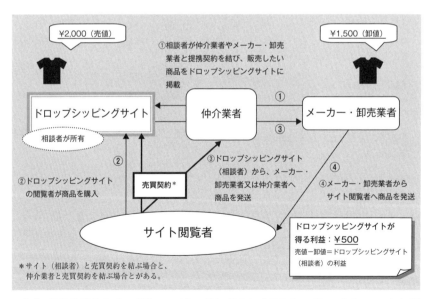

＊参考：国民生活センター「ドロップシッピングのしくみ」(http://www.kokusen.go.jp/pdf/n-20091104_3.pdf)

(2)　ドロップシッピングサービス契約による被害相談の急増

　ドロップシッピングサービス事業者は、ドロップシッピングサービス契約の勧誘にあたり、あたかも、自宅での簡単な短時間の作業だけで誰でも高収入が得られるかのような資料の作成や説明をすることがあり、いわゆる内職商法としての被害が発生している。

　国民生活センターによれば、各地の消費者センターには、平成17年頃からドロップシッピングやアフィリエイトに関しての相談が増え始め、平成21年度の1,351件、平成22年度の1,530件をピークとして徐々に相談数が減りはじめたものの、平成25年度も依然として700件以上という多数の相談が寄せられている。相談は、「簡単に収入が入ると言われ高額なウェブサイト作成料を支払ったのに、収入にならない」「仲介業者がサポートし必ず売れるショップにするから大丈夫と言われたが、サポートがなく商品も売れない」「必要と言われシステム利用料を支払ったが、期待していたものと異なる」という内容が多いとのことである。

　平成21年にはドロップシッピングサービス事業者に対して、東京都等が業務提供誘引販売取引（特商法51条）に該当することを前提に、不実告知（同法52条1項4号）、誇大広告（同法54条）、広告における表示義務違反（同法53条）、書面の記載事項不備（同法55条）、断定的判断の提供（同法56条1項2号）等を理由として、全4件の業務停止命令が出された。本事例は、そのうちの1件である株式会社ウインド（東京）による「ウインドシッピング」なるシステムに題材を得たものである。

　また、平成24年3月には、全国の400人余りから4億円以上をだまし取っていたという東京の「サイト」という会社の実質的経営者7名が逮捕されている。同社は、全国の独自のルートで商品を安く入手できると説明していたが、実際には、契約した人のほとんどが利益をあげられなかったということである。

(3)　ドロップシッピングサービス契約の業務提供誘引販売該当性

　ドロップシッピングに関する被害では、ドロップシッパーは、販売利益をほとんど得られない一方で、ドロップシッピングサービス事業者に対して契約金等の名目で多額の金銭を支払っていることが多い。

　そこで、この契約金等の金銭をドロップシッピングサービス事業者から取り戻すため、ドロップシッピングサービス契約が業務提供誘引販売（特商法51条）に該当するものとして、不実告知等による取消権の行使（同法58条の2）や、クーリング・オフ（同法58条1項）をすることができないか。

　業務提供誘引販売取引とは、①物品の販売（そのあっせんも含む）又は有償で行う役務の提供（そのあっせんも含む）の事業であって、②その販売の目的物たる商品又はその提供される役務を利用する業務（その商品の販売若しくはそのあっせん又はその役務の提供若しくはそのあっせんを行う者が自ら提供を行い、又はあっせ

Ⅱ　商品・役務の購入　　229

んを行うものに限る）に従事することにより得られる利益（業務提供利益）を収受し得ることをもって相手方を誘引し、③その者と特定負担を伴うその商品の販売若しくはそのあっせん又はその役務の提供若しくはそのあっせんに係る取引をするものをいう（特商法51条１項）。

　まず、ドロップシッピングサービス契約の内容が、本事例のようにドロップシッピングサービス事業者が、ドロップシッパーに対し、ネットショップ用のウェブサイトの作成、ドメイン及びサーバーの設置、取扱商品の仕入れ及び発送の代行、ネットショップ運営におけるアドバイス等の各種サポートなどの役務を提供し、その対価として、ドロップシッパーがドロップシッピングサービス事業者に対し、契約金等の名目の金員を支払うことを内容とするものであれば、問題なく上記①及び③に該当する。

　問題は②の「業務」の該当性である。

　ドロップシッパーの業務は、ドロップシッピングサービス事業者が「自ら提供を行いまたはあっせんを行う」「業務」といえるのか。ドロップシッパーの業務は、ネットショップに掲載する商品の選定や価格の決定、一般顧客からの質問への対応、一般顧客からの商品購入代金の送金の確認、商品発送依頼、仕入代金の支払い等である。これはネットショップの運営に伴い発生する業務の一部であるため、ドロップシッパー自身の業務とも評価しうる。

　そこで、実質的なネットショップの運営主体が誰であるのか、ドロップシッパーに運営主体としての自主性・自立性が存するかが問題となる。具体的には i ）ネットショップをドロップシッピングサービス事業者が制作する場合には、ドロップシッパーが自由にウェブサイトを修正できるのか否か、ii ）商品の仕入先を自由に選定できるのか、iii ）仕入れた商品を当該ウェブサイト以外で販売することができるのか、iv ）販売価格を自由に決定できるのか（事実上、事業者が設定した参考価格に拘束されるといった事情があるか）、v ）ネットショップの売上げに重大な影響を及ぼす宣伝や集客作業を自由に行えるのか（専ら事業者側が行うのか）などといった事情を総合的に考慮して判断すべきである。

　なお、ここにいう「業務」とは、従事することにより一定の利益が得られる仕事、作業であれば足り、「内職仕事」や「モニター仕事」のような一定の統一性や継続性をもった仕事に限定されない。「業務」を「事業者が自ら提供を行い又はあっせんを行うもの」としている趣旨は、相手方が従事することとなる「業務」と「その業務について利用する商品・役務」が同一の事業者によって提供される関係にある場合には、相手方は確実に業務に従事することができ、結果確実に利益を収受できると期待することから、そうでないものと比較し、相手方に対する強い誘引力を有するからであり、一定の統一性や継続性をもった仕事に限定する理由はないからで

ある。

ウインドが提供する「ウインドシッピング」提供契約について業務提供誘引販売取引該当性が争われ、これが肯定された裁判例（大阪地平成23年3月23日判タ1351号181頁）でも同様の判断基準を用いている。

(4) クーリング・オフ行使の際、原状回復請求権の額から販売利益を控除する必要があるか。

販売利益は、ドロップシッピングサービス事業者が作成したウェブサイトを利用して、商品及び販売価格をネットショップに掲載する、購入者からの入金を管理する等の業務に現実に従事したことにより生じたものである。

ドロップシッパーが、これらの業務に従事した事実は、クーリング・オフに基づく契約の解除により覆滅（ふくめつ）されるものではない。すなわち、ドロップシッパーと一般顧客との間の商品の売買契約及びドロップシッパーとドロップシッピングサービス事業者との間の売買契約の効果は覆滅しない。

したがって、ドロップシッパーが取得した販売利益は、これらの業務に従事したことの対価として得た利益というべきであり、これらをクーリング・オフによる原状回復請求権の額から控除すべき理由はない。

上記裁判例も同様の判断をしている。

◆ **事例の検討** ◆

(1) 本事例は、ドロップシッピングサービス事業者であるファイアーが提供する「ファイアーシッピング」が、ドロップシッパー（A）に対し、ネットショップ用のウェブサイトの作成、ドメイン及びサーバーの設置、取扱商品の仕入れ及び発送の代行、ネットショップ運営におけるアドバイス等の各種サポートなどの役務を提供し、その対価として、ドロップシッパーがドロップシッピングサービス事業者に対し、契約金等の名目の金員を支払うことを内容とするものであり、問題なく業務提供誘引販売取引の要件①及び③に該当する。

そして、②の要件については、前述のⅰ)〜ⅴ)の5要件を総合的に考慮して判断すべきである。本事例では、Aが選択した「ラグジュアリークラス」は、仕入れ先は10社あるものの、これを自由に選定できるといった状況にない（ⅱ)。また、ウェブサイトの修正や更新や、宣伝、集客作業は専らファイアーがお任せで実施するとのことであるが、「専らファイアーが行う」という意味が、Aからも、ウェブサイトの修正や更新についてファイアーに指示ができるのか否か（ⅰ)、宣伝や集客作業の内容をファイヤーに指示したり、自ら行うことができるのか（ⅴ)を吟味して、その他の要素も考慮して判断することになる。

本事例の取引が業務提供誘引販売取引に該当する場合、従業員の説明には、業務提供利益に関する嘘があり、これに関する誤認があったとして不実告知（特商法58

Ⅱ 商品・役務の購入　　231

条の2、同法52条1項4号）による取消が可能となりうる。また、ドロップシッピング被害事案において、契約書面が不交付であることが通常である。したがって、Aはドロップシッピングサービス契約をクーリング・オフ（特商法58条1項）することができる。

(2) ドロップシッパーが取得した販売利益は、これらの業務に従事したことの対価として得た利益というべきであり、これらをクーリング・オフによる原状回復請求権の額から控除すべき理由はない。

したがって、クーリング・オフが認められた場合、Aは、契約金136万5,000円の返還を求めることができる。

《参考文献等》
・大阪地判平成23年3月23日判タ1351号182頁
・消費者庁「特定商取引法違反の業務提供誘引販売業者に対する取引停止命令（6か月）について」（平成22年4月9日）（http://www.no-trouble.go.jp/search/action/pdf/20100409ac01.pdf）
・同上「インターネット消費者取引に係る広告表示に関する景品表示法上の問題点及び留意事項」（平成24年5月9日一部改訂）（http://www.caa.go.jp/representation/pdf/120509premiums_1.pdf）
・国民生活センター「ドロップシッピングが特商法の業務提供誘引販売に該当するとして解除および原状回復を認めた事例」国民生活2012年7月（http://www.kokusen.go.jp/wko/pdf/wko-201207_05.pdf）
・同上「アフィリエイト・ドロップシッピング内職（平成26年3月31日報道発表資料）（http://www.kokusen.go.jp/soudan_topics/data/affiliate.html）
・同上「アフィリエイトやドロップシッピングに関する相談が増加！」（2009年11月4日）（http://www.kokusen.go.jp/news/data/n-20091104_3.html）
・東京都生活文化スポーツ局「誰でも簡単に高収入が得られると誘って高額な契約をさせるドロップシッピングサービス事業者2社に全国で初めて業務停止命令（9か月）」（平成22年3月1日）（http://www.metro.tokyo.jp/INET/OSHIRASE/2010/03/20k31300.htm）
・NHKWEB「ドロップシッピング業者 初の逮捕」（平成24年3月3日）（http://web.archive.org/web/20120306034516/http://www3.nhk.or.jp/news/html/20120303/t10013458941000.html）

7 返品の可否

　Xはインターネット上で、多くのメーカーの商品が購入できるY社のショッピング
サイトにアクセスし、A社のブーツを購入した。
　①　Y社のウェブサイトには返品に関する表示はなかった。
　　ア　靴底に穴があいていたため使えないが、交換を断られたので契約を解消した
　　　い。
　　イ　自動送信の購入確認メールが届いた段階で、他に良いブーツを見つけてし
　　　まったので契約を解消したい。
　　ウ　商品が発送されてXの元に到達したが、好みと違うので契約を解消したい。
　②　Y社のウェブサイトには「返品不可」の表示があったが、契約を解消したい。
　　なお「返品不可」との表示及び特約へのリンクは、商品の紹介ページの画面左下
　　隅に小さく表示されるのみであった。

◆　**問題の所在**　◆
　・　法定返品権、特約の表示

◆　**基本的な考え方**　◆

(1)　買主の基本的なトラブル対処手段

(ⅰ)　契約成立後の場合──瑕疵修補請求、完全履行請求、契約の解除

ア　特定物売買の場合

　目的物に欠陥があったとき、買主は、その欠陥が取引上一般に要求される程度の
注意をしても発見できないような場合であれば、売主に対し、売主負担で目的物の
修理を求めることができる。

　修理ができず、契約の目的が達成できないような場合は、瑕疵担保責任に基づく
契約の解除を検討することとなろう。

イ　不特定物売買の場合

　買主は、売主に対し、瑕疵の無い物を売主負担で改めて引き渡すよう求めること
ができる。

　このとき売主が、既に商品を引き渡しており債務は履行済みと主張してきた場合
は、売主の債務不履行に基づく契約の解除を検討することになろう。

　解除にあたっては、契約目的を達するに足りる給付があり、債務の本旨に従った
履行があったといえるかが問題となる。

　例えば、携帯電話を購入したが通信できず電話として機能しなかった場合、買主
の購入目的を達成できていない以上、債務の本旨に従った履行がないこととなろう。

(ⅱ)　契約成立前の場合──申込みの撤回

　契約が成立していない段階では、買主は申込みの意思表示を撤回することで代金
支払義務を免れうる。

Ⅱ　商品・役務の購入　　233

(iii) 契約成立時点の判断基準

ア　ショッピングサイトの表示や広告が契約の申込みに当たるか

ショッピングサイトの表示や広告は「申込みの誘引」にすぎず、契約の申込みと評価されるのは消費者からの一連の行為と考えられている。

裁判例（東京地判平成17年9月2日判時1922号105頁）は、インターネット上の取引は操作の誤りが介在する可能性が少なくなく、相対の取引と比べて慎重な過程を経る必要があることから、「インターネットのショッピングサイト上に商品及びその価格等を表示する行為は、店頭で販売する場合に商品を陳列することと同様の行為であると解するのが相当であるから、申込の誘引に当たるというべきである。そして、買い手の注文は申込みに当たり、売り手が買い手の注文に対する承諾をしたときに契約が成立するとみるべきである」としている。

イ　注文確認メールが送信されれば契約は成立するか

ショッピングサイト等で購入手続をすると、ほどなくして「本メールはお客様のご注文時点で送信される自動配信メールです。のちほど改めて○○より、ご注文の確認のメールをさしあげます。」という注文確認メールが送信されることがある。

このような注文確認メールが売主の承諾となるか否かは、利用規約及びメールの文面から判断すべきである。

例えば、「自動送信」等の文言があれば、あくまでも機械的に注文の内容を買主に確認させるだけのものであって売主の意思が関与していない以上、申込みに対する承諾があったとみることは困難である。

一方、注文内容の確認と共に「発送準備に入りました」というような文言があれば、契約が成立したことが当然の前提である行為を売主がしたことになるから、申込みの承諾があったと考えてよいと思われる。ショッピングサイトによっては発送準備に入ったかどうか確認できるシステムもあり、これは承諾の有無の1つの目安となる。

なお、上記裁判例は「受注確認メールは、買い手となる注文者の申込が正確なものとして発信されたかをサイト開設者が注文者に確認するものであり、注文者の申込の意思表示の正確性を担保するものに他ならない」として受注確認メールは承諾と認めることはできないとした。

ウ　到達主義と発信主義

インターネット通販においては、申込みの意思表示に対する承諾の通知が、相手方に到達した時点で契約が成立する（電子契約法4条）。インターネットを用いた意思表示は瞬時に相手に伝わるため、発信主義を採らなくとも迅速な取引が可能となるからである。詳細は第3章V第3や本章I第3を参照されたい。

(iv) 証拠の確保の重要性

トラブルが発生した場合は、法的手続に備え、各種証拠を確保することが重要となる。

契約解除する場合は、解除の意思表示が相手方に到達して初めて効力を生じるため、送信日時と内容、相手方への到達の事実が分かる方法で意思表示すべきである。費用対効果から電子メールで通知することも考えられるが、内容証明郵便であればより確実である。

また、商品に瑕疵があったことを裏付ける客観的な証拠を用意するため、商品の写真・動画の早期撮影が必要になる。届いて間もない時点で撮影した写真を用意し、さらに写真を売主に送っておくことも考えた方が良いであろう。

さらに、キャンセルが認められ返品する場合、返金は返品と同時履行の関係に立つため売主に商品が届かなければ返金を受けられないおそれがあることから、運送会社の伝票の控えなど返品したことの証拠は、返金が済むまで保管しておくべきである。

(2) 法定返品権と特約の表示

(i) 法定返品権とは

特商法上、買主には法定返品権が認められており、当該売買契約に係る商品の引渡し又は指定権利の移転を受けた日から起算して、8日を経過するまでの間であれば、その契約の申込みの撤回又は契約の解除を行うことができる（特商法15条の2）。

インターネット通販が、「通信販売」（同法2条2項）に含まれるため、インターネット通販においても法定返品権は認められている。なお買主にとって、インターネット通販は訪問販売等と比べて不意打ち性が低いため、クーリング・オフ制度は設けられていない。

(ii) 期間と方法

当該売買契約に係る商品の引渡し又は指定権利の移転を受けた日から起算して、8日を経過するまでの間に契約の申込みの撤回又は契約解除の意思表示をすることが必要となる。要式性における規定はないため、クーリング・オフのように書面でする必要はなく、電子メール等で解除等の意思表示を通知しておけば足りる。

(iii) 返品時の費用負担

返品権に基づき契約の撤回や解除をした場合には、一度受け取った商品を返品することになる。その際、商品の引取り又は返還に関する費用は、購入者の負担となる（特商法15条の2第2項）。

例えば購入した商品を通販業者に返品する場合、運送業者に支払う代金等の諸費用は、買主が負担することになる。

(iv) 返品特約の表示（通信販売における返品特約の表示についてのガイドライン）

インターネット通信販売における返品等に関する特約は、申込みの誘引の段階である広告での表示に加え、契約の最終申込確認画面にも表示していなければ、当該特約によって法定返品権は排除されない（特商法15条の2第1項ただし書、同規則9条、16条の2）。そのため、「未開封であれば返品可」「返品時の送料は売主負担」など買主に有利な特約については、必要な表示が欠けていても特約の効力は及ぶと解すべきである。

また表示の方法も、どのような表示でもあれば良いというわけではなく、「顧客にとって見やすい箇所において明瞭に判読できるように表示する方法その他顧客にとって容易に認識することができるよう表示する」ことが要求されている（同規則9条、16条の2）。

この点、経済産業省が示している「通信販売における返品特約の表示についてのガイドライン」は特約の表示が適切かどうか判断する際、参考となる。

同ガイドラインは広告販売や通信販売等の返品特約について、表示サイズや表示箇所、ほかの事項との区別をはっきりすること等の指針を示し、さらにインターネット通信販売については具体例として、商品の価格や電話番号等、消費者が必ず確認すると考えられる事項の近い場所に、商品の価格等と同じサイズで表示することや12ポイント以上の文字であること等が挙げられている（ガイドラインⅡ-2-(1)-①）。

「ご利用ガイド」のような規約ページを別に設けて（共通表示部分）そこに返品に関する特約を記載する方法もあるが、共通表示部分へのリンクが表示されていない場合や、他の表示に埋没するような表示しかない場合は十分ではないとされている。

(v) 瑕疵担保責任の特約の表示

民法上、買主は、隠れた瑕疵を知らず、かつ、そのために契約をした目的を達することができないときに、特定物の売買契約を解除することができる（民法570条、566条）。

かかる瑕疵担保責任に関する特約を設け、民法の規定とは異なる責任負担を設定する場合には、その特約を表示する義務がある（特商法11条5項、同規則8条5項）。

既に述べた返品表示ガイドラインは瑕疵担保責任に関する場合にまでその射程を広げているわけではないが、瑕疵担保責任について特約を定める場合であったとしても返品表示の場合と同等に消費者に対して認識しやすい方法で表示するべきであろう。

また瑕疵担保責任の特約の表示については、返品特約との区別を明確にしておく必要がある。「返品不可」「○日以内は返品可」など、返品特約か瑕疵担保責任の特約か不明確な場合、商品に瑕疵がない場合の返品特約についてのみ表示されているものとして扱うべきと解されているため、売主は瑕疵担保責任を免れない（準則Ⅰ－5－2(5)）。

◆ 事例の検討 ◆

(1)　事例①アについて

Ｙ社はショッピングサイトを運営している「販売業者」であり、特商法の適用を受ける。したがってＸは、商品の引渡しを受けてから8日以内に、法定返品権に基づく契約解除の意思表示をして返品を行い、売買代金が既払いであれば返金を受けることができるであろう。返品費用は、特約がなければ、Ｘの負担となる。

8日が過ぎてしまった場合は、売買契約を解除できる可能性がある。

本件では目的物が中古品のブーツという特定物売買であったとしても、未使用新品の不特定物売買であったとしても、ブーツの靴底に穴があいていては靴としての使用には耐えない。

そのため交換を断られたＸとしては、特定物売買の場合は契約の目的が達成できないとして瑕疵担保責任に基づく契約の解除を、不特定物売買の場合は、債務の本旨に従った履行がないとして債務不履行解除をすることで契約関係を解消できるであろう。

なお解除にあたっては、後日の紛争を防ぐため、梱包を解きブーツを確認し汚れに気づいた時点で写真を撮影し、運送会社の配達日時を明らかにする資料とともに証拠を残すことが望ましい。

(2)　事例①イについて

自動送信される購入確認メールがＸのところに到達したとしても、申込みに対する承諾があったとはいえず、未だ契約は成立していないこととなる。

そのためＸは、申込みを撤回して代金支払義務を免れることができるであろう。

(3)　事例①ウについて

契約は有効に成立しており、申込みの撤回はできないため、Ｘとしては、法定返品権に基づき、商品到着後8日以内に解除することをＹに伝え、Ｙに対し商品をＸの送料負担で送り返すことで、代金支払義務を免れ、又は代金返還請求を行うことができるであろう。

(4)　事例②について

「返品不可」との返品特約の表示があったとしても、その表示が特商法施行規則16条の2の要件を満たすものでなければ、当該特約により法定返品権は排除されない。

Ⅱ　商品・役務の購入　　237

本事例では、契約の最終申込確認画面にも返品特約が表示されていなければ、同規則に反するものであるから、特約があっても法定返品権を行使できる。またその表示も画面の左下隅に小さく表示されているのみでは、買主にとって明瞭とは言い難く、要件を満たさないであろう。

したがって、返品特約があっても法定返品権（特商法15条の2第1項）が排除されないため、Xは、商品到着後8日以内に解除することをYに伝え、Yに対し商品をXの送料負担で送り返すことで、代金の支払いを免れ、又は代金返還請求を行うことができるであろう。

《参考文献》
・経産省「電子商取引及び情報財取引等に関する準則」（平成27年4月改訂版）
・経産省「通信販売における返品特約の表示についてのガイドライン」（http://www.caa.go.jp/trade/pdf/130220legal_6.pdf）
・松本恒雄＝齋藤雅弘＝町村泰貴『電子商取引法』（勁草書房、2013）
・齋藤雅弘＝池本誠司＝石戸谷豊『特定商取引法ハンドブック〔第5版〕』（日本評論社、2014）

第2　ネット役務購入

1　外部ストレージサービス
［事例①］

Aさんは、仕事で利用するデータを自宅でも閲覧編集するために、インターネットを利用してネット上のストレージにファイルをアップロードできるサービスの利用を開始した。当初は問題なく、自宅でもファイルの閲覧編集ができていた。しかし、Aさんが自宅でこのファイルの編集をしようとしたところ、自宅でこのファイルの閲覧編集が急にできなくなった。その後、ネット上のストレージにあったファイルが消失していることが判明した。Aさんは仕事用のバックアップファイルを取っていなかったことから、失われたファイルの復元が困難になってしまった。

◆　問題の所在　◆
・　オンラインストレージサービスの契約内容と利用規約
・　事業者の損害賠償義務と、免責条項の内容
・　免責条項の有効性
・　損害の内容

◆ 基本的な考え方 ◆

(1) 外部ストレージとは

(i) 「オンラインストレージ」とは、インターネットを介して利用する記憶領域であり、サービス提供者もしくはサービス提供者の委託した業者のサーバー内にデータを保管するというものである。オンラインストレージサービスを提供する業者は、オンラインストレージの無償利用又は有償利用のサービスを提供する。

(ii) オンラインストレージの契約内容としては、利用料、保存可能容量、バックアップの有無等がある。また、サービスの種類として、アップロードするファイルは、ローカルホストである自己の PC にあるファイルに同期させるというタイプ（同期型）、そのような同期がなく単純に拡張ディスクのようにネット上のストレージを利用するタイプ（拡張ディスク型）、拡張ディスク型であっても業者の方でバックアップをとってあるタイプ等、様々な種類のものがある。利用者は、自己が必要としているサービス内容から、最も適したオンラインストレージを選択することになる。

(2) 契約内容と利用規約

オンラインストレージを提供する事業者は、個々に利用規約を定めている。この利用規約は契約内容を構成するものであるから、利用規約に同意したオンラインストレージの利用者はその利用規約に沿ったサービスを受けることになる。一般にクラウドを利用したウェブサービスは、コンピューターの画面に表示される利用規約を介して事業者と利用者間で契約を締結することから、その構造上、どうしても契約内容は画一的にならざるをえない。その意味からも、利用規約の内容が契約の内容となることに合理性が認められる。また、クラウドを利用したウェブサービスについては、国境を跨いだ取引となるケースが多いので、その点も注意する必要がある（第 2 章Ⅱ「電子商取引と裁判管轄・準拠法」参照）。

(3) 利用規約中の免責条項

オンラインストレージの提供する事業者の利用規約には、オンラインストレージ上のデータの管理に関して、責任を負わないとする免責条項が入れられていることが多い。この場合、何らかの原因で、オンラインストレージ上のデータが消失しても、利用者は、サービスを提供している事業者に対して、責任を追及することができない。

免責条項には、オンラインストレージサービスの提供に起因する一切の損害について免責されるという条項が定められていることが多いが、具体的にどのような場合に約款が適用され、どのような責任が免責されることになるのか、事前に把握しておくことが必要である。

なお、Yahoo の基本ガイドライン（平成27年 2 月現在）によると、第 1 章10「お

Ⅱ　商品・役務の購入　　239

客様のデータおよびコンテンツの取扱い」において、「お客様が当社の管理する
サーバーに保存しているデータについて、当社ではバックアップの義務を負わない
ものとし、お客様ご自身においてバックアップを行っていただくものとします。」
とある。また、第5章5「無保証」において、「当社は提供するソフトウエアにつ
いて、第1章総則の定めのとおり、エラーやバグ、論理的誤り、不具合、中断その
他の瑕疵（かし）がないこと、信頼性、正確性、完全性、有効性について一切保証
しておりません。ソフトウエアは明示または黙示の有無にかかわらず、当社がその
提供時において保有する状態で提供するものであり、特定の目的への適合性、有用
性（有益性）、セキュリティ、権原および非侵害性について一切保証しておりませ
ん。」とある。

(4)　消費者契約法8条

　(i)　しかし、オンラインストレージの利用契約が消費者契約に当たるときは、
免責条項が無効となりうる。消費者契約法8条1項では、事業者の債務不履行によ
る損害賠償責任を免除する免責条項が無効となる旨定められている。利用規約は一
方的に事業者が作成するものであることから、消費者にとってその内容が不利にな
りやすいことから、不当な条項について無効とするのがその趣旨である。そこで、
オンラインストレージを提供する事業者の免責条項が、消費者の利益を一方的に害
するものとして無効とならないかが問題となる。

　(ii)　オンラインストレージ等のクラウドサービス提供事業者は、画一的なサー
ビスを多くの利用者に提供し、スケールメリットを利用することで、安価にサービ
スを提供できるという側面が存在する。また、利用者も、そのような安価なサービ
スであることを理解した上でオンラインストレージを利用しているといえる。特に、
無料でオンラインストレージを利用できる場合に関しては、利用者は無料だから利
用しているということも多く、免責規定に基づく、データ消失等のリスク負担を利
用者に負わせる合理性も存在する。

　また、オンラインストレージ上のデータは自己でアップロードするものであるこ
とから、自分でバックアップすることができる以上、重要なデータについてはオン
ラインストレージだけでなく、ローカルホストにバックアップを取っておけばよい
のだから、一方的な免責規定が利用者にとって酷に過ぎるとは言いにくいと考えら
れる。

　よって、データ消失等に関する免責規定を一方的に消費者の利益を害するものと
して、いかなる場合も無効とすることは基本的に困難であると考えられる。

　(iii)　以上のように、消費者の利益とクラウドサービス提供事業者の利益を調
整する必要も一定程度認められる。

　しかし、消費者保護の見地から、「一切の責任を負いません」などの、責任を一

切免れる免責条項については、消費者保護法8条1項より無効となる。他方、賠償額の制限などの、一部の責任を制限する条項についても、事業者に過失が認められる場合には、消費者契約法10条より免責規定は無効となる可能性もあると考えられる。

この一部の責任を制限する条項の有効性判断においては、SLAを含めたサービスの契約内容、事業者でのバックアップの有無、当時の技術水準、データの性質、ユーザーがバックアップを取ることが可能であったか、データ消失についてユーザーに注意喚起していたか等を総合考慮して判断される（なお、直接オンラインストレージの利用者のデータが消失した事案ではないが、レンタルサーバーサービスを利用してプログラムを提供する事業者からサービスの提供を受けていた者が、サーバーの障害を原因でレンタルサーバー業者の責任を追及した事件において、免責規定の存在に加え、利用者はデータの消失防止策をとることができたことから、レンタルサーバー業者のデータ消失防止義務まで負わせる理由はないと判断されており（東京地判平成21年5月20日判タ1308号260頁）、利用者がデータ消失防止策をとることができたか否かが消失防止義務の有無の判断要素となっている）。

(iv) また、事業者に故意・重過失が認められる場合には、消費者契約法8条1項によって、当該免責規定・責任制限規定は無効とされる。重過失の有無の判断についても、SLAを含めたサービスの契約内容、事業者でのバックアップの有無、当時の技術水準、データの性質、ユーザーがバックアップを取ることが可能であったか、データ消失についてユーザーに注意喚起していたか等を総合考慮して判断される。

(5) 損害

（ｉ）事業者の免責が認められず、事業者に対して損害賠償請求ができるとしても、具体的にどのようなものが損害になるかが問題となる。

オンラインストレージ上のデータの消失によって被る損害としては、消滅したデータを再構築するための費用や、データが仮に消滅しない場合に得られるべき逸失利益が考えられる。例えば、オンラインストレージ上にホームページを構築し、これを外部に公開しているような場合などは、ホームページによって生じる営業上の利益が損害として認められる。ただし、この場合、ホームページの再構築作業にかかる時間や、ホームページが具体的にどの程度営業上の利益に貢献していたかが、データ消失と損害との間の因果関係として問題になるので、この点を立証することが必要になる。

（ⅱ）また、オンラインストレージサービスの利用者は自己のファイルをアップロードして利用するものであることから、自己でバックアップすることができないということは通常考えられない。事業者に対する損害賠償請求が認められたとし

Ⅱ　商品・役務の購入　　241

ても、利用者は自分でバックアップが容易に取れるのに取っていないという事実を
もって、過失相殺がなされてしまう可能性がある。

　この点に関し、レンタルサーバーサービスを締結していた者がそのサーバーに保
管していたホームページのファイルを消滅させた事案について、サービス利用者も
バックアップの措置を取っていなかったことから5割の過失相殺を認めた事例があ
る（東京地判平成13年9月28日公刊物未登載）。

　この裁判例において、原告はフロッピーディスクやCD－ROM、MO、バックアッ
プ用のハードディスク等を用いて、比較的廉価かつ容易にファイル内容につきバッ
クアップを取ることができること、また、パソコンから本件ファイルを被告のサー
バーに転送した後、本件ファイルの元となったファイルは自然に本件パソコンに保
存されていたが、そのファイルについて、原告がコンピューターを初期化したため、
同コンピューターに保存されていた本件ファイルの元となったファイルが消滅した
後、被告のサーバーの事故までの間に、FTPソフトを用いて、被告のサーバー内
にあった本件ファイルを自己のハードディスク上に転送することにより、数分間の
うちにデータの回復を図ることができたが、そのようなことは行わなかったことを
考慮し、過失相殺が認められた。

◆　**事例の検討**　◆

　オンラインストレージ等のクラウドサービスは、無償もしくは安価にサービスが
提供されていることが多く、利用者もこれを理解した上でサービスを利用している
ことから、データ消失等に関する免責規定を無効と考えることは基本的には困難で
ある。

　もっとも、有償でオンラインストレージ等のサービスが提供されており、データ
消失等に関する免責規定がその契約内容から考えて一方的に事業者に有利と認めら
れるような場合、もしくは、事業者の故意又は重過失によってデータ消失が生じた
ような場合には免責規定は無効となりうる。

　以上のように、基本的にオンラインストレージサービス提供業者に対して責任を
追及することは困難であると考えられる。

　したがって、重要なデータについてはそもそも、オンラインストレージを利用せ
ずにローカルホストでデータを保管しておく、もしくは、オンラインストレージが
ストレージ拡張型の場合には、ローカルホストでもバックアップを取っておく等し
ておくべきである。仮にデータが消失した場合でも、損害が生じないよう普段から
備えておくことが重要になる。

［事例②］

　Aさんは、利用していたネット上のストレージにファイルをアップロードするサービスが突然終了するとの告知を受け、困惑している。

◆　問題の所在　◆
・　ストレージサービスの終了と業者の責任

◆　基本的な考え方　◆

　ストレージサービスは、継続的に役務を提供する契約であると考えられ、民法上の準委任契約、あるいは典型契約には当てはまらない無名契約としての性質を持つと考えられるが、準委任契約であるとすると、業者はいつでも契約を解除してサービスを終了することが可能であり（民法651条1項）、ただ解除が相手方であるサービス利用者にとって不利な時期のものであった場合は業者側がサービス利用者の損害を賠償する必要がある（同条2項本文）という考え方になるであろう。

　もっとも、ストレージサービスに関する利用規約には、業者側にて一方的にサービスを終了することができる旨の条項が含まれていることが通常であると思われ、サービスの終了が告知された場合は、これを受け入れざるを得ないと思われる。

　なお、ストレージサービス提供者がプロバイダなどの電気通信事業者であれば、電気通信事業法18条3項の適用があり、事業を休廃止する旨を、訪問、電話、郵便等、電子メール、サービス提供を受ける際に表示されるポータルサイト等の画面上での表示のいずれかの方法により周知させなければならない（同規則13条1項）。

◆　事例の検討　◆

　利用規約のサービス終了についての規定を確認してみることが考えられるが、上記のとおり、業者側が一方的にサービスを終了できる内容になっているのが通常であると思われる。

　サービスの終了にあたり、電気通信事業法の事業の休廃止に関わる周知がなされていないとすれば、事業者の登録又は認定が取り消されうることを指摘して、事業者にサービスの終了を思いとどまるよう要求するということも考えられるが、現実にはサービスの終了を止めることは難しいだろう。せいぜい事業者にデータの移行・保存に関して何らかのサポートをしてもらえるよう交渉するという程度であろう。

　その他、損害賠償の請求も考えられるが、ここでも事例①で検討したような免責や損害の問題を検討する必要がある。

Ⅱ　商品・役務の購入　　243

《参考文献等》
・岡村久道編『クラウド・コンピューティングの法律』（民事法研究会、2012）
・松本恒雄＝齋藤雅弘＝町村泰貴編『電子商取引法』（勁草書房、2013）
・日本弁護士連合会編『消費者法講義〔第4版〕』（日本評論社、2013）
・一般財団法人ソフトウェア情報センター編『クラウドビジネスと法』（第一法規、2012）
・伊藤雅浩「ファーストサーバ事件から考えるクラウドサービス利用における契約上の留意点」ビジネス法務2012年11月号64頁
・「データ消失の法的責任と実務対応」BUSINESS LAW JOURNAL2012年10月号44頁
・産業構造審議会商務流通情報分科会情報経済小委員会IT利活用ビジネスに関するルール整備WG「IT を利活用した新サービスをめぐる制度的論点——これまでの整理」
・総務省総合通信基盤局「電気通信事業法の消費者保護ルールに関するガイドライン〔平成26年3月改正版〕」（http://www.soumu.go.jp/main_content/000306026.pdf）

2　サクラサイト

> 　有名タレントのマネージャーと名乗る人物から突然、「○○（芸能人）の悩みを聞いて欲しい。メールに記載されたサイトでメールのやりとりをして欲しい。」という旨のメールが届いた。登録料もかからず、最初のうちは無料でメールのやりとりをしていたが、しばらくすると、メールの送信・受信をしたり文字化けを解除したりするために、ポイントをクレジットカードで購入するようサイトから指示された。1通数百円だったので、ついついメールのやり取りを続けてしまい、ある日気づいたら、100万円以上を使ってしまっていた。その上、メールの相手はサクラであった。サイトに返金を求められないか。

◆ **問題の所在** ◆
・　サクラサイト業者の法的責任
・　サクラサイト被害の解決方法

◆ **基本的な考え方** ◆

(1)　サクラサイトの概要

　「サクラサイト」とは、サイトを運営している業者に雇われたサクラが異性、芸能人、社長、弁護士、占い師等になりすましてサイトに誘導し、メール交換等の有料サービスを利用させ、その度に支払いを続けさせるサイトを言う。その手口は、携帯やパソコンのメールアドレスに届くメール、副業に関するサイトや占いサイト等への登録後に届くメール、SNSサイトのメッセージ、無料コミュニケーションアプリのメッセージ等、多岐にわたる。

　具体的な手口としては、①サクラが「あなたと会いたい」等と出会いを持ちかけ、

メールのやり取りをさせる出会い系型、②「私は○○（芸能人）のマネージャーで彼女の悩みを聞いて欲しい」等と持ちかけてメールのやり取りをさせる相談型、③「あなたにお金をあげます」と持ちかけて受取方法を指定する名目でメールのやり取りをさせる贈与型や、④占いサイトから誘導したり、⑤チーム戦で賞金を獲得するためのポイントを購入させたり、⑥以上の類型を組み合わせた複合型、⑦複数人が関与する劇場型等がある。

(2) サクラサイト業者の法的責任

（i） メールの相手方がサクラであった場合や、業者からお金を振り込むから入金するように言われたにもかかわらず、業者に入金予定が全くなかった場合等は、業者は、詐欺に該当する違法なサイト運営行為があったとして不法行為責任を負う（さいたま地裁越谷支部判決平成23年8月8日公刊物未登載参照）。業者が会社であり、代表者が違法なサイト運営行為を認識していたような場合は、代表者も会社とともに共同不法行為責任を負いうる。また、詐欺取消（民法96条1項）をし、不当利得返還請求をすることもできる。

（ii） また、サクラサイト運営会社がメールをサイト上でやり取りさせる場合のように電気通信設備を他人の通信の用に供する場合は、電気通信事業に該当し、特商法の適用除外となるが（同法26条1項8号ニ、同施行令別表第2の32）、それ以外の場合は、特商法12条の3第1項違反となり、メールに同法11条各号に掲げる事項及び①電子メールアドレス、②URL（又はこれに準ずるもの）（同規則11条の6各号）が記載されていない場合は1年以下の懲役又は200万円以下の罰金（同法72条2項）、記載されている場合は100万円以下の罰金（同法72条1項4号）のほか、指示（同法14条）、業務停止（同法15条）の対象となる。

（iii） さらに、サクラサイト上に事業者名や連絡先等、特商法に基づく表示がない場合は、特商法10条違反となり、指示（同法14条）、業務停止（同法15条）の対象となる。なお、出会い系サイト規制法上の「インターネット異性紹介事業」に該当するサクラサイトの場合、公安委員会への届出をしていない場合は出会い系サイト規制法7条違反となり、6月以下の懲役又は100万円以下の罰金（同法32条1号）のほか、指示（同法13条）の対象となりうる。

(3) サクラサイト被害の救済

(i) サクラサイト被害の初動

ア　証拠の保全

サクラサイト被害を回復するための交渉では、被害の具体的内容を説明することが求められる。そのため、早期に聞き取り及び証拠の確保をした上で、交渉をすべきである。

まず、聞き取りについては、きっかけ、やり取りの手段、やり取りの具体的内容

等を詳細に聞き取り、書面化しておく必要がある。メールがない場合であっても、詳細な聞き取りによって立証することも考えられる。

また、サクラとのメールのやり取りもなるべく早期に保存すべきである。サクラサイト被害では、メールが大量にやり取りされることが多いため、携帯電話やパソコンに届いたメールは、設定によっては自動的に削除されてしまう。サクラサイト上でメールをやり取りする場合は、運営側によって削除されることや、ログインできなくされることがある。

そのため、メールは速やかに保存、転送ないしプリントアウトしておく必要がある。なお、被害額が高額で、回収の見込みが高く、かつ、メールを用いる必要がある場合は、高額ではあるがデータ復元業者を利用することも考えられる。

また、支払記録も保存しておく必要がある。電子マネーの場合は、銀行振込であれば振込明細書、コンビニ利用の場合は払込票の管理番号を保存しておく。払込票を処分してしまった場合は、コンビニと交渉することとなる。

イ　口座凍結

サクラサイトであることが証拠上、特定可能であれば、銀行振込の場合、振り込め詐欺被害救済法に基づく対象口座の凍結も考えうる。

(ii)　サクラであることの立証手段

サクラであることの立証手段としては、メールの他に、同種事例の存在を示すことが考えられる。具体的には、弁護士法23条の2に基づく照会等により国民生活センターのPIO-NET情報を確認したり、インターネット上で同一業者による被害がないかを確認したりする。

また、出会い系サイト規制法上の「インターネット異性紹介事業」に該当するサクラサイトの場合、同法上の義務としてメール送信者が児童でないことの確認をしていなければならず、サイト業者に対して、メール送信者の年齢確認の方法及び確認資料の開示を求めることで、サクラであるかの立証手段とすることも考えられる。

さらには、訴訟提起をした場合は、サクラサイトに対してメール文について文書提出命令の申立てやサイト業者の取引銀行に対する調査嘱託申立てをすることも考えうる。

なお、メール内容自体の不合理性、メール内容が実現していないこと、メールでなされた指示が不合理であること、メールを多数回繰り返すことにより利益を出すのはサイト運営者しかいないことからサクラの利用を認定した例もある（東京高判平成25年6月19日判時2206号83頁）。

(iii)　サクラサイトの特定

サクラサイトに特商法に基づく記載がある場合は、記載された連絡先とコンタクトをとることになる。また、出会い系サイト規制法上の「インターネット異性紹介

事業」に該当するサクラサイトの場合は公安委員会に届出をしていれば、インターネット異性紹介事業台帳を確認することによっても連絡先等を知ることができる。

ただし、サクラサイト上に記載されている本店所在地はバーチャルオフィスであることが多く、連絡先も別会社であることもある。サイト上の記載からサクラサイト業者の実態が明らかにならない場合、サクラサイト業者の特定のためには、クレジットカードを利用しているときは、まず、クレジットカード会社から決済代行業者の日本事務所の連絡先やサクラサイト業者についての情報提供を求めていくことになる。ただし、クレジットカード会社はサクラサイト業者とは接点がないことがほとんどである。決済代行業者に対しては、サクラサイト業者についての情報提供を求めていくことになる。

(iv) クレジットカード会社への対応

クレジットカード会社に対しては、サクラサイト被害であることを主張し、カード利用分の取消を求めていくこととなる。会社により対応は分かれるが、支払いの一時猶予をしてくれる場合や介入してくれる場合もある。

会員規約に支払拒絶・既払金返還を求める条項があれば、それを主張していく。また、チャージバックリーズンがあることを主張してクレジットカード会社にチャージバックをするよう求めることが考えられる。クレジットカード会社は、サービス自体は提供されており、サービス不提供に該当しないと主張することがある。その場合は、サクラサイトはサクラを利用しているにも関わらず、あたかも一般利用者が登録するサイトであるかのように装って被害者にポイントを費消させていることから、錯誤無効であると反論していくこととなる。

(v) 決済代行業者への対応

決済代行業者にもサクラサイト被害であることを主張し、カード利用分の取消を求めていくこととなる。決済代行業者によっては、被害状況を詳細に伝えることにより、決済代行業者がサクラサイト側との返金交渉に介入したり、決済代行業者が自主的に返金に応じたりするケースもある。また、国際ブランドのクレジットカード会社はクロスオーバー取引（加盟店がある国と異なる国の決済代行業者を経由して決済を行う取引）を禁止している場合があるため、サクラサイト業者が日本を拠点としていることが明らかであるにも関わらず、海外の決済代行業者を利用している場合は、クロスオーバー取引規制違反を主張し、信義則上の加盟店管理義務違反を主張していくことも考えうる。

(vi) 電子マネー業者・コンビニ収納代行業者への対応

電子マネー業者・コンビニ収納代行業者にもサクラサイト被害であることを主張し、ポイント利用分の取消を求めていくこととなる。

(vii) サクラサイト業者への対応

サクラサイト業者に対しては、詐欺的な手口である点や上記の法令違反がある点を指摘し、交渉をし、交渉が奏功しないときは、裁判をしていくこととなる。

◆ **事例の検討** ◆

(1) サクラサイト業者はサクラを利用していたことにつき、不法行為に基づく損害賠償責任を負い、業者に対しては詐欺取消及び不当利得返還請求をすることもできる。また、業者が同意なくメールを送りつけたことは、特商法12条の3第1項違反となる。さらに、メール交換等の有料サービスの価格の表示や、メール交換等が有料になること等の表示がなかった場合や、無料と書かれていたにもかかわらず、実体は異なっていた場合には特商法12条違反となる。

(2) サクラサイト被害の解決のためには、サクラサイトであることが証拠上、特定可能であれば、銀行振込の場合、振込詐欺救済法に基づく対象口座の凍結を検討する。

(3) クレジットカード会社に対しては被害状況を伝え、カード利用分についての取消を求め、会員規約に支払拒絶・既払金返還条項があれば、それを主張し、チャージバックリーズンについても主張していくとともに、決済代行業者の情報提供を求める。決済代行業者に対しては、被害状況を詳細に伝えることによりサクラサイト業者との返金交渉の介入や自主的な返金を促すとともに、サクラサイト業者の情報提供を求める。サクラサイト業者に対しては詐欺的な手口である点や法令違反がある点を指摘して交渉し、交渉が奏功しないときは、裁判をしていく。

《参考文献等》
・東京弁護士会消費者委員会『消費者相談マニュアル〔第2版〕』（商事法務、2012）290～302頁
・国民生活センター「事例で学ぶインターネット取引第三回サクラサイト」（http://www.kokusen.go.jp/wko/pdf/wko-201208_04.pdf）
・同上「速報！"サクラサイト商法"新たな手口にご用心！――性別・世代を問わず被害拡大の可能性も」（http://www.kokusen.go.jp/pdf/n-20120726_2.pdf）
・神野直弘「サクラサイト被害の実態と救済手段」現代消費者法18号（2013）21頁
・島川勝＝坂東俊矢編『判例から学ぶ消費者法〔第2版〕』（民事法研究会、2013）252～258頁

3 占いサイト

　　ある日携帯電話に、「芸能人ご用達！　有名占い師があなたを無料で鑑定します」「的中率100％！」などと表示された占いサイトの勧誘メールが届いたので、メールに記載されていた URL にアクセスしてそのサイトに登録したところ、占い師を名乗る者から大量のメールが届くようになった。占い師から「守護霊様と交信することであなたの運勢は必ずよくなります」「守護霊様のご加護によって金運も良好になり宝くじが必ず当たります」等と言われ、「守護霊様のお言葉を望まれる場合は今すぐ『拝聴』とご連絡ください」等と次々とメールが送られてきて返信の指示をされるため、指示に従って逐一返信をしていたところ、途中から、鑑定依頼や返信をするごとに1,000円分の利用料がかかるためポイントを購入して支払う必要があると言われた。利用者は、指定されたポイントを購入して利用料を支払っていったが、占い師から次々と不安を煽るメールが届くので、不安を払拭しようと返信を続けるうちに支払ったポイント代が数百万円に膨らんでしまった。サイトを退会しようとしても、「守護霊様との交信を続けないと災いがふりかかる」等と占い師から殊更に不安をかきたてる鑑定結果が届く始末である。なお、鑑定結果は誰でも書けるような抽象的な内容ばかりで、占い師を名乗る者は実在の占い師ではなくサクラであると思われる。

◆　**問題の所在**　◆
- ・　占いサイト事案における法的責任の追及
- ・　占いサイト被害救済方法

◆　**基本的な考え方**　◆

(1)　占いサイトの概要

　　昨今、インターネット上には各種の占いサイトが多数存在するが、本稿では、上記事例のように占いサイトの外形を装って利用者から利用料等を詐取するサイトを「占いサイト」と総称する。占いサイトは、実在の占い師によるいわゆる「占い」を提供するところに目的があるものではなく、占いと称する行為を通じてポイントを無意味に費消させて利用者から金銭を詐取すること自体にその目的がある。

　　占いサイトでは、利用者が占い師（鑑定士等の名称の場合もある）に対して、サイト上で鑑定を依頼し、占い師が鑑定結果を返信する仕組みになっている。よく見られる手口は次のとおりである。

　　まず、利用者を特定のインターネットサイトに誘導して登録させた上、当初は無料で鑑定サービスを利用させ、占い師から不安を煽るメッセージを送信する等して利用者の心理に働き掛けて占いに依存する精神状態に陥らせる。そして、途中から有料サービス（鑑定依頼やメッセージの送受信等を行うにはポイントを事前に購入する必要がある場合が典型的）に切り替えた後もサイト利用を継続させ、鑑定に必要であると称して、占い師からの質問に次々と回答させたり、一定の文言を多数回送信させる等して、利用者にポイントを大量費消させては購入を繰り返させる。

Ⅱ　商品・役務の購入　　249

もっとも、抽象的な回答がされるだけで鑑定らしい結果は得られず、利用者には金銭の負担だけが膨らんでいくものである。

この点、サイト登録の端緒としては、携帯電話やパソコンに送信されてくるサイトのURLが記載された広告メールや、SNSの広告記事のみならず、占いサイトにもともと興味のある利用者自ら占いサイトをインターネット上で検索し、当該サイトの謳い文句に勧誘される場合も考えられる。

(2) 占いサイトに関する法的責任の追及

占いサイトでは、利用者間のやり取りを装った典型的なサクラサイトとは異なり、サイト側の占い師とのやり取りがなされるところ、外形的には利用者とサイト業者との間に、占いサイト利用に関し準委任契約類似の基本契約が成立し、これに基づいて利用者は個々の占い契約を締結すると考えられる。

しかし、そもそもやり取りの相手方は、実在の占い師ではなくサイト側のサクラであると思われるから、以下述べるとおり契約の無効ないし取消の主張を行うべきである。

(i) 不当利得返還請求

ア 「断定的判断の提供」に基づく取消権行使（消費者契約法4条1項2号）

消費者契約が取り消されるとサイト業者は受領した金銭を返還する義務を負うところ、まず、将来における変動が不確実な事項につき断定的判断が提供されたとして、消費者契約法4条1項2号に基づく取消を主張することが考えられる。この場合、「宝くじが必ず当たる」といった財産上の利得に影響する事項であれば同条の適用が認められる。他方、「あなたの運勢は必ずよくなります」等といった運勢や運命など財産上の利得に影響しない事項の場合は「将来における変動が不確実な事項」に含まれるか争いがある。

この点、易学受講契約を無効とした大阪高判平成16年7月30日公刊物未登載は、漠然とした運勢、運命は将来における変動が不確実な事項に含まれないとして、原審（神戸地裁尼崎支判平成15年10月24日消費者法ニュース60号58頁）の判断を覆し取消を認めなかった。

しかし、消費者契約法4条1項の趣旨は、消費者契約において「将来における変動が不確実な事項」をあたかも確実であるかのように断言して契約を締結させる行為を広く抑制するところにあると考えられるから、取消の対象を金融商品的なものに限定することは、むしろ消費者契約法の目的及び本号の趣旨に合致しない（落合誠一『消費者契約法』（有斐閣、2001）79頁）。

この観点から本件事例を見ると、「宝くじが必ず当たる」といった財産上の利得に影響する事項のみならず、「あなたの運勢は必ずよくなります」などと財産上の利得に影響しない事項について断定的判断が提供された場合であっても、消費者契

約法上の取消が認められる余地がある。

イ　公序良俗違反による無効・詐欺取消

また、いわゆるデート商法に関する名古屋高裁平成21年2月19日判時2047号122頁のように、販売目的を隠して近づき異性に対する恋愛感情を利用して高額の商品を売りつける場合は、一連の販売方法や契約内容（販売価格と市場価格との不均衡）等に鑑みて、不公正な方法による取引であり公序良俗に反して無効であると言えるが、占いサイトの場合はどうであろうか。

この点、占いサイトにおいても、本来の目的を隠してサイトに登録させ金銭を費消させるという点ではデート商法と類似しており、契約内容の不当性（市場価値との不均衡等）と勧誘方法の不当性（事業者側の行為態様等）との両面を相関的に判断して著しく不公正な方法による取引であると言える場合は、公序良俗違反により契約自体の無効を主張すべきである。

本事例をみると、サイト業者は広告メール送信や誇大広告等により利用者をサイトに誘導した上、利用者に対して不安を煽るメールを大量に送信して執拗に勧誘して鑑定依頼を継続させ、無意味な鑑定依頼を多数回にわたって行わせたものであるからその行為態様に鑑みれば勧誘方法の不当性は明らかである。また、抽象的な内容の鑑定結果を受けるために数百万円を費やした客観的価値とのかい離等の事実に鑑みて契約内容の不当性も認められることから、一連のサイト利用契約、占い契約が無効であるとの主張も十分考えられる。

また、サクラサイト被害と同様、上記の他にも詐欺取消の構成が考えられる。

(ⅱ)　不法行為に基づく損害賠償請求

不法行為と構成した場合、弁護士費用や慰謝料の請求が可能であり、サイト業者のみならず代表者個人に対しても共同不法行為責任を問える点に有用性がある。

この点、不法行為における違法性の判断についても前記の公序良俗違反の場合と同様、主観的要件と客観的要件を相関的に判断すべきである。

この点、易断・祈祷者から害悪を告知されて不安を煽られ、多額の金員を支払わされた不法行為に基づく損害賠償請求事案において、裁判所は、宗教的行為に付随して祈とう料の支払いを求める行為につき、「それに伴う金銭要求が、相手方の窮迫、困惑等に乗じ、ことさらにその不安、恐怖心をあおったり、自分に特別な能力があるように装い、その旨信じさせるなどの不相当な方法で行われ、その結果、相手方の正常な判断が妨げられた状態で、過大な金員が支払われたような場合には、社会的に相当な範囲を逸脱した違法な行為として、不法行為が成立するというべきである」と判示している（大阪高判平成20年6月5日公刊物未登載）。

(ⅲ)　取締規定違反と法的責任との関係

特別法における各種の取締規定（行為規制）違反は、直ちに私法上の契約の効力

Ⅱ　商品・役務の購入　　251

に影響を及ぼすものではないが、これらの規定は問題ある働きかけの典型を規律しているから、前記の公序良俗違反や違法性を判断する際に、1つの指標となるものである。

ア 特商法

まず、占いサイトは、消費者がインターネットを利用して役務提供契約の申込みを行い、これに対して当該サイト業者が、利用者の選択した占い師の鑑定という役務を提供するものであるから、情報処理の用に供する機器を利用した「通信販売」に該当し（特商法2条2項、同施行令2条）、誇大広告等（同法12条）や承諾をしていない者に対する広告メール送信（同法12条の3）は禁止されている。

イ 特定電子メール法（特定電子メールの送信の適正化等に関する法律）

また、営利団体や個人事業者が自己又は他人の営業について公告又は宣伝を行うための手段として送信するメールは、特定電子メール法においても同様に規制対象とされているため（同法2条2号）、違反した場合は主務大臣の措置命令の対象行為となる。

ウ 景表法

さらに、インターネット上のホームページの表示やメールの表示は、景表法2条4項の「表示」に該当し、占いサイトによくみられるような「開運」や「金運」のような神秘的内容については、その表示だけでは優良誤認表示に該当しないが、何らかの事情からこのような表示が一般消費者にとって商品又は役務の選択に際しての重要な判断基準となっていると考えられ、かつ、これらの表示内容に加えて具体的かつ著しい便益が主張されているなど、表示内容全体から判断して、商品又は役務の内容について一般消費者に実際のものよりも著しく優良であると誤認される場合には、優良誤認表示に該当すると判断されることがある（真渕博編著『景品表示法〔第4版〕』（商事法務、2015）70頁）。

したがって、このような場合には、不当表示に該当するものとして、消費者庁による措置命令（同法6条）や適格消費者団体による差止め（同法10条）の対象となる。

(3) 被害救済

占いサイト被害においても、サクラサイト被害の場合と同様、代金支払方法も多岐にわたるため、クレジットカード会社や決済代行業者、電子マネー業者、コンビニ収納代行業者が関与している場合の対応は、基本的には本章Ⅱ第2の2(3)を参照されたい。

もっとも、占いサイト被害の場合はサクラサイト被害の場合とは異なり、一見すると占いの結果が利用者に提供されている外観が存在するようにも思えるため、サクラサイト被害の場合と比べてハードルはより高いといえよう。したがって、占い

サイトにおいては特に、メールのやり取り自体が利用者にポイントを費消させる目的で行われており、殊更に利用者の不安を煽って利用継続させているにすぎず、いわゆる通常の占いサービスの提供は行われていない等の主張が重要と考えられる。

また、サイト業者に対しては、前記の不当利得返還請求や不法行為に基づく損害賠償請求に加えて、サイト上での全送受信記録の開示や占い師の個人情報（本名、住所等）の開示を要請するべきである。この点、サクラサイトにおいては、サイト業者からメール相手は一般利用者であってサクラではない等と反論されることが多いが、占いサイトの場合は、占い師がサイト側の人間であることは外形上明らかであり、特にサイト業者と占い師が何らかの契約を締結して共同運営している状態であれば、サイト業者が占い師に関する情報を一切知らないとする主張は不合理である。

(4) 事前準備における留意点

冒頭にも述べたとおり、悪質な占いサイト事案は、占い師を名乗る者がサクラに該当する可能性が高く、基本的にはサクラサイト事案において要請される初動及び立証準備と共通するものであるから、本章Ⅱ第2の**2**(3)を参照されたい。基本的には、メールの送受信記録の早期保存と、ポイント代金等の支払いに関する証拠保存が重要であるため、退会処理がされることにより利用サイトにアクセスできなくなる前に、被害に関する証拠を保存すべきである。

◆ 事例の検討 ◆

占いサイト被害事案においては、断定的判断の提供に基づく消費者契約法による取消や詐欺取消、公序良俗違反による無効等に基づく不当利得返還請求や不法行為に基づく損害賠償請求の主張が考えられ、それを裏付ける具体的事実について、特定商取引法をはじめとする行為規制違反の点も含めて、客観的要件と主観的要件の両面を意識した主張立証を行うべきである。

そして、不法行為に基づく損害賠償請求においては、サイト業者のみならずその役員に対して共同不法行為責任を追及することが考えられ、場合によっては占い師個人を責任追及に加えることも検討すべきである。

さらに、支払方法に関して、決済代行業者等、サイト業者以外の関係者が介在する場合には、あくまで占いサービスの提供ではなく、ポイント費消に向けた詐欺的勧誘が繰り返されている点などを強調して、サクラサイトの場合と同様に、利用分についての取消を求めるべきである。

交渉が早期に奏功しない場合には、民事、刑事手続も視野に入れて訴訟提起や告訴等を検討すべきである。

Ⅱ　商品・役務の購入　　253

《参考文献等》
・司法研修所編『現代型民事紛争に関する実証的研究——現代型契約紛争(1)消費者紛争』（一般財団法人法曹会、2013）46〜72頁
・真渕博編著『景品表示法〔第4版〕』（商事法務、2015）70頁
・山田茂樹編著『インターネット消費者取引被害救済の実務』（民事法研究会、2014）300〜314頁
・落合誠一著『消費者契約法』（有斐閣、2001）77〜80頁
・消費者庁企画課編『逐条解説消費者契約法〔第2版〕』（商事法務、2010）15〜119頁
・鹿野菜穂子「デート商法による売買の無効とクレジット会社に対する既払金の返還請求」金商1336号（2010）158〜161頁
・国民生活センター「害悪を告知し、祈とう等を受けさせ祈とう料等を支払わせることが不法行為に当たるとした事例」（2012年9月公表）

4 情報商材

① インターネット上のショッピングモール型のサイトで、「これを読めばあなたも簡単にやせられる」、「体重減少は間違いなし」などと謳ったマニュアルの広告を見つけた。クリックして、さらに詳しい内容を読んでみると、体験談のようなものが多数載せられており、さらに、購入から3ヶ月後に体重が減っていなければ購入代金全額の返金を保証する旨の記載があった。また、代金について、「¥200,000」の表示の上に赤字で大きく×印がつけられ、1ヶ月間だけの限定価格として10万円で販売するとされていた。

広告に惹かれ代金10万円を支払って購入したが、届いた冊子を読んでみると、市販されている書籍で紹介されているようなダイエット方法の概略がただ載っているだけで、書籍の広告かと思うような内容であった。また、広告では1ヶ月間だけの限定価格とされていたのに、実際は20万円の価格で販売されたことはないことが分かった。

購入代金全額の返金が全額保証されるというので、販売業者に電話で返金を求めたところ、食事を摂りすぎたから効果が出なかったのではないかなどと難癖をつけて返金に応じようとせず、そのうち電話もつながらなくなり、連絡がとれなくなってしまった。

② インターネットで副業を探していたところ、「月収30万円以上を確実に稼げる」というマニュアルの販売を広告するA社のホームページを見つけた。

詳しく見てみると、A社から販売されるパソコンのデータ入力のマニュアルを購入すれば、A社から実際にデータ入力の仕事が発注されるとのことであった。また、データ入力の仕事は、毎月の経費もほとんどかからないので効率的であるとのことであった。

マニュアルを購入し、実際に仕事の発注もあったが、内容は単純な作業で、報酬も極めて低額であり、月収30万円をあげるのはおよそ不可能と思われ、もっと報

酬の高い仕事の受注を希望してみたが、専用のソフトが必要と言われ、高額のソフトを買わされてしまった。

◆ **問題の所在** ◆
- 情報商材を販売する業者の責任
- 消費者契約法・特定商取引法の適用の可否
- 民法による解決法
- クレジットカード業者・決済代行業者が決済に関与する場合の対処法
- モール運営業者の責任

◆ **基本的な考え方** ◆

(1) 情報商材とは

　近時、インターネットを通じて、「誰でも簡単に儲かる」などの儲け話や、「○○すれば、確実に恋人ができる」といった各種成功法等のノウハウが販売されており、これらは情報商材と呼ばれている。購入した情報は、冊子や DVD として送られてくることもあれば、PDF ファイルをダウンロードして閲覧する場合や、交付された ID とパスワードを入力してサイトにアクセスして内容を閲覧する場合もあり、情報の媒体は様々である。

　情報商材は、インターネットを通じて販売されるため、書籍のように店頭で内容を確認した上で購入の意思決定をするということができず、消費者は基本的に業者の広告を頼りに取引せざるをえないが、情報商材の広告には、「必ず利益が上がる」、「必ず～できる」などと利益や効果が確実に見込めるかのごとき文言が使用されているものが極めて多いものの、実際に提供された情報は、誰でも知っている情報であったり、実現が到底不可能であったりして、ひいては社会通念上問題があるような行為を実践させようとするものまで含まれていることがあり、消費者に過度の期待を抱かせるものや、誤認を生ぜしめるものが多い。

　また、ほとんどの場合、広告において、利益や効果が出ない場合には代金全額を返還する旨が記載されているため、消費者もつい申し込んでしまうというところがあるが、業者に返金を求めても、あれこれ理由をつけて返金を拒んでくることがあり、返金を求めて業者と交渉しようとしても、業者が電話・メールに応じないほか、そもそも連絡先が不明であったり、既に会社が閉鎖されているという場合もある。

(2) 特定商取引法の適用

(i) 通信販売

　情報商材は、インターネットを通じて販売されるものであり、特商法上の通信販売（特商法2条2項、同規則2条）に該当すると思われる。

　通信販売に該当する取引においては、業者は広告上に、代金・対価、商品の引渡

時期や契約の解除に関する事項等を表示する義務があるが（特商法11条、同法規則8条〜10条）、解除を認めない旨の表示がなされていなければ、商品の引渡しの日から8日間は契約の解除が可能である（法定返品権。同法15条の2）。そこで、冊子やDVD等の商品が業者側から送付されてくる場合は、この法定返品権の行使の可否を検討するべきである。

(ii) 業務提供誘引販売

情報商材を販売する業者の中には、消費者が購入した情報商材を利用して身につけた知識や技能を活用して行う業務を、自ら提供し、又はあっせんする業者がいる。このように、業務の提供や、そのあっせんを持ちかけ、そのために必要なものとして情報商材を販売する取引は、特商法が定める業務提供誘引販売取引（特商法51条）に当たると考えられる。

業務提供誘引販売取引に該当する取引においては、業者には、契約を締結しようとするとき及び契約を締結したときに、法令で定められた事項を記載した書面をそれぞれ交付する義務があるところ（特商法55条、同規則43条〜45条）、消費者は、同書面の交付日から20日間の期間は、クーリング・オフをすることができる（同法58条）。また、勧誘に際して不実の告知や故意の事実不告知が行われた場合には、契約を取り消すことができる（同法58条の2）。

(3) 消費者契約法の適用

(i) 契約の取消

契約の目的となるものの質・用途や対価等重要事項について、事実と異なることが告げられることによって消費者に誤認が生じた場合や（消費者契約法4条1項1号）、契約の目的となるものに関し、将来における不確実な事項について断定的な判断の提供が行われた場合（同項2号）、消費者はこれらに基づいてなされた意思表示を取り消すことができる。

また、事業者が、消費者に対し、重要事項又は同事項に関連する事項について、一方で有利な事項を告げつつ、他方で当該重要事項について不利益な事実を故意に告げないため、消費者に誤認が生じた場合、消費者は意思表示を取り消すことができる（同法4条2項）。

(ii) 「勧誘」と広告

消費者契約法4条に定められている消費者を誤認させる行為は、契約締結について「勧誘をするに際し」てなされる必要があると定められているところ、広告のような不特定多数者に向けられ、個別の契約締結の意思形成に直接影響を与えているとは考えられない方法は「勧誘」に当たらないとする見解がある（消費者庁企画課編『逐条解説消費者契約法〔第2版補訂版〕』（商事法務、2015）109頁）。

しかし、広告は、不特定多数者に向けて行われるものとはいえ、消費者の最終的

な契約締結意思には実質的に影響を及ぼすものであるから、「勧誘」に当たりうると考えるべきである（落合誠一『消費者契約法』（有斐閣、2001）73頁、日本弁護士連合会消費者問題対策委員会編『コンメンタール消費者契約法〔第2版増補版〕』（商事法務、2015）69〜71頁、松本恒雄＝齋藤雅弘＝町村泰貴編『電子商取引法』（頸草書房、2013）21頁、309頁。なお、前掲松本ほか309頁は、上記の消費者庁の解釈を前提としても、ネット通販における通販業者のウェブページ上の表示は「勧誘」に該当すると解されるとしており、情報商材においても同様に考えられると思われる。ウェブページ広告ではないが、一般的に不特定多数者に向けて配布される性質のものであるパンフレット等が消費者契約法4条の勧誘にあたることを前提とした裁判例として、神戸簡判平成14年3月12日公刊物未登載、京都簡判平成14年10月30日公刊物未登載がある）。特に、情報商材のような商品等が実際に手元に届いてから初めてその内容を判断できる商法については、「勧誘」に該当するかどうかは柔軟に判断されるべきである。

(iii) 「消費者」性について

消費者契約法4条が適用されるためには、当該契約が「消費者」と「事業者」との間で締結される「消費者契約」（同法2条3項）に該当する必要があるが、②の事例のようなケースでは、収益を目的として反復継続して行われる活動や作業を得ようとして契約に至っているため、事業としてあるいは事業のためになされる契約に該当するとして、消費者契約法の適用が否定されるのではないかとも思われる。

しかし、消費者契約法が、消費者と事業者との間の情報の質、量や交渉力の格差の是正を目的としていることからすると（同法1条）、単に収益性のある活動等を行おうとしていることのみをもって事業性を帯びていると判断されるべきではなく、当事者間における情報の質、量及び交渉力の格差の有無や程度や紹介されている活動・作業の内容等を総合的に判断して、社会通念上それが事業の遂行とみられる程度のものかどうかを柔軟に判断すべきである（日本弁護士連合会消費者問題対策委員会編『コンメンタール消費者契約法〔第2版増補版〕』（商事法務、2015）32〜36頁、日本弁護士連合会編『消費者法講義〔第4版〕』（日本評論社、2013）84頁）。

(iv) 断定的判断の提供の対象

消費者契約法4条1項2号に定められている断定的判断の提供について、断定的判断の対象は財産上の利得に関するものに限定されるとし、事例①のように財産上の利得に当たらないものについて断定的判断の提供がなされた場合における消費者契約法の適用を否定する見解がある（消費者庁企画課編『逐条解説消費者契約法〔第2版補訂版〕』（商事法務、2015）116〜117頁）。

しかし、事業者と消費者の情報量の格差を考えれば、事業者が断定的な判断を提

供して勧誘してきた場合に、消費者がその勧誘を受け入れやすいことは、断定的判断の対象が財産上の利得であろうとなかろうと変わりはなく、条文の文言も「将来における変動が不確実な事項」として、必ずしも財産上の利得に限定するようなものとなっていないのであるから、断定的判断の対象は財産上の利得に限られるものではないと解するべきである（落合誠一『消費者契約法』（有斐閣、2001）79頁、日本弁護士連合会消費者問題対策委員会編『コンメンタール消費者契約法〔第2版補訂版〕』（商事法務、2015）76頁ほか）。

(4) 民法の規定の活用

例えば、購入した情報がそもそも存在しえないようなものだとすれば、虚偽の情報をあたかも真実であるかのように装って代金を騙し取ったといえ、民法上の詐欺取消の規定に基づいて契約を取り消すことが考えられる（民法96条1項）。

また、上記の詐欺に当たるような場合はもちろん、明らかに詐欺に当たるとまではいえなくても、欺瞞的な勧誘により対価性に乏しい情報を高額で購入させられたといえるような場合には、不法行為（同法709条）を主張することが考えられ、売買代金以外に生じた損失も含めて損害賠償を請求していくことが考えられるであろう。

(5) クレジットカードや決済代行の利用がある場合

(i) 割賦販売法における抗弁対抗

情報商材の購入にあたっては、クレジットカードを利用して決済を行う場合があると思われるが、支払いが2ヶ月を超える取引で、一定額以上（リボルビング払いの場合は3万8,000円以上、それ以外の場合は4万円）の取引には、割賦販売法における抗弁対抗の規定（同法30条の4、同法施行令21条）の適用がある。したがって、当該販売業者に対して契約を取り消しうる事由が生じている場合、消費者は取消事由の存在を主張し、カード会社からの支払請求を拒絶することができる。

(ii) 決済代行業者

もっとも、情報商材の取引の場合には、販売業者がカード会社の直接の加盟店とはなっておらず、決済代行業者と呼ばれる会社が直接の加盟店として介在することで、カード取引が可能となっているケースが通常であると思われる。

決済代行業者は、割賦販売法の「包括信用購入あっせん業者」には該当せず、同法は適用されない。したがって、決済代行業者に対しては割賦販売法の抗弁の対抗を主張することはできない。

決済代行業者が介在する場合、消費者としては、カード会社に対してチャージバック（クレジットカード業界内のルールであり、イシュアー（カード発行会社）がアクワイアラー（加盟店側カード会社）に対し、取引の内容の不当等を理由に異議を申し立て、既に支払った代金をアクワイアラーから取り戻す手続）を求めたり、

決済代行業者に対し、売上のキャンセル処理（赤伝処理）を求めたりするなどの交渉による解決を図ることになろう。

(6) モール運営業者の責任

情報商材は、サイバーモール上で取引されることも多いが、消費者とサイバーモールに出店した情報商材販売業者との取引について、モール運営者は消費者とは直接契約関係に立たないので、当該取引によって消費者に損害が生じても、モール運営者に売買契約上の責任を問うことはできない。

もっとも、売買契約上の責任は問えないとしても、モール利用契約に付随する注意義務違反ないし不法行為責任を問う余地はありうると思われる。

◆ 事例の検討 ◆

(1) 事例①について

事例①では、インターネット上の広告において、「体重減少は間違いなし」と人の体重の増減という将来の変動が不確実な事項について、断定的な判断を提供しているといえる。そして、これはマニュアルの実践によって得られる効果に関するものであり、消費者契約の目的となるものに関するものというべきであり、消費者契約法4条1項2号に基づいて契約を取り消すことができると考えられる。

また、事例①では、期間限定で通常の販売価格の半額で当該マニュアルを購入できるかのような広告がなされていたものの、実際には通常の価格とされる金額で売買がなされたことはないと分かったというのであるが、これは消費者契約の目的となるものの対価という重要事項に関し、事実と異なる表示がなされたというべきである。代金10万円と表示されたものについて10万円で購入したのであるから事実と異なるところはないという考え方もあろうが、事例①のような販売価格の表示は、通常の販売価格から大幅に割引された価格で購入でき、しかもそのような価格での購入が可能な期間が限定されているという点において、消費者の意思形成に強い影響力を及ぼしているのであるから、広告上の販売価格と実際の購入価格に相違がないことのみをもって不実の告知がないとするのは妥当ではない。したがって、消費者契約法4条1項1号に基づく契約の取消が可能であると考えるべきである。

事例①の取引は、インターネットを通じてマニュアルの売買が行われているので、特商法上の通信販売に該当する。このため、販売業者は、ネット上の広告に解除に関する事項を表示する義務があるところ、解除に関してこれを認めない旨の表示がなかったり、あるいはそもそも解除に関して何ら定めがなかったりする場合、マニュアルの冊子が届いてから8日間は契約を解除することができ、売買代金の返金を求めることができる。

その他、事例①では、購入者の期待を過度に煽るような文言を用いた広告をして、およそ売買代金と見合う価値があるとは思われないような商品を購入させているこ

Ⅱ　商品・役務の購入　259

とから、販売業者に不法行為が成立すると考えることもできるであろう。

(2) 事例②について

　事例②では、ネット上の広告には、月収30万円以上を確実に稼げる旨の断定的判断を用いた勧誘文言がある。この場合の断定的判断の対象は、マニュアルを購入することで発注される仕事から得られる収入という将来の変動が不確実な事項であるが、これは売買の目的物であるマニュアルそのものの価額やマニュアルから直接発生する金銭的利益とはいえないものの、消費者がこの取引に入ろうとする目的は、マニュアルそのものを手に入れることではなく、そのマニュアルを購入することで発注される仕事によって収益を上げることにあり、販売業者もそのことを前提に契約を誘引しているのであるから、契約の目的となるものに関する経済的利益であるというべきであり、消費者契約法４条１項２号によって契約の取消を主張しうると考えるべきである。

　また、発注される仕事の報酬は低額であり、広告で謳われている月収30万円という収入を上げようとすれば、実際には高額の専用ソフトを購入せざるをえないにもかかわらず、販売業者はこのことを告知していない。高額の専用ソフトの購入が必要になるという事実は、売買の対象であるマニュアルそのものに関することではないものの、上記のとおり、この取引に入ろうとする消費者の目的はマニュアルを購入することで発注される仕事から収益を得ることであり、このマニュアルも通常はそれ以外に役に立たないと思われるものであることからすると、契約の重要事項又はこれに関連する事項に当たるというべきであり、この告知を怠った販売業者は不利益な事実を告げていないというべきである。したがって、事例②では、販売業者は、一定の収入を確実に得られるという消費者に有利な事実を告げる一方、謳われた金額に見合う収入を上げるには実質的に高額の専用ソフトを購入せざるを得ないという不利益な事項を告げていないといえ、消費者契約法４条２項によって契約の取消を主張できると考えるべきである。

　事例②の取引では、マニュアルを購入することによってマニュアルで身につけた技術を活かしたデータ入力の仕事の発注が約束されており、業務の提供を持ちかけ、そのために必要なものとしてマニュアルが販売されているといえ、特商法上の業務提供誘引販売に当たると考えることができる。したがって、法定書面の交付から20日以内の期間であればクーリング・オフによって返金を求めることができるし、上記のような高額のソフトの購入が必要となるという「業務提供誘引販売取引に伴う特定負担」（特商法52条１項２号）に関する事実の不告知を理由として契約の取消を主張することができると考えるべきである。

　その他、事例②においても、マニュアルさえ購入すれば一定の収益が確実に得られるかのごとく装って取引を誘引し、最終的には高額のソフトを購入させようとす

る取引の態様は詐欺的というべきであり、やはり不法行為が成立すると考えるべきであろう。

《参考文献等》
・国民生活センター「『絶対儲かる』『返金保証で安心』とうたう情報商材に注意！――情報商材モール業者を介して購入した事例から見る問題点」（平成22年3月17日報道発表資料）（http://www.kokusen.go.jp/news/data/n-20100317_2.html）
・東京弁護士会消費者問題特別委員会編『消費者相談マニュアル〔第2版〕』（商事法務、2012）686～694頁
・日本弁護士連合会編『消費者法講義〔第4版〕』（日本評論社、2013）79～105頁、133～162頁
・齋藤雅弘＝池本誠司＝石戸谷豊『特定商取引法ハンドブック〔第5版〕』（日本評論社、2014）579～582頁、596～599頁
・原田由里『情報商材の問題点』月刊国民生活45号（2012）50頁

第3　インターネットオークション

1　事例①：商品の不着

インターネットオークションで、個人の出品者から、デジタルカメラを落札して、代金を前払いで指定された銀行口座に振り込んだ。振り込んでから3週間たったが、商品が届かない。出品者の電話番号は通じず、また、電子メールを送っても全く返事がない。
　(1)　出品者の責任を追及したいがどうすればよいか。
　(2)　オークションサイトの事業者に責任を問うことはできるか。なお、オークションサイトの利用規約には、「当サイトは、出品者・落札者間の取引において生じるトラブルについて一切責任を負いません。」と表示されている。

◆　問題の所在　◆
・　出品者の所在の把握方法
・　オークションサイトの利用規約の拘束力
・　オークション事業者の利用者に対する法的責任
・　オークション事業者の注意義務の範囲

◆　基本的な考え方　◆
(1)　インターネットオークションについて
「インターネットオークション」とは、インターネット上でなされる競売のことである。

オークションを運営する事業者が自ら出品者となって取引する形態もあるが、主

流は、オークションを運営する事業者が情報交換の場を提供し、売買契約の当事者とならない仲介型である。

(2) インターネットオークションにおける消費者被害

オークションを巡る消費者トラブルは様々であるが、その中でも高い割合を占めるのが、「代金は払ったが商品が届かない。」という本問のような、いわゆる「ネット詐欺」のケースである。

警察庁作成の「平成25年中のサイバー犯罪の検挙状況等について」によれば、ネットワーク利用の詐欺の検挙件数は956件であるところ、そのうち158件（ネットワーク利用詐欺の16.5％）は、インターネットオークションに係る詐欺とのことである。

ネットワーク利用の詐欺の検挙件数は平成13年から16年まで年間約500件で推移していたが、平成17年に1,408件に急増し、その後、平成18年以降概ね1,000件前後で推移している。

平成18年には、インターネットオークション事業者の審査許可を受けてオークション内ストアとして電化製品を出品していた業者が、落札者に電化製品を送付しないという大規模・集団的な詐欺が行われ、オークション事業者が詐欺にあった落札者の被害額を補償するという事件（「家電ドットコム事件」）も発生している。

(3) インターネットオークションにおける「事業者」の概念

(i) 個人名で出品する事業者の存在

インターネットオークションの特徴として、取引の大部分が個人（消費者）と個人（消費者）との間でなされるいわゆるCtoCの取引であると考えられていることが挙げられる。

したがって、出品者が個人（消費者）である場合には、事業者を規制している特定商取引法、消費者契約法などの適用がないということになりかねない。

ただ、形式的には個人名で出品していても実際には事業者が行っていると考えられるケースが多々あり、このような個人名で出品を行う事業者により上記(2)で述べたような消費者トラブルが拡大している現実があると考えられるところである。インターネットオークションにおいて事業者が特商法や消費者契約法の適用を免れることのないよう、出品者の属性については細心の注意が必要である。

(ii) 事業者性の判断

法人・個人を問わず、営利の意思を持って反復継続して販売を行う場合には、事業者に該当し、特商法の規制対象となる。

事業者に当たるかの判断においては、商品の特性や取引実態に照らし、純然たる個人が中古品を処分するという範囲を逸脱しているか否か具体的に考えるべきである。

例えば、個人が全く同一の商品（メーカー、商品名、コンテンツ等）を複数出品している場合などは、当該出品者について個人であっても「事業者」として扱われるべきであろう。純然たる個人が全く同一の商品を複数処分行為することは通常ありえないからである。

(iii) 経済産業省の「電子商取引及び情報財取引等に関する準則」

経済産業省の「電子商取引及び情報財取引等に関する準則」は、個人が、特定商取引法上の「販売業者」に該当すると扱うか否かの判断について、①全てのカテゴリー・商品と、②（消費者トラブルの多い）特定のカテゴリー・商品とに分けて目安となる考え方を示しており、通達（平成25年2月20日付け消費者庁次長・経済産業省大臣官房商務流通保安審議官通達「特定商取引に関する法律等の施行について」の別添1「インターネット・オークションにおける『販売業者』に係るガイドライン」）でも同様の解釈指針が公表されている。

準則が示しているのは、「販売業者」に該当しやすい場合の例示であると考えられ、準則が示す場合に該当しない場合であっても、事業者に該当すべき場合もある。例えば、準則では、全てのカテゴリー・商品についての基準として、「一般に、特に、メーカー、型番等が全く同一の新品の商品を複数出品している場合は、販売業者に該当する可能性が高い」とされているが、「新品」に当たらなくとも、営利の意思を持って反復継続して販売を行っていると言えれば、事業者に該当すると言うべきであろう。

(4) 出品者への責任追及について

(i) 出品者の責任

出品者に対しては、債務不履行責任（民法415条）・不法行為責任（同法709条）を追及することが考えられる。

(ii) 出品者の所在の把握方法

問題は出品者の所在など出品者情報の把握である。

ア 特商法上の指定表示義務

出品者が事業者であれば、法人・個人を問わず、特商法11条5号、同規則8条1項1号の指定表示義務により、販売業者の氏名・名称、住所・電話番号を表示しなければならず、これが1つの手がかりとなる。

ただ、事業者でない個人の場合、特商法の網はかからない。実際、もっぱらメールで連絡をとり、住所・電話番号を表示しない形での出品が許容されているケースもある。

イ プロバイダ責任制限法4条に基づく開示請求

そのような場合、1つの方法としては、オークション事業者の多くが出品時に出品者の住所等の個人情報を把握していることから、オークション事業者に対し、プ

Ⅱ　商品・役務の購入　　263

ロバイダ責任制限法4条により、出品者に関する情報を開示するよう求めることも考えられる。

同条は「情報の流通によって自己の権利が侵害されたことが明らか」との要件を満たすことが要求されるところ、ネット詐欺など電子商取引被害の場合、因果関係が間接的であることから、かかる要件を満たすかは争いがあり、総務省の逐条解説では否定されている。

しかし、基本的には、情報の流通と権利侵害との間に相当因果関係が認められる場合であれば何ら条文の文理に反せず、かかる開示請求は認められるべきである。

ウ 弁護士会照会（弁護士法23条の2）

また、弁護士会照会（弁護士法23条の2）などの方法により、①振込銀行口座の開設名義人の氏名・住所等を銀行に確認する、②出品者のオークションサイト登録時の情報をオークションサイトに確認する、というような方法で出品者の所在を確認することが考えられる。

ただ、このような照会に対しては、オークションサイトは応じておらず、また銀行も必ずしも応じていないのが現状である。

エ 警察への相談、告訴・被害届の提出

その他にも、警察への相談、告訴・被害届の提出により、刑事手続の中で被害回復を図るなどの方法も考えられる。

例えば、各都道府県警察本部はサイバー犯罪相談窓口を設けており（http://www.npa.go.jp/cyber/soudan.htm 参照）、また、警察庁はこれとは別個に「インターネット安全・安心相談」というサイトを設けている（http://www.npa.go.jp/cybersafety/）。

オ 裁判例

オークション事業者について、落札者に対する詐欺行為を行った出品者情報の提供義務を否定した裁判例がある（名古屋地判平成20年3月28日判時2029号89頁）。同裁判例は、個人情報保護法23条などの関連からオークション事業者の負担が大きいとした。もっとも、詐欺行為が明らかな場合には個人情報保護法23条1項2号の要件を充たし、オークション事業者の負担はさほど重くならないと思われる。

(5) オークション事業者の利用者に対する法的責任

上述のとおり、出品者に対する請求は、出品者の特定が困難な場合があることから、オークションサイトの事業者に法的責任を追及できないかが問題になる。

(i) 利用規約の拘束力

まず、利用規約の拘束力について検討しておく必要がある。すなわち、オークション事業者の多くは、その利用規約等において、インターネットオークションは出品者と落札者との取引であり、出品者・落札者間の取引において生じるトラブルにつ

いて一切責任を負わないという内容を定めている。

確かに、利用規約については、オークション利用者が登録する際に、利用規約への確認と同意が求められており、利用者は利用規約に「同意する」というボタンをクリックした上で登録するのであるから、原則として、オークション事業者と利用者との間にはかかる利用規約に従って利用契約が成立しているというべきである。

しかし、利用者が一般人（消費者）であれば、消費者契約法が適用され、事業者に一方的に有利な条項は無効となる。したがって、事業者の損害賠償責任の免除を定める規約条項については消費者契約法8条に反して無効となるし、信義則に反し、消費者の利益を一方的に害すると判断される規約条項については、消費者契約法10条に反し無効となると考えられる。

利用規約に同意するボタンをクリックすれば、その内容に利用者が全て拘束されると考えるのは明らかな誤りである。

したがって、オークション事業者が責任を負うか否かについては、利用規約の内容にとらわれることなく、実質的に考えなければならない。

なお、この点に関し、オークション利用規約について、これに同意してオークションに参加する者を法的に拘束すると判示した判決がある（神戸地姫路支判平成17年8月9日判時1929号81頁）が、上述したところから批判的に検討されなければならないと考える。

(ii) オークション事業者の利用者に対する法的責任

ア　オークション事業者が、出品者・落札者間の契約に実質的に関与していると評価できる場合

出品者・落札者間の契約に実質的に関与しているという事実に伴う法的責任が生じるというべきである。

経済産業省の「電子商取引及び情報財取引等に関する準則」は、そのような具体例として、①オークション事業者自体が出品者・売主と評価される場合、②オークション事業者が出品代行者と評価される場合（オークション事業者が利用者の出品行為を積極的に手伝い、これに伴う出品手数料または落札報酬を出品者から受領する場合）、③オークション事業者が特定の売主を「積極的に」推奨・販売促進する場合を挙げる。

イ　ア以外の場合

多くのオークションの利用規約においては、オークション事業者が場の提供者であるにすぎない旨を規定している。

実際に、ヤフーオークションの利用規約においては、ヤフーオークションが「利用者の交流の場と商品の売買や役務の提供（省略）に関する取引の機会を提供するもの」として、「どのようなものを出品したいか、いくらで取引を希望するのか、

実際に契約締結するのかといったことはすべて利用者の責任において行われ」ることを規定している。また、同様に、楽天オークションの利用規約においても、「当社は、利用者が商品等の出品、入札または落札を行うためのシステムを提供し、これにより出品者と落札者との間で本取引を行う機会を提供しますが、本取引に係る契約は出品者と落札者との間で直接成立するものであり、当社は本取引に係る契約の当事者とはなりません。」と規定している。

　この点に関し、後掲する名古屋地裁平成20年判決は、オークション事業者と利用者との間に仲立契約が成立し、オークション事業者が利用者に対して善管注意義務を負うとの原告（オークション利用者）側の主張に対し、利用者間の売買契約はオークション事業者の落札通知によって成立しないことや、サービスの利用者がオークション事業者を信用して取引を行っているのではないことなどに言及し、「被告は、利用者に対して取引のきっかけを提供する『場の提供者』に過ぎず、実際の取引の成立及び遂行には一切関与しないから、利用者間の実際の取引の有効な成立に向けた注意義務はない。」と判示している。

　しかし、このようにオークション事業者が単なる「場の提供者」にすぎないと言い切ることには疑問が残る。

　例えば、国内有数のヤフーオークションのシステムについて検討する。まず、本サービスを利用しようとする者は、ID 登録をする。そして、オークションサイトを通じて、出品及びこれに対する入札が行われ、原則として入札期間終了時に最高買取価格をつけた入札者が当該オークションの落札者となる。この際、オークション事業者は、自動入札機能（他の入札者の入札価格に対応して、入札者が設定した最高入札価格まで自動的に入札する機能）を提供している。落札が決定すると、オークション事業者から出品者及び落札者に対して落札通知が自動送信される。その後、出品者・落札者間で、具体的な取引に関する協議が行われ、オークションに設定した条件をもとに定められる。出品者は、本サービスを利用するに際して、出品時に出品システム利用料（一部のみ）及び現在原則として落札額の5.4％の落札システム利用料を支払う。また、出品後入札者のいるオークションを取り消した場合に出品取消システム利用料を支払うほか、オプションで出品が目立つような設定をした場合にはオプション利用料を支払う。

　このようなシステムを前提とすると、オークション事業者は、落札額の5.4％という決して無視できない落札システム利用料を得ており、これが単に落札通知自動送付等のサービスと対価関係にあると言えるのかには疑問があるところである。むしろ、この落札システム利用料はオークション事業者にとって成功報酬的な料金体系となっており、出品取消システム利用料を設定して出品の取消を防止したり、自動入札機能や出品が目立つような設定を導入して落札額が高額になるようなシステ

ムを構築したりしていることからすれば、システム全体としてより高額での落札（売買契約締結）の機会を促進しており、それが結果としてオークション事業者の利益にもなっているものと評価できる。また、上記のようなオークションシステムは、他の楽天オークションなどにおいても落札した際には出品者から落札額の一定割合の利用料を徴収するなどの点において共通しており、同様のことが言える。

　以上のとおり、オークション事業者は、情報交換の場を提供し、これを利用する者から利用料を徴収して利益を上げる一方、オークションそのものもオークション事業者に対する信頼を背景に成立している等の事情に鑑みれば、出品者・落札者間の売買契約の締結に一定程度関与していると評価しうるものであり、詐欺被害防止に向けた一定の安全配慮義務ないし注意義務を負うというべきであり、この点については学説上あまり争いのないところである。

　かかる義務の法的根拠について、債務不履行責任ととらえるか不法行為責任ととらえるかは議論の余地があるが、オークション事業者と落札者との間に利用契約が存在している以上、信義則（民法1条2項）を根拠に、債務不履行責任の範囲を拡張する構成で追及するのが簡明ではないかと思われる。

ウ　裁判例

　利用規約の拘束力に関し、裁判例（神戸地姫路支判平成17年8月9日判時1929号81頁）は、利用規約に法的拘束力を認める帰結として、オークション事業者について、出品者の信用度を調査したり、IDを削除したりするなどの義務を負うものとは認められない旨判示している。かかる判決は、利用規約の拘束力について特段限定していないが、(i)で述べたとおり、消費者契約法などによる限定は当然ありうるところであり、判決はこの点についての認識を欠く。また、判決は、オークション事業者の一般的注意義務について直接言及しているものではないが、利用規約の拘束力を根拠として一般的な注意義務すら否定する趣旨であるとすれば明らかに妥当でない。

(iii)　オークション事業者の注意義務の範囲

　問題はオークション事業者がどこまでの注意義務を負うかである。

ア　「電子商取引及び情報財取引等に関する準則」の立場

　「電子商取引及び情報財取引等に関する準則」は、注意義務違反の認められる具体例として、警察本部長等から競りの中止の命令を受けたにもかかわらず、オークション事業者が当該出品物に係る競りを中止しなかったため、落札者が盗品等を購入し、盗品等の所有者から返還請求を受けた場合を挙げる。

　しかし、「電子商取引及び情報財取引等に関する準則」の立場は、オークション事業者の注意義務が明らかに認められる場合を具体例として挙げたにすぎず、注意義務の範囲についてのメルクマールについて何ら示していない。

イ　オークション事業者の注意義務の具体的基準

オークション事業者の注意義務の具体的基準については、諸般の事情を考慮することになると思われるが、中でも以下の諸事情を考慮すべきである。

---

① インターネットオークションという仕組みを構築しているのは事業者であり、その中で利用者はオークションに参加しているのであり、事業者は安全なオークション環境を提供すべきである。

② インターネットオークションを利用する者としても、オークションを運営する事業者を信頼し、安全なオークション環境が提供されると信頼して、オークション事業者に対して利用料を負担しているのであるから、オークション事業者も受け取った利用料の対価として安全なオークション環境を提供すべき義務がある。

③ インターネットオークションにおいて、上記(2)で述べたとおり詐欺などの消費者被害が多発・増加しているという被害実態があり、かかる被害を可及的に防止する必要がある。

④ インターネットオークション事業者は、多数の利用者から利用料を得ることにより、莫大な利益を上げている現実が存在しており、かかる事情からすれば、価値判断として、オークション事業に伴うリスクについても相当程度の負担を求められるべきである。

以上からすれば、利用者から利用料を取る典型的なオークション事業者においては、出品者・落札者間の取引に際してネット詐欺などのトラブルが発生しないよう注意する義務が広く存在すると考えるのが妥当である。

具体的には、一般的な注意喚起義務のみにとどまらず、例えば、出品者が過去にも同様のトラブルを起こしていたというクレームや情報が存在しているような場合には、そのようなクレームや情報を利用者に伝える義務のみならず、そのような業者に対する調査義務などが認められるべきであり、少なくとも明らかに放置していたような場合には、注意義務違反ありというべきである。

なお、オークション事業者の注意義務の範囲について、「事業者の役割はソフトウェアの提供にあり、したがって、事業者が負うべき責任の範囲については、ソフトウェアの機能の維持と管理という範囲に限られる。」とする考え方がある。しかし、そもそも、オークション事業者の役割についてソフトウェアの提供に限定するという前提が妥当ではない。

ウ　裁判例の立場

ⅰ　神戸地姫路支判平成17年8月9日判時1929号81頁

前述のとおり、利用規約に拘束力を認めた帰結として、オークション事業者は、出品者の信用度を調査したり、IDを削除するなどの義務はないとしたが、利用規

約の拘束力を根拠として一般的な注意義務すら否定する趣旨であるとすれば明らか
に妥当でない。

　　ⅱ　名古屋高判平成20年11月11日公刊物未登載

　　①　原審（名古屋地判平成20年 3 月28日判時2029号89頁）

　オークション事業者は、利用契約における信義則上、利用者に対して欠陥のない
システムを構築してサービスを提供すべき義務を負っているとし、その義務の具体
的内容について、そのサービス提供時におけるインターネットオークションを巡る
社会情勢、関連法規、システムの技術水準、システムの構築及び維持管理に要する
費用、システム導入による効果、システム利用者の利便性等を総合考慮して判断さ
れるべきとした。

　そして、当時の社会情勢等から、具体的義務として、「時宜に即して、相応の注
意喚起の措置をとるべき義務」を認め、原告の主張する他の義務（第三者機関によ
る信頼性評価システムの導入義務、出品者情報の提供・開示義務、エスクローサー
ビス利用義務など）を認めなかった。

　そして、被告は、利用者間のトラブル事例を紹介するページを設けるなど、詐欺
被害防止に向けた注意喚起を実施・拡充しているから時宜に即して、相応の注意喚
起措置をとっていたとして、当該事案におけるオークション事業者の責任を否定し
た。

　　②　判決内容

　原審と同じく、当該事案におけるオークション事業者の責任を否定した。

　原審を踏襲した上、注意喚起義務の内容として詐欺的犯罪行為の発生頻度、発生
割合を明らかにすることまでは含まれない、トラブルを発生させた利用者の預金口
座の利用禁止義務は認められない、という内容の判示がなされている。

　　③　考察

　メルクマールを提示した点、また、具体的義務として注意喚起義務を認めた点は
評価できる。

　判決は、原告の主張したいくつかの義務のうち、注意喚起義務を認めたものであ
り、オークション事業者の義務として注意喚起義務のみに限る趣旨ではないと思わ
れるが、前述のとおり、オークション事業者が出品者・落札者間の売買契約の締結
に一定程度関与していると評価できることからすれば、一般論として、注意喚起義
務のみではオークション事業者の責任として弱い感があり、オークション事業者の
関与度に応じてより強い責任が認められるべきである。

　上記述べたとおり、過去にトラブルを起こしていたというクレームや情報が存在
する業者に対しては、そのようなクレームや情報を利用者に伝える義務のみならず、
そのような業者に対する調査義務などについても認められるべきである。上記裁判

例によれば、「欠陥のないシステムを構築して本件サービスを提供すべき義務」の具体的内容は、今後のインターネットオークションを巡る社会情勢、関連法規、システムの技術水準、システムの構築及びシステム維持管理に要する費用、システムの導入効果、システムの利便性等によって変わりうるものであり、今後の判例の動きに期待したいところではある。

エ　オークション事業者の対応策の現状について

オークション事業者のネット詐欺等のトラブルに対応する方策としては、補償制度や出品者評価制度が存在する。そして、オークション事業者の立場としては、これらの制度により、情報交換の場の提供者として要求されるべき注意義務を果たしていると主張することが考えられる。

確かに、補償制度や出品者評価制度については落札者保護に資するものではあると評価できる。

しかし、現状の補償制度については、その補償金額に制限がある（平成26年3月現在、大手のオークション事業者の補償金額は、1人あたり数十万円という程度であり、最大50万円を超えるところはない状況にある）とともに、オークション事業者ごとに一定の補償要件や多くの補償免除規定が設けられており、補完的な制度にすぎないと評価せざるをえない。なお、補償規定については、オークション事業者が一方的に定めたものでありいわゆる約款に該当すると考えられるところ、規定が明確性を欠き、補償が受けられるか問題となる場合には、消費者が不当な不利益を被らないよう留意して解釈・適用がなされるべきである。

また、出品者評価制度は必ずしも正確なものではない。

以上の状況からすれば、これらの制度の存在によりオークション事業者が免責されるわけではないと考えられる。

なお、楽天オークションにおいては、落札後、まず落札者が商品の代金をオークション事業者に支払い、出品者が商品を発送し落札者が商品を確認してから、オークション事業者より出品者に代金が振り込まれるという流れ（エスクローサービス）になっており、このようなシステムは詐欺被害防止に効果的であり、ヤフーオークションでも任意に同様のサービスが利用可能であるが、こうしたサービスの拡大も今後検討されるべきである。

◆　**事例の検討**　◆

(1)　出品者情報から出品者の住所が不明である場合には、プロバイダ責任法4条に基づく開示請求や弁護士会照会（弁護士法23条の2）などの方法により、出品者の所在を把握することが考えられるが、実務上は困難である。

(2)　オークション事業者が、出品者・落札者間の取引に実質的に関与してい

る場合は、関与の事実を根拠として責任を負う。

　また、オークション事業者が、出品者・落札者間の取引に実質的に関与していない場合であっても、利用者から利用料を取る典型的なオークション事業者においては、注意喚起義務を果たしていない場合に責任を負うのみではなく、少なくとも出品者が過去にも同様のトラブルを起こしていたというクレームや情報が存在していたにもかかわらず、このような出品者を放置していたような場合には、オークション事業者は注意義務違反として責任を負う。

《参考文献》
・日弁連法務研究財団編『電子商取引の法的課題』（商事法務、2004）
・松本恒雄編『電子商取引及び情報財取引等に関する準則と解説』（商事法務、2011）
・総務省「特定電気通信役務提供者の損害賠償責任の制限及び発信者情報の開示に関する法律―逐条解説―」（平成14年5月）（http://www.soumu.go.jp/main_sosiki/joho_tsusin/chikujyokaisetu.pdf）
・松本恒雄＝齋藤雅弘＝町村泰貴編『電子商取引法』（勁草書房、2013）

2　事例②：ノークレーム・ノーリターン

　インターネットオークションで、個人の出品者から、中古のパーソナルコンピューターを落札したが、届いたパソコンには動作不良があり、動きが非常に遅く不安定になる、使用中電源が切れる、という現象が頻繁に起こる。
　(1)　出品者にどのような責任を追及できるか。
　(2)　出品者が出品時に「ノークレーム・ノーリターンでお願いします。」等の表示を記載していた場合はどうか。
　(3)　オークションサイトの事業者に責任を問うことはできるか。

◆　問題の所在　◆
・　オークション利用者間の法律関係
・　「ノークレーム・ノーリターン」特約の効力
・　オークション事業者の利用者に対する法的責任

◆　基本的な考え方　◆
(1)　オークション利用者間の法律関係
　出品者と落札者の法律関係は一般の売買契約である（ただし、その売買契約の成立時期には問題がある。後記事例③参照）。
　したがって、問題の解決は基本的には民法など売買契約を規律する法律の解釈によることになる。
　まず、問題になるのは、売買の目的物が特定物か不特定物かということである。

Ⅱ　商品・役務の購入　271

サイバーショップから新品を購入するような場合には、目的物は代替可能であり、物の個性に着目したものではないから不特定物売買であるというべきであるが、インターネットオークションにおいて個人から中古品を購入する場合には、中古品の性状は商品ごとに異なり、また、商品は現品限りであろうから、物の個性に着目したものであり、特定物売買であると理解するのが一般的であろう。

　したがって、買主である落札者は売主である出品者に対し、瑕疵担保責任（民法570条）を追及することになり、完全履行請求権は特約なき限り認められない。

　そして、損害賠償の範囲が信頼利益に限られる以上、本事例で言えば、請求できるのはパソコンの修理費用が限度であり、パソコンを問題なく使用できていれば得られた利益については請求できないことになる。

　以上に解するのが民法の解釈としてはストレートである。

　しかし、インターネットオークションの場合に、中古品の売買であるからといって、完全履行請求権を否定することは、実際問題として落札者の保護に欠ける側面がある。売買の具体的事情に照らして不特定物売買と解する余地がないか厳密に検討すべきである。例えば、出品者が事業者であり、同一の物品を何品も出品している場合には不特定物売買と考えられよう。また、信義則（民法1条2項）、あるいは当事者の意思解釈として完全履行請求権が認められる場合もありえよう。

　なお、瑕疵担保責任を追及するためには、「隠れた瑕疵」（民法570条）があることが前提となるところ、主に中古品の売買において瑕疵の存否が問題になることがある。中古品が新品に比べてその品質・性能が減殺しているのは通常であって、その品質・性能の減殺が通常予想しうる範囲内であるならば、それは瑕疵と評価できないと考えられる。この点、インターネットオークションで購入した中古車の瑕疵担保責任が問題となった裁判例（東京地判平成16年4月15日判時1909号55頁）においても、中古品の売買という特性に着目して、「買主が修理代金を負担することが見込まれる範囲の損傷などは、これを当該自動車の瑕疵というのは相当でない。」として、安全な走行それ自体を困難とする損傷部分についてのみ、限定的に「瑕疵」にあたることを認めたものがある。

(2)　「ノークレーム・ノーリターン」特約の効力

　では、出品物に、「ノークレーム・ノーリターン」特約がある場合はどうか。

　これは、特定物売買の場合の担保責任を免除する特約であるというべきであるところ、民法上、かかる特約は有効とされている（民法572条）。

　しかし、まず、かかる特約はそもそも、売主が知っていて告げなかった事実などについては免除の効力が及ばない（同条）。本事例についていえば、パソコンの故障が出品者に明らかであると認められる状況にあったにもかかわらず、そのことについて説明していないとすれば、「知っていて告げなかった」ものとして、免除の

効力が及ばない。

　また、担保責任免除特約は、錯誤主張（民法95条）、詐欺取消（同法96条１項）を排斥するものではない。

　また、出品者が事業者、落札者が消費者の場合には、消費者契約法８条１項５号により、瑕疵担保責任の全部免除特約は無効である。この点に関し、同法に基づき、インターネットオークションにおける瑕疵担保責任の免責の合意が無効となるとした裁判例がある（大阪地判平成20年６月17日判タ1290号176頁）。

　さらに、出品者が事業者である場合には、特商法によって、法定返品に関する事項及び瑕疵担保責任につき特約がある場合の特約を広告上に表示することが義務付けられており、返品の可否が問題となる（この点については、「返品の可否」（本章Ⅱ第１の**7**）を参照されたい）。

　なお、不特定物売買の場合、完全履行請求権が認められるのは当然である。

(3)　オークション事業者の利用者に対する法的責任

　では、本事例の場合に、オークション事業者に責任を問うことは可能か。

　事例①で述べたところの問題であるが、オークション事業者の注意義務の範囲について広く解する立場にたっても、さすがに出品物の品質・性能に問題がある場合についてまでオークション事業者の注意義務違反を認めることは難しいであろう。

　とはいえ、例外的に、出品者が明らかな粗悪品を出品し続けているという情報がオークション事業者に多く寄せられ、オークション事業者に出品者の問題性が明白であったにもかかわらず、オークション事業者がかかる出品者を放置していたというような事情があれば、オークション事業者の責任を問うことは可能と考えられる。

◆　**事例の検討**　◆・・・

　(1)　インターネットオークションにおける取引は、特定物売買であるのが通常であり、落札者は出品者に対し、瑕疵担保責任を追及できる一方、完全履行請求はできないのが原則である。もっとも、不特定物売買と評価できれば、債務不履行責任を追及できる。

　(2)　「ノークレーム・ノーリターン特約」については、有効ではあるものの、知っていて告げなかった点については及ばない。そして、出品者が事業者の場合には、消費者契約法８条がある。さらには、錯誤主張、詐欺取消の可能性などが考えられ、かかる特約があるから責任を追及できないと安易に考える必要は全くない。

　(3)　原則として、出品物の瑕疵についてオークション事業者の責任を問うことは困難だが、例外的にオークション事業者の責任が認められるケースも考えられる。

Ⅱ　商品・役務の購入　　273

《参考文献》
・松本恒雄編『電子商取引及び情報財取引等に関する準則と解説』（商事法務、2011）
・遠藤浩ほか編『民法契約各論〔第4版増補補訂版〕』（有斐閣、2002）
・内田貴『民法Ⅱ債権各論』（東京大学出版会、第3版、2011）
・松本恒雄＝齋藤雅弘＝町村泰貴編『電子商取引法』（勁草書房、2013）

3　事例③：落札価格を巡る争い

　インターネットオークションで中古車の市場価格が金200万円の自動車が最低落札価格金10万円で売りに出されており、これを金100万円で落札した。
　落札後、出品者と連絡をとったところ、出品者は落札価格が低いので自動車を引き渡さないといってきた。どうすればよいか。
　中古車の市場価格が金300万円の自動車が最低落札価格金20万円で売りに出されており、これを金100万円で落札したところ、「金20万円との記載は金200万円の誤りだった。」と主張され、引渡しを拒否された場合はどうか。

◆　問題の所在　◆
　・　インターネットオークションにおける売買契約の成立時期
　・　インターネットオークションにおける落札により落札者が取得する法的地位
　・　オークション利用者間の法律関係

◆　基本的な考え方　◆
　申込みと承諾の合致により、契約は成立する。
　問題は、何が申込みであり、何が承諾かということであるが、インターネットオークションといわれるものには様々な類型があり、これらを一般化して考えることは困難である。
　考えられるパターンとしては、以下の3つである。

①　出品者の出品が申込みであり、落札者の入札が承諾であって、落札時に売買契約が成立する。
②　落札時に売買契約は成立しない。落札は優先交渉権の取得にすぎず、出品者・落札者双方に、契約締結へ向けた信義則上の義務が生じる。そして、その後の出品者、落札者間の交渉を通じて、申込み、承諾がなされ、売買契約が成立する。
③　出品者の出品が申込みの誘引であり、落札者の入札が申込みであって、その後の出品者の承諾により売買契約が成立する。

274　第4章　具体的問題事例

いずれの場合に当たるかについては、契約当事者間の合理的意思解釈の問題である。

すなわち、落札時の取引条件に出品者・入札者双方が拘束されるとの意思を有している（拘束されるとするのが妥当である）と判断されるケースであれば上記①、落札時の取引条件に出品者・入札者双方が拘束されるとの意思を有していない（拘束されるとするのは妥当ではない）と判断されるケースであれば上記②、落札者に対して出品者が諾否の権利を留保しておきたいとの意思を有する（出品者が拘束されるとするのは妥当でない）と判断されるケースであれば上記③ということになろう。

結局、インターネットオークションの類型、個々の取引の状況に照らして判断されることになる。

ただ、典型的なインターネットオークションの類型においては、価格以外の取引条件が確定的に決まっているのが通常であり、また、出品者が最低落札価格を設定することによって、その最低落札価格以上の入札であれば売却するという意思を確定的に表示しているというべきであるから、最低落札価格以上の入札により落札がなされた場合には売買契約の成立が認められるべきであるといえる（上記①のケース）。

日本の大手のオークションサイトは論理的には上記①のケースに該当するというべきであるが、その利用規約において、上記②に沿って、売買契約時に売買契約は成立せず、その後の出品者・落札者間の交渉により成立すると規定する例がみられる。

この点について、「電子商取引及び情報財取引等に関する準則」は、契約の成立時期は当事者の合理的意思解釈により判断され必ずしも利用規約に拘束されないとしつつも、このような利用規約における契約成立時期の指定は、「通常、利用者の効果意思に影響を及ぼすものと考えられるので、当事者の意思の解釈に当たっては考慮される」として、当事者の合理的意思として落札時に契約が成立していないと解釈される場合があると述べる。

「電子商取引及び情報財取引等に関する準則」の表現はかなりあいまいであるが、「通常、利用者の効果意思に影響を及ぼす」というのはある種の擬制であり、この点を強調するときは、結局、利用規約に対する拘束力に認めることにならないかとの疑念がある。

オークション事業者がこのような利用規約を定めるのは、オークション事業者を売買契約の成立から距離を置かせたいためであると考えられ、取引の実態からの素直な理解とは言い難い。

そもそも、契約の成立時期は当事者間の合理的意思解釈の問題であって、利用規

Ⅱ　商品・役務の購入　275

約に拘束されるものではないと考える以上、その合理的意思の解釈に当たって、利用規約の規定を重視すべきではない。

したがって、価格以外の取引条件が確定的に決まっているケースにおいては、利用規約において「落札時に契約が成立しない。」と規定していても、特段の事情のないかぎり、原則として落札時に契約が成立すると評価すべきと考える。

売買契約の成立時期についての判例として、出品者も落札者もその後の交渉から離脱することが制度上認められていることを根拠に、落札時に契約は成立せず、その後の交渉により契約が成立するとしたものがある（名古屋高判平成20年11月11日公刊物未登載）。しかし、既に述べたとおり、「制度」すなわち利用規約を重視する点は相当ではなく、当事者の合理的意思から上記のように考えるべきである。

もっとも、契約成立が認められても、その後、意思表示の欠けつ・瑕疵などにより、契約の有効性を争う余地が生じるのは当然のことである。

例えば、「本当は最低売却価格を200万円と表示するつもりだったが誤って20万円と表示してしまった。」ということであれば、契約の重要部分についての表示と内心の不一致であって、「要素の錯誤」あるものとして、契約は錯誤無効（民法95条）である。ただし、落札者としては出品者の重過失を争う余地はある（同条ただし書）。

◆ **事例の検討** ◆ ⋯⋯⋯⋯⋯⋯⋯⋯⋯⋯⋯⋯⋯⋯⋯⋯⋯⋯⋯⋯⋯⋯⋯⋯

本事例については、最低落札価格が示され、それ以上の入札価格で落札されている以上、取引の他の条件が確定的に定まっていると考えられる通常のケースにおいては、売買契約は成立しており、自動車を引き渡さないという出品者の主張は認められないと考えられる。

もっとも、これは民法95条の錯誤主張の可能性を排斥するものではない。例えば、本来200万と記載すべきところを20万と誤って表示したというような事情があれば、表意者に重過失なき限り、契約について錯誤無効の主張をなしうると考えられる。

《参考文献》
・松本恒雄編『電子商取引及び情報財取引等に関する準則と解説』（商事法務、2011）
・河野俊行「インターネットオークションの法的分析」NBL733号（2002）70頁

第4　オンラインゲーム

1　オンラインゲーム

[事例①]

　　X（中学生）は、両親の許可を得てX名義のスマートフォンを使用しているところ、とあるパズルのソーシャルゲームにはまっている。ある日、Xがスマートフォンでそのゲームを遊んでいたところ、「アイテムを購入する」という項目があった。Xは、ゲームを有利に進めるためにそのアイテムが欲しくなり、「未成年ではないですね？」という問いが表示されたにもかかわらず、「はい」と嘘をついてそのアイテムを購入してしまった。
　　後日、Xの両親は当月の請求書を見て、X名義のスマートフォンの利用料金が異様に高額になっていることに気が付いた。Xの両親はどのような手段をとればいいか。

[事例②]

　　Y（成人）はパソコンのとあるオンラインゲームのユーザーであり、これまでかなりの金額を費消している。Yは、ゲーム内の掲示板において別のユーザーに対する悪口を書き込んでしまったところ、ある日突然、運営会社からYのゲームアカウントを削除されてしまった。Yは、そのアカウントでゲームを遊べなくなってしまったほか、これまで購入してきたアイテム等が全て無意味になってしまった。
　　Xはどのような手段をとればいいか。
　　なお、当該オンラインゲームには、以下のような利用規約が存在した。

●裁量による情報の削除
　当社は、以下に該当する場合には、アップロード情報を、いつでも、当社の裁量において、当該ユーザーへの事前通知を行うことなく、削除することができるものとする。
・　アップロード情報が、当社又は他のユーザーに何らかの不利益・迷惑等を及ぼすものであると当社に認められる場合
●禁止事項
　本規約において特に定められているものの他、ユーザーは、本サービスのご利用を通じて、以下の事項を行ってはならない。
・　中傷、嫌がらせ、わいせつ等、他のユーザーが嫌悪感を抱く、又はそのおそれのある内容の掲載・開示・提供・送付・送信等の行為

Ⅱ　商品・役務の購入　　277

◆ 問題の所在 ◆
- ・ 未成年者とオンラインゲーム
- ・ ゲームの決済と当事者関係
- ・ アカウント停止措置と争う方法

◆ 基本的な考え方 ◆

(1) オンラインゲームとは

「オンラインゲーム」とは、コンピューターネットワークを利用して多数の利用者が同じゲーム進行を共有することのできるゲームである。

最近では、自分以外のプレイヤーと交流を図ることも可能なソーシャル的要素をもったゲームも流行しており、スマートフォンで遊べるものも多い。

消費者は、店頭でパッケージ販売されているものを購入するほか、インターネット上でダウンロードして購入することになる。なお、オンラインゲームのダウンロード販売は、役務提供であるから、特商法の適用があり、表示義務がある。

そして、消費者は、オンラインゲームをするのに必要なアカウントを取得し、そのアカウントでログインしてゲームを遊ぶという流れになる。オンラインゲームには約款（利用規約）が存在し、これをもとにゲーム会社とユーザーとの関係が処理される（第2章Ⅰ第3「約款」の項を参照）。アカウント取得等の際に利用規約が表示され、ユーザーがこれを承認する操作を行わないとアカウントを取得できないことが多い。

(2) オンラインゲームの問題点

(ⅰ) ガチャ

オンラインゲームには無料で遊び始めることができるものが多いが、ゲーム内で有用な有料のアイテム等が用意されているのが一般的である。代表的なものとしていわゆる「ガチャ」が挙げられる。「ガチャ」とはガチャガチャの略であり、ユーザーは金額を負担することでガチャガチャをひくことができrandomにアイテム等を入手できる。何が出るかはランダムであるため、目的のアイテム等を入手するまで何度もガチャを回して多額の支出を強いられることになる。特に中高生の被害が多く、社会的問題となった。

このような問題に対処するため、大手プラットフォーム提供会社はアカウント登録の際に入力した年齢ごとに、月額の有料サービス利用額を制限する措置をとっている。ただし、これも入力した者の入力内容に依存するため万全といえるかは疑問である。

また、平成24年5月18日、「コンプガチャ」（ガチャで入手できるアイテムのうち、特定の複数アイテムをすべて揃える（コンプリート）ことで稀少アイテムを入手できるシステム）については、消費者庁が景品表示法に抵触することを明言して業界

も自主規制をしたが、通常のガチャに関しては特に規制はなくいまだに被害は後を絶たない。

(ⅱ) クレジットカード決済

オンラインゲームの多くでは、クレジットカードを用いてゲーム内通貨を購入することになる。しかし、クレジットカード情報を登録したり削除しないでいると、ゲーム内パスワードだけでクレジットカードが使用できてしまうことがあるので注意が必要である。子にクレジットカード情報を自由に使われないよう、情報が削除されているか確認すべきであり、他の対策としては、利用限度額を設定したり、電子マネーを利用するという方法がある。

(3) 未成年者利用の問題

(ⅰ) 意思無能力

未成年者がオンラインゲームの仕組みを理解できない程に幼い場合には、まずは意思無能力による無効を検討すべきである。

(ⅱ) 未成年者取消の可否

ア 未成年者による詐術

確認ページが用意されており、未成年者が未成年ではないと嘘をついてしまったとしても、だからと言って確認として十分か、あるいは簡単に詐術とそれに対する信頼があったと言っていいかは検討の余地がある（本章Ⅰ第1「未成年者」の項を参照）。

イ 法定代理人の同意

法定代理人が同意していた場合には未成年者の行為を取り消すことはできない（民法5条1項）。そのため、携帯電話の名義が両親であったり、ゲームの会員登録の際に両親の名前で登録していたり、両親のクレジットカード情報を削除しないままでいたりすると、両親は子がクレジットカードを使用して取引することについて同意しているのではないか、あるいはクレジットカードはその限度額の範囲内において継続的に取引がなされることを想定しているからその限度で未成年者に包括的な同意を与えていたのではないかと認定されうる。そして、通常数十万円から百万円程度の枠があるのが一般的であるクレジットカードについて、その枠いっぱいまでオンラインゲームによる課金を許すとまで断じることは困難といえるものの、その枠の中で少ない割合に収まる程度の金額であれば、親の同意が認められる可能性が高い。

(ⅲ) 争いうるとして、具体的にとるべき手段

ア 直接提供型の場合

ゲーム会社に対し、ゲーム会社と未成年者との間の契約を未成年者取消することを通知し、料金の返還を請求する。また、当該ゲームがスマートフォンのアプリであ

Ⅱ　商品・役務の購入　279

る等の場合で決済にアプリストア事業者等のプラットフォーム事業者が介在している場合には、当該プラットフォーム事業者にも通知して交渉相手とする必要がある。

そして、当該ゲームの利用料金をクレジットカードで支払っている場合には、クレジットカード会社（及び決済代行者）に対してもその旨を通知し、取引が取消可能であることを知らせて請求を止めてもらう必要がある。また、仮に当該ゲームの支払いが、携帯電話会社の通信料金等と一緒に支払う、いわゆるキャリア決済である場合には、携帯電話会社にも請求されないように要請すべく通知をしておくべきである。

イ　プラットフォーム提供型の場合

直接提供型の場合と同様に、ゲーム会社に対し、ゲーム会社と未成年者との間の契約を未成年者取消することを通知する。もっとも、プラットフォーム提供型の場合は、ゲーム会社ではなくプラットフォームを提供する業者が情報を管理しており、当該プラットフォームを提供する業者に対してもその旨を通知しておく必要がある。

(4)　アカウント停止に対する手段1（アカウント復活）

(i)　交渉

ユーザーは、まずはゲーム会社のユーザーサポート等の窓口に対し、説明やアカウント復活を求めることとなる。

そして、アカウント停止の理由がユーザーにとって身に覚えのないものであった場合（アカウント乗っ取り等）、ユーザーに対する誤解が解け、ゲーム会社が任意にアカウントを復活させることもある。

しかし、ユーザーに情報開示請求権やアカウント復活請求権が当然に存するわけではないため、ゲーム会社が任意に説明やアカウント復活してくれないこともあり、その場合は訴訟せざるをえない。

(ii)　訴訟

ユーザーはアカウントの利用権を確認するに際し、ゲーム会社との間でオンラインゲームの利用契約の存在のみを立証すればよい。これに対し、ゲーム会社はアカウント停止が適切であったことを立証しなければならない。そのため、訴訟をすると必然的にゲーム会社はアカウント停止の理由を説明しなければならないことになるところ、アカウント停止の理由が利用規約違反であった場合、ゲーム会社は利用規約違反の事実を立証することになる。そして、利用規約違反の事実が立証された場合、ユーザーとしては、①利用規約の有効性、②裁量の逸脱・濫用を争っていくことになる。

ア　利用規約の有効性

オンラインゲームの利用規約が利用契約の内容に含まれるためには、①利用者がサイト利用規約の内容を事前に容易に確認できるように適切にサイト利用規約を

ウェブサイトに掲載して開示していること、及び②利用者が開示されているサイト利用規約に従い契約を締結することに同意していると認定できることが必要となる（電子商取引及び情報財等に関する準則Ⅰ－2－1⑵参照）。

オンラインゲームは、ゲームやアカウントの登録時に利用規約が表示され、それに同意するという手続を経て初めてゲームをすることができるという仕組みになっていることが多い。その場合、ユーザーが利用規約を契約の内容に含むことに同意したと解され、ユーザーは利用規約の拘束を受けることになる。

また、オンラインゲームの利用契約は、ゲーム会社と消費者との契約であり、その内容が消費者の利益を一方的に害する場合には、消費者契約法10条により無効となる。

しかし、利利用規約に個別具体的に網羅的に規定するのは不可能であり、往々にしてある程度包括的な記載にならざるをえず、過度に広汎ないし不明確でない限りは消費者の利益を一方的に害するとはいえない。そして、個別具体的な判断については、一定程度、ゲーム会社の裁量が認められるべきである。そのため、利用規約があっても、消費者契約法10条により無効となることは多くない。

裁判例においても、オンラインゲームのユーザーが「ゲシュタポ」という名称のキャラクターを作成して遊んでいたところ、ゲーム会社から「ゲシュタポ」という名称は他の利用者に不快感を与える恐れがあるため利用規約に基づいてアカウントを削除されたという事案において、ユーザーは利用規約を承諾するとのボタンをクリックしているから仮に各条項に目を通していなかったとしても利用規約の内容に従うことを同意して利用契約を締結したと認められると判示したうえ、「アップロード情報が他のユーザーに何らかの不利益・迷惑等を及ぼすものであると当社に認められる場合、当社の裁量において削除することができる」旨の利用規約は文言及び趣旨に照らして過度に広汎ないし不明確と言えずゲームの適切な管理に必要性からゲーム会社に一定の裁量を認めるべきゆえ消費者契約法10条により無効にならないと判示した（東京地判平成21年9月16日公刊物未搭載）。

イ　裁量の逸脱・濫用

利用規約が有効であることを前提としても、ゲーム会社のアカウント停止行為に裁量の逸脱・濫用があれば、違法になりうる。その際、利用規約に抵触されるとされたユーザーの行為の悪質性のほか、ゲーム会社がアカウント停止行為に至るまでにどのような手続を踏んだかが考慮要素となる。

上記裁判例においては、「ゲシュタポ」という名称はナチスドイツの秘密警察の略称であって利用者に不快感を与える恐れがあるうえ、ゲーム会社がアカウントの削除に至るまでに2回にわたりユーザーに警告文を出していたことから、社会通念に照らして著しく妥当性を欠くとまでは言えず、裁量の逸脱・濫用はないと判示し

Ⅱ　商品・役務の購入　　281

た。

(5) アカウント停止に対する手段2 (損害賠償請求)

　停止されたアカウントが技術的に復旧不可能であった場合や、アカウント停止に裁量の逸脱・濫用があって違法であるとの判決を得たとしてもゲーム会社がアカウント復活の対応をしない場合、もはや損害賠償請求によって解決するほかない。その場合、アカウント停止による損害の立証が問題となる。

(i) ゲーム利用料金

　既払いのゲーム利用料金のうちアカウント停止後に相当する分が損害となる。定額前払方式で月ごとにその前の月に翌月分の利用料を支払っていたという場合には、仮に月半ばでアカウント停止措置をとられたとすると、ゲームを利用できなかった半月分が損害となる。

(ii) アカウントないしアイテムの財産的損害

　アカウントはそもそも他人に対する譲渡は予定されていないのが一般的であり、その点で取引としての財物的な価値はない。また、これまで有料サービスを利用してきたことによって得られたアイテム等があったとしても、一般的にオンラインゲーム内のアイテムはゲーム上の情報にすぎないため所有権は認められないし、それらをこれまで用いてゲームをしてきた以上は既に利得を得ているとも評価できる。そのため、アカウントないしアイテムの財産的損害の算定は困難である。

　もっとも、オンラインゲームの提供やアイテムの取得が有償であった場合には、公平の観点から、ゲーム会社は対価に応じたゲームないしアイテムの利用に関する義務・責任を負担すべきであり、ユーザーは当該アイテムの利用について一定の権利・法的保護に値する利益を主張しうる可能性がある。その場合、利用規約の規定ぶり、当該オンラインゲームにおけるアイテムの位置づけ、ゲームの提供の対価、アイテムの取得の対価、購入画面の表示方法等を総合考慮して、アカウントないしアイテムの財産的損害を算定することになる。

(iii) 慰謝料

　判例は財物の毀損に対しての慰謝料請求について消極的である。一般的に、裁判例は財物の毀損における慰謝料請求においては財物の価値に対する賠償がなされれば十分であるという見解に立っており、慰謝料請求が一般的に認められていると解することは困難である。

　もっとも、目的物が被害者にとって特別の価値を有したり、加害行為の違法性が著しいといった特別事情がある場合には慰謝料を認められることがある。これは逆から言えば財産的損害を賠償しても填補しえない程度の精神的苦痛を被った場合ということである。前者の例としては飼い犬や飼い猫が他人の過失によって死亡したり（東京高判昭和36年9月11日判時283号21頁）、藩主から拝領したとして長年愛着

282　第4章　具体的問題事例

を持って育ててきた植木を枯死させられた（秋田地判昭和48年12月3日判時745号88頁）といったものが、後者の例としては借地権についての紛争中に被告が原告の物置等を故意に壊したもの（大阪高判昭和38年1月30日判時330号38頁）がある。ただし、オンラインゲームにおけるアカウント等の電磁的記録にすぎないものの消滅がこれに当たることは多くはないだろう。

◆ 事例の検討 ◆

(1) 事例①

(i) 取消の可否

Xは中学生だから、意思無能力よりは未成年者取消を検討すべきである。Xは未成年者ではないことの確認ページにおいて嘘をついてしまったが、だからと言って確認が十分であったとは必ずしもいえず、詐術とそれに対する信頼があったと言っていいかについては取引内容や画面構成について総合的に判断すべきである。

また、Xは自身の名義のスマートフォンを使用しており、両親のクレジットカードを利用したわけでもないため、両親の同意は問題とならない。

(ii) 取り消しうるとして、具体的にとるべき手段

代金の支払形態として携帯電話会社を経由しているから、Xは、ゲーム会社（アプリストア事業者）やプラットフォームを提供する業者に対し、未成年者取消を通知することになる。また、携帯電話会社に対して請求書記載の有料サービス分につき未成年者取消をすることを伝え、有料サービス分を除いてもらうよう交渉することになる。

(2) 事例②

(i) 交渉

Yは、まずはゲーム会社に対し、説明やアカウント復活を求めることとなる。ゲーム会社が任意にアカウントを復活してくれればそれでよいが、復活してくれない場合でもアカウント停止の理由や利用規約のどの条項に違反したのかを確認すべきである。本件では、Yの掲示板への掲載はいわゆる悪口であって、利用規約の裁量による情報の削除及び禁止事項に該当するであろう。

(ii) 訴訟

ア　アカウント復活

ゲーム会社が任意に説明やアカウント復活してくれない場合には、Yは訴訟せざるをえない。本件では、Yは利用規約に同意してゲームを開始しているし、利用規約内容は消費者を一方的に害するものではないから、利用規約は有効である。その上で、ゲーム会社の裁量の逸脱・乱用が問題となるところ、ゲーム会社に認められる裁量は比較的広いが、本件では削除等の処理がなされる前にゲーム会社から登録したメールアドレスやゲーム内の表示に警告等が来ていなかったため、争いうるだろう。

Ⅱ　商品・役務の購入　283

イ 損害賠償

ゲーム会社の措置が理由のないものであった場合、①既払いのゲーム利用料金のうちアカウント停止後に相当する分の損害賠償が認められる。

また、本件でＹはゲームないしアイテムに多額の支払いをしているから、利用規約の規定ぶり等から総合考慮して、②アカウントないしアイテムの財産的損害の損害賠償も認められうる。

さらに、③慰謝料についても、判例は消極的であるものの、目的物が被害者にとって特別の価値を有したり、加害行為の違法性が著しいといった特別事情がある場合には認められることがあるかもしれない。

なお、訴訟となれば和解の可能性が出てくるところ、実務上、会社は金銭賠償には応じないものの、アカウントの回復には応じるケースがあるようである。

《参考文献》
- ・経産省「電子商取引及び情報財取引等に関する準則」（平成27年4月改訂版）
- ・木村嘉子「オンラインゲームをめぐる消費者問題」現代消費者法18号43頁
- ・田島正広編『インターネット新時代の法律実務〔第2版〕』（日本加除出版、2013）310～313頁
- ・松本恒雄＝齋藤雅弘＝町村泰貴編『電子商取引法』462～468頁

2 リアルマネートレード（RMT）

［事例①］

Ｘは、オンラインゲームが趣味であるが、最近は仕事が忙しくてなかなかプレイできず、欲しいアイテムを入手できていなかった。そうしたところ、Ｘは、インターネットのとあるサイトでＹと知り合い、Ｙから10万円でそのアイテムを販売してもらうことになった。さっそく、Ｘは、Ｙの現実の銀行口座に代金を振り込んだが、Ｙは、オンラインゲーム内でそのアイテムをＸに引き渡してくれなかった。
Ｘは、Ｙに対してアイテムを引き渡すよう請求できるか。

［事例②］

Ｘは、なんとかオンラインゲーム内でＹからそのアイテムを引き渡してもらった。数日後、運営会社は、ＸとＹの間で現実のお金を利用したアイテムの売買が行われたとの情報を入手した。運営会社は、利用規約違反を理由にＸとＹのアカウントを停止した。
Ｘは、運営会社に対してアカウントを復活するよう請求できるか。

◆ **問題の所在** ◆
- ・ リアルマネートレードの法的性質
- ・ リアルマネートレードに対するアカウント停止ないしアイテム等の没収の適法性
- ・ リアルマネートレードの刑事上・民事上の責任

◆ **基本的な考え方** ◆

(1) リアルマネートレードとは

「リアルマネートレード（Real Money Trading、略して「RMT」）」とは、MMORPG（Massively Multiplayer Online Role-Playing Game（マッシブリー・マルチプレイヤー・オンライン・ロール・プレイング・ゲーム）の略、多人数同時参加型オンライン RPG）などのオンラインゲーム内のアイテムや仮想通貨等（以下「アイテム等」という）をオンラインゲーム外において現実の通貨で取引する行為をいう。

オンラインゲームのアイテム等については、困難な条件の達成や強敵との戦闘といった大量の時間を要しないと入手できなかったり、流通量が制限されて希少性があったりする。そのため、時間に余裕がなかったり希少性ゆえ入手できなかったユーザーのうちから、現実のお金を費消してでもアイテム等を入手したいと考える者が現れた。これに呼応し、現実のお金を獲得する目的でアイテム等を効率的に収集する者が出現し、BOT と呼ばれるプログラムを利用してキャラクターに動作を反復継続させることで条件を何度も達成したり、不正アクセス等により他のユーザーから直接に略奪したりするようになった。こうして、アイテム等が RMT 目的の組織や BOT によって占拠されてしまうといった事態が生じ、ユーザー間の公平性を失うとともにゲーム運営事業者が意図したゲーム構成が破壊されてしまう事態が生じた。

また、RMT がマネーロンダリング（資金洗浄）に利用されている可能性や RMT による収益に対して適正な課税がなされているか問題であることも指摘されている。

以上の危険性から、多くのオンラインゲームでは、利用規約で RMT を禁止している。一般社団法人ソーシャルゲーム協会では、「リアルマネートレード対策ガイドライン」（平成25年1月29日）を策定し、ソーシャルゲームにおける RMT を禁止している。なお、RMT を公式に認めるオンラインゲームも存在するところ、例えばその1つである Second Life ではゲーム運営事業者であるリンデンラボ社が設定した交換レートによるリンデンドルとドルとの換金が認められているが、その交換レートは利用規約上リンデンラボ社で自由に設定・変更できるものであるうえ、交換の保証はなされていない。

Ⅱ　商品・役務の購入　285

(2) リアルマネートレードの法的性質

(i) トレードの相手との関係

RMTは、アイテム等をゲーム外で現実の通貨等の経済的価値をもって売買することであり、法的には、譲渡人であるユーザーが、債務者であるゲーム運営事業者に対する当該ゲーム内でアイテム等を使用できるという債権を、現実の通貨等を対価として、譲受人であるユーザーに譲渡するという債権譲渡を意味する。

ゲーム運営事業者が利用規約においてゲーム内アイテムのゲーム外取引（RMT）を禁止している場合、ゲーム外でアイテム等を売買する行為は、譲渡禁止特約違反の債権譲渡として扱われることになる（民法466条2項本文）。そして、通説・判例上、譲渡禁止特約は物権的効力を有するから、譲渡人・譲受人間であっても債権譲渡の効力は生じないのが原則である。ただし、譲渡禁止特約の趣旨は、債務者の利益の保護であるから、譲渡人には特約の存在を理由に譲渡の無効を主張する独自の利益を有せず、無効主張は許されない（最判平成21年3月27日民集63巻3号449頁）。したがって、利用規約においてRMTが禁止されていたとしても、買主は売主に対して履行を要求しうる。

(ii) ゲーム運営事業者との関係

譲渡禁止特約は善意の第三者には対抗できない（民法466条2項ただし書）。しかし、当該アイテム等を取引する者は当該ゲームのユーザーであり、当該ゲームのユーザーはRMTを禁止する利用規約に同意してゲームを開始しているから、譲受人が善意の第三者であることはありえない。したがって、譲受人はゲーム運営事業者に対して、アイテム等を使用させろという債権の譲受けを対抗できず、譲受人は当該アイテム等を利用する権利を有さない。

(3) リアルマネートレードに対する制裁

(i) アカウント停止

アイテム等を売買した譲渡人・譲受人ないしBOTや不正アクセスを行ったユーザーは、当該ゲーム運営事業者との間を規律する利用規約に違反したものとして、利用規約に基づきアカウントの停止やアイテム等の没収といった制裁を受けることがありうる。

(ii) 刑事上の責任

RMTの手段として、他人のIDやパスワードを盗取して不正にアイテム等を入手した場合、不正アクセス禁止法違反となる（リネージュ2事件、ラグナロクオンライン事件等）。

また、アイテム等を売買した譲渡人・譲受人のほか、組織的な人海戦術やBOTによる自動操作によってアイテム等を不正入手した者は、それだけでは不正アクセス禁止法違反にならないが、不正行為により仮想世界における秩序が乱されてゲー

286 第4章 具体的問題事例

ム運営事業者の業務に支障が生じたとして偽計業務妨害罪ないし電子計算機損壊等業務妨害罪が成立しうる。

(iii) 民事上の責任

アイテム等を売買した譲渡人・譲受人や、他人のIDやパスワードを盗取したり組織的な人海戦術やBOTによる自動操作によって不正にアイテム等を入手した場合、ゲーム運営事業者の意図していた設定やストーリーが改変されてしまったとして、著作権侵害による不法行為責任を負うことが考えられる。

また、アイテム等を売買した譲渡人・譲受人が仮想通貨の購入をウェブサイトなどで募ったりしている場合には、ユーザーの利用規約違反行為を積極的に誘発しているものといえるため、債権侵害による不法行為責任が成立する可能性もある。

裁判例としては、オンラインゲームではない据置型ゲームの事例ではあるものの、恋愛シュミレーションゲームの主人公のパラメーターを書き換えるメモリーカードが販売された事案において、主人公の人物設定及びストーリーが改変されており著作者人格権の1つである同一性保持権が侵害されたとして不法行為に基づく損害賠償請求を認めたものが参考になる（最判平成13年2月13日判タ1054号99頁）。

◆ 事例の検討 ◆

(1) 事例①

当該オンラインゲームではRMTが利用規約で禁止されており、XとYのアイテムの売買は譲渡禁止特約付きの債権譲渡である。しかし、譲渡人であるYはその無効を主張できないため、XはYに対してアイテムの引渡しを求めることができる。

(2) 事例②

当該オンラインゲームの利用規約にはRMTの禁止が明記されており、Xはゲーム開始時に当該利用規約に同意していたため、当該利用規約は有効である。また、RMTの有害性に鑑みれば、アカウント停止という手段は運営会社の裁量の逸脱・濫用となっていない。したがって、Xは、運営会社に対してアカウントの復活を請求できない。

《参考文献》
・一般社団法人ソーシャルゲーム協会「リアルマネートレード対策ガイドライン」（平成25年1月）

Ⅲ　ネット上の投資被害

第1　ネットトレーディング

1　システム障害

　自宅のパソコンで、証券会社を利用してインターネット上で証券取引を行っていたAさんは、ある朝新聞で自分が株を保有している会社の業績が非常に悪化していることを知り、オンラインで売り注文を出そうとして画面を操作したが、注文がつながらなかった。Aさんはパソコン以外での連絡方法も分からなかったために、翌日まで注文をすることができず、その間に株価が大幅に下落してしまった。Aさんは証券会社に対し損害賠償責任を問うことができるか。

◆　問題の所在　◆

　自宅のパソコンで売買を繰り返すデイトレーダーと呼ばれる個人投資家層の拡大等により、ネット証券は急成長しているが、システムの負荷が過大となったためか、証券会社にシステム障害が発生する事件がたびたび発生し、平成17年11月1日には東京証券取引所がシステム障害を起こして、全銘柄の取引が停止されるという事件も発生した。

　本件でも、注文がつながらなかった原因は、Aさん側のパソコンや回線の不具合、証券会社のシステムの障害、中間のプロバイダのトラブルなどいろいろなものが考えられる。それぞれについて、どう考えるべきか。

◆　基本的な考え方　◆

　まず、注文がつながらなかった原因が、消費者側のパソコンやプロバイダ等にあり、証券会社側のシステムは正常であったという場合には、証券会社側に債務不履行はなく責任を問うことはできないし、証券取引所のシステム障害が原因であるときも同様である。

　証券会社のシステム障害が原因である場合には、証券会社はいつでも顧客の注文を受ける義務があるのにこれを履行しなかったとして、債務不履行責任を問いうると考えられる。ただし、証券会社において、例えば、システム障害発生時はフリー

288　　第4章　具体的問題事例

ダイヤル等の代替手段で対応できる旨があらかじめ告知されており、現実の障害時にも、顧客に画面上で直ちに障害の発生を告知し、かつ当該代替手段によって即座に注文を受けることが可能であったような場合には、過失あるいは損害との間の因果関係が否定されるであろう。

証券会社と顧客との間の取引口座開設契約書中に、「いかなる場合にも責任を負わない」、あるいは、「当社にシステム障害が発生した場合においても、当社に故意または重過失のある場合を除き責任を負わない」旨の責任制限条項がある場合はどうか。「いかなる場合にも責任を負わない」との条項は、消費者契約法8条により無効である。軽過失の場合の免責条項が有効であるとすると、重過失の有無が問題となるが、システム障害を事前に容易に回避することができた場合、システム障害を多発させ、これに対して何ら適切な改善策をとらずに放置していたような場合には、重過失が認められるであろう。

◆ 結　　論 ◆

Aさんの注文がつながらなかった原因が、証券会社側のシステム障害にあり、かつ、証券会社からシステム障害時の適切な代替方法があらかじめ告知され、Aさんが注文を出そうとした当時にも当該代替手段を容易にとりえた場合でない限り、Aさんは証券会社に対し、注文不執行について、債務不履行責任を問いうる。ただし、責任制限条項がある場合は、システム障害の発生についての重過失の有無により決せられることとなる。

なお、ある時刻に、いくらで（あるいは成り行きで）注文を出し、注文を出していれば売買が成立したということの立証責任は、Aさんが負うこととなる。また、損害賠償の範囲は、当該注文により売買が成立したはずの価格と下落後の価格との差額と思われるが（民法416条1項）、後者の基準時は、売買が可能になった時、訴訟における口頭弁論終結時などが考えられる。また、Aさんが証券会社から損害賠償を受けたときは、当該株式上の権利は、証券会社が取得することとなる（同法422条）と考えられる。

東京高判平成25年7月24日判タ1394号93頁は、Xが、Y（東京証券取引所）が開設する東証マザーズに新規上場したジェイコム株式会社の株式につき、「61万円で1株」と売り注文をすべきところ、誤って「1円で61万株」と入力して誤発注し、その後取消注文をしたが、Yの売買システムの不具合により取消注文が処理されず、売買停止措置等をとらなかったため、Xが反対売買の注文をして終息するまでの約10分間に発行済み株式数を大幅に超過した数の株式売買が成立し、400億円を超える売却損が生じたという事案である。

判決は、証券取引法の趣旨・目的から、市場管理者Yは、公益及び投資者保護のため売買停止の権限のみならず、売買停止義務を負っており、裁量の範囲を逸脱し

て売買停止義務に違反して第三者に損害を与えた場合には、不法行為を構成すると
し、本件において、Yは、本件銘柄の売買の状況につき、市場における円滑な流通
を阻害する異常があることを認識することができた時点から一定の時間内に売買停
止に必要な手続を取るべきであったが、その義務違反があったとして、不法行為を
認めた。また、契約上の免責規定は、軽過失は免責されるが、故意・重過失がある
場合には、その責任を免れないとし、Yの責任を認めた（第3章Ⅳ参照）。

2 誤発注

> 　自宅のパソコンで、証券会社を利用してインターネット上で証券取引を行っていた
> Aさんは、ある会社の株を1株買おうとしたが、パソコンの操作を誤って1,000株と
> 入力し、その後、注文内容について確認のための画面が表示されたが、誤りに気付か
> ないまま確認終了ボタンをクリックしてしまったため、売買が成立してしまった。A
> さんは、この買い注文を履行しなければならないのか。

◆ 問題の所在 ◆

・　錯誤無効の主張の成否

◆ 基本的な考え方 ◆

　Aさんは、錯誤による無効（民法95条本文）を主張し得るが、Aさんに重過失が
あるときは無効の主張は認められない（同条ただし書）。

　また、電子契約法3条は、事業者と消費者間の電磁的方法による契約の締結につ
いて、民法95条の特則を次のとおり定めている。

　(1)　民法第95条ただし書の規定は、消費者が行う電子消費者契約の申込み又は
その承諾の意思表示について、その電子消費者契約の要素に錯誤があった場合で
あって、当該錯誤が、①消費者がその使用する電子計算機を用いて送信した時に当
該事業者との間で電子消費者契約の申込み又はその承諾の意思表示を行う意思がな
かったとき、②消費者がその使用する電子計算機を用いて送信した時に当該電子消
費者契約の申込み又はその承諾の意思表示と異なる内容の意思表示を行う意思が
あったとき、のいずれかに該当するときは、適用しない。

　(2)　ただし、当該電子消費者契約の相手方である事業者（その委託を受けた者
を含む。以下同じ）が、当該申込み又はその承諾の意思表示に際して、電磁的方法
によりその映像面を介して、その消費者の申込み若しくはその承諾の意思表示を行
う意思の有無について確認を求める措置を講じた場合又はその消費者から当該事業
者に対して当該措置を講ずる必要がない旨の意思の表明があった場合は、この限り
でない。

　したがって、Aさんは、まず、民法95条本文の錯誤無効を主張し、証券会社は同

条ただし書の重過失があると反論し、Aさんは、さらに、上記(1)の②に該当するケースに当たるので電子契約法3条本文により民法95条ただし書は適用されないと再反論し、証券会社は、画面上で確認措置を講じているから上記(2)に該当し、電子契約法3条ただし書により同条1号の適用はない、と再々反論することが考えられる。

　また、確認措置については、経済産業省の逐条解説によれば申込みを行う意思の有無及び入力した内容をもって申込みにする意思の有無について、消費者に実質的に確認を求めていると判断しうる措置になっている必要があり、具体的には、①あるボタンをクリックすることで申込みの意思表示となることを消費者が明らかに確認することができる画面を設定すること、②最終的な意思表示となる送信ボタンを押す前に、申込みの内容を表示し、そこで訂正する機会を与える画面を設定することなどが考えられる、とされる。

　もっとも、実際のネット取引においては、電子契約法を踏まえてのことと考えられるが、注文が不自然か否かにかかわらず必ず確認画面が表示されるのが一般となっているため、確認画面をクリックすることは、誤入力をチェックする機能を十分に果たしているのかどうか疑問がある。平成17年12月8日には、プロである証券会社が、警告画面が表示されたにもかかわらずこれを見落とし、「61万円で1株売る」とするところを「1円で61万株売る」と誤発注する事件も発生している（第3章Ⅳ第3の3(1)参照）。

　本問のケースは、表示上の錯誤に当たるが、表示上の錯誤については、「実際に問題となった例が少ない。表示全体を総合的に判断すると、誤記・誤談であることが相手方にわかる場合が多いからであろう。」（我妻榮『民法総則〔新訂版〕』（岩波書店、1965）296頁）といわれている。すなわち、本問のような誤発注は、当事者が対面していれば通常は起こり得ず、相手方からの生の反応が得られないネット取引に内在するリスクの発現であって、電子契約法3条は、このようなリスクに鑑み、消費者保護の見地から錯誤無効の範囲を拡大しようとしたものである。しかるに、確認画面さえ表示されていれば常に重過失が認定されるというのでは、かえって消費者の錯誤の主張の範囲が狭まるという結果ともなりかねないので、確認措置が適切であったかどうかについては、十分に精査すべきである。

◆　結　　論　◆

　本問では、Aさんに重過失が認定され、証券会社は確認措置も講じたとして、錯誤無効の主張が排斥されると考えられる。ただし、証券会社における確認措置が不十分である場合には、錯誤無効の主張が認められる。

3 金商法上の違法行為

[事例①：風説の流布]

> Ａさんは、ネット上で投資情報を提供するとして会員を集め、上場されているネット関連企業について、悪材料があるとの虚偽の情報を故意に流し、株価が下がったところで同社株を買い、その翌日、「昨日の情報は誤りだった」などと書き込んで、株価が戻したところで同社株を売って、利益を得た。
> Ａさんの行為は処罰の対象となるか。

[事例②：相場操縦]

> デイトレーダーのグループＢは、某造船会社の株価をつり上げて売り抜ける目的で、大量の買い注文を行い、同株を159円から161円まで上昇させ、上昇した株価で、140万株を売り付けた
> Ｂの行為は処罰の対象となるか。

◆ **基本的な考え方** ◆

金商法は、157条以下で不正取引行為等を禁止している。

株価操作を目的として、うわさを利用することは、「風説の流布」と呼ばれ、同法158条は、「相場の変動を図る目的をもつて、風説を流布し、偽計を用い、又は暴行若しくは脅迫をしてはならない」と規定している。ネット社会では、個人が不特定多数人に対し瞬時に情報を伝達することが容易なため、風説の流布の危険が大きい（事例①）。

また、市場の株価を誘導するために、約定させる意思がないにもかかわらず、市場に注文を出して売買を申し込み、約定する前に取り消す行為を「見せ玉」といい、同法159条は、相場操縦的行為の１つとしてこれを禁じている。ネット取引は、注文や取消がパソコンの操作だけで容易に行えることから、設問のような悪質な利用例も発覚している（事例②）。

いずれの行為も刑事処罰の対象となり、法改正により罰則は強化されて、10年以下の懲役もしくは1,000万円以下の罰金という重い刑に処せられる（同法197条１項５号）。

◆ **結　論** ◆

事例①のＡさんの行為は、風説の流布として、処罰の対象となる。

報道によると、電子メールで企業の虚偽情報を流したとして、広島地検は平成15年３月28日、証券取引法違反罪（風説の流布など）で無職の20代男性を略式起訴し、広島簡裁は同日、罰金30万円、追徴金36万6,000円の略式命令を出した。起訴状などによると、男性は証券取引市場ナスダック・ジャパン（現ヘラクレス）に上場していたソフトウエア会社の株価を変動させ利益を得ようと計画し、会員を募り、同

社株を購入するようはたらきかけて前年3月11日、会員62人に「悪い材料が判明した」などと虚偽情報を電子メールで流し「明日の寄り付きで株を売ってください」と指示するなどした。男性は株価が上がったところで保有する10数株を売り抜け、数十万円の利益を得ていた。広島地検によると、インターネットによる風説流布の処罰はこれが初めてであるという。

事例②のBの行為は、見せ玉として、処罰の対象となる。

証券取引等監視委員会は、早稲田大学投資サークルOBらのデイトレーダー・グループが、財産上の利益を得る目的で、日立造船株式会社の株券について、その株価の高値形成を図り、同株券の売買を誘引する目的をもって、証券会社を介し、連続した高指値注文を行って高値を買い上がるなどの方法により同株券を買い付け、また、下値買い注文を大量に入れるなどの方法により、同株券の買い付けの委託を行う一連の取引をし、同株券の株価を上昇させ、上昇させた株価により、同株券合計139万3,000株を売り付けた等として、平成21年9月29日、東京地検に告発した。

第2 ねずみ講、ネット・マルチ

1 ねずみ講

Aは、4つの口座のリストを掲げた電子メールに「マネーゲームです。リストのすべての口座に1,000円ずつ振り込み、リストの一番上の口座を削除して、あなたの口座を一番下に加えて順位を繰り上げて下さい。この新しいリストを多くの人にメールで送付すれば、あなたの口座にお金が振り込まれます。」と記載し、不特定多数の者に送付した。

Aの行為は違法か。また、このゲームに参加した者も罪を問われるか。

◆ **問題の所在** ◆

- A及び参加者の行為は無限連鎖講防止法に違反するか。

◆ **基本的な考え方** ◆

無限連鎖講防止法によれば、「無限連鎖講」（ねずみ講）は、①加入者が無限に増加するものであるとして運営され、②加入者が連鎖して段階的に2以上の倍率で増加することが該当の要件となる（同法2条）。無限連鎖講は、射幸心を煽って勤労意欲を喪失させ、破綻必至で被害の自然増殖を招くなど反社会性が高いことから、無限連鎖法により罰則をもって全面的に禁止されている。

「無限に増加する」とは、金品配当組織としての組織原理（システム）として、加入者が無限に増加することが論理的前提になっていれば足りると解されている。

Ⅲ ネット上の投資被害 293

東京高判昭和58年7月28日判時1105号154頁、同判決の上告審（最判昭和60年12月12日判時1182号156頁）もこの判断を支持している。

◆ 事例の検討 ◆

このゲームの1名を削除するというシステムは法を潜脱するための手段にすぎず、先順位の参加者が、その投下した金銭を上回る金銭を受領することを内容としており、メールの送信先が無限に存在することを前提としていることは明らかであるから、「無限に増加する」に当たる。

したがって、本件の開設者Aは無限連鎖講防止法違反に該当するというべきである。

また、同法の罰則の適用範囲は開設・運営者だけでなく加入勧誘者にも及ぶ（同法5条〜7条）。ゆえに、同法の罰則はゲーム参加者にも適用される。もっとも、単にゲームに参加した者については、被害者という側面もあり、事実認識によって結論は異にするものと考える。

このような事例において、開設者に対し、無限連鎖講防止法違反の有罪判決が下された例がある（秋田地判平成13年5月22日公刊物未登載）。

2 ネット・マルチ

インターネット上で、「当社のサーバーを借りてホームページを開く者を獲得すれば、多額のボーナスが得られます」との広告で、1口10万円の加入金で会員を募集していた。具体的には、自分が開いたホームページで人を集め、新たな子会員や孫会員が獲得できればその人数に応じてキャッシュバックする、というものであった。Aさんは加入金を支払ったものの、考え直して加入金を取り戻そうと考えた。Aさんはどうすればよいのか。

◆ 問題の所在 ◆
・ 無限連鎖講ないし連鎖販売取引への該当性。

◆ 基本的な考え方 ◆

「連鎖販売取引」とは、販売員組織を拡大することにより利益が得られることを誘引文句にして商品を販売しようとするシステムである。子会員を紹介すればキャッシュバックを得られるとして対価を負担させる取引は、連鎖販売取引（特商法33条1項）に該当すると解される。連鎖販売取引は、無限連鎖講とは異なり、全面禁止はされていないが、法的事項が記載された契約書面を受領した日から20日間は、クーリング・オフが可能である（同法40条、37条2項）。

また、サーバー利用の形式を取っていても、実際にはサーバーの利用ではなく、キャッシュバックによって会員を増やすことが目的となっているとみられる場合は、

無限連鎖講防止法違反として、公序良俗違反により契約は無効となり、支払った金員について不当利得返還請求が可能となる。あるいは不法行為による損害賠償請求が可能である。

◆ 事例の検討 ◆

Aさんは、クーリング・オフ期間中であればクーリング・オフにより加入金を取り戻すべきである。

また、無限連鎖講防止法違反として、公序良俗違反により契約が無効であることに基づく不当利得返還請求をすべきである。

第3　内職商法

Aさんは、ネット上で「自宅で空いている時間を使って高収入が得られます。」という広告を見て、業者の説明を聞いたところ、「医療事務のアルバイトを紹介するが、それには当社のパソコンソフトで技術を習得してもらう必要がある。月々の支払いはバイト代でまかなえる。」などといわれたので、36回払いのクレジットを組んで、パソコンと教材ソフトを50万円で購入した。その後、冷静になり、本当に収入が得られるか不安になったので解約したいが、解約はできるか。

◆ 問題の所在 ◆

・　内職商法に対する規制はどのようなものか。

◆ 基本的な考え方 ◆

業務提供誘引販売取引においては、販売業者は、契約者が提供される業務を事業所等によらないで行う個人である場合、契約締結前に取引の概要を記載した概要書面を、契約を締結した場合は契約内容を記載した契約書面を交付する義務を負い、契約者は、契約書面を受領した日から20日間は、書面によるクーリング・オフで、契約を解除できる（同法58条1項、55条2項）。そして、この契約書面が交付されず、又は交付されても記載事項に不備があれば、いつでもクーリング・オフができる。実務では、契約書面が法定の記載事項を備えているかが問題となることが多い。

また、勧誘時に、重要な事項について不実を告げられ、それを事実と誤認して契約したときは、消費者契約法によって取り消すことができる（同法4条1項1号）。

クレジットについては、契約の解除ないし取消を理由に、契約終了後の分割金の支払いを拒絶できる（割賦販売法30条の4）。既払金については、信販会社の加盟店管理義務違反等を理由に、不法行為に基づく損害賠償請求を認める余地がある（呉服過量販売に関する事案であるが、大阪地判平成20年4月23日判時2019号39頁

Ⅲ　ネット上の投資被害　　295

参照）。また、個別クレジット契約（商品購入のつどクレジット申込書を作成し、支払能力の調査と電話確認により審査し契約を締結する方式のクレジット契約）が利用されている場合で、商品販売又はクレジット契約に関する不実の告知又は重要事実の不告知により誤認して契約したときは、割賦販売法によって、販売契約とともにクレジット契約も取り消すことができる（同法35条の3の13～16）。

◆ **事例の検討** ◆ ┄┄┄

　本問は、いわゆる内職商法と呼ばれるものであるが、最近はパソコンを使わせるものが多く、データ入力やホームページ作成などがある。

　本問のように、業務を提供することをもって勧誘し、商品を売る取引は、特商法51条の業務提供誘引販売取引に該当する。

　Aさんのケースでは、販売業者に対しては、契約書面の交付から20日以内であれば、無条件にクーリング・オフができるし、実態はアルバイトの勧誘であり、商品の購入はアルバイトをするための負担であるのに、契約書面では単なる売買のように記載されているなど、実態と異なっているときには、契約書面不交付を理由に、いつでもクーリング・オフができる。「自宅で空いている時間を使って高収入が得られる。」等の勧誘が事実に反していれば、消費者契約法により取消ができる。Aさんは、クーリング・オフないし取消を理由に、既払金の返還を求めることができる。

　また、クレジット会社に対しては、クーリング・オフないし契約取消後は、分割金の支払いを拒絶できる。さらに、クレジット会社が加盟店管理を怠って加盟店の違法行為を見逃していたような場合には、クレジット会社に対しても、不法行為に基づいて損害賠償請求する余地がある。また、本問では、個別クレジット契約が利用されているので、割賦販売法上、不実の告知又は重要事実の不告知を理由に取消も可能となる。本問のような事例では、販売業者に資力がないために既払金の回収が困難であることが多い。この点、割賦販売法上の取消権は、有力な手段となる。

《参考文献》
・松本恒雄編『電子商取引及び情報財取引等に関する準則と解説』（商事法務、2008）
・日本弁護士連合会編『消費者法講義〔第4版〕』（日本評論社、2013）

不当請求・架空請求

第1 フィッシング

◆ 基本的な考え方 ◆
(1) 総論
　「フィッシング詐欺」とは、主に実在する金融機関、ショッピングサイト、クレジットカード会社等からの電子メールを送付したり、SNSに掲載したりして、そこに偽のリンクを貼り付けるなどして、これらのウェブサイトを装った偽のホームページにアクセスするように誘導し、そのホームページで利用者の住所、氏名、電話番号、暗証番号、パスワード、ID等個人情報を入力させて不正に取得し、その後、その個人情報を利用してその利用者になりすまし、ネット上等で取引をして金銭・商品を取得し、その利用者に損害を負わせる詐欺の形態をいう。このフィッシングとは、「釣り」を意味する「fishing」が語源であるが、偽装の手法が洗練されてい

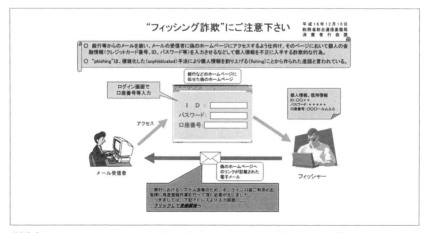

（総務省 http://www.soumu.go.jp/main_sosiki/joho_tsusin/d_syohi/pdf/sagi.pdf）

Ⅳ　不当請求・架空請求　297

る（sophisticated）ことから、「 f 」を「ph」と入れ代えて「phishing」と称するようになったという説が有力であるが、欧米では en:Phreaking"（フリーキング、音声によって電話網を意図的に誤作動させる不正行為）からの類推であると考えられているようである。いずれにしても、このような手口の詐欺は、平成16年ころには既に社会問題化しており、未だに総務省、各銀行のホームページでは注意喚起を呼びかけている。

(2) フィッシング行為の禁止

フィッシング行為は、不正アクセス禁止法違反である。つまり、偽サイト、偽メールにより、正規のアクセス管理者（同法 2 条 1 項）によるものと誤認させる意図をもって対象者を誤認させ、識別符号の入力を不正に求める行為として禁止され（同法 7 条 1 号・ 2 号）、上記の場合には 1 年以下の懲役又は50万円以下の罰金に処せられる（同法12条 4 号）。

また、平成24年改正法により、不正アクセス行為の用に供する目的で他人の識別符号を取得する行為が禁止され（同法 4 条）、 1 年以下の懲役又は50万円以下の罰金に処せられることとなった（同法12条 1 号）。さらには、不正に取得した他人の識別符号を保管する行為も禁止され（同法 6 条）、処罰されることとなった（同法12条 3 号）。

業務その他正当な理由による場合を除いて、他人の識別情報を第三者に提供することも禁止され（同法 5 条）、処罰されることとなった（同法12条 2 号、13条）。詳細は、第 3 章Ⅷ「不正アクセス禁止法」を参照されたい。

刑法的には、情報窃盗の一類型であるため、窃盗罪の構成要件には該当しない。しかし、フィッシング行為の後、他人名義や ID を用いて買い物をしたような場合には、詐欺罪、又は電子計算機使用詐欺罪が成立するものと考える。

(3) フィッシング詐欺に遭わないようにするための対策

フィッシング詐欺に関しては、総務省や各銀行のホームページでも公開しているが、まず、

① メールの送信者欄を信用しないこと

つまり、メールの送信者欄は、いくらでも設定が可能で、他人になりすますことは容易である。

② 送られてきたメールの URL をクリックしないこと

送られてきたメールに貼り付けてある URL は、正規のホームページの URL と似ていることはあるが、完全には一致していない。例えば、銀行等であれば、グーグルやヤフー等の検索サイトにその銀行名を入れて、そこから銀行サイトへアクセスするようにするのは安全である。

また、HTML メールの場合、リンク先は正しい URL であっても、クリックする

298　　第4章　具体的問題事例

と裏に記述している別の有害サイトへ移動させられてしまうこともあれば、クリックする前に違うサイトが表示されることもあるので、注意が必要である。

各銀行等では、フィッシング対策が行われている。

③　ホームページに誘導された際、入力のフォームに SSL が利用されているかを確認すること

SSL とは、ウェブサイトで入力する個人情報やクレジットカード情報等を暗号化し、安全に送受信する技術をいう。SSL が利用されているかどうかは、ブラウザの URL 欄が「https://……」と「s」が入っていること、又は、その欄の右側に鍵マークが入っていることから判断できる。ホームページに誘導された際に、入力フォームに SSL が利用されていない場合、有害サイトである可能性がある。

《参考文献》
・松本恒雄＝齋藤雅弘＝町村泰貴編『電子商取引法』（勁草書房、2013）
・島田正広監修『インターネット新時代の法律実務 Q&A』（日本加除出版、2013）

第2　ワンクリック詐欺

携帯電話でアダルトサイトにアクセスして「多数の無料画像を公開中！」と書かれた画像をクリックしてみたところ、「会員登録が完了しました。入会金 3 万円をお支払い下さい。」という表示が出た。さらに、「あなたの携帯電話の個体識別情報は●●です。」として、7 日以内に振込みがない場合には顧問弁護士を通じて訴訟を提起するとあった。怖くなってサイトの利用規約を見てみたところ、サイトで個々の画像を閲覧すること自体は無料であるが、画像の閲覧により会員登録され、入会金 3 万円が必要となると書いてあった。携帯電話会社に確認したところ、たしかに使用している携帯電話の個体識別情報は、画面に表示されたものに間違いがなかった。

◆　問題の所在　◆
・　そもそも契約が成立しているのか。
・　サイト利用者の個人情報をサイト運営者が取得することができるか。

◆　基本的な考え方　◆

（1）　ワンクリック請求とは

「ワンクリック請求」とは、携帯電話やパソコンに届いたメールや、各種ウェブページ、ブログのトラックバックに記載されている URL を一度クリックしてアクセスしただけで、有料サービスの登録がされたという画面表示がなされ、代金を請求されるというケースであり、多くの場合は詐欺的手法で代金名目で金銭をだまし

とることが目的とされている架空請求の一類型（経産省「電子商取引及び情報財取引等に関する準則」（平成27年4月改訂版）ⅰ.17頁）である。

(2) 電子商取引における契約の成立と、これに向けた意思表示といえるかどうかの判断要素

　電子商取引といえども、申込みの意思表示と、これに対する承諾の意思表示が合致することにより契約が成立することは、リアルの世界における契約の場合と同じである。ユーザーは、画面上の表示内容に従い、必要事項を入力したり、画面上のボタンをクリックすることなどにより意思表示を行う。ユーザーの行為が申込みに該当する場合（サイトの表示が申込みの誘引に該当する場合）には、サイト運営者から画面上、又は、別途のメール等で承諾の意思表示がなされて契約が成立する。反対に、ユーザーの行為が承諾に該当する場合（サイトの表示が申込みに該当する場合）には、そのユーザーの行為により契約が成立する。

　したがって、ユーザーがサイト内で行った行為（本件では画像のクリック）が意思表示といえるかどうかにより契約の成否が決まることとなる。具体的には、利用規約の表示の有無、画面の構成（利用規約が表示されている場合でも、その表示の存在がユーザーに認識しやすいような画面設計になっているのか否か（例えば、携帯電話の画面の一番上にURLがあり、画面を一番下までスクロールさせなければ利用規約の存在が認識できないような場合は、契約成立に向けた意思表示とは言い難い）、クリックの対象となるボタンに表示されている内容（例えば、「18歳以上である」「18歳未満である」というように、単に年齢確認をするだけであるかのような表示がされたボタンの場合は、契約成立に向けた意思表示であるとは言い難い）などを考慮要素として判断することになる。

(3) 仮に契約が成立するような事例における対応方法

　まず、錯誤無効（民法95条）の主張をすることが考えられる。インターネット上の契約については誤操作が発生しやすいため、電子消費者契約については、民法95条ただし書の規定（重過失による無効主張の制限）の適用が原則として排除されている（電子契約法3条本文）。その結果として、ユーザーが無効主張できないのは、事業者が、消費者が申込みや承諾を行う前に消費者の申込承諾の内容などを確認する措置を講じた場合等に限られる（同条ただし書）。

　その他、詐欺取消、公序良俗違反による無効主張、消費者契約法による取消等が考えられる。

　もっとも、ワンクリック請求の相談事案については、前述の契約自体が不成立と判断できる事案がほとんどであると考えられる。

(4) インターネットのユーザーの特定について

　インターネット上の名誉毀損行為や迷惑メールの送信について、捜査機関が発信

300　第4章　具体的問題事例

者を特定して刑事事件化することはよくあることであり、インターネットの利用者について特定することも可能な場合がある。

しかし、捜査機関ではない私人が、インターネットの利用者を特定することは、捜査機関が行う場合に比べて、さらに困難である。

なお、スマートフォンを利用する場合については、特段の考慮が必要なため、別項を参照をご覧いただきたい。ここでは、パソコンや、携帯電話を使用してインターネットを利用する場合について説明する。

(i) IP アドレス・リモートホスト名からの特定

例えば、インターネットに接続されたコンピューターに関する一定の情報は、接続先のコンピュータが取得できることになっている。IP アドレスやリモートホスト名もその 1 つである。

個人で NIC（Network Information Center）から直接 IP アドレスを割り当てられている場合には、whois という機能を使って割当てを受けた個人を検索することができる。しかし、一般に ISP（インターネット・サービス・プロバイダ）と契約してインターネットに接続している場合には、ISP が保有する IP アドレスの中からユーザーが接続するごとに IP アドレスが割り当てられる。携帯電話を利用する場合にも、接続ごとに携帯電話会社から IP アドレスを割り振られる。

したがって、ISP を利用する通常のユーザーや、携帯電話による場合には、IP アドレスを知られても、接続先コンピュータの管理者に個人情報を知られることはない。

リモートホスト名からは、どの ISP の、どのアクセスポイントを使っているかというリモートホスト名は分かるが、直接利用した個人の氏名などの情報は分からない。ただ、学校や会社からアクセスしていると、リモートホスト名から学校名や会社名が推測できることはある。

IP アドレスは、ISP や携帯電話会社がユーザーに割り当てるため、ISP や携帯電話会社は契約関係にあるユーザーの個人情報を IP アドレスと照合することにより確認することができる。しかし、これも ISP のコンピュータ上のアクセスログを参照しないと照合できないことがほとんどであり、アクセスログは多くの場合、数ヶ月程度しか保存されていない。

また、ISP や携帯電話会社は第三者からの問い合わせに対して、任意に IP アドレスから個人情報を開示することはない。捜査機関からの要請以外には、適法に開示を受ける方法としてプロバイダ責任制限法による発信者情報開示請求権が認められていることから、この請求権によって請求した場合に限り、第三者への開示に応じている。ただし、開示請求は「特定電気通信による情報の流通によって権利の侵害があった場合」が要件となっており、利用料金回収目的による開示請求は認めら

れない。開示の手続や基準に関しては「プロバイダ責任制限法発信者情報開示関係ガイドライン」が社団法人テレコムサービス協会（http://www.telesa.or.jp/）で公表されている。

(ii) 携帯電話の場合の個体識別情報について

また、携帯電話については、個々の端末ごとに、これを識別するための情報である契約者固有ID（携帯電話会社により名称が異なり、「個体識別情報」「端末シリアル番号」等と呼ばれる）が付与されている。サイト運営者は、容易にサイト利用者の契約者固有IDを取得することができ、ワンクリック請求の際に画面上に表示されることがある。

しかし、この契約者固有IDを取得した者が、そのID自体から、携帯電話会社への問い合わせ等をすることなしに、直接に利用者の住所、氏名等の個人情報を特定することはできない。このことは電子メールアドレスについても同様であり、電子メールアドレス自体に会社名や個人名が入っているなどのケースを除き、電子メールアドレス自体から個人を特定することはできない。

そこで、悪質事業者に対しては、その事業者が把握している以上の個人情報を与えないようにすることが重要である。事業者に言われるがままに無防備に事業者に連絡をして、住所、氏名、電話番号等の個人情報を事業者に与えないようにすることが大切である。

◆ 事例の検討 ◆ ‥‥‥‥‥‥‥‥‥‥‥‥‥‥‥‥‥‥‥‥‥‥‥‥‥‥‥‥‥

（1）利用者が画像をクリックした行為が、申込みや承諾の意思表示とはいえない場合、契約は不成立であり、契約上の支払義務は発生していないということになる。本件では、規約には画像のクリックにより会員登録がされ入会金が必要であると書いてあるようだが、画像に書かれた「多数の無料画像を公開中」との文言からは、その画像をクリックするだけで契約が成立することを想定する者はいないものと考えられる。したがって、例えば、当該画像が表示されるよりも前の段階において、サイト上に、一義的な形で利用規約が表示されるなどの特段の事情がない限り、利用者の行為を契約の成立に向けた意思表示とみることはできない。

万一、利用者の行為により契約が成立して契約上の支払義務が発生していると判断せざるを得ない場合においても、契約内容の重要な要素に錯誤があるとして無効主張することができる。ワンクリック請求のような場合は、事業者による申込みや承諾の内容に関する事前の確認措置が施されていないので、錯誤による無効が主張できるということになる。

（2）ワンクリック請求のサイト運営者は、あたかも既に個人情報を取得しているか、容易に調査できるかのような言い方をする。しかし、携帯電話の契約者固有IDから、その携帯電話利用者の個人情報を自動的に取得することはできない。

むしろ、サイト運営業者に電話をかける、電子メールを送るなどの接触をすることで個人情報を聞き出される、あるいは知られる端緒となるので、こちらからは連絡をしないことが肝要である。

《用語解説》
・IP アドレス：インターネットや LAN などのネットワークに接続されたコンピュータ 1 台 1 台に割り振られる番号のこと。例えば、211.222.3.12といった 0 ～255までの 3 桁までの数字4組の組み合わせで構成される。割り振られる番号は、世界中で唯一のものであり重複しないものとなっている。
・リモートホスト名：インターネットに接続している環境をあらわす文字列。
　　　例）　kakuu123.network.co.jp
　IP アドレスはただの数値であるため、人間にも分かりやすく IP アドレスに文字を当てはめたもの。
・DNS（Domain Name System）：インターネットでは、IP アドレスによってインターネットに接続しているコンピュータを識別して通信をしている。しかし、IP アドレスはただの数字の羅列であるため、人間に分かりやすくするように一般にはホスト名（上記リモートホスト名と同じ）を利用しているが、インターネットで当該コンピュータに接続するにはホスト名から IP アドレスを調べる必要がある。ホスト名の入力によりそのホストの IP アドレスの対応関係を調べてそのホストに接続するための機能を有するのがDNSサーバと呼ばれるコンピュータである。DNSサーバは、名前と電話番号とを結びつける電話帳のようなものと考えると理解しやすい。
・インターネットで接続先コンピュータから取得できる情報については、例えば「確認くん」（http://www.ugtop.com/spill.shtml）などのサイトで確認することができる。

《参考文献等》
・フィッシング対策協議会「フィッシング対策ガイドライン」（http://www.antiphishing.jp/antiphishing_guide.pdf）
・同上（http://www.antiphishing.jp/）
・有限責任中間法人 JPCERT コーディネーションセンター（http://www.jpcert.or.jp/ir/faq.thml）
・経産省「電子商取引及び情報財取引等に関する準則」（平成27年 4 月改訂版）
・横山哲夫＝瀬戸和宏＝高木篤夫編著『架空請求その時どうする？──身を守るためのＱ＆Ａ』（日本経済新聞社、2005）

第3　なりすまし

　Aさんは、仕事で多忙なため、日常生活に必要な品物から嗜好品に至るまで、多種多様な商品を、インターネットを利用した通信販売で購入していた。Aさんの自宅には毎日多くの業者から段ボールが届き、月々のクレジットカードの明細も相当な分量であったが、Aさんは仕事の忙しさにかまけて特にチェックすることはしていなかった。そうしたところ、ある月から急に、クレジットカード会社からの請求額がこれまでの10倍にも達したため、さすがに不審に思って明細をよく見たところ、全く身に覚えのない高額な取引きが多数記載されていた。Aさんは、クレジットカード会社に、身に覚えのない支払いはできないと伝えたが、クレジットカード会社は、ちゃんとAさんのパスワードも正しく入力されており、注文の取消や返金には応じられないとの一点張りであった。

　⑴　Aさんは身に覚えのない代金までカード会社に支払う必要があるのだろうか。
　⑵　クレジットカードではなく、インターネットバンキングで、Aさんの知らない高額の送金が多数行われていた場合はどうか。

◆　**問題の所在**　◆

　「なりすまし」とは、第三者が、本人になりすまして、本人の知らぬ間に、本人名義で取引等を行うことをいう。

　インターネットでの取引においては、クレジットカード情報、ログインIDやパスワードの流出などが原因で、「なりすまし」が行われる場合が多いが、インターネットでの取引は、非対面の取引であるため、「なりすまし」取引が行われても発覚が遅れ、被害額が多額に上る危険性が高い。

　なりすまし事案においては、本人が全く知らぬ間に、第三者によって本人名義の取引がなされているため、かかる「なりすまし」取引の効力いかんが問題となる。

　以下、インターネットでのショッピング（通信販売）の事案において、「なりすまし」取引の効力を検討する。

◆　**基本的な考え方**　◆

　インターネットでの通信販売においては、消費者はネットショップとの間で商品の売買契約を締結し、さらに、その売買代金の支払方法としてはクレジットカード会社発行のクレジットカードを用いたり、銀行のインターネットバンキングによる振込みを利用する場合などが多い。経済産業省策定の「電子商取引及び情報財取引等に関する準則（平成27年4月改訂版）」（以下、「準則」という）Ⅰ-3-1「なりすましによる意思表示のなりすまされた本人への効果帰属」においても、インターネット通販における代金決済方法として、この2つの典型的な方法を取り上げて検

304　　**第4章　具体的問題事例**

討を加えている。

そこで、本書でも、クレジットカード及びインターネットバンキングによる代金の決済を前提として、①なりすまされた本人（以下「被害者」と表現する）と売主（販売店）との法律関係（被害者と売主の間の売買契約の有効性）と、②被害者と代金の決済会社（クレジットカード会社やネットバンキングの場合の銀行など）との法律関係（被害者と決済会社との間の資金決済関係の有効性）について、それぞれの法律関係を検討する。

(1) 被害者と売主との法律関係

なりすました者による意思表示があったとしても、その効果は被害者には帰属せず、よって、被害者と売主の間には売買契約は有効に成立しないのが原則である。

なぜなら、被害者の行為（商品購入の意思表示）が存在しない以上、被害者と売主の間に契約関係は生じず、被害者は何らの責任を負わないのが法律行為の原則だからである。

ただし、民法の表見代理規定の適用ないし類推適用によって、一定の要件の下、例外的に、なりすました者による法律行為の効果が被害者に帰属する場合も考えられる。

すなわち、ⅰ）被害者からなりすました者に対する基本代理権の授与、代理権授与の表示、過去の代理権付与等の存在、その他被害者本人の帰責性（被害者が第三者にID、パスワードを教えたり、ID、パスワード等の管理を委託するなど）、ⅱ）顕名（民法99条1項「本人のためにすることを示して」）、ⅲ）売主の善意・無過失ないし正当事由の存在等の要件を満たした場合には、表見代理規定（民法109条、110条、112条）の適用ないし類推適用によって、売買契約の効果は被害者に帰属する場合も考えうる。

もっとも、上記要件を満たすような例外的なケースを除いては、法律行為の原則からして、なりすまし被害において、被害者本人が責任を負うことはないのが大原則である。

なお、準則では、継続的な取引など、約款などで本人確認の方式について事前合意があり、当該合意に基づいて取引をしていれば、原則として被害者本人に効果帰属し、被害者との間で契約が有効に成立する旨を指摘する。

すなわち、継続的取引では、通常、利用者は売主との間の約款等で、本人確認の方式（特定のIDやパスワード等を使用することにより本人確認を行うことなど、データ漏洩のおそれが著しく低い方法による本人確認の方式を採用する場合）について定め、当該本人確認の方法に従って本人確認がなされていれば、仮に無権限者による意思表示であっても本人に効果帰属させるという事前合意がなされる。その場合、原則として、約款等によって事前合意された本人確認方式を行っていれば、

Ⅳ　不当請求・架空請求　　305

無権限者の意思表示であっても、被害者本人に本件取引の効果が帰属することになるとしている。

　もっとも、民法等による契約法理によれば当事者間に有効に成立しない契約関係を、かかる約款における事前合意によって修正し、相手方を保護するのであるから、一方当事者たる被害者保護の要請も加味する必要があろう。

　したがって、例えば、売主側が提供するシステムのセキュリティの安全性の程度について相手方が認識しないまま事前合意がなされた場合において、当該相手方が通常合理的に期待する安全性よりもセキュリティレベルが相当程度低いといった場合には、事前合意の効力が認められない場合があると考えることができるし、また、合意内容が、被害者たる消費者の帰責事由の有無を問わず、一律に被害者たる消費者に責任を負わすような内容である場合には、消費者契約法10条、民法90条で無効とされる可能性もあろう。

(2)　被害者と代金の決済会社との法律関係

　冒頭にて指摘したとおり、インターネットでの通信販売の場合、商品の代金決済については、クレジットカードを利用して、クレジットカード会社に立替払いをしてもらったり、あるいは、銀行のインターネットバンキングを利用してネット上で代金の振込みを行う場合が多いと思われる。

　そのため、「なりすまし」によって代金の決済が行われた場合においても、被害者が代金の決済会社であるクレジットカード会社に対して代金支払義務があるか、又は、銀行から売主側に支払われた資金の移動は有効なのか、といった法律関係が次に問題となる。

(i)　クレジットカードを利用した場合の被害者とカード会社との法律関係

　インターネット通信販売などで、クレジットカードを利用して商品代金を決済する場合には、ネット画面上から、氏名、住所、クレジットカード会社の名前、カードの種類、クレジットカードの番号、有効期間等を入力してなされる場合がほとんどであり、取引と同時に、被害者とクレジットカード会社との間で立替払契約等が締結されることになる。

　なりすましによって、立替払契約が締結されてしまった場合に、クレジットカード会社からの立替金の請求に対し、被害者はこれを支払わなければならないのであろうか。

ア　被害者に売買契約の効果が帰属する場合

　まず、表見代理規定の適用や類推適用等によって、なりすました者による契約の効果が被害者に帰属し、被害者と売主間に売買契約が有効に成立するような例外的な場合には、被害者がクレジットカード会社に対して代金支払義務を負うことになろう。

なお、一般にカード会員規約では、カードの紛失、盗難その他の事由によってカードが他人に不正利用されたような場合、会員に故意や重大な過失がない等の要件を満たせば、保険等によって補填されることもある。カード会員規約や保険の適用範囲について十分に調査、確認する必要がある。

イ　被害者に売買契約の効果が帰属しない場合

　では、表見代理等の理論が適用されず、被害者に契約の効果が帰属しない場合、すなわち、被害者と売主の間に売買契約が成立しない場合は、被害者とクレジット会社との間の権利義務をどのように考えるべきであろうか。

　この点は、クレジット契約自体、なりすましによってなされた以上、被害者と売主間の売買契約と同様、クレジットカード会社と被害者本人との間にクレジット契約も成立せず、被害者のクレジットカード会社への支払義務は生じないというべきである。

　なお、規約や約款などの規定によって、クレジット契約自体が有効とされてしまった場合であっても、当該クレジット契約の支払方法が割賦販売法に定める「包括信用購入あつせん」（利用限度額を設定してクレジットカードが発行され、このカードを使用して商品を購入等する取引）（割賦販売法２条３項）に当たれば、売主との契約が有効に成立していない（無効である）という抗弁をもって、クレジットカード会社からの支払請求に対抗することもできる（同法30条の４）。

　また、カード会員規約などにおいて、売主（加盟店）と被害者との間の商品に関する契約の無効などをクレジットカード会社へ対抗できる旨の規定（「支払停止の抗弁」に関する条項）が設けられている場合もある。その場合、被害者は、当該約款の支払停止の抗弁に関する規定を根拠に、クレジットカード会社からの請求を拒むことも可能である。

　さらに、前記のとおり、カード会員たる被害者に故意や重大な過失がない場合には、カード会員規約等により、被害額が保険によって補填される場合もある。

　かように、カード会員規約や保険制度などで、何らかの消費者保護の措置がとられている場合もあるので、被害者たる消費者としては、この点、十分に調査、検討するよう心掛ける必要がある。

(ii)　インターネットバンキングを利用した場合の被害者と銀行との法律関係

　被害者になりすました第三者が、さらに、インターネットバンキングの利用により、銀行へ「なりすまし」により振込指示をし、商品代金の決済をしてしまった場合、かかる指示に基づく被害者預金から売主口座への資金の移動は有効なのであろうか。

ア　原因関係と預金関係との関係

　この点、まず、代金決済の手段である預金関係が有効に成立するためには、目的たる原因関係（被害者と売主の間の売買契約）が有効に成立していることが必要であるという考え方もある。

　これによれば、なりすましによって原因関係たる売買契約が無効であれば、資金移動もまた連動して効力が生じないことになる。

　しかしながら、最高裁判所は、原因関係の存否と預金の成立は無関係であると判示した（最判平成8年4月26日民集50巻5号1267頁）。

　そこで、上記最高裁判決に従えば、原因関係とは無関係に預金関係を検討することになる。

イ　預金関係の検討（資金移動の効力）

　この点、被害者本人が振込指示をしていない以上、被害者口座から売主口座への資金移動は効力が生じないのが原則である。

　もっとも、かような電子的な資金移動も、権限なき者に対する「弁済」の事案といえるため、民法478条（債権の準占有者に対する弁済）の適用場面であるとされる。非対面の弁済行為であっても、同条が適用されることは機械払いの方式による預金払戻しの事案における最高裁判決も確認している（最判平成15年4月8日民集57巻4号337頁）。

　そこで、①権利者らしい外観を有する者に対し、②銀行が善意・無過失で弁済行為を行った場合には、例外的に、銀行による弁済行為は有効となる余地があることになる。

　いかなる場合に銀行が「無過失」といえるかについては、上記最高裁判例の判示内容に鑑みれば、最低限、銀行が預金者に対し、インターネットバンキングにおける払戻しが受けられる旨を明示すること等を含めて、ネットバンキングの決済システムの設計・管理の全体について無権限者による払戻しや資金移動を排除しうるよう注意義務を尽くしたこと等が必要とされよう。そのため、この点につき注意義務を尽くしたといえない場合には、銀行に過失が認められ、資金移動たる「弁済」の効力は認められないことになろう。

ウ　免責約款と弁済行為の有効性

　最判平成5年7月19日判時1489号111頁は、無権限者がATMで他人の預金を引き出そうとし、銀行がこの払戻しに応じた事案につき、真正なキャッシュカードが使用され、正しい暗証番号が入力されていれば、銀行による暗証番号の管理が不十分であるなど特段の事情がない限り、キャッシュカードと暗証番号とを確認して払戻しをした場合、免責約款により銀行責任を負わないとしている。

エ インターネットバンキングにおける考え方

上記**イ**及び**ウ**で述べた最高裁の判決は、いずれもインターネットバンキングに関するものではなく、非対面かつ機械的方法が用いられてはいるもの、キャッシュカードや通帳は使用されていた事案である。これに対して、インターネットバンキングでは、キャッシュカードや通帳は使用されず、ただ ID やパスワードを入力するだけで利用することができる点が異なるが、インターネットバンキングに関する下級審の裁判例も（東京地判平成18年2月13日金法1785号49頁）、上記**イ**及び**ウ**で述べた最高裁判決のように、「銀行によるお客様番号、ログインパスワード及び暗証番号等の管理が不十分であったなど特段の事情」がない限りは、銀行は免責約款により免責されるとの一般路を述べた上で銀行の免責を認めた。

しかしながら他方で、同判決は、「当該振込請求者が振込を請求する権限を有する者と信じたことにつき過失がある場合にまで免責を認める趣旨のものではなく、インターネットバンキング・システムを利用した振込に際して必要とされる銀行の注意義務は、預金者保護の見地から、社会通念上一般に期待されるところに相応するものでなければならないというべきである。」とも述べており、インターネットバンキングにおいては、銀行側に十分なセキュリティが確保されたシステム構築責任があるといってよいだろう。この点、準則も、被害発生時点において銀行が支払いにおいて採用していたセキュリティシステムの安全性の程度が考慮されて約款の効力が判断されることになる旨を指摘している。

オ 預金者保護法の適用外

なお、「偽造カード等及び盗難カード等を用いて行われる不正な機械式預貯金払戻し等からの預貯金者の保護等に関する法律」（いわゆる「預金者保護法」）は、なりすまし等によるインターネットバンキングでの不正引出しによる被害は、保護の対象外となっている。今後は、ネット社会の拡大に伴い、インターネットバンキング等における被害の拡大も予想されるところであり、かかる被害も保護の対象とするよう法改正がなされる必要があろう。なお、インターネットバンキングにおける預金の不正引出し被害については、全国銀行協会が自主ルールを策定している。全国銀行協会のホームページによれば、インターネットバンキングの場合、預金者本人に過失がない場合は被害額の100％を補償し、預金者本人に過失がある場合は、個別判断（「被害に遭ったお客様の状況等を加味して判断」とされている）とされているので、被害が発生した場合は銀行に問い合わせてみるとよい。

◆ 事例の検討 ◆

(1) 本人の責任の有無

設例では、何者かがAさんになりすまして取引を行った可能性があるところ、なりすましによる被害であるとすれば、Aさんは責任を負わないのが原則である。た

だし、表見代理の規定が類推適用される場合、クレジットカード会員の善管注意義務違反等のクレジットカード会員規約上の事由がある場合などには、Ａさんが責任を負う可能性がある。

また、インターネットバンキングにおける被害の場合には、金融機関のセキュリティシステムの構築の程度等が考慮され、免責約款の有効性が判断される。

(2) 「なりすまし」と認証機関の責任

上記にみたとおり、ネット取引のような非対面の取引においては、いずれにしても「なりすまし」の危険が高い。そこで、平成12年に成立した「電子署名及び認証業務に関する法律」は、電子情報の作成者の電子署名について認証制度を確立し、インターネット上の取引についても対面取引と同様に、作成者が本人であることの信頼確保を図った。

そのため、なりすまし防止のためには、電子情報に付された電子署名につき、認証機関の電子証明書等を発行してもらう方法で本人確認をする場合がある。

ところが、認証機関による本人確認が不十分であると、やはり、「なりすまし」が発生し、認証機関から証明書を受け取った者が損害を受ける場合がある。この場合、証明書の受取人は、認証機関に損害の賠償等を請求できるであろうか。

まず、認証機関が証明するに当たり、本人確認を十分に行わなかった等の過失が存在すれば、受取人は認証機関に不法行為（民法709条）に基づく損害賠償を請求することができる。

なお、この場合、準則Ⅰ－3－3、1.(1)①では、「受取人側が認証機関の過失（本人確認が不十分であること）について立証責任を負う」とするが、受取人が消費者である場合、認証機関の過失の立証には限界がある。むしろ、認証機関の認証行為にもかかわらず、なりすましが発生した場合には、当該認証機関による本人確認が不十分であったという過失が推定されると考えるべきであろう。

さらに、準則が指摘するように、受取人が認証機関の証明書を受け取るに際し、認証機関から受取人規約や認証業務規定が示され、受取人がそれを承認するなどしている場合には、認証機関と受取人の間に契約関係の成立を認めることができる場合もある。

その場合には、受取人は、受取人規約や認証業務規定に定められた、認証機関による本人確認義務等の債務不履行を理由として契約上の責任を追及することも可能である。

なお、この場合、受取人規約等において、認証機関の賠償責任を軽減ないし免除する規定を設けている場合がある。しかしながら、消費者と事業者間の規約である以上、かかる免責条項が、事業者の債務不履行により消費者に生じた損害、事業者の債務の履行に際してされた当該事業者の不法行為により消費者に生じた損害を賠

310　第4章　具体的問題事例

償する責任の全部又は一部を免責する条項であれば、消費者契約法 8 条に反し無効
となる可能性がある。

《参考文献》
・経産省「電子商取引及び情報財取引等に関する準則」（平成27年 4 月改訂版）
・松本恒雄編『電子商取引及び情報財取引等に関する準則と解説』（商事法務、2008）
　34〜46頁
・日弁連法務研究財団編『論点教材電子商取引の法的課題』（商事法務、2004）49〜
　51頁
・平田健治『電子取引と法』（大阪大学出版会、2001）40〜42頁
・内田貴『電子商取引と民法』別冊 NBL51号（1998）288〜289頁

《参考判例》
・全国銀行協会 HP（「預金者保護法」に関する解説部分）
・最判平成 8 年 4 月26日民集50巻 5 号1267頁
・最判平成 5 年 7 月19日判時1489号111頁
・最判平成15年 4 月 8 日民集57巻 4 号337頁

セキュリティ侵害

第1 セキュリティ侵害

> 送信されてきた電子メールを開いたところ、パソコンがコンピューター・ウイルスに感染してしまい、パソコンが動かなくなってしまった。送信者に法的責任を問うことはできるか。
> 知り合いから、電子メール添付の解凍ファイルの形でフリーウェアを無料で送信してもらったところ、フリーウェアがコンピューター・ウイルスに感染しており、ファイル解凍時にパソコンがウイルスに感染してしまった場合、誰にどのような法的責任を問うことができるか。

◆ 問題の所在 ◆
・ ウイルスに感染した情報・ファイルを送信した者の法的責任

◆ 基本的な考え方 ◆

(1) コンピューター・ウイルスの定義

「コンピューター・ウイルス」とは、コンピューター・ネットワークに悪さを働くプログラム一般をいう。

旧通商産業省の「コンピュータウイルス対策基準」の定義によると、「第三者のプログラムやデータベースに対して意図的に何らかの被害を及ぼすように作られたプログラム」であり、「①自己伝染機能（自らの機能によって他のプログラムに自らをコピーし又はシステム機能を利用して自らを他のシステムにコピーすることにより、他のシステムに伝染する機能）、②潜伏機能（発病するための特定時刻、一定時間、処理回数等の条件を記憶させて、発病するまで症状を出さない機能）、③発病機能（プログラム、データ等のファイルの破壊を行ったり、設計者の意図しない動作をする等の機能）」のうち、いずれか1つ以上の機能を有するもの」である。

(2) ウイルスに感染した電子メールの送信者の法的責任

(i) ウイルスに感染した電子メールを送信するという認識がある場合

他人にウイルスを送信するという認識があればもちろん、不法行為責任（民法

709条）を追及できることになる。

　また、このような場合、送信者に対し、偽計業務妨害罪（刑法233条）、電子計算機損壊等業務妨害罪（同法234条の2）、器物損壊罪（同法261条）、私用文書等毀棄罪（同法259条）、コンピューター・ウイルス作成罪・同供用罪（同法168条の2；平成23年刑法改正により新設）などの刑事責任の追及が考えられる。

(ii)　ウイルスに感染した電子メールを送信するという認識がない場合

　では、送信者にそのような認識がない場合、例えば、送信者が自分のパソコンがウイルスに感染していることを知らず、誤って、ウイルスに感染した電子メールを送信してしまった場合はどうか。

　送信者に過失が認められれば、不法行為に基づいて損害賠償請求可能であり、そして、送信者側が、通常求められるセキュリティ・ウイルス対策を行っていなかった場合には過失を認めてよいであろう。

　通常求められるべきセキュリティ・ウイルス対策のレベルについては送信者の属性によって異なるものと考えられる。送信者が日常広告メールを大量に取り扱う企業であれば、高いレベルでのセキュリティ・ウイルス対策義務が認められるべきであろう。

(3)　ウイルスに感染したフリーウェアの送信者の法的責任

　では、知り合いから、電子メール添付の解凍ファイルの形でフリーウェアを無料で送信してもらったところ、ファイル解凍時にパソコンがコンピューター・ウイルスに感染してしまった場合は、どのように考えるべきか。

　まず、送信者と受信者の法律関係は贈与類似の無名契約として、その法律関係について贈与契約に準じて考えられる（贈与契約そのものではない。贈与契約の目的物は特に有体物に限定されないが、贈与であるためには財産権の移転すなわち贈与者の財産の減少が必要であるところ、フリーウェアの送信は贈与者の財産の減少を生じさせるものではないからである）。

　フリーウェアがウイルス感染していたということは、瑕疵にあたる。

　そして、民法551条1項は、贈与者は、目的物の瑕疵について、瑕疵を知っていながら告げなかった場合以外は瑕疵担保責任を負わないと規定している。

　したがって、フリーウェアの送信者が瑕疵の存在を知らなかった場合は、民法551条1項の準用により、たとえ過失があっても瑕疵担保責任を負わないものと理解される（ただし重過失は故意と同視される）。

　もっとも、ウイルスを感染させたことについて故意・過失が認められれば、送信者は不法行為責任を負うことになる。とはいえ、本事例のようなケースにおいて送信者に過失を認めるのは難しいであろう。

　また、フリーウェアの作成者に対して、不法行為に基づく損害賠償請求を行うこ

とも可能である。フリーウェア作成者のセキュリティ・ウイルスチェックが不十分であれば責任追及は可能であろう。ただ、実際には、その立証は容易ではないと思われる。

　なお、製造物責任法に基づく損害賠償請求については、同法の「製造物」とは「製造又は加工された動産」（同法2条1項）をいうため、有体物ではないフリーウェアを「製造物」と考えることは困難であろう。

◆　結　　論　◆

　電子メールがウイルスに感染していたケースにおいては、送信者に対し、不法行為に基づく損害賠償責任を追及することが考えられる。

　フリーウェアの無償送信のケースにおいて、フリーウェアがウイルスに感染していた場合、フリーウェアの送信は贈与類似の無名契約と解されるので、民法551条1項準用により、送信者の責任は制限される。不法行為責任の追及は排除されないが、実際には困難であろう。

　また、フリーウェア作成者に対し、不法行為に基づく損害賠償請求を行うことも可能である。

《参考文献》
　・谷口知平ほか編『新版注釈民法』（有斐閣、1993）
　・TMI 総合法律事務所編『IT の法律相談』（青林書院、2004）
　・インターネット弁護士協議会編著『インターネット護身術』（毎日コミュニケーションズ、1998）
　・内田貴『民法 II 債権各論〔第 2 版〕』（東京大学出版会、2007）

第2　セキュリティソフト自動更新

　ソフトウェア会社のオンラインストアで、クレジットカード決済によりセキュリティソフトをダウンロード購入した。同ソフトの更新が近づき、パソコン上に更新を促すメッセージが出るようになったが更新しなかったところ、突然、同社から自動更新した旨のメールが届いた。
　利用料については、購入時に登録したカード情報を基に、カード会社に請求されたようである。
　同社ホームページで状況を確認すると、定期的に自動更新されるサービス（以下「自動更新サービス」という）に登録されており、更新を止めるためには、事前にホームページ上から更新中止の措置をとる必要があった。
　自動更新前には、会社から更新を知らせるメールが送信されるようであるが、ユー

ザーにはそのメールの受信履歴はない。ただ、メールが送信されたとされる時期は、ユーザーのメールサーバーの移転等でメール受信が不安定だったという状況はある。しかし、ホームページには、何らかの理由でこのメールが届かなかった場合であっても、中止措置をとっていなければ延長され、更新後は返品・返金には応じない旨の記載がある。

　自動更新サービスの適用の有無は、ソフトのダウンロード購入時において、同サービスの項目欄にあるチェックボックスにチェックがあるかで判断される。デフォルトではチェックが入っている状態であるので、同サービスを希望しない場合には、ユーザーにおいて購入時にそのチェックを外さなければならない。

　本件において、会社に対して返金や返品を請求することができるか。

◆　問題の所在　◆

- ・　自動更新サービスを受けることについての契約が成立したといえるか。
- ・　契約が成立したとしても、その契約は有効といえるか。
- ・　返金・返品に応じない旨の約定は有効か。

◆　基本的な考え方　◆

（1）　契約の成立について

　一般に、契約が成立したか否かは、当事者間における意思表示の合致の有無によって判断されるところ、これは本件のような電子商取引においても同様である。

　そして、本件自動更新サービスの申込みは、ソフトウェア本体の購入に付随した取引条件についての合意であると考えられるところ、このような取引条件を記載した文書は、ユーザーに対して法的拘束力を有するかが問題となる。

　経済産業省が公表している「電子商取引及び情報財取引等に関する準則」によれば、取引条件等を記載した文書（同準則では「サイト利用規約」と総称している）の法的拘束力については、それが契約条件に組み入れられると認められる場合として、ウェブサイトで取引を行う際に申込ボタンや購入ボタンと共に利用規約へのリンクが設けられているなど、サイト利用規約が取引条件になっていることが利用者に対して明瞭に告知され、かつ利用者がいつでも容易にサイト利用規約を閲覧できるようにウェブサイトが構築されていることによりサイト利用規約の内容が開示されている場合などが挙げられている。

　サイト利用規約が契約条件に組み込まれないであろう場合としては、ウェブサイト中の目立たない場所にサイト利用規約が掲載されているだけで、ウェブサイトの利用につきサイト利用規約への同意クリックも要求されていない場合が挙げられている。

　本件においても、自動更新サービスについての表示がサイト中の目立たない場所に記載されているのみであるような場合には、自動更新サービスは契約条件に組み

込まれないことになり、同サービスの提供契約は不成立となると考えられる。他方、同サービスの表示が、ユーザーにおいて必ず気がつくであろう場所に表示されているような場合には、契約成立と判断される場合もあると考えられる。

(2) 本件契約の有効性について

自動更新サービスの契約が成立したとしても、消費者契約法などにより無効とならないか。

(i) 消費者契約法4条は適用されるか

消費者契約法4条は、契約締結過程における事業者の行為によって消費者が誤認した場合（同法4条1項・2項）、あるいは困惑した場合（同条3項）に、それによってなされた意思表示を取り消すことができる旨規定している。これは、消費者と事業者との間において、その有する情報量には格差があることから、事業者による契約の勧誘に際し、不適当な情報が提供されたことによって消費者が望まない契約を締結した場合には、民法上の詐欺（民法96条1項）に該当しない場合であっても、衡平の観点から、これを取り消すことができることとしている。本件では、誤認類型が問題となる。

誤認による意思表示の取消事由は、事業者が契約締結の勧誘をするに際しての①不実告知、②断定的判断の提供、③不利益事実の不告知である。

本件においては、③不利益事実の不告知が問題となるところ、この点については、自動更新サービスの表示が通常ユーザーが気づかないような目立たない表示にすぎなかったような場合には、不利益事実を告知しなかったとして取消事由となることもあると解される。

以上から、本件では、場合によっては消費者契約法4条によって自動更新サービスを受ける旨の意思表示を取り消すことも可能と考えられる。

(ii) 電子契約法は適用されるか

電子商取引においては事業者が設定した手順に従って操作等をせざるをえないことから、安易な意思表示をしたり、操作ミスをしてしまうこともある。このようなことから、電子契約法3条は、消費者が申込みを行う際に申込内容を確認する措置などを事業者が講じていない場合、消費者の操作ミスによる申込みは錯誤として無効となると規定している。民法95条ただし書は、意思表示者に重過失がある場合にその者による錯誤の主張を制限しているが、電子契約法3条はこの特則を定めるものである。

本件においては、ユーザーは申込時において自動更新サービスを受けようとする意思を有していなかったのであるから、その重過失の有無にかかわらず錯誤無効を主張しうる余地がある（電子契約法3条柱書本文・同条1号）。

もっとも、当該申込みに際して、本件会社がユーザーの申込みの意思表示を行う

意思の有無について確認を求める措置を講じていた場合（確認画面を表示するなど）には、民法の原則どおり、ユーザーに重過失があったか否かによって錯誤無効が認められるかが判断されることになる（同法3条柱書ただし書）。

(iii) 公序良俗（民法90条）に反して無効とならないか

民法90条は、契約など法律行為が公の秩序又は善良の風俗に反する場合に、その法律行為は無効となると規定しているが、法律行為自体が公序良俗に反する場合のみならず、法律行為の内容は不当でなくとも、著しく不公正な取引方法によって法律行為が行われた場合にも当該法律行為が公序良俗に反し無効となる（最判昭和61年5月29日判時1196号102頁参照）。

本件のように、初期画面で自動更新サービスを受ける旨のチェックをあらかじめ入れておくことは、ユーザーがこの点に気づかない場合もあることから問題もあるが、他方、自動更新サービスを望むユーザーには利益となること、会社においては顧客囲い込みのメリットになることなどから、公序良俗に反する取引方法とまではいえないと解される。

(3) 返品・返金に応じない旨の約定の有効性について

消費者契約法10条は、消費者の利益を一方的に害する条項を無効とする旨規定していることから、本件返品・返金に応じない旨の約定は、この規定により無効とならないか。

本件自動更新サービスは、セキュリティソフトをその都度アップデートするものであるから、一定の事務処理の委託を契約内容とするものであるが、ウイルスに感染しないという結果を保証するものではないから、準委任契約（民法656条、643条以下）に該当するものと解される。

そして、準委任契約においては、当事者は原則としていつでも解除をすることができる（民法656条、651条1項）ところ、自動更新サービスは、この解除権を一律に認めないものであるから、民法の基本原則に反して消費者の利益を一方的に害するものとして、消費者契約法10条により無効となると解すべきである。

◆ 事例の検討 ◆

本件においては、具体的な事情によるが、自動更新サービス契約が不成立あるいは無効となる余地がある。また、返品・返金に応じない旨の約定については無効となると考えられる。

そこで、具体的な方法としては、本件会社に納得できない点については交渉し、その間、登録しているカード会社に事情を説明し、取引への調査や引き落としの停止を相談するなどが考えられる。

本件のような問題は、セキュリティソフトのケースに限らない。オンラインストアで商品を購入した際、当該オンラインストアへの会員登録を求められ、年会費が

Ⅴ　セキュリティ侵害　　317

課金されるような場合、その他ネットオークション、インターネット上での取引の仲介等の様々な取引において、同様の問題が発生する可能性がある。こうした問題の発生を未然に防ぐためには、やはり商品の購入や申込みの際、ページの内容などを慎重に確認することが必要である。

《参考文献等》
・内閣府国民生活局消費者企画課編『消費者契約法〔第 2 版補訂版〕』（商事法務、2015）107〜132頁
・日本弁護士連合会編『消費者法講義〔第 4 版〕』（日本評論社、2013）
・四宮和夫＝能見善久『民法総則〔第 8 版〕』（弘文堂、2010）276頁
・経産省「電子商取引及び情報財取引等に関する準則」（平成27年 4 月改訂版）

ＳＮＳ

　Xはとある SNS を利用していたが、ある日見知らぬ人から友達登録（お互いの更新情報がトップページに表示されるようにしたり、相互に直接メッセージをやり取りできるようになる機能）を求められた。それが写真を見る限りX好みの人物であったためXは友達登録を承認した。
　この SNS は、友達登録をした場合には、相互登録したアカウント同士でメールのようにメッセージのやり取りをすることができる機能があった。
① 　XとYは SNS を通じて会話をする等、XはYと仲良くなってきたと思っていたところ、XはYのアカウントから何度も通販の誘いを受けたため、つい連絡を受けた URL から商品を購入して代金を先に支払ったが、商品がいつまでたっても届かないほか、Yのアカウントがいつの間にか削除されていた。
② 　たくさんの友達登録申請を受けたためその都度登録を続けていたところ、ある日突然アカウントの管理ができなくなり、身に覚えのない日記等が書かれていることを知ったほか、友達登録している実際の友人Aのアカウントに X のアカウントからアダルトサイト等に誘導する URL が貼りつけられたものが大量に送りつけられていることを知った。

◆ 問題の所在 ◆
・　SNS における有料サービスの利用
・　友達登録の注意点

◆ 基本的な考え方 ◆
(1) SNS とは

　「SNS（ソーシャルネットワーキングサービス）」は、登録された利用者同士が交流できるウェブサイトの会員制サービスのことである。友人同士や、同じ趣味を持つ人同士が集まったり、近隣地域の住民が集まったりと、利用者間における密接なコミュニケーションが可能となるサービスであり、最近では、会社や組織の広報としての利用も増えてきている。
　代表的な機能としては、①日記や長短の文章を写真や動画を添付しながらウェブページに公開できるという発信者としての機能や、②それらを閲覧することができる受信者としての機能、③日記等に対してコメントを書くといった発信者にアクセスする機能。また、④ SNS 利用者相互間でチャットや DM（ダイレクトメッセー

ジ：送信ユーザーと受信ユーザーにしか見ることができない非公開なメッセージのこと）といった形でコミュニケーションを図ることができるといったものがある。

また、ユーザーの相互リンク機能によりつながりあったアカウント同士ではお互いの情報の更新をトップページで見ることができたり、あるいは他のアカウントから見えない形でメッセージのやり取りなどをすることができるものもある。

SNSには、自分のプロフィールや写真等を投稿することやフレンドの登録、あるいは掲示板やチャットによる会話等も楽しむことができる機能が備わっていることが多く、さらに、これらの機能はパソコンだけではなく、携帯電話やスマートフォンなど、インターネットに接続できる様々な機器でいつでも使うことができるため、身近で便利なコミュニケーションツールといえるが、トラブルと無関係とはいえない。

なお、①SNSサービス利用としてお金を支払った際に考えられるトラブルについては「オンラインゲーム」（本章Ⅱ第4の1）の項目を、②SNSサービス利用中に表示される広告等をクリックして発生したトラブルについては「ネットショッピング」（本章Ⅱ第1）の項目及び「ワンクリック詐欺」（本章Ⅳ第2）の項目を参照されたい。

[SNSの仕組み]

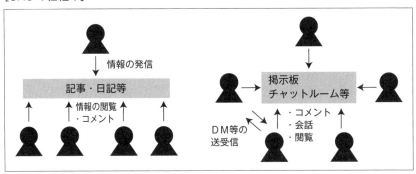

(2) ユーザー（相互）リンクによる誘因の危険性

本稿では、SNSによっていろいろな呼び方があるフレンド登録のようなものを「ユーザー相互リンク」と呼称することにする。

SNSにおけるユーザー相互リンク機能としては、主だったものとして更新情報が更新の都度相互リンクしているユーザーに表示されたり、第三者にみられることなく相互リンクしているユーザー同士でメッセージのやり取りをしたりすることができるものがある。

SNSにおいては、知人との交流もさることながらオープンな構造となっている

ものも多いため、まったくの他人からも自分の情報が閲覧できてしまうこととなる。そして、ユーザー相互リンクが設定されていない相手方にも DM を送信できてしまうものがある。

例えば、とある SNS は自分に対してまったく知らない名前のアカウントからあたかも友好的であるかのようなコメントと共に友達登録を求める DM が送られてくることも多い。

こういった身に覚えのないアカウントからの DM はほとんど全てと言っていいほど悪質な業者の HP に誘導することといった不正な目的を持って送信されてくるものであるため注意しなければならない。友達登録そのものにおいては悪質な URL 等が記載されていなくても、友達登録を承認してしまった者に対してそういったメールを送りつけてくる危険性が高い。

また、相互リンクではなく、例えば著名人等のアカウントを一方的に見ているだけの場合であってもこのような危険はある。

たとえば、著名人等のアカウントが乗っ取りなどの被害に遭った場合にはそのアカウントから不正な取引に誘引する URL があたかも当該著名人等の書き込みであるかのように装って誘導をかけることも考えられる。

この場合、著名人等のやることを知りたくて著名人のアカウントに注目しているという点が強いと思われるから、余計にその URL にアクセスしてしまう危険性が高くなる。

もちろん、そこで個人情報を入力するのを思いとどまることが大切であるが、万が一個人情報を登録してしまったり、あるいは意図せず商品を買わされてしまった場合には、申込みの撤回、あるいは返品権の行使を検討することとなろう（本章Ⅱ第 1 の 7「返品の可否」参照）。

◆ **事例の検討** ◆

（1） 事例①

SNS を用いて友達のふりをして相手を詐欺的な商取引に勧誘する事例も報告されている。

現在のところ SNS を利用するにあたって必ず実名でなければならないということはないから、Y という名前のアカウントでも実際に管理しているのは Z という人物であるということも容易に考えられる。

そのため、アカウントを管理している人物の実態がアカウントに記載されているものとかけ離れたものであっても全く不思議ではない。

したがって、本件のように詐欺的な通販に勧誘された場合には民事ないし刑事の手続を踏みたいと考えたとしても、肝心の相手方が全く特定できないこともあるといわざるをえない。

SNS運営及びプロバイダに対して被害報告の上、相手方の発信者情報を開示してもらうように要請することとなる。

ところが、DMの送信行為がプロバイダ責任制限法2条4号の「発信者」性を決める「不特定の」ものといえるかが問題となる。電子メールの場合には、多数の者にあてて同時に送信された場合であっても「1対1の通信が多数集合したもの」にすぎないからこれに含まれないとされており、DMの送信行為についても同様に否定する解釈がありえる。

しかし、DM送信の態様として、業者が取得したアカウントで機械的自動的に増やしたユーザー相互リンク先に対し、一斉に大量のアカウントに対してDMを送信しているような場合には、不特定性を肯定する余地もあろう。

さらに、プロバイダ責任制限法における開示請求は名誉やプライバシー権の毀損といった一定の権利侵害をその要件とするため、相手方から送られてきたDMにより詐欺サイトに誘導されたからといって、DMそのもので権利を侵害されたという関係には立たないことから、権利侵害等を認めることは困難であり、同法の趣旨から難しいと言わなければならない。

そのためプロバイダ責任制限法による開示請求は困難といえ、事態を認識した後すみやかに警察に被害届の提出等の措置をとるべきであろう。

SNSを利用して何らかの取引をせざるをえない場合には、後のトラブルに備え、①支払金額を証明するもの（銀行や郵便局の振込明細書、クレジットカードの明細書、電子マネーの管理番号等）を保管しておくことに加え、②相手方のアカウントが削除される前に、パソコンやスマートフォンにおける実際の画面を、スクリーンショット機能等を使うなどして保存し、相手方とのやり取りの記録を残しておくことが重要である。

(2) 事例②

まず、本件のようなアカウント乗っ取りについては不正アクセス禁止法により刑事罰の対象となる可能性があるが、場合によってはSNSの仕組み上他人がアカウントを乗っ取ることが不可能ではないものも存在する。

被害の拡大をまずは止める必要があるため当該SNSの運営者に対して速やかにこの件について報告をすべきである。

アカウントを乗っ取った相手方に対しては、法的にはアカウント乗っ取りにより精神的苦痛を被ったとして不法行為（民法709条）を理由とした損害賠償請求、あるいは違法な状態を止めるための不作為を求める仮処分をすることとなる。

ところが、相手の正確な名前も住所も知らない状況では法的手続を取りようがないこともまた事実であり、まずは相手方の特定を進めなければならない。相手方の情報はプロバイダからの情報提供が不可欠であるからプロバイダから情報開示を求

められればよいが、プロバイダ責任制限法は何らかの権利侵害がなければならず、単におかしなサイトに誘導する URL をばらまいているというだけでは開示請求は困難であろう。

　仮に相手方を特定できたとしても損害賠償が可能なだけの経済力があるとも限らないことから、金銭を請求する等の解決は困難といえ、見知らぬアカウントからの友達申請は無視、あるいは拒否することによってトラブルを予防することが必要である。

《参考文献》
・松本恒雄＝齋藤雅弘＝町村泰貴編『電子商取引法』（勁草書房、2013）434〜445頁、472〜474頁
・山田茂樹編著『インターネット消費者取引被害救済の実務』（民事法研究会、2014）164頁
・総務省「SNS 利用上の注意点」（http://www.soumu.go.jp/main_sosiki/joho_tsusin/security/enduser/security02/05.html）
・国民生活センター「SNS の思わぬ落とし穴にご注意！——消費者トラブルのきっかけは、SNS の広告や知人から？」（http://www.kokusen.go.jp/pdf/n-20140424_1.pdf）
・独立行政法人情報処理推進機構「SNS 友達申請に注意！　Facebook で乗っ取り被害に遭わないために」（http://www.ipa.go.jp/security/txt/2013/11outline.html）

Ⅶ 著作権侵害

1 事例①：ネットオークションでの販売

> 音楽好きのＡさんは、使わなくなったコンピューター用の会計ソフトDVDをネットオークションに出品して売却した。このような行為は著作権法上適法か。会計ソフトDVDがいわゆる「海賊版」である場合はどうか。これらを購入する側についてはどうか。
> (1) 正規品の中古品の出品又は購入は著作権法上違法か。
> (2) 「海賊版」の出品又は購入は著作権法上違法か。

◆ 問題の所在 ◆

著作権者は、譲渡権を専有するところ（法26条の2第1項）、著作物（を収録等した物品）をネットオークション等で転売する（再譲渡する）場合に著作権者の許諾が必要となるか。

◆ 基本的な考え方 ◆

正規品の中古品の出品・販売の場合は著作権侵害とならず、これを購入しても著作権侵害とはならないが、著作権者の許諾を得ずに自らコピーしたものや、他人が違法にコピーした「海賊版」等の場合は、出品・販売、購入ともに著作権侵害となる場合がある。

(1) 出品・販売の場合
(ⅰ) 正規品の場合

著作権者は譲渡権を専有するが、著作権者自身により、あるいは著作権者の許諾を得て一度販売された場合には、譲渡権が消尽するため（第3章ⅩⅣ著作権法第3の2(1)参照）、以後の再譲渡行為について許諾を得る必要はない（同法26条の2第2項）。よって、正規に購入した会計ソフトDVDについては、既に「消尽」によって、著作権者の譲渡権は及んでいないため、ネットオークションにこれを出品し販売したとしても、著作権法上の譲渡権を侵害することにはならない。

ただし、会計ソフト等のプログラムの著作物が収録されたDVDの場合は、その複製物（DVD）を譲渡した者は、その複製物を保存することが禁止されているため（同法47条の3第2項）、出品・販売に際しては、手元に残ったプログラムの複

324　第4章　具体的問題事例

製物を廃棄するか、プログラムを消去する必要があるので、この点注意する必要がある。

　なお、映画の著作物に関しては譲渡権ではなく、頒布権が認められているので（同法26条）、上記が該当しないのではないかとの疑問もありうるところであるが、判例によると、家庭用ゲーム機用の中古ゲームソフトは映画の著作物と扱われるものの、ゲームソフトに係る頒布権は、いったん適法に譲渡されれば、その目的を達成したものとして「消尽」し、その後の再譲渡行為には及ばないとされている（最判平成14年4月25日判時1785号9頁〔中古ゲームソフト東京事件〕）。

(ii)　自作コピー品の出品

　コピー品を販売するために、無断で、正規の会計ソフトDVDを複製することは、「私的使用」目的（著作権法30条1項）ではない。よって、ネットオークションで出品・販売する目的で、会計ソフトDVDのコピー品を作ること自体が著作権侵害の行為となる。

　なお、コンピューターソフト等のプログラムの著作物の複製物の所有者は、そのプログラムをパソコンにおいて利用するために「必要と認められる限度」において、プログラムの複製をすることができるが、プログラムを使用するための複製（パソコンへのインストール等）やバックアップのための複製を超えて、他人に譲渡や貸与をするためにプログラムの著作物を複製することは、「必要と認められる限度」を超えた複製となり、著作権を侵害することになる。また、コンピューターソフトの場合、サイトライセンス（使用者数やインストール台数に応じて、複数ライセンスを行い、ライセンス料を大幅に割り引く制度）における複数ライセンス（正規に受けたライセンス数）を切り売りするために、当該コンピューターソフトを複製して譲渡することも「必要と認められる限度」の複製を超えるものとして、著作権侵害の疑いがある点、注意を要する。サイトライセンスにおける複製使用の許諾範囲は、特定の組織内のパソコンへのインストールに制限しているのが通常である。

(iii)　違法コピー品（海賊版）の出品

　自ら違法コピーをしたものでなくとも、違法コピー品（いわゆる海賊版）であることを知りながらネットショップ等へ出品する目的で所持したり、実際に販売したりすることは、著作権を侵害したものとみなされ（同法113条1項2号）、刑事罰の対象となる（同法119条2項3号）。

　なお、海賊版の頒布の前段階の行為である「頒布する旨の申出」、すなわち海賊版と知ってネットショップ等へ出品すること自体も、著作権を侵害したものとみなされ（同法113条1項2号）、刑事罰の対象にもなるとされている（同法119条2項3号）。

　よって、出品に当たっては、この点についても十分に注意をする必要がある。

VII　著作権侵害　325

(2) 購入の場合

(i) 正規品の場合

出品者が、一度正規に購入した正規品であれば、著作者の譲渡権は「消尽」しているので、出品者の譲渡行為は著作権法違反とならず、購入者も、会計ソフトDVDをパソコンにインストールして使用することには問題はない（同法47条の3第1項）。

ただし、パソコンを購入した場合のプリインストールソフト版（OEM版）等は、当該プログラムソフトが特定のハード機器と一体でなければ使用できないことや、譲渡を制限する使用条件となっている場合もあるため、それに反する場合には、サポートを受けられない等、契約違反による不利益を被る場合がある。

(ii) 違法コピー品（海賊版）と知って購入した場合

落札者が、会計ソフトDVDのコピー商品を取得した時点において、それが違法にコピーされた商品（海賊版）であることを認識していた場合には、会計ソフトを当該違法コピー品からパソコンにインストール等して業務上使用する行為は、著作権侵害とみなされる（同法113条2項）。

逆に、取得の時に、違法コピー品であることを知らなかったのであれば、後で知ったとしても、当該コピー品の使用が著作権侵害とみなされることはない。

2 事例②：違法DL

> アニメ好きのAさんは、インターネットのアニメ動画サイトで、DVDとして市販もされている自分の好きなアニメ番組の動画を全てダウンロードできることを知った。このアニメ動画サイトは、以前より違法にアップされたアニメ動画をダウンロードできることで知られており、新聞やテレビの報道で社会的に問題になっていた。Aさんは、このようなサイトからダウンロードすることは問題があるのではないかと気になったものの、何より無料であるし、自分がアップしたわけでもなく、個人的な利用だから問題ないと考え、テレビで見逃した回を是非見たいという気持ちに勝てず、ダウンロードして自らのパソコンに保存し、視聴した。

◆ **問題の所在** ◆

- 違法に配信される動画のダウンロードについての刑事罰（いわゆる違法ダウンロード刑事罰化）

◆ **基本的な考え方** ◆

上記Aさんが自分のパソコンにアニメ動画を保存した行為は、著作権法119条3項により、刑事罰の対象となる行為である。

(1) 違法ダウンロードの刑事罰化

平成24年の著作権法改正により新設され、同年10月1日から施行された著作権法

326 第4章 具体的問題事例

119条3項は、①私的使用の目的をもって、②「有償著作物等」の、③著作権又は著作隣接権を侵害する自動公衆送信を受信して行う、④デジタル方式の録音又は録画を、⑤その事実を知りながら行って、⑥著作権又は著作隣接権を侵害した者は、⑦2年以下の懲役か200万円以下の罰金、あるいはその両方が科せられる旨定めている。著作権だけでなく、著作隣接権も対象である。②の「有償著作物等」とは、録音・録画されている著作物や実演等で、著作権又は著作隣接権による保護の対象であるものであって（逆にいえば、保護期間の経過等により著作権・著作隣接権の対象でないものは除かれる）、有償でかつ適法に公衆に提供され、又は提示されているもの、とされている。具体的には、上記の事例のように有償で一般に販売されているDVDといったものが該当する。「録音・録画」が必要であるので、文章や写真、プログラム等は対象とならない。また、上記④のように「デジタル方式」である必要があるので、アナログ方式で録音・録画することも対象ではない。

　もともと、個人がインターネット等から自分のパソコンに動画をダウンロードすることは、それが個人的に楽しむためといった目的であれば、私的な使用として著作権侵害とならないとされていた（同法30条1項）。しかしながら、違法な音楽配信サイトや、ファイル交換ソフト等によって、違法にコピーされた音楽や動画が多数流通するようになったことから、平成21年の著作権法改正により、上記③ないし⑤を満たす行為が民事上違法とされた（同項3号）。そして、平成24年の著作権法改正により、上記③ないし⑤に加え、上記①、②、⑥を満たす行為について、刑事上も違法であるとされ、2年以下の懲役又は200万円以下の罰金、あるいはその両方が科されることとなったのである。

　なお、私的使用の目的でなければ、他の著作権制限規定（第3章XIV著作権法第2の6参照）に該当しない限り、著作権者の許諾なく利用できないことはもちろんである。

　上記事例において、Aさんは、個人で鑑賞する目的ではあるものの、DVDとして市販されているアニメ動画を、違法に動画を配信しているサイトから、そのことを知りながらダウンロードし、これによって自己のパソコンに保存（複製）しており、刑事罰の対象となりうる。

　ただし、上記事例では違法に動画を配信するサイトであることを明確にしているが、実際にはそのような区別が困難であることも多く、法的な知識に乏しい者が違法ダウンロード行為を行ってしまうことも考えられるため、このような行為の防止の重要性に対する理解を国民が深めることができるよう、著作権法の平成24年改正附則は、国及び地方公共団体に対し啓発その他の必要な措置を講じる義務を課すと同時に、未成年者に対しては学校等の場を通じて教育の充実を図る義務を課している（平成24年改正法附則7条）。また、有償著作物等を公衆に提供し、又は提示す

VII　著作権侵害　　327

る事業者は、刑事罰の対象となる違法ダウンロード行為を防止するための措置を講じるよう努めなければならないとされている（同法8条）。

　さらに、この規定の運用にあたっては、インターネットによる情報の収集その他のインターネットを利用して行う行為が不当に制限されることのないよう配慮しなければならないとされている（同法9条）。これを受けて文化庁は、違法ダウンロード行為に関する著作権法119条3項の罪が親告罪とされていることから（同法123条1項）、警察は捜査権の濫用につながらないよう配慮するとともに、関係者である権利者団体は、仮に告訴を行うのであれば、事前に然るべき警告を行うなどの配慮が求められると考えられる、としている（文化庁「違法ダウンロードの刑事罰化についてのQ&A」より）。

(2)　民事上違法な領域

　上記のとおり、違法ダウンロード等について刑事罰が科される範囲は限定されているが、たとえ刑事罰の対象とならない行為であっても、上記で述べたとおり、民事上違法となることがあり、その結果、差止めや損害賠償請求の対象となる可能性がある（著作権法30条1項3号、112条、民法709条）。例えば、無償の動画（例えば、テレビ番組（DVD化されたり有料配信されたりしていないもの））であっても、違法に配信されているものを、そのことを知ってダウンロードするのであれば、私的な使用目的であっても、民事上違法となる可能性がある。著作隣接権についても同様である（著作権法102条1項、30条1項3号）。

　なお、自分がダウンロードした動画をさらに別のホームページやブログにアップすることは別個の著作権侵害を構成する場合があるため注意が必要である。

(3)　考えられる対応

　特にインターネットにおいては様々なサイトから動画を容易にダウンロードすることができるが、そのようなサイトには、適法に配信しているとは思われないものも多い。動画をダウンロードする際には、各種権利者団体の発行するマークや許諾番号が記載されている等、信用できるサイトを選択するよう留意し、安易なダウンロードを行わないように注意するべきである。万が一、違法なダウンロードをしてしまった結果、権利者等から警告や損害賠償請求を受けるといった事態になった場合は、できるだけ早く弁護士等の専門家に相談することが望ましい。

　　《著作権法119条3項》
　　　　第30条第1項に定める私的使用の目的をもつて、有償著作物等（録音され、又は録画された著作物又は実演等（著作権又は著作隣接権の目的となつているものに限る。）であつて、有償で公衆に提供され、又は提示されているもの（その提供又は提示が著作権又は著作隣接権を侵害しないものに限る。）をいう。）の著作権又は著作隣接権を侵害する自動公衆送信（国外で行われる自動公衆送信であつて、国内で

行われたとしたならば著作権又は著作隣接権の侵害となるべきものを含む。）を受信して行うデジタル方式の録音又は録画を、自らその事実を知りながら行つて著作権又は著作隣接権を侵害した者は、２年以下の懲役若しくは200万円以下の罰金に処し、又はこれを併科する。

3 事例③：自炊

> マンガ好きのＡさんは、自分が好きなマンガをいつでも手元において読めるようにしたいと、最近購入したタブレット端末にマンガをデータとして取り込みたいと考えた。しかし、Ａさんはスキャナを所有しておらず、会社のものを私的に使うわけにもいかない。そこで、Ａさんは、最近増加している本の裁断やスキャニングの業者を利用することにした。
> Ａさんが調べたところ、こうした業者には、大きく分けて、①裁断機、スキャナ等の機器を店舗に設置し、これらの機器の操作自体は自身で行わせる業者、②機器等の操作も含め、作業を代行してくれる業者、③あらかじめ裁断済みの書籍を貸し出し、店舗内で顧客にスキャンさせる業者、の３つ形態があるようだった。Ａさんは、もっとも手間がかからない②の形態の業者を利用することにし、この業者のウェブサイトから本の裁断・スキャニングを申し込んだ。

◆ **問題の所在** ◆
- ・ 書籍の裁断・スキャニングは著作権法上適法か。
- ・ これらを業者を利用して行うことはどうか。
- ・ 業者のシステムの違いにより結論は異なるか。

◆ **基本的な考え方** ◆

　書籍の裁断（＝物理的な破壊）そのものは著作権法上違法ではない。そして、スキャニング（＝複製）も、個人が私的使用目的で行う限りは適法である。もっとも、スキャニング行為に際して業者を利用する場合、著作権法上違法と評価される可能性がある。

(1) 「自炊」と著作権法

　設例のように、書籍を裁断する等してスキャニングを行い、書籍をデータ化することを指して「自炊」という言葉が用いられるようになっており、自炊に関するサービスを提供する業者も登場している。これらの業者には、ウェブサイトを通じて申込みを受け付けるところも多いが、中には、利用者がウェブサイトから申込みを行い、書籍を業者に送付しさえすれば、あとは、業者が裁断・スキャニング等の必要な作業を全て代行し、利用者はスキャニングされたデータのみをダウンロード等の方法により受け取る（裁断済みの書籍は業者の手で廃棄される）といった業態

Ⅶ　著作権侵害　329

のところもある。このような形態の業者を利用する場合、通信販売で書籍を購入し、当該業者に直送すれば、利用者は一切書籍に触れることなく、データのみを入手することも可能である。

　しかしながら、この自炊については、作家や漫画家が自炊代行業者を相手に訴訟を提起するなど、著作権法上の適法性を巡って議論がなされている。このため、気軽に業者の自炊サービスを利用し、著作権法違反に問われる可能性は否定できず、慎重な行動が求められるといってよい。

(2)　自炊の著作権法上の位置づけ

　上記のように、自炊は、書籍の裁断とスキャニングという大別して2つの行為を含んでいる。このうち、書籍を裁断すること自体は、物理的な破壊行為であり、心情的に「もったいない」ということはあっても、著作権法上違法であるわけではない。

　次に、スキャニングについては、書籍の版面をデータとして複製していることになるため、複製権（著作権法21条）が働く場面であり、原則として著作権者の許諾が必要である。もっとも、著作権法は、私的使用目的、すなわち、「個人的に又は家庭内その他これに準ずる限られた範囲内」で使用することを目的とした複製については、一定の例外を除き、かかる許諾なくできると定めている（同法30条1項柱書）。したがって、自分自身が個人的に使用する目的で、自分の手で書籍をデータ化すること自体は私的使用目的の範囲内であって、著作権法上適法ということができる。

(3)　業者の関与

　しかしながら、上記自炊のプロセスについて、業者に依頼する場合には、著作権法上違法と評価される可能性があり、注意を要する。この点、業者の提供する自炊に関するサービスの態様によって、①裁断機、スキャナ等の機器を店舗に設置し、これらの機器の操作自体は自身で行わせる業者（道具・場の提供型）、②機器等の操作も含め、スキャニング作業を代行してくれる業者（自炊代行型）、③あらかじめ裁断済みの書籍を貸し出し、店舗内で顧客にスキャンさせる業者（裁断済書籍提供型）、の3つに分けた議論がなされている（島並良「書籍の『自炊』」法学教室366号（2011）2頁）。

　このうち、裁断については、上記のとおり裁断自体は著作権法上違法ではないため、これを業者が代行することに問題はない。問題は、スキャニング作業を業者が行うかどうかである。

　上記①の道具・場の提供型の形態について、私的使用目的であっても、公衆の使用に供されている自動複製機器を用いる場合は原則に戻って著作権者の許諾が必要とされている（著作権法30条1項1号。上記の「一定の例外」に該当する）。スキャ

ナは、対象物をセットすれば自動的にその内容をデータ化するものである点で自動複製機器に該当すると考えられるため、自分自身でスキャニングする場合は、私的使用目的であっても複製権侵害となりそうである。もっとも、書籍の複製に関する限り、当分の間は上記著作権法30条1項1号は適用されないものとされており（著作権法附則5条の2）、現時点においては店舗に設置されたスキャナを用いてスキャニングを行っても適法と考えられる。

これに対し、上記②の自炊代行型の形態については、作家や漫画家が自炊代行業者らに対して、第三者から委託を受けて書籍を電子的方法により複製することの禁止及び損害賠償を求めた訴訟が提起された。第一審の東京地裁は、複製行為の主体は利用者ではなく自炊代行業者であり、著作権法30条1項は適用されないと判示して、作家側の主張を認めた（東京地判平成25年9月30日、同10月30日判決）。これに対し、業者の一部が控訴したが、知財高裁も同様の判断をしている（知財高判平成26年10月22日。ただし、業者側上告受理申立て）。これら一連の判決は、事例判断としての側面もあるが、業者が主体と評価されるような場合には、その違法性を認めたものと解される。そして、これらの判決は、利用者が自炊代行業者に自炊を依頼することの適法性については何も論じていないが、業者に対し、このような違法な行為を依頼した利用者自身も、共同でこのような行為を行ったと評価される可能性が完全には否定できない。したがって、設例では、Aさんが、上記②の自炊代行型の業者を利用した場合、当該業者だけでなく、Aさん自身も著作権法違反の責任を負うおそれがある。

上記③の裁断済書籍提供型については、業者が提供する裁断済書籍の使用が店舗内に限られている限り（店舗外に持ち出せない限り）、飲食店や美容室等に置かれている雑誌や本と同様に、著作権法上の問題はないと思われる（貸与権（著作権法26条の3）が働く場面ではないと解される）。そして、自炊を希望する顧客自身がスキャニングしているのであれば、上記①の道具・場の提供型と同様、スキャニングについても問題はないことになる。

この自炊の問題については、上記の自炊代行型を除き、明確に述べる裁判例も未だ見当たらないところであり、さらに議論の深化が望まれるところである。ただし、現実には、前述の訴訟の影響もあってか、自炊代行を取りやめる業者も増えているようである。また、電子書籍の普及が進めば、ここで述べたような態様の自炊は次第に役目を終えていくものと思われるが、態様は異なっても、著作物を電子化（複製）するに際しては、自らが違法行為に手を染めてしまわないよう、慎重に行動する必要があるといえるだろう。

VIII　個人情報の不正な取扱い

　共通ポイントカードの会員になり、ポイントを貯めるため、その共通ポイントカード運営会社の運営するインターネット上のポイントモールを利用して買物をした。しばらくすると、購入した商品に関連するダイレクトメールが、商品を購入した店だけでなく、知らない店からも次々と送られてくるようになった。

　消費者としてはどのような対応が考えられるか。

◆　問題の所在　◆

- ・　当該事業者に個人情報保護法の適用はあるか。
- ・　消費者が提供した情報は個人情報に該当するか。
- ・　保有している個人情報をダイレクトメールの送付のために利用することは許されるか。
- ・　保有している個人情報を第三者に提供することは許されるか。
- ・　自己の個人情報について、削除等を請求することはできるか。
- ・　自己の個人情報について、第三者への提供を停止させることはできるか。
- ・　自己の個人情報の不正な取扱いを理由として損害賠償を請求することはできるか。

◆　基本的な考え方　◆

(1)　当該事業者に個人情報保護法の適用はあるか

　個人情報保護法に基づいて何らかの請求を行う前提として、相手方の事業者が個人情報保護法の適用対象となる「個人情報取扱事業者」でなければならず、個人情報データベース等を事業の用に供しており、過去6ヶ月以内に5,000人以上の個人に関する情報を利用している者でなければならない（同法2条3項、同施行令2条。ただし、平成27年改正によりこの制限は撤廃された）。

　よって、本件の購入店・共通ポイントカード運営会社・ダイレクトメールを送付してきた事業者に対して個人情報保護法に基づく請求を行うためには、5,000人以上の個人に関する情報を取り扱っている場合でなければならない。

　なお、経済産業省の「個人情報の保護に関する法律についての経済産業分野を対象とするガイドライン」（以下「経済産業分野ガイドライン」という）においては、

332　第4章　具体的問題事例

個人情報取扱事業者でない事業者等についても、個人情報保護法の基本理念（同法
3条）を踏まえ、ガイドラインに規定されている事項を遵守することが望ましいと
されている。

(2) 消費者が提供した情報は個人情報に該当するか

「個人情報」とは、生存する個人に関する情報であって、当該情報に含まれる氏名、
生年月日その他の記述等により特定の個人を識別することができるもの（他の情報
と容易に照合することができ、それにより特定の個人を識別することができること
となるものを含む）をいう（個人情報保護法2条1項）。

よって、消費者が商品を購入する際に入力した氏名、住所、電話番号、メールア
ドレス等のみならず、ID、携帯電話端末識別番号、クッキー等の情報も、事業者
が容易に他の情報と照合することにより特定の個人を識別できる場合には、個人情
報に該当しうる。

他方、他の情報と容易に照合することができない形で取得された単なる商品の購
入履歴やウェブサイトの訪問履歴などは原則として個人情報には該当しない。

(3) 保有している個人情報をダイレクトメールの送付のために利用 することは許されるか

個人情報取扱事業者は、個人情報を取り扱うに当たっては、その利用目的をでき
る限り特定しなければならず（個人情報保護法15条1項）、あらかじめ本人の同意
を得ないで、特定された利用目的の達成に必要な範囲を超えて、個人情報を取り
扱ってはならない（同法16条1項）。なお、取得した個人情報が不正な手段によっ
て流通したものであった場合などであっても、個人情報保護法にはそのことを理由
に当該個人情報の利用を制限する規定はない（同法17条参照）。

そして、個人情報取扱事業者は、個人情報を取得する場合には、本人に対し、あ
らかじめその利用目的を明示（＊注1）し（同法18条2項）、あるいは利用目的を
速やかに通知・公表（＊注2）しなければならない（同条1項）。

よって、保有している個人情報をダイレクトメール送付のために利用できるかど
うかは、当該事業者の特定した利用目的によることになる。そして、購入店は消費
者から個人情報を取得するに当たり、その利用目的をできる限り特定しあらかじめ
明示しなければならず、その個人情報の提供を受けた事業者も、その利用目的をで
きる限り特定し、速やかに通知・公表しなければならない。例えば、利用目的に「販
売促進のために取扱商品の案内を送付すること」などとあらかじめ明示していた場
合には、購入店は消費者から取得した住所やメールアドレス宛てに取扱商品等のダ
イレクトメールを送付することができるが、その旨明示していなかった場合には、
あらかじめの同意なく送付することは許されない。また、たとえ利用目的が明示さ
れていた場合であっても、例えば、「事業活動に用いるため」「お客様に提供する

サービスの向上のため」などのように、それがあまりにも広範又は一般的・抽象的な場合には、利用目的が特定されているとはいえず、当該個人情報の利用は原則として認められないと考えられる。ダイレクトメールを送付してきた事業者についても、同様に利用目的の特定・通知・公表がなされていなければ、当該個人情報の利用は原則として認められない。

　そして、個人情報取扱事業者が利用目的を超えて個人情報を利用している場合、主務大臣（平成27年改正の施行後は、原則として個人情報保護委員会。以下同じ）による助言・勧告・命令（同法32条、33条）、認定個人情報保護団体による苦情処理（同法42条）などを求めることが考えられる。

(4)　保有している個人情報を第三者に提供することは許されるか

(i)　個人情報の入手先・入手方法の開示請求

　ダイレクトメールを送付してきた事業者に対して本人が個人情報を提供していなかった場合、当該個人情報の入手先や入手方法を把握することが必要であり、ダイレクトメール送付事業者に対してそれらの情報の開示を求めることが必要となることがある。

　保有個人データ以外の情報、例えば、当該個人情報の入手先や入手方法については、個人情報保護法上、開示義務が定められていない。しかし、保有個人データ自体に入手先等に関する情報が含まれている場合には、本人は、その開示を求めることができる（同法25条1項。＊注3）。また、個人情報保護法に基づき開示を求められない場合であっても、当該事業者の苦情相談窓口に任意の開示を求めることが考えられる（＊注4）。なお、平成27年改正により、個人データの提供を受けるに際して、個人情報取扱事業者に提供元の確認や記録保管が義務付けられた。

(ii)　保有個人情報の第三者提供の可否

　ダイレクトメールを送付してきた事業者が、ポイントカード運営事業者から個人情報を入手し、ポイントカード運営事業者が購入店から個人情報を入手していた場合、あるいは、購入店から直接個人情報を入手していた場合、購入店・ポイントカード運営事業者によるそのような個人情報の提供は許されるか。

　個人情報取扱事業者は、原則として、あらかじめ本人の同意を得ないで、個人データを第三者に提供してはならない（個人情報保護法23条1項）。よって、本件においても、購入店は、あらかじめ本人の同意を得ないで個人データを第三者に提供することは許されないのが原則である。

　ただし、第三者に提供される個人データについて、本人の求めに応じて当該本人が識別される個人データの第三者への提供を停止することとしている場合であって、提供される個人データの項目等について、あらかじめ、本人に通知し、又は本人が容易に知りうる状態に置いているときは、当該個人データを第三者に提供すること

ができ（同法23条2項。なお、平成27年改正により、個人情報保護委員会への届出を行うことも必要となった）、本件においても、このようなオプトアウト手続を設けている場合には、購入店や共通ポイントカード運営事業者が個人データをあらかじめの同意なしに第三者に提供することも許されることとなる。

また、委託・共同利用等の場合において、当該個人データの提供を受ける者は、ここにいう第三者に該当しない（同法23条4項）。

この共同利用の例外は、個人データを特定の者との間で共同して利用する旨並びに共同して利用される個人データの項目、共同して利用する者の範囲、利用する者の利用目的及び当該個人データの管理について責任を有する者の氏名又は名称について、あらかじめ、本人に通知し、又は本人が容易に知りうる状態に置いていることを要件としている（同法23条4項3号）。

よって、本件においても、購入店・共同ポイントカード運営会社・ダイレクトメールを送付してきた事業者がこのような共同利用の要件を満たしている場合には、それらの間の個人データの提供は個人情報保護法上認められることとなる。

もっとも、共同利用と称している場合であっても、実態として共同して利用している実態がない場合、例えば、共通ポイントカード運営事業者に対する片面的な個人情報提供がなされるのみとなっている場合などは、共同利用とはいえない。また、共同利用者の範囲・利用目的などが十分特定されているか、注意する必要がある。

また、本人が容易に知りうる状態に該当する例として、経済産業分野ガイドラインでは、ウェブ画面中のトップページから1回程度の操作で到達できる場所への掲載等が継続的に行われていること、商品を紹介するウェブ画面にリンク先を継続的に掲示すること、などが例示されていることから、これと同程度の状態に置かれていなければ、本人が容易に知りうる状態に置いているとはいえないとみるべきである。

なお、オプトアウト手続の整備や委託・共同利用等の形態をとることによって、個人情報保護法上は第三者提供が禁止されない場合であっても、他法令において守秘義務が課されている場合（医薬品販売事業者（刑法134条1項）・電気通信事業者（電気通信事業法4条）・探偵業者（探偵業の適正化に関する法律10条）等）には、個人情報の提供が許されない場合があることはいうまでもない。

(5)　自己の個人情報について、削除等を請求することはできるか

個人情報取扱事業者は、本人から、当該本人が識別される保有個人データの内容が事実でないとして当該保有個人データの内容の訂正・追加・削除を求められた場合には、他法令に特別の手続が定められている場合を除き、遅滞なく必要な調査を行い、その結果に基づき、当該保有個人データの内容の訂正等を行わなければならず（個人情報保護法26条1項）、本人に対し、遅滞なく、その結果を通知しなけれ

Ⅷ　個人情報の不正な取扱い　　335

ばならない（同条2項）。

　また、個人情報取扱事業者は、本人から、当該本人が識別される保有個人データが利用目的に違反して取り扱われているという理由又は不正の手段により取得されたものであるという理由によって、当該保有個人データの利用の停止又は消去を求められた場合であって、その求めに理由があることが判明したときは、原則として、違反を是正するために必要な限度で、遅滞なく、当該保有個人データの利用停止等を行わなければならず（同法27条1項）、本人に対し、遅滞なく、その結果を通知しなければならない（同条3項）。

　よって、本人は、保有個人データの内容が事実でない場合には、その内容の訂正、追加又は削除を求めることができ、また、保有個人データが利用目的に違反して取り扱われている場合又は不正に取得されたものである場合には、その利用停止又は消去を求めることができる。

　他方、それ以外の理由によっては、個人情報保護法に基づいて個人情報の訂正・削除・利用停止等を求めることはできない。もっとも、そのような場合であっても、当該個人情報が個人の人格権に深く関わるような情報である場合には、人格権に基づき、当該個人情報の訂正・削除・利用停止等が認められる余地がある（東京地決平成26年10月9日公刊物未登載）。また、個人情報保護法に基づき個人情報の訂正・削除・利用停止等を求めることができない場合であっても、個人情報取扱事業者は個人情報の取扱いに関する苦情の適切かつ迅速な処理に努めることとされていることから（同法31条1項）、当該事業者の苦情相談窓口に任意の訂正・削除・利用停止等を求めて交渉することも考えられる。

　さらに、個人情報取扱事業者が個人情報保護法に違反して訂正・削除・利用停止等に応じない場合、主務大臣による助言・勧告・命令（同法32条、33条）、認定個人情報保護団体による苦情処理（同法42条）などを求めることが考えられる。

(6) 自己の個人情報について、第三者への提供を停止させることはできるか

　個人情報取扱事業者は、本人から、当該本人が識別される保有個人データがあらかじめ本人の同意を得ないで第三者に提供されているという理由によって、当該保有個人データの第三者への提供の停止を求められた場合であって、その求めに理由があることが判明したときは、原則として、遅滞なく、当該保有個人データの第三者への提供を停止し（個人情報保護法27条2項）、本人に対し、その結果を通知しなければならない（同条3項）。

　よって、本件において、購入店又は共通ポイントカード運営会社が、本人の同意なしに保有個人データを第三者に提供している場合には、本人は保有個人データの第三者への提供の停止を請求することができ、第三者提供の停止に応じない場合、

336　第4章　具体的問題事例

主務大臣による助言・勧告・命令（同法32条、33条）、認定個人情報保護団体によ
る苦情処理（同法42条）などを求めうる。

　もっとも、共同利用の要件を満たす場合、購入店に対して個人情報提供時にあら
かじめ提供について同意をしていた場合、共通ポイントカード会員規約等に個人情
報提供に関する承諾条項が含まれていた場合などには、個人情報保護法に基づいて
第三者提供の停止を請求することができないことがある。そのように個人情報保護
法に基づき保有個人データの第三者提供の停止を求められない場合であっても、経
済産業分野ガイドラインにおいて、本人の権利利益保護の観点から、本人から求め
があった場合には、自主的に利用停止に応じる等、本人からの求めに一層対応して
いくことが望ましいとされていること、及び個人情報取扱事業者は個人情報の取扱
いに関する苦情の適切かつ迅速な処理に努めることとされていることから（同法31
条1項）、当該事業者の苦情相談窓口に任意の第三者提供停止を求めて交渉するこ
とが考えられる。

(7)　自己の個人情報の不正な取扱いを理由として損害賠償を請求することはできるか

　個人情報保護法に違反して自己の個人情報を不正に取り扱われた場合には、消費
者は、以上のような個人情報保護法に基づく手段のほかに、不法行為（民法709条）
に基づいて損害賠償を請求することが考えられる。

(i)　個人情報保護法に違反する個人情報利用

　前記の目的外利用や個人情報保護法の要件を満たさない第三者提供の場合がこれ
に当たる。このような個人情報保護法に基づく行為がなされた場合、個人情報保護
法違反を理由として、不法行為に基づく損害賠償を請求することとなる。

(ii)　情報漏えい

　ダイレクトメールを送付してきた事業者への個人情報の流通が、購入店や共通ポ
イントカード運営事業者における情報漏えいに起因するものであった場合にも、購
入店や共通ポイントカード運営事業者に対して不法行為に基づく損害賠償を請求す
ることが考えられる。

　個人情報取扱事業者は、その取り扱う個人データの漏えい、滅失又はき損の防止
その他の個人データの安全管理のために必要かつ適切な措置を講じなければならな
い（個人情報保護法20条）。また、個人情報取扱事業者は、従業者や委託先に対し、
当該個人データの安全管理が図られるよう、必要かつ適切な監督を行わなければな
らない（同法21条、22条）。

　安全管理として具体的にどの程度の対応が必要かは、一律に定まるものではなく、
取り扱う情報の性質や利用方法、情報通信技術の発達などを勘案し、社会通念上合
理的な程度の安全管理措置であったかどうかによって判断される。具体例としては、

個人情報の取扱いに関する内部規程の整備、安全管理者の設置、コンピュータへのファイアウォールの構築、情報の暗号化、データベースへのアクセス制限などが考えられる。なお、この点については、経済産業分野ガイドラインにおいて、事業者が講ずべき安全管理措置について詳細な規定が設けられ、必要かつ適切な安全管理措置を講じているとはいえない場合が例示され、組織的・人的・物理的・技術的安全管理措置として講じなければならない事項が列記されており、具体的事案において安全管理義務違反の有無を判断するに際して参考となる。

よって、購入店や共通ポイントカード運営事業者においてこのような措置が講じられていなかったために情報が漏えいした場合には、個人情報保護法の定める安全管理義務違反を理由として、不法行為に基づく損害賠償を請求することとなる。

なお、個人情報の違法提供事案や漏えい事案において、事業者は1人当たり500円程度の金券を送付するのみの対応とする例が見られるが、裁判例においては、1人当たり5,000円～5万円程度の損害賠償が認められている。

他方、このように損害賠償請求を行うとしても、その違法行為と相当因果関係のある損害は慰謝料（及び弁護士費用）のみであることが通常である。そして、消費者裁判手続特例法において慰謝料は対象外とされているため（消費者裁判手続特例法3条2項）、多数の被害者をまとめて損害賠償請求を行う場合であっても、同法の手続によって解決するには適さない。そのため、損害賠償請求をする場合は、訴訟外における交渉又は従来型の弁護団方式による訴訟によることになる。

◆ 事例の検討 ◆

以上のとおり、消費者は、個人情報保護法の要件を満たす場合には、個人情報保護法に基づき、購入店・共通ポイントカード運営事業者・ダイレクトメールを送付してきた事業者に対して、個人情報の削除・利用停止・消去・第三者提供の停止等を請求することができる。そして、当該事業者が応じない場合は、主務大臣による助言・勧告・命令、認定個人情報保護団体による苦情処理等を求めうる。

また、個人情報保護法の要件を満たさない場合であっても、当該事業者の苦情相談窓口に任意の対応を求めて交渉することが考えられる。

さらに、購入店・共通ポイントカード運営事業者の個人情報取扱いが個人情報保護法に違反していた場合などには、消費者は、当該事業者に対して、不法行為に基づき、損害賠償を請求することが考えられる。

*注1　経済産業分野ガイドラインにおいては、明示の具体例として、本人がアクセスした自社のウェブ画面上、又は本人の端末装置上にその利用目的を明記すること（本人が送信ボタン等をクリックする前等にその利用目的（利用目的の内容が示された画面に1回程度の操作でページ遷移するよう設定したリンクやボタンを含む）

が本人の目にとまるようその配置に留意する必要がある）が例示されており、これ
と同程度の明示がなされていなければ、利用目的が明示されていないとみるべきで
ある。

＊注2　利用目的の公表については、経済産業分野ガイドラインにおいて、ウェブ画
面中のトップページから1回程度の操作で到達できる場所への掲載等が例示されて
おり、これと同程度でなければ、利用目的が公表されていないとみるべきである。

＊注3　個人情報取扱事業者は、開示請求を受け付ける方法を定めることができるが、
本人に過重な負担を課するものとならないよう配慮しなければならないものとされ
ている（29条）。

＊注4　個人情報取扱事業者は個人情報の取扱いに関する苦情の適切かつ迅速な処理
に努めることとされている（31条1項）。

《参考文献等》

・宇賀克也『個人情報保護法の逐条解説〔第4版〕』（有斐閣、2013）

・岡村久道『個人情報保護法〔新訂版〕』（商事法務、2009）

・個人情報保護基本法制研究会編『Q&A 個人情報保護法〔第3版〕』（有斐閣、2005）

・LC CLUB「個人情報保護法逐条解説」（http://lc.westlawjapan.com/）

・消費者庁「個人情報の保護に関するガイドラインについて」（http://www.caa.go.jp/
planning/kojin/gaidorainkentou.html）

IX 通信・電子機器、プロバイダとのトラブル

1　事例①：携帯電話の解約

> 家電量販店で、格安と言われてスマートフォン（スマホ）を購入した。同時に、通話・通信料金に関するプランを選び、あわせて複数の有料オプションにも加入させられた。
> (1) 後日、別のスマホに買い換えることにしたので、従前のものを解約しようとしたところ、違約金が発生すると言われた。
> (2) 後日、不要な有料オプションを解約したいと思い、スマホを購入した販売店に行ったところ、その販売店では解約は受け付けておらず、当該オプションの提供事業者と直接コンタクトを取るように言われた。

◆ **問題の所在** ◆

　携帯電話やスマホ（以下、合わせて「端末」という）の利用には、端末の購入契約とは別に電気通信に関する契約が必要となる。また利用者は、基本的な通話・通信の他に様々なサービス（天気情報、ニュース配信、音楽配信、交通案内、動画ダウンロード等々）を受けることができるが、そのためには基本的な電気通信に関する契約とは別の契約を結ぶ必要がある。
　消費者は、端末を購入する際にこれらの契約を一緒に締結するため、1つの契約のように錯覚する。
　料金設定についても、長期間の利用を前提にした複数のサービスを合わせることで割安感のある料金になるものの、他方で、期間途中での解約は違約金の発生につながることもあり、消費者にはその理解が容易でない。また、端末購入代金を分割払いにして、毎月の通話・通信料と一緒に支払っている場合があるが、その場合は、電気通信に関する契約を解除しても端末購入代金の分割払いがなくなることはないのだが、この点も消費者には理解しづらい。

◆ **基本的な考え方** ◆

(1) 背景事情

　上記のとおり端末の販売店では、第1に端末の販売契約、第2に通話・通信に関する契約（基本契約の他に留守電などのオプション契約を含む意味）、第3にオプションのアプリに関する契約など、種々の契約が締結される。

340　第4章　具体的問題事例

（i）　通信・通話に関する契約（電気通信事業関係）

　有線・無線その他の電磁的方式により通話・通信することを電気通信といい、そのサービスを提供する事業を電気通信事業というが（電気通信事業法2条）、電気通信事業に関しては、電気通信事業法が規制している。プロバイダも電気通信事業者であり、同法の規制を受ける（かつては電子通信事業者を、自前の通信・回線設備を有する「第一種電気通信事業者」と回線設備を第一種事業者から借りる「第二種電気通信事業者」に分けていたが、平成16年の法改正でこの区分はなくなった。現在、「第一種」は固定端末系の設備、「第二種」は移動端末系の設備をそれぞれ意味している。なお、移動端末系の設備に関しては、自前の設備を有する移動体通信事業者（MNO）とMNOから設備を借りて事業を行う仮装移動体通信事業者（MVNO＝Mobile Virtual Network Operator）の区分もある）。

（ii）　代理店（販売店）での契約

　電気通信サービスを受けるためには、そのサービスを提供する電気通信事業者と契約を締結する必要があるが、消費者がこの契約を結ぶのは、通常その代理店（販売店）においてである（代理店には、電気通信事業者と代理店契約を結ぶ一次代理店、一次代理店と代理店契約を結ぶ二次代理店などがある）。

　この代理店は、端末の販売代理店とオプションのアプリの販売代理店を兼ね、なかには、複数の端末メーカー、複数の電気通信事業者、複数のアプリ提供業者らの代理店を兼ねるものもある。

　代理店は、商品・サービスの販売により、それらの提供元から販売奨励金を得られるため、端末1つの販売では利益が出なくても、電気通信サービスやオプションのアプリを含めて数をこなして販売奨励金により利益を得ようとする。電気通信事業者やアプリの提供業者らも、多くの利用者から一定期間確実に利用料が得られれば利益になるため、一定期間の利用を前提にした割安感のあるセット料金で客を誘い、代わりに途中解約には違約金が発生するなどの制約を課すことがある。

　なお、この代理店は、契約締結の権限はあっても解約に関する権限がないことが多く、その場合、契約者は解約のためには電気通信事業者やアプリの提供業者に直接コンタクトを取る必要がある。そして、解約の際には、契約時に設定したIDやパスワードが必要とされることもある。

　ちなみに、代理店も「電気通信事業者等」として電気通信事業法の規制を受ける（同法26条）。

（2）　対応

（i）　情報提供のあり方

　上記のように電気通信サービスは、料金体系やサービス内容等が多様化・複雑化し、契約当事者も複数が関与するなど、消費者にはその実態がわかりづらい。

ア 契約締結前の情報提供のあり方（広告規制）

これに対しては、一般的な規律として「不当景品類及び不当表示防止法」があり、さらに、電気通信事業者4団体で構成する「電気通信サービス向上推進協議会」により「電気通信サービスの広告表示に関する自主基準及びガイドライン」が定められている。

イ 契約締結時の説明義務等のあり方

電気通信事業法は、代理店等に対して契約締結にあたっての料金その他の提供条件の説明義務を課している（同法26条）。もっとも、説明すべき事項等は総務省令（施行規則）で定められており、日常で用いる基本的な電気通信サービスを対象としており、オプションサービス等は対象としてない（「電気通信事業法の消費者保護ルールに関するガイドライン」（総務省）参照）。

また、電気通信サービス向上推進協議会も「電気通信事業者の営業活動に関する自主基準」を定め、電気通信事業法第26条を踏まえて、利用者への説明内容を規定する（同4条）。その内容は、電気通信サービスの料金及び経費（同条1項4号）、解除に関して申出期間の制限、違約金、貸与端末設備の返還又は引取に要する経費の負担（同項6号）、契約の変更又は解除の連絡方法（同項7号）などであるが、1つの申込みで他の事業者に係わる契約を構成している電気通信サービスの場合は、当該他の事業者に係わる契約の変更又は解除の注意喚起に努めるよう、特に規定している。

他にも、一般社団法人電気通信事業者協会が「代理店の営業活動に対する倫理要綱」を定め、代理店の営業の方法として、解約制限や期間中に解約した場合の違約金の徴収を禁止する旨を規定し（同要綱の2、ｇ）、代理店を指導する姿勢を見せている（もっとも、この禁止は、代理店が独自に解約制限したり違約金を徴収する場合を予定しており、電気通信事業者との契約により行う場合は対象ではない）。

さらに、総務省・消費者庁も「携帯電話の契約時のトラブルと消費者へのアドバイス」を定めて、注意喚起を行っている。

(ii) 消費者契約法

契約締結に関して情報提供があったとしても、違約金を定める契約条項自体が消費者契約法9条1号に違反し、あるいは、消費者の利益を一方的に害するため同法10条により契約は無効ではないか問題になる。

この点を争った裁判では、同法10条による無効とはしたものはなかったものの、同法9条1号該当性については、地裁レベルで判断は分かれていた（京都地判平24年3月28日判時2150号60頁は否定、京都地判平24年7月19日判タ1388号343頁は肯定）。しかし、大阪高裁は当該事例の違約金の額では同法9条1号に該当しないとして消費者側の請求を棄却した（平成24年12月7日公刊物未登載、平25年3月29日

判時2219号64頁）。これに対して消費者側が上告受理申立をしたところ、最高裁はいずれも不受理決定を下している。

(iii) 抱き合わせ販売の問題

「抱き合わせ販売」とは、ある商品について有力な地位を占める企業が、その商品の購入者に別の商品の購入を強制することである。独占禁止法は、私的独占、不当な取引制限、不公正な取引方法の3つを反競争的行為として禁止しており、抱き合わせ販売は、不公正な取引方法に該当する。かつて、ゲームソフトの抱き合わせ販売や「Excel」と「Word」の抱き合わせ販売などが公正取引委員会に摘発されている。

もっとも、セット販売は、複数の商品を単品でも購入できるため、抱き合わせ販売とはみなされない。よって、上記の代理店が行うセットでの契約を直ちに抱き合わせ販売とすることは難しい。

◆ 事例の検討 ◆

(1) 事例①(1)について

違約金の発生自体が違法とは言い難いが、その額によっては消費者契約法に違反する可能性はある。

また、契約期間途中の解約制限や違約金の発生については、契約時の説明が必要であるから、場合によってはその説明義務違反を主張できる。

(2) 事例①(2)について

代理店は契約解除の権限をもっていないことが多く、その場合は、サービス提供事業者に直接連絡を取るほかない。

(1)、(2)いずれの場合も契約内容の説明をしっかり聞いておいて、トラブルが生じたときにその内容を再現できるようにしておくことが望ましい。

(3) パソコン購入とインターネット利用契約

同じような問題は、パソコンを購入する際にインターネット利用のための契約を行う場合にも生じる。すなわち、インターネット接続のための回線設備（ADSLや光回線など）の敷設とその回線の利用（あるいは Wi-Fi の利用）やプロバイダの利用等は、それぞれ別の契約であるのに、その区別がつかないまま契約を締結する消費者は多い。

そして、これらの利用料金が割安のセットになっている場合には、プロバイダの乗り換えの際に違約金が発生することもある。あるいは、自宅を引っ越すなどして新しいネット環境を得て、従前のネット環境を利用しなくなったのに、従前の利用契約を解約し忘れたまま基本使用料を自動引き落としされ続けるということもある。

このような場合の対処法も上記と同じである。

IX　通信・電子機器、プロバイダとのトラブル　343

⑷　固定電話の乗り換え

　固定電話の乗り換えでも同じような問題が生じうる。固定電話も回線の種類（ADSLや光回線）やインターネットの利用などの選択がセットで割安料金になっていることがあり、契約途中での乗り換えには違約金が発生して、思ったよりも料金が安くないことがある。この場合もの対処法も上記と同じである。

2　事例②：定額制の誤解

　自宅のパソコン（PC）のインターネット環境が悪かったため、携帯電話にPCを繋いでモデムとして利用してインターネットを利用していたところ、携帯電話の利用料金がこれまでの10倍以上の高額になった。携帯電話の通信料は定額制にしていたのに、払う必要があるのか。

◆　問題の所在　◆

　定額制で受けられるサービスと思っていたところ、そうではなかったということであり、利用者に誤解があるが、その場合も利用料を払う必要があるか。

◆　基本的な考え方　◆

　通信料金には、従量制と定額制がある。従量制は使用量に応じて料金が発生し、定額制は使用量にかかわらず定額を支払う。

　通話は通話時間が分かるので使用料を予測できるが、通信の場合は、画像や動画はどれだけの情報量があるのか判断しづらいし、これらの情報はパケットという単位に細かく分断されて、通信の途中は各パケットがバラバラに様々な経路で運ばれるので、同じ情報量をダウンロードしてもその時々で通信時間が異なり、使用料の予測は難しい。そのため、パケット通信の場合は定額制が安心である。

　ただし、定額制の対象とされた使用方法以外で使用した場合は、定額制は適用されず従量制が適用される。そのため、定額制の対象外となる使用方法の説明は重要である。

　また、電気通信事業者は、当該端末の使用量の異常に対して、何らかの措置を講ずる義務があるのではないか問題となる。

　この点、上記事例と同じ事案で、業者の説明義務違反は認めなかったものの、高額なパケット通信料が発生しており、それが利用者の誤解や不注意に基づくものであることを電気通信事業者が容易に認識できる場合は、電気通信サービス提供契約の付随義務として、利用者の予想外の通信料金の発生拡大を防止するための措置を講ずる義務がある（ただし過失相殺あり）とした裁判例がある（京都地判平24年1月12日判時2165号106頁）。

　なお、この事案は、当該利用者の月々のパケット通信料金（メール送受信を除

344　　第4章　具体的問題事例

く）は3,000円に満たない額であったこと、「パケットし放題」の上限料金は月額4,000円台に設定されており、短期間のインターネット通信にかかる通信料金として、その10倍以上の5万円を超える料金を支払うことを認識しつつ、あえてそのサービスを利用する契約者はほとんどいないと考えられること、当該電気通信事業者が高額請求アラート（パケット通信料金等が一定額に達した場合の、利用者への累積概算パケット通信料の通知）を開始し、その基準額を10万円から5万円に変更していることなどの事実関係を認定した上で下された判断である。

◆ **事例の検討** ◆

契約締結時の説明義務違反が認められれば、損害賠償請求に基づく金銭債権と相殺して支払いを一部しなくて済む可能性がある。

説明義務違反が認められない場合でも、上記京都地判の事例と同じように損害賠償責任が認められるなら、支払いを一部しなくて済む可能性がある。

《参考文献等》
・根田正樹＝町村泰貴編『Q&A ケータイの法律問題』（弘文堂、2007）
・小林英明『Q&A 事例でわかるインターネットの法律問題〔第3版〕』（中央経済社、2003）
・田島正広ほか『インターネット新時代の法律実務 Q&A』（日本加除出版、2013）
・国民生活センター「ウェブ版　国民生活」2013年3月号24頁以下、同4月号27頁以下
・電気通信サービス利用者懇談会「電気通信サービス利用者懇談会報告書」（平成21年2月）（http://www.soumu.go.jp/main_content/000007997.pdf）
・電気通信サービス向上推進協議会「電気通信事業者の営業活動に関する自主基準及びガイドライン（第2版）」（平成27年1月）（http://www.tspc.jp/files/Guideline_Criteria_for_operating_activities_2.pdf）
・総務省＝消費者庁「携帯電話の契約時のトラブルと消費者へのアドバイス」（平成22年3月）（http://www.soumu.go.jp/main_content/000058846.pdf）
・総務省総合通信基盤局「電気通信事業法の消費者保護ルールに関するガイドライン〔平成26年3月改正版〕」（http://www.soumu.go.jp/main_content/000306026.pdf）

IX　通信・電子機器、プロバイダとのトラブル　345

あとがき

　本書初版が刊行されてから、丸6年が経過し、その間、周知のとおりネット取引を巡る環境やシステムが大きく様変わりし、これに伴い、利用者側も、スマートフォンの普及に伴い高齢者・低年齢層のインターネット利用率の高まり、家計におけるインターネットを通じた支出額の増大等が指摘されています（消費者庁『平成27年版消費者白書』等）。

　このような状況変化に伴い、悪質商法の主要な標的もネット取引利用者の方面に大きくシフトされている状況が窺われ、消費生活相談現場における相談案件の傾向も、情報通信関連の相談件数が突出している状況が報告されています（同上）。

　更に、単なる事件数と消費者相談の中に占める比率の増大に止まらず、従来から存在するサクラサイト、ネットショッピング詐欺・ネットオークション詐欺等の事件類型においても決済手段の複雑化に伴って生じて来た新たな諸問題への対応が求められ、比較的新しい事件類型としては、詐欺的越境取引の増大、個人情報流出、オンラインゲーム・トラブル等、相談現場における事件処理の困難さは、益々増大していると認識しています。

　これら数多くの難問の全てに対して、本書が解決手段を提供出来ているとはとても言えないとは思いますが、我々なりに、現在のネット取引の世界においてどのような消費者問題が生じているのかについて、可能な限り相談現場の実務的状況に係る情報を集約した上で、現時点において同種問題に直面した弁護士として言えることはこのようなことになるのではないかということについて、額を寄せ合い幾度も議論を尽くして出した結論が本書の内容となっています。

　如何なる新たな問題が生じようとも、必要とされるのはネット取引の仕組に対する基本的理解、関連する消費者関連法規の正しい理解、目の前に生じている消費者被害を何としても解決・回復するとの強い想いの3つであると信じています。

　そのような意味で、本書が、日々、困難な消費者相談現場で事件処理に当たっておられる消費生活相談員、弁護士、その他の皆様の一助として御利用頂ければ幸いです。

　2016年2月

東京弁護士会消費者問題特別委員会

委員長　宮城　朗

第2版・執筆者紹介

淺 井 健 人	髙野・五百田法律事務所
飯 田 修	飯田総合法律事務所
今 村 恵	湯川・佐原法律事務所
岩 田 修 一	染井さくら法律事務所
上 村 剛	東京丸の内法律事務所
遠 藤 治	遠藤治法律事務所
大 菅 俊 志	すばる法律事務所
大 森 景 一	四谷の森法律事務所
葛 田 勲	葛田勲法律事務所
坂 井 崇 徳	坂井・渡瀬法律事務所
鈴 木 かおり	若林・渡邊法律事務所
大 道 智 子	赤坂・大道法律事務所
髙 木 篤 夫	ひかり総合法律事務所
髙 畠 希 之	日比谷見附法律事務所
竹 内 留 美	CLS日比谷東京法律事務所
出 山 剛	虎ノ門法律経済事務所
永 井 健 三	四五六法律事務所
中 西 友 見	
中 村 恵	目黒総合法律事務所
西 川 将 史	西川・生田法律事務所
西 原 正 騎	インテグラル法律事務所
牧 野 裕 貴	東京赤坂見附法律事務所
宮 城 朗	宮城綜合法律事務所
諸 節 百合子	
山 本 英 史	山本法律事務所

（五十音順・敬称略）

初版・執筆者等紹介

〈監　修　者〉

佐々木　幸　孝　　　亀戸法律事務所
瀬　戸　和　宏　　　和の森法律事務所
横　山　哲　夫　　　東神田法律事務所

〈執　筆　者〉

飯　田　　　修　　　飯田総合法律事務所
岩　田　修　一　　　四谷東法律事務所
遠　藤　　　治　　　藤川元法律事務所
大　菅　俊　志　　　すばる法律事務所
葛　田　　　勲　　　葛田勲法律事務所
大　道　智　子　　　赤坂・大道法律事務所
髙　木　篤　夫　　　ひかり総合法律事務所
髙　畠　希　之　　　日比谷見附法律事務所
永　井　健　三　　　四五六法律事務所
中　西　友　見　　　銀座法律事務所
橋　積　京　子　　　中村法律事務所
姫　野　博　昭　　　りべる総合法律事務所
宮　城　　　朗　　　宮城綜合法律事務所
宮　舘　雅　義　　　村・宮舘法律事務所
森　田　亜希子　　　中島・宮本・溝口法律事務所
山　本　英　史　　　野田法律事務所

（五十音順・敬称略）

※所属は初版刊行当時

●事項索引●

あ行

アカウント ························ 13, 278
アカウント停止 ·················· 280, 286
アクセス制御機能 ···················· 98
アクワイアラー ······················ 27
アダルトサイト ····················· 299
アフィリエイター ··················· 219
アフィリエイト ····················· 219
アフィリエイト・サービス・プロバイダ
··································· 220
イシュアー ·························· 27
違法コピー品 ······················ 325
違法ダウンロード ··················· 326
インターネット異性紹介事業 ····· 154, 245
インターネットオークション ····· 261, 324
インターネット・オークションにおける
『販売業者』に係るガイドライン ···· 263
インターネットバンキング ··········· 307
インターネット利用契約 ············· 343
ウイルスメール ······················ 16
占いサイト ························· 249
エスクロー業者 ······················ 35
エスクロー決済 ······················ 35
オークション（インターネットオークショ
ン）······························ 261
オファス取引 ······················· 27
オプトアウト ······················· 335
オプトアウト規制 ··········· 14, 68, 104
オプトイン規制 ············· 14, 67, 104
オンアス取引 ······················· 27
オンラインゲーム ··················· 277
オンラインストレージ（外部ストレージ）
··································· 239

か行

海賊版 ························· 139, 324

外部ストレージ（オンラインストレージ）
··································· 238
架空請求 ······················ 15, 297
瑕疵修補請求 ······················ 233
ガチャ ···························· 278
割賦販売法 ························· 72
家電ドットコム事件 ················· 262
為替取引 ·························· 34
完全履行請求 ······················ 233
勧誘をするに際し ··················· 256
偽造カード等及び盗難カード等を用いて行
われる不正な機械式預貯金払戻し等から
の預貯金者の保護等に関する法律 ··· 309
共通ポイントカード ················· 332
業務提供誘引販売 ········· 227, 256, 295
銀行振込 ·························· 24
金商法 ························ 77, 292
クーポンサイト ····················· 205
クーリング・オフ ··················· 75
組入要件 ·························· 22
組み戻し ·························· 25
クラウドサービス ··················· 240
クレジットカード取引 ··············· 26
クロスオーバー取引 ················· 247
経済産業分野ガイドライン ··········· 332
結果発生地法 ······················ 45
決済代行 ······················ 29, 258
決済方法 ·························· 24
合意管轄 ·························· 48
行為地法 ·························· 43
公開鍵暗号方式 ····················· 87
広告主 ··························· 219
口座凍結 ··············· 203, 217, 246
公衆送信権 ························· 136
抗弁対抗 ························· 258
抗弁の接続 ···················· 29, 202
国際ブランド ······················ 28

事項索引　349

国民生活センター越境消費者センター
　　………………………………… 203
個人情報 ……………………… 108, 333
個人情報取扱事業者 …………… 109, 332
個人情報の保護に関する法律についての経
　済産業分野を対象とするガイドライン
　　…………………………………… 332
個人情報保護法 ………………… 107, 332
個人データ ………………………… 109
固定電話の乗り換え ……………… 344
古物営業法 ………………………… 129
コンピューター・ウイルス ……… 312
コンプガチャ ……………………… 278

さ行

最終確認画面 ……………………… 189
財団法人日本データ通信協会 ……… 105
裁判管轄 …………………………… 41
最密接関係地法 …………………… 42
錯誤 ………………………………… 82
サクラサイト ……………………… 244
詐術 ………………………………… 184
識別符号 …………………………… 98
資金決済法 ……………………… 168, 213
自炊 ………………………………… 329
自炊代行業者 ……………………… 330
システム障害 …………………… 78, 288
私的使用 ………………………… 325, 327
自動配信メール …………………… 234
仕向銀行 …………………………… 24
氏名表示権 ………………………… 134
収納代行 …………………………… 33
重要事項 …………………………… 59
準拠法 …………………………… 41, 201
常居所地法 ………………………… 43
消尽 ………………………………… 324
消費者契約法 ……………………… 56
消費者取消権 ……………………… 58
情報商材（詐欺）………………… 225, 254
情報漏えい ………………………… 337

ショートメッセージサービス ……… 12
ショッピングモール …………… 210, 217
親権者の同意 ……………………… 184
スキャニング ……………………… 329
スパムフィルター ………………… 195
スパムメール ……………………… 13
スマートフォン …………………… 17
青少年インターネット環境整備法 …… 158
セキュリティ侵害 ………………… 312
セキュリティソフト自動更新 …… 314
セキュリティホール攻撃 ………… 99
総付景品 …………………………… 213
ソーシャルゲーム ………………… 277
ソーシャルネットワーキングサービス
　　…………………………………… 319

た行

代金引換 …………………………… 33
ダイレクトメッセージ …………… 319
抱き合わせ販売 …………………… 343
脱獄 ………………………………… 18
断定的判断の提供 ……………… 250, 257
チェーンメール …………………… 15
チャージバック ……………… 28, 202, 247
懲罰的損害賠償制度 ……………… 46
著作財産権 ………………………… 134
著作者人格権 ……………………… 134
著作隣接権 ………………………… 135
通信販売 …………………………… 64
通信販売における返品特約の表示について
　のガイドライン ……………… 236
通信料金 …………………………… 344
出会い系サイト規制法 …………… 154
定型約款 …………………………… 22
デイトレーダー …………………… 288
電気通信サービス ………………… 341
電気通信サービスの広告表示に関する自主
　基準及びガイドライン ………… 342
電気通信事業者 …………………… 145
電気通信事業法 ………………… 144, 342

電子契約法 …………………………… 82
　――3条 ……………………………… 188
電子承諾通知 …………………………… 192
電子証明書 ……………………………… 88
電子署名 …………………………… 85, 310
電子署名及び認証業務に関する法律
　………………………………………… 85, 310
電子タグ ……………………………… 108
電子マネー ……………………… 30, 213
同一性保持権 …………………………… 134
到達主義 ………………………………… 84
特商法 …………………………………… 62
特定電子メール ………………………… 104
特定電子メール法 ……………… 103, 252
ドロップシッパー …………………… 227
ドロップシッピング ………………… 226

な行

内職商法 ………………………………… 296
なりすまし …………………………… 26, 304
二重価格表示 …………………………… 209
ねずみ講 …………………………… 126, 293
ネットオークション（インターネットオー
　クション）………………………… 261, 324
ネットショッピング ………………… 201
ネットトレーディング ……………… 288
ネット・マルチ ……………………… 293
年齢認証画面 …………………………… 184
ノークレーム・ノーリターン …… 271, 272

は行

パケット ………………………………… 344
発信者 …………………………………… 322
発信者情報開示 ………………………… 94
発信主義 ………………………………… 84
バナー広告 ……………………………… 219
頒布権 …………………………………… 325
被仕向銀行 ……………………………… 24
ファイル交換ソフト ………………… 327
フィッシング ……………………… 101, 297

フィルタリング ……………………… 160
風説の流布 ……………………………… 292
複製権 ……………………………… 136, 330
不正アクセス …………………………… 98
不正アクセス禁止法 ………………… 97, 298
不当表示 ………………………………… 118
不当約款等 ……………………………… 198
フリーウェア …………………………… 312
振込詐欺救済法 ………………………… 203
プロバイダ ……………………… 12, 93
プロバイダ責任制限法 ……… 92, 263, 322
ペイパル ………………………………… 29
返品特約 ………………………………… 236
ポイント ………………………………… 171
法定返品権 ………………… 208, 235, 256
保有個人データ ………………………… 112
翻案権 …………………………………… 136

ま行

前払式支払手段 ………………………… 213
マネーロンダリング ………………… 285
マルウェア ……………………………… 18
マルチ商法 ……………………………… 127
マンスリークリア …………………… 29
未成年者 ………………………………… 184
未成年者取消 …………………… 184, 279
見せ玉 …………………………………… 292
無限連鎖講 ……………………………… 293
無限連鎖講防止法 ……………… 126, 293
迷惑メール ………………… 13, 67, 103
メールサーバー ………………………… 13
メール便 ………………………………… 37
免責約款 ………………………………… 39
モール運営者 …………………… 217, 259

や行

約款 ……………………………………… 19
　――の隠蔽効果 ……………………… 20
有利誤認表示 ……………… 120, 209, 213
有料オプション ………………………… 340

事項索引　351

優良誤認表示 ················ 120, 209, 252
預金者保護法 ························· 309

ら行

リアルマネートレード ················· 284
リアルマネートレード対策ガイドライン
·································· 285
リモートホスト ··············· 16, 301
利用規約 ··························· 19
旅行業法 ························· 163
連鎖販売取引 ······················ 294
ロスカット・ライン ·················· 80
ロスカット・ルール ·················· 80

わ行

ワンクリック請求 ····················· 299

欧文

ASP → アフィリエイト・サービス・プロ
バイダ
CCJ → 国民生活センター越境消費者セン
ター
DM → ダイレクトメッセージ
DNS ····························· 303
IP アドレス ··················· 16, 301
PayPal → ペイパル
P to P 方式 ······················· 139
RMT → リアルマネートレード
SMS → ショートメッセージサービス
SNS → ソーシャルネットワーキングサー
ビス

ネット取引被害の消費者相談〔第2版〕

2010年2月18日　初　版第1刷発行
2016年2月15日　第2版第1刷発行

編　　者　　東 京 弁 護 士 会
　　　　　　消費者問題特別委員会
発 行 者　　塚 原 秀 夫

発 行 所　　株式会社 商 事 法 務

　　　　　　〒103-0025 東京都中央区日本橋茅場町3-9-10
　　　　　　TEL 03-5614-5643・FAX 03-3664-8844〔営業部〕
　　　　　　TEL 03-5614-5649〔書籍出版部〕
　　　　　　http://www.shojihomu.co.jp/

落丁・乱丁本はお取り替えいたします。　　　印刷／中和印刷㈱
©2016 東京弁護士会消費者問題特別委員会　　Printed in Japan
　　　　　　　　　　Shojihomu Co., Ltd.
　　　　　　ISBN978-4-7857-2388-0
　　　　　※定価はカバーに表示してあります。